石油钻探企业
钻机拆卸、搬迁、安装
安全管理实用手册

中国石油天然气集团公司质量安全环保部　编

石油工業出版社

内 容 提 要

本书共分为六章，主要介绍了钻机拆卸、搬迁、安装基础知识与安全管理要求、安装流程、常见风险及管控措施、"11222233"安全管理模式和典型不安全行为及隐患。

本书可作为石油钻井基层队培训用书，也可作为钻井行业安全监管人员与操作人员的参考用书。

图书在版编目(CIP)数据

石油钻探企业钻机拆卸、搬迁、安装安全管理实用手册／中国石油天然气集团公司质量安全环保部编．—北京：石油工业出版社，2017.11（2023.5重印）

ISBN 978-7-5183-2301-2

Ⅰ．①石… Ⅱ．①中… Ⅲ．①油气钻井－石油企业－钻机－安全管理－中国－手册Ⅳ．①F426.22－62

中国版本图书馆 CIP 数据核字（2017）第 287362 号

出版发行：石油工业出版社有限公司
（北京朝阳区安定门外安华里 2 区 1 号　100011）
网　址：www.petropub.com
编辑部：（010）64523548
图书营销中心：（010）64523633
经　　销：全国新华书店
印　　刷：北京中石油彩色印刷有限责任公司

2017 年 11 月第 1 版　2023 年 5 月第 2 次印刷
787 毫米 ×1092 毫米　开本：1/16　印张：25.75
字数：603 千字

定价：120.00 元
（如出现印装质量问题，我社图书营销中心负责调换）

《石油钻探企业钻机拆卸、搬迁、安装安全管理实用手册》

编委会

主　编：徐非凡　川庆钻探工程有限公司长庆钻井总公司

副主编：李建林　川庆钻探工程有限公司质量安全环保处

李雪岗　川庆钻探工程有限公司长庆钻井总公司

李守泉　川庆钻探工程有限公司长庆钻井总公司

成　员：王　勇　川庆钻探工程有限公司长庆钻井总公司安全环保节能部

张仲岐　川庆钻探工程有限公司长庆钻井总公司

徐智锋　川庆钻探工程有限公司长庆钻井总公司安全环保节能部

李　阳　川庆钻探工程有限公司长庆钻井总公司安全环保节能部

海鹏飞　川庆钻探工程有限公司长庆钻井总公司安全环保节能部

李富平　川庆钻探工程有限公司长庆钻井总公司安全环保节能部

刘思远　川庆钻探工程有限公司长庆钻井总公司安全环保节能部

韩红卫　川庆钻探工程有限公司长庆钻井总公司安全环保节能部

牟延旺　川庆钻探工程有限公司长庆指挥部安全环保部

刘希宏　川庆钻探工程有限公司长庆钻井总公司安全环保节能部

谭宁军　川庆钻探工程有限公司长庆钻井总公司安全环保节能部

靳　宇　川庆钻探工程有限公司长庆钻井总公司安全环保节能部

谢　敬　川庆钻探工程有限公司长庆钻井总公司安全环保节能部

任桂英　川庆钻探工程有限公司长庆钻井总公司安全环保节能部

叶　毅　川庆钻探工程有限公司长庆钻井总公司生产运行部

王　雷　川庆钻探工程有限公司长庆钻井总公司第二工程项目部
姚永永　川庆钻探工程有限公司长庆钻井总公司第三工程项目部
莫思军　川庆钻探工程有限公司长庆钻井总公司第三工程项目部
袁立志　川庆钻探工程有限公司长庆钻井总公司第四工程项目部

前言

在石油钻井的整个工艺流程中，钻机拆卸、搬迁、安装作业过程中发生的事故，占到了所有钻井作业事故总量的近六成，是仅次于井控风险的最大风险。钻机拆卸、搬迁、安装具有工序复杂、高危作业多、参与人员和机具多、相关方配合多、区域跨度大等特点。尤其是这一过程中频繁发生的起重伤害、高处坠落、物体打击等事故，防控难度较大，已经成为困扰各个钻探企业的难题。为此，我们在国家、行业及企业管理要求的基础上，结合现场管理实践经验，编写了本书。

本书共分为六章和十个附录。第一章为概论，主要介绍了钻机拆卸、搬迁、安装基础知识和安全管理要求。第二章为钻机拆卸、搬迁、安装流程，主要以流程图的形式介绍了不同类型钻机拆卸、安装的顺序及作业活动。第三章为钻机拆卸、安装常见风险及管控措施，主要从拆卸、安装起吊、登高及临边、使用工具及设备、路线及站位选择和其他五个方面辨识了钻机拆卸、安装的主要风险，并提出了管控措施。第四章为钻机搬迁常见风险及管控措施，主要对钻机设备摆放图绘制标准和范例、搬迁批次规划、设备捆绑装车标准和范例、常见风险及管控措施进行了详细介绍。第五章为“11222233”安全管理模式，主要介绍了在钻机拆卸、搬迁、安装风险管理上形成的具有16个关键要素的一整套具体方法和途径。第六章为拆卸、搬迁、安装典型不安全行为和隐患，该章收集了钻井拆卸、搬迁、安装作业相关的不安全行为和安全隐患。附录为钻机搬迁“两图三单”，主要提供了十种钻机搬迁的“两图三单”，供读者参考使用。

在本书的编写过程中，得到了中国石油天然气集团公司质量安全环保部及川庆钻探工程有限公司领导和专家的大力支持和悉心指导，长庆钻井总公司基层单位多位同志为本书提供了大量翔实素材，在此一并表示感谢。

由于编者能力有限，本书难免存在不足及疏漏，恳请广大读者提出宝贵意见。

编　者

2017 年 11 月

目　录

第一章

概　论

第一节 拆卸、搬迁、安装基础知识

在石油钻井工艺中，一部钻机完成一个井场或一个井组的钻井施工后，一般需要进行搬迁。钻机搬迁主要涉及拆卸、设备拉运与安装三个环节，熟悉拆卸、搬迁、安装的基本概念和组织原则，可使员工更系统地了解搬迁安全知识，提高现场规范管理。

一、拆卸、搬迁、安装定义

（一）拆卸

拆卸是指为方便车辆拉运，按照一定的流程和方法将钻井队一整套设备设施分解成多个模块或部件的过程。

（二）搬迁

搬迁是指将钻井队一整套设备设施从老井搬迁至新井的全过程，主要包括装车、拉运与卸车三个部分。

（三）安装

安装是指将拉运至新井场的设备设施，按照一定的流程和方法进行组装的过程，广义上可理解为拆卸的逆过程。

（四）吊装指挥“五个确认”

（1）确认危险区域无人。

（2）确认吊具选择正确。

（3）确认吊挂安全可靠。

（4）确认物件固定牢靠。

（5）确认吊物未被连接。

（五）起重作业“十不吊”及条款释义

（1）无专人指挥、信号不明不吊。

释义：“专人”指由施工单位明确指定的持有效起重机械指挥证，穿着指挥信号服或佩戴“吊装指挥”标识的指挥人员。一个起重作业项目只能确定一名指挥。

“信号”指GB 5082—1985《起重吊运指挥信号》所规定的标准手势、语音和旗语信号。

“信号不明确”指指挥人员发出的违章指令、信号不清晰或起重司机对信号未识别领会。

起重司机无条件服从任何人发出的“停止”指令。

（2）设备设施有缺陷，基础不牢不吊。

“设备设施有缺陷”指：起重设备及其吊钩、钢丝绳、绳卡、卷筒、支腿、制动系统、传动系统、液压系统、控制系统、力矩限制器、上下运行极限位置限制器、偏斜调整和显示装置、联锁保护装置、水平仪等部件及其他安全装置存在失效或损坏等缺陷；吊索具（吊索、吊带、卸扣等）存在缺陷；被吊物吊点存在缺陷。

“基础”指承载起重设备的支撑面。

“基础不牢”指起重设备基础不平整坚实，有塌陷下沉等危险；起重设备未能处于水平状态；未使用垫板或垫板面积小于支腿支撑板面积的3倍。

（3）吊物固定状态未消除、有附着物不吊。

“固定状态未消除”指被吊物处于与其他固定物焊接、螺栓固定、冰冻粘连、钩挂、交错挤压等联接状态；或处于堆压在其他物件下、埋在地下等载荷不确定的情况。

“附着物”指被吊物上放置有未固定的活动物品，或可移动的零部件未锁紧或捆牢。

（4）吊物未栓引绳、无人牵引不吊。

“未栓引绳、无人牵引”指未能对被吊物摆动和旋转进行有效控制。包括：无牵引，牵引人站位不当；牵引绳径、材质和长度选择不当；牵引绳挂点不当，未拴系在被吊物体上。

（5）吊物上站人、危险区域有人不吊。

“危险区域”指被吊物上下、起重设备上、吊臂移动范围、起重设备回转半径、被吊物摆动范围、被吊物可能脱落区域。

被吊物移动至离安装基准面不高于定位连接紧固螺栓长度时，安装人员方可进入危险区域的作业工位进行就位安装。

（6）容器盛装液体不吊。

“容器”主要指盛装各种液体的器具，如水罐、液罐、循环罐、油罐、储备罐等，不包括桶装容器。

“液体”主要指水、钻井液、油品或其他液体。

容器内残余液体高度不得超过容器最低排放口高度，酸液、钻井液等特殊液体必须排放干净。

（7）歪拉斜挂、超载不吊。

“歪拉”指被吊物重心与吊钩未处于铅垂线上时拉拽被吊物。

“斜挂”指被吊物吊点选择不正确，被吊物不平衡，存在倾斜、滑动、翻转、脱落等风险。

“超载”指被吊物重量超过起重设备、吊索具（钢丝绳、吊带、卸扣等）额定载荷，可能导致吊车损坏、倾覆，吊索具损坏、断裂，被吊物下砸，引发超载限制装置启动示警。

（8）吊物棱角无衬垫不吊。

“棱角无衬垫”指吊索与被吊物接触部位的尖锐棱边利角未加防护有效的垫物。

（9）与输电线无安全距离不吊。

“安全距离”指起重设备和被吊物与输电线最小安全距离不得小于 GB 6067《起重机械安全规程》（所有部分）相关规定（表 1–1）。

表 1–1　吊臂、吊索、被吊物与输电线路的安全距离

输电线路电压，kV	＜1	1 ~ 20	35 ~ 110	154	220	330
允许与输电线路最近距离，m	≥1.5	2	4	5	6	7

（10）环境恶劣、视线不良不吊。

“环境恶劣”指雷电、大雨、大雪、大雾、沙尘暴和风力达六级及以上等极端天气；“视线不良”指光线暗淡，能见度低于 30m（表 1–2）。

表 1–2　气象指标表

名称	指标
大雨	≥25mm（24h 降水量）
	≥8.1mm（1h 降水量）
大雪	≥5.0mm（24h 降雪量）
大雾	≤30m（能见度）
六级风	≥10.8 m/s（风速）

（六）安全行车“十不准”条款及释义

（1）不准无证驾车。

释义：不准无驾驶执照驾车，不准不带驾驶执照驾车，不准驾驶与证照不相符的车辆。驾驶执照是指国家规定的驾驶证件和企业内部准驾证。

（2）不准酒后驾车。

释义：驾驶人员在饮酒或饮用含有酒精的饮料后8h内不准驾车；服用国家管制的精神药品或者麻醉药品，或者患有防碍安全驾驶机动车的疾病，不准驾驶机动车。

（3）不准疲劳驾车。

释义：驾驶员连续驾车达到3h，必须停车休息20min以上；24h内驾车行驶时间累计不得超过8h；执行紧急任务需要日夜兼程行驶的，必须经单位主要领导同意，并配备两名（含）以上驾驶员。

（4）不准超速行驶。

释义：机动车在道路上行驶不得超过限速标志、标线标明和企业内部规定的限速；在没有限速标志、标线的道路上，不得超过法律法规和企业内部规定的限速。

（5）不准空挡行驶。

释义：驾驶员在行驶时不准熄火或将排挡置于空挡位置。

（6）不准抢道行驶。

释义：驾驶员在行驶时不准强超、强会，不准抢占车道，影响其他车辆正常行驶。

（7）不准公车私用。

释义：不准开公车办私事，不准将车辆交给他人驾驶。

（8）不准使用手机。

释义：驾驶员在行驶时不准接听或拨打手机，不准编辑或阅读手机短信。

（9）不准不系安全带。

释义：车辆驾驶和乘坐人员在车辆行驶时必须系安全带。

（10）不准驾驶带病车。

释义：车辆调度人员不得安排带病车辆执行任务，驾驶员不得驾驶带病车辆。

二、拆卸、搬迁、安装组织原则

（一）拆卸、安装顺序原则

（1）设备设施的拆卸一般遵守“先拆卸设备设施，后拆安全防护设施”原则，安装时遵守“先安装安全防护设施，再安装设备设施”原则。

（2）消防设施、物资在拆卸安装期间，保持备用状态；接地线等应最后拆除，营房供电前安装并测试。

（二）搬迁作业流程原则

钻井队搬迁流程原则上为制定作业计划、现场踏勘、风险及措施交底、协调沟通、设备拆卸、搬迁运输、设备安装、作业关闭。

（三）安全监管原则

搬迁遵循“谁发包、谁监管，谁用工、谁负责”的原则，实行公司（项目部）、井队、监督、承包商四方联合管控。

（四）作业分工原则

（1）钻井队是搬迁作业施工的主体单位，在作业中主要负责：

①负责设备拆卸、设备安装、设备装卸车、配置标准，吊索具及现场安全管理。

②负责搬迁现场吊装指挥，人员乘车安排。

③负责现场安全监管。

（2）运输承包商是搬迁运力单位，在作业中主要负责：

①负责运力保障。

②负责搬迁作业设备吊装、捆绑及运输工作。

③负责本单位车辆、人员现场管理和沟通协调工作。

第二节 拆卸、搬迁、安装安全管理要求

拆卸、搬迁、安装三个环节风险各不相同，从人员、车辆、作业过程等全方位加强安全管理，明确安全管理要求，使作业人员专业化、拆卸安装流程化、捆绑组合模块化、摆放位置定置化，能够有效提高搬迁效率，降低作业风险。

一、人员管理

作业安排时，安排具备能力的人员负责相应的作业，各司其职。作业前，现场监管人员要对参与作业的吊装指挥人员，吊车操作人员，车辆驾驶员，司索人员及现场作业人员进行能力评估，要求参与作业的人员能力、身体、劳保护具等满足安全作业要求。

（一）吊装指挥人员

（1）吊装指挥人员持有吊装指挥证件。

（2）现场能力评估合格。

（3）钻井队定期对吊装指挥人员进行业务能力培训。

（二）吊车操作、车辆驾驶人员

（1）应具有有效驾驶证、从业资格证、驾驶员安全准入证。

（2）吊车司机应接受项目部培训，考核合格，并持培训合格证。

（3）应对年龄、身体状况、所持机动车驾驶证等级、驾龄提出限制。

（4）负责拉运贵重和大件设备的驾驶员，应对工作年限和安全行驶公里提出条件。

（三）司索人员

（1）司索人员接受培训，并考核合格。

（2）掌握现场各设备设施吊挂方式，能够选择正确的吊索具。

（四）作业人员

（1）钻井队作业人员应具备作业能力，包括身体等因素。

（2）参与高处作业等危险作业项目的人员应经专业技术培训，持有相关证件。

（3）承包商安排参与设备捆绑的人员，应经过培训，掌握正确的捆绑方式。

二、车辆管理

搬迁作业前，现场监管人员对照检查表，对吊车及卡车的资质进行核查、对性能进行检查。

（1）吊车、卡车应具有有效行驶证、安全检验合格证、车辆年限在规定范围以内；吊车还应有甲方发放的机动车安全准入证。

（2）吊车性能良好，滑轮穿绳股数、钢丝绳、上升限位装置等符合要求。

（3）负责拉运绞车、钻井泵、联动机和 VFD 房、MCC 房、卡特发电机组等大件及贵重设备的车辆应为甲方备案车辆。

三、作业过程安全管理

（一）搬迁前准备

（1）搬迁前，钻井队应制定搬迁计划书，项目部组织人员进行审核、审批。

搬迁作业计划书中要明确搬迁时间、路线，搬迁现场负责人、人员分工，搬迁拆卸、吊装、运输、安装等工序，作业主要风险及削减措施等。

（2）项目部、钻井队、运输承包商三方对井场及道路进行实地踏勘，全面识别可能存在的风险，制定预防措施。

（3）风险及措施交底。

钻井队在作业前组织召开作业前安全会，向员工交待搬迁任务和分工，搬迁过程中的主要风险提示及措施要求，落实风险控制人。

（二）拆卸作业

（1）拆卸作业前，应先拆除准备拆卸的设备设施或区域电缆线等，隔离危险能量源。

（2）将零星散件进行回收，各类设备设施捆绑组合打包，优化装车、搬迁。

（3）使用的工具完好，安全防护设施无缺陷。

（4）执行好吊装作业风险管控措施：

①严格执行起重作业“十不吊”和吊装指挥“五个确认”。

②发现安全隐患，立即停止作业。

③标识设备吊装点和吊索具规格，明确不规范物件吊装方式。

（5）做好高处作业等危险作业的安全监管：

①实行许可管理。

②系好安全带、工具应拴好保险绳、零配件应装在工具袋内。

③禁止高处抛物、禁止危险半径之内有人。

④井架等人员可能来回走动的区域，应设置“生命线”。

（三）搬迁作业

1. 设备装车

设备装车前，运输承包商现场负责人应与钻井队现场负责人沟通确认设备吊装顺序和车辆摆放位置，并指挥车辆按“底座→起放底座人字架→绞车前后梁→转盘梁→绞车→转盘→司钻偏房→起放井架人字梁→井架→天车→钻井泵→循环罐→高压管汇→柴油发电机组→ VFD（MCC）房→油罐→材料房→值班房→野营房→钻具及管材”顺序进行装车，并遵循以下要求：

（1）设备吊索具必须符合规定，起吊时严禁在起重臂吊装旋转范围内站人。

（2）易滚、易滑设备要垫防滚防滑物，并捆绑牢靠。

（3）装载设备组件应做到平衡、稳定、整齐、牢固放置。

（4）承包商现场负责人应将“三超”设备的重量、重心、尺寸等情况和拉运安全措施向驾驶员交待清楚。

（5）卡车车厢内严禁载人移动和乘坐人员。

（6）转运钻具及管材车辆须配带 U 型支架。

2. 设备捆绑

负责设备捆绑单位和人员，应遵守下列安全要求：

（1）使用铁丝、钢丝绳索、手拉葫芦等将设备牢靠固定在卡车上。

（2）捆绑有棱角的设备时，应垫以木板、废旧轮胎、麻袋等物，以免棱角割断捆绑铁丝或绳索。

（3）拉运绞车、钻井泵的车辆在有连续弯道、陡坡、路基松软等山区钻前道路时建议不捆绑（行驶至平坦路段应做捆绑固定），其他道路环境下须进行捆绑固定。

（4）容易滚动的设备应垫上木块后再进行固定。

（5）设备运输前，钻井队和卡车驾驶员共同检查设备的装载情况，驾驶员应在设备清单上签字，承包商现场负责人应对设备捆绑情况进行检查，确认安全后放行。

3. 设备拉运

设备运输过程应遵守下列安全要求：

（1）驾驶员应按指定路线行驶，严禁违规拉运人员和车厢内载人。

（2）拉运超长、超高、超宽设备车辆应悬挂明显标识（白天行驶挂三角小红旗，夜间行驶挂红灯）。

（3）装载设备超出车厢长度时，应采取措施使车厢栏板不遮挡号牌和信号灯。

（4）拉运大件及贵重设备的车辆行驶前，应先安排 5 台以上载物 10t 以下车辆先行，测试钻前道路承载能力，确认安全后安排拉运大件及贵重设备的车辆运行。

（5）在钻前道路须谨慎驾驶、低速行驶，遇急弯、坡道等高风险路段时，车速控制在 15km/h 以下。

（6）当钻前道路出现坍塌、路障等道路缺陷时，驾驶员应立即停车，现场整改后通过；若不能自行整改应向承包商现场负责人汇报，协调钻井队等相关方进行道路整改，在安全的前提下通过。

（7）严格遵守安全行车“十不准”。

（8）运输途中驾驶员应经常检查拉运设备是否移动或松动，如有松动应及时进行紧固。

（9）运输途中遇通信、电力等线路过低时，应由专人使用绝缘棒进行升线。

（10）运输途中遇暴雨、大雾、大雪、沙尘暴等恶劣天气，应暂停运输，停放在安全地带。

4. 设备卸车

设备到达新井场卸车时，运输承包商现场负责人应与钻井队现场负责人沟通确认设备卸车顺序和车辆摆放位置，并指挥车辆按序卸车。应遵守下列安全要求。

（1）卸车时安排专人负责吊装指挥、卸车及解除捆绑工作。

（2）设备吊索具应符合规定，起重臂吊装旋转范围内严禁站人。

（3）卡车车厢内严禁载人移动和乘坐人员。

（四）安装作业

1. 安装顺序

钻井队应按照“底座→绞车 / 转盘→井架→天车→游车→大钩→穿大绳→起升井架→柴油发电机组→ VFD（MCC）房→钻井泵→起升底座→坡道→猫头→滑道→固控循环系统→油罐→材料房→值班房→营房”顺序进行设备安装。

2. 安全要求

设备拆卸安装为关键作业环节，作业前须明确旁站监督项目和现场负责人，由钻井队干部、安全监督、项目部现场管理人员分别进行旁站监督，并督促落实安全措施。

（五）作业结束

搬迁作业完成后，应做好以下工作：

1. 清理现场

由钻井队负责清理井场工具、辅助设备，并清理现场残留钻井液、油污等，做到“工完、料尽、场地清”。

2. 安全检查

现场安全监管人员应对井场搬迁作业后遗留风险和隐患进行监督检查，对存在的问题责令相关方进行整改。

3. 搬迁总结

生产部门现场负责人、钻井队队长、安全监管人员、运输承包商现场负责人对搬迁作业进行总结评价，提出不足和改进建议。

4. 作业关闭

由项目部组织生产、安全、设备部门等相关人员在现场验收合格后，签字关闭搬迁作业。

四、特殊期间作业管理

特殊环境、时段的搬迁作业必须进行升级管控，确保安全。

（一）夜间作业

原则上不进行夜间搬迁作业，特殊情况，需要进行夜间搬迁时，钻井队必须开具作业许可，充分辨识风险，制定有效防控措施及应急处置措施，经项目部主要领导审查上报，公司级主管生产、安全领导审批同意后方准搬迁。

1. 作业条件良好

（1）新、老井场必须各配置 2 台及以上应急照明灯及必要的手持照明工具。

（2）雨雪后夜间作业，必须充分评估井场及道路条件，达不到搬迁条件，不得组织搬迁。

（3）对于临沟、傍山、泥浆池、陡坡、急弯等井场及道路风险未交底和未制定措施的不得搬迁。

2. 现场升级监管

井队夜间搬迁，由项目部领导带领人员到新、老井进行现场监管，对高危路段要督促委托运输承包商指定专人现场提示和监控。

由项目部副经理组织召开作业前安全会，做好风险识别及措施交底，明确人员分工。

做好单台吊车单次行为安全审核，及时发现并纠正员工不安全行为。

3. 合理安排人员作息

井队选择的夜间搬迁人员必须确保在白天有足够的休息时间，搬迁作业后至次日 12：00 前不得给夜间从事搬迁人员安排工作，严禁员工疲劳作业。

（二）特殊天气

遇有六级以上（含六级）大风、雷电或暴雨、雾、雪、沙尘暴等能见度小于 60m 时，应停止设备拆卸及高处作业。

五、作业期间应急管理

搬迁作业过程中，在井场区域内发生突发事件，当事人应立即报告钻井队负责人，由钻井队负责应急处置；在井场区域外运输过程发生的突发事件，当事人应立即报告运输承包商现场负责人，由承包商负责应急处置；应急处置时其他相关方应给予配合和联动。

发生生产安全或交通事故后，钻井队和运输承包商应立即停止作业，根据事故级别迅速启动应急处置程序，积极采取措施防止事故扩大。

第二章

钻机拆卸、搬迁、安装流程

第一节 30B 钻机拆卸、安装流程网络图

一、拆卸井架

拆卸井架流程图如图 2–1 所示。

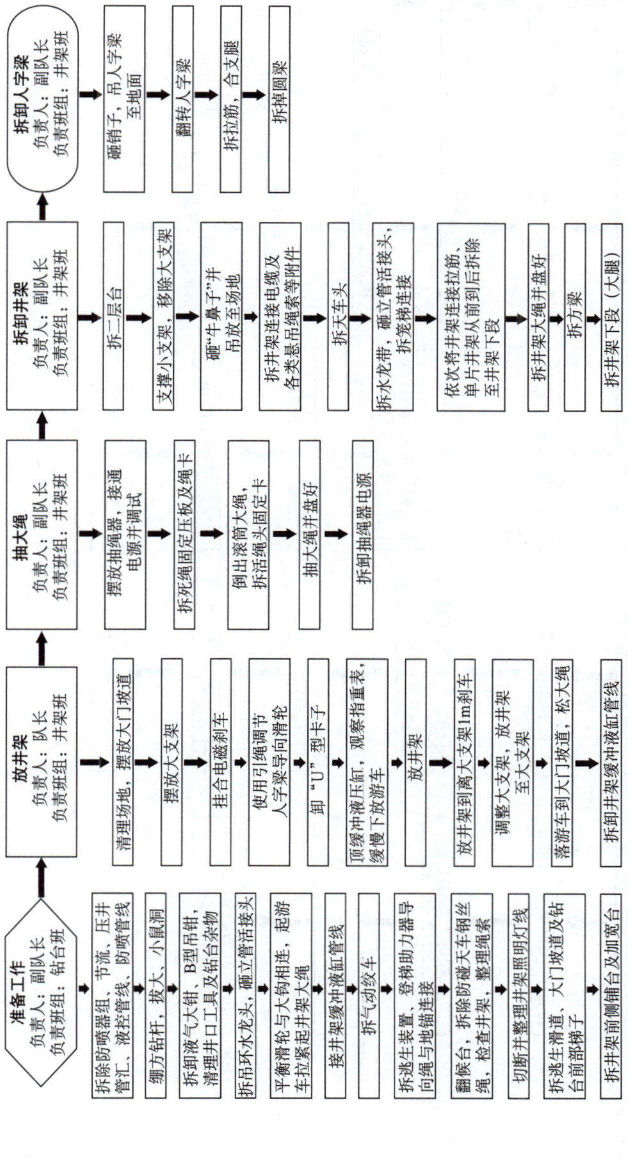

准备工作
负责人：副队长
负责班组：钻台班
拆除防喷器组、节流、压井管汇、液控管线，防喷管线
绷方钻杆，拔大、小鼠洞
拆卸液气大钳、B型吊钳，清理井口工具及钻台杂物
拆吊环水龙头，砸立管活接头
平衡滑轮与大钩相连，起游车拉紧起井架大绳
接井架缓冲液缸管线
拆气动绞车
拆逃生装置，登梯助力器导向绳与地锚连接
翻候台，拆除防碰天车钢丝绳，检查井架，整理绳索
切断井架照明灯线
拆逃生滑道，大门坡道及钻台前部梯子
拆井架前侧铺台及加宽台
放井架
负责人：队长
负责班组：井架班
清理场地，摆放大门坡道
摆放大支架
挂合电磁刹车
使用引绳调节人字梁导向滑轮
卸"U"型卡子
顶缓冲液压缸，观察指重表，缓慢下放游车
放井架
放井架到离大支架1m刹车
调整大支架，放井架至大支架
落游车到大门坡道，松大绳
拆卸井架缓冲液缸管线
抽大绳
负责人：副队长
负责班组：井架班
摆放抽绳器，接通电源并调试
拆死绳固定压板及绳卡
倒出滚筒大绳，拆活绳头固定卡
抽大绳并盘好
拆卸抽绳器电源
拆卸井架
负责人：副队长
负责班组：井架班
拆二层台
支撑小支架，移除大支架
砸"牛鼻子"并吊放至场地
拆井架连接电缆及各类悬吊绳索等附件
拆天车头
拆水龙带，砸立管活接头，拆宽梯连接
依次将井架连接拉筋、单片井架从前到后拆除至井架下段
拆井架大绳并盘好
拆方梁
拆井架下段（大腿）
拆卸人字梁
负责人：副队长
负责班组：井架班
砸销子，吊人字梁至地面
翻转人字梁
拆拉筋，合支腿
拆掉圆梁

图 2–1 拆卸井架流程图

二、拆卸机房

拆卸机房流程图如图 2–2 所示。

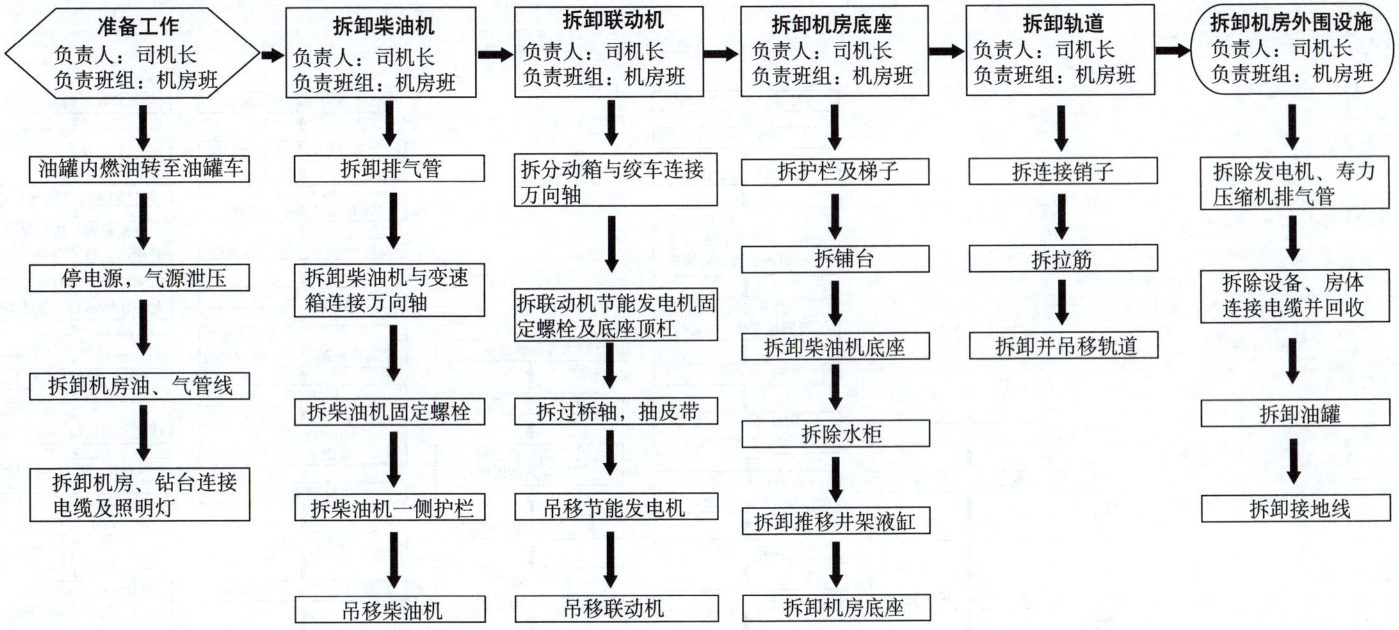

图 2–2　拆卸机房流程图

三、拆卸钻台

拆卸钻台流程图如图 2–3 所示。

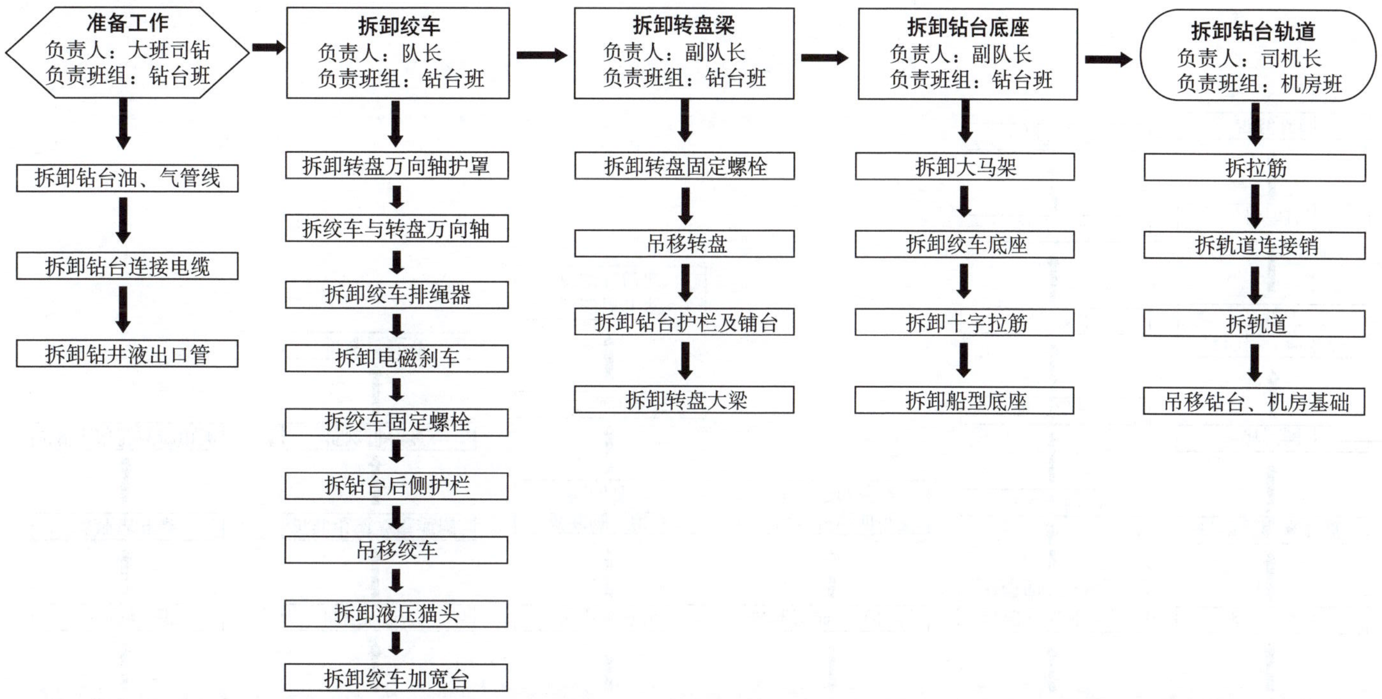

图 2–3　拆卸钻台流程图

四、拆卸泵房及循环罐

拆卸泵房及循环罐流程图如图 2–4 所示。

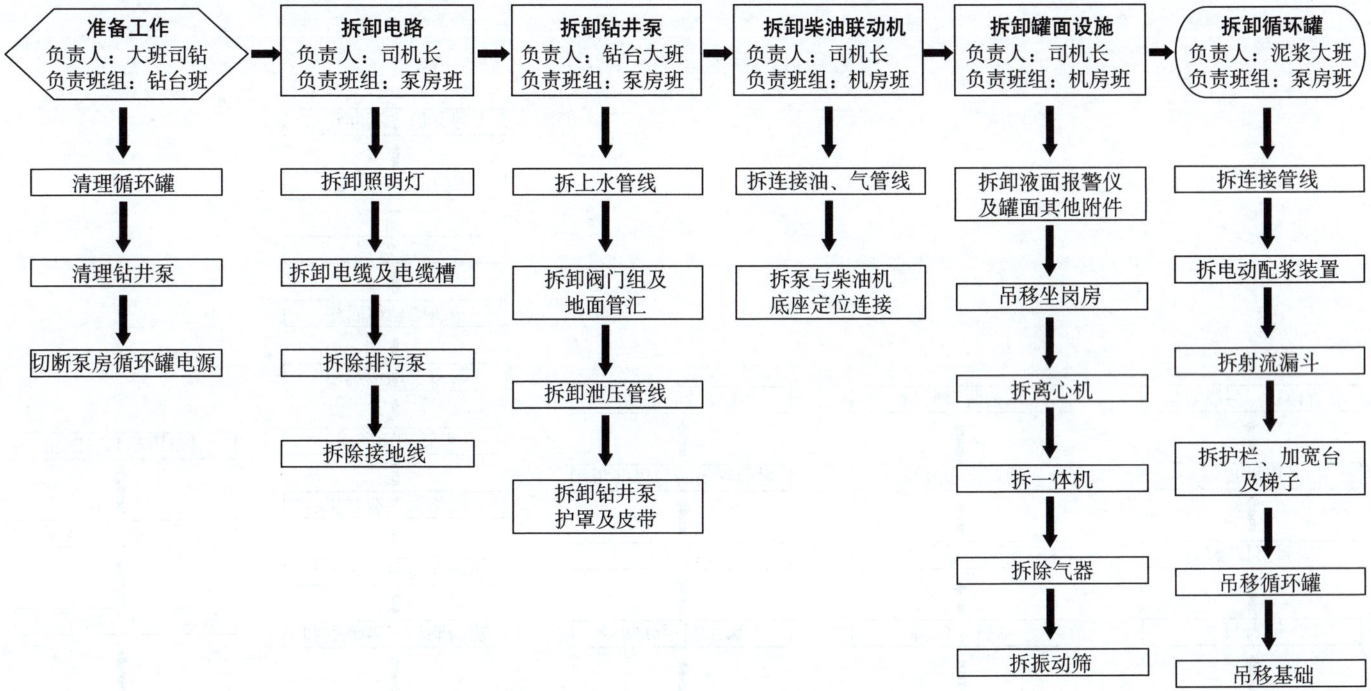

图 2–4 拆卸泵房及循环罐流程图

五、安装钻台

安装钻台流程图如图 2–5 所示。

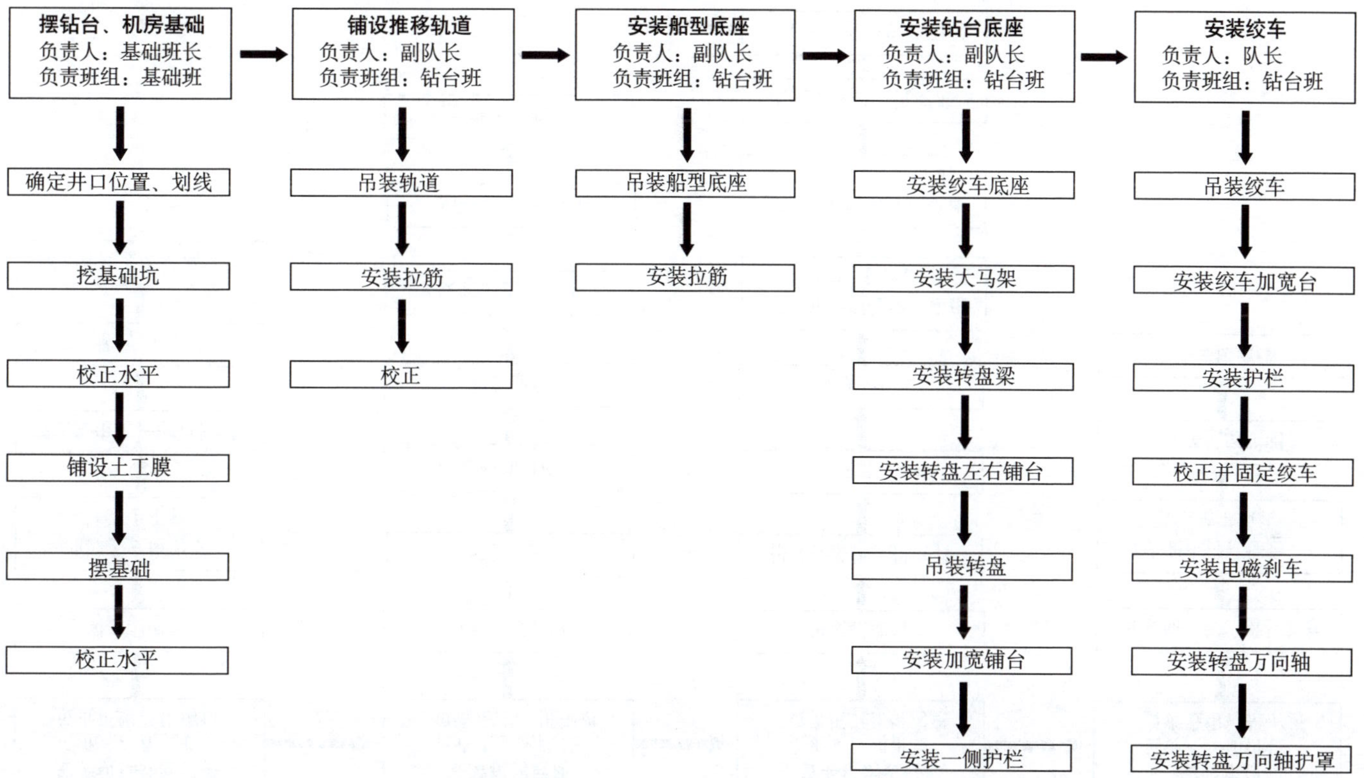

图 2–5 安装钻台流程图

六、安装机房

安装机房流程图如图 2–6 所示。

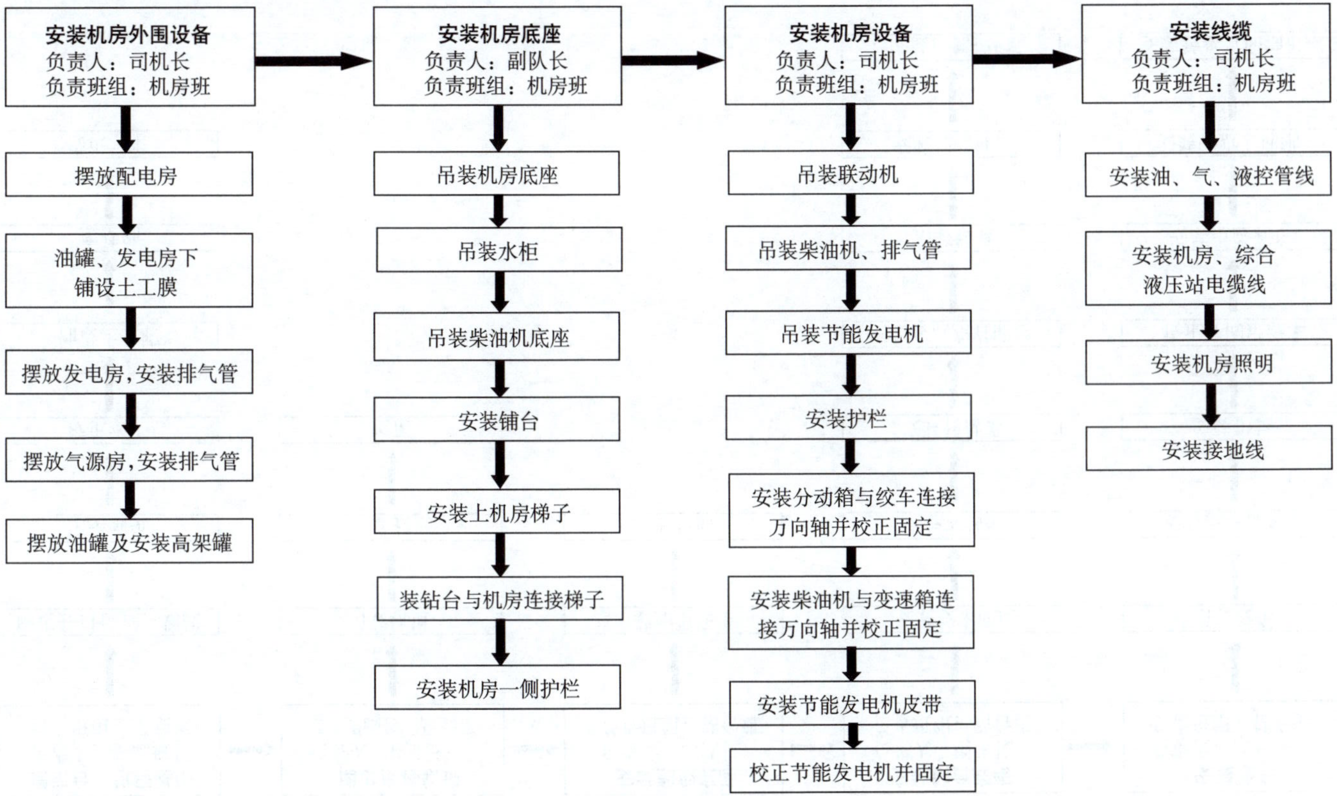

图 2–6 安装机房流程图

七、安装井架

安装井架流程图如图 2–7 所示。

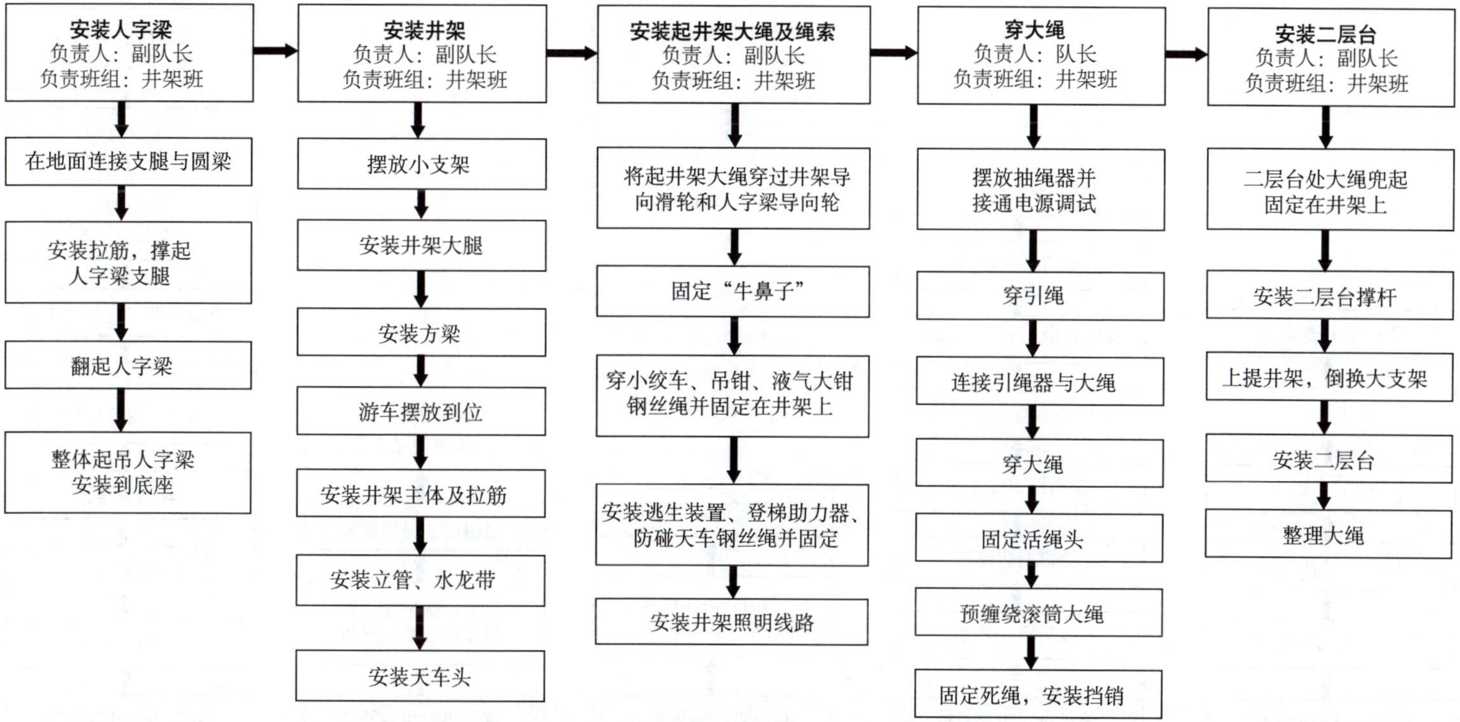

安装人字梁
负责人：副队长
负责班组：井架班
在地面连接支腿与圆梁
安装拉筋，撑起人字梁支腿
翻起人字梁
整体起吊人字梁安装到底座
安装井架
负责人：副队长
负责班组：井架班
摆放小支架
安装井架大腿
安装方梁
游车摆放到位
安装井架主体及拉筋
安装立管、水龙带
安装天车头
安装起井架大绳及绳索
负责人：副队长
负责班组：井架班
将起井架大绳穿过井架导向滑轮和人字梁导向轮
固定“牛鼻子”
穿小绞车、吊钳、液气大钳钢丝绳并固定在井架上
安装逃生装置、登梯助力器、防碰天车钢丝绳并固定
安装井架照明线路
穿大绳
负责人：队长
负责班组：井架班
摆放抽绳器并接通电源调试
穿引绳
连接引绳器与大绳
穿大绳
固定活绳头
预缠绕滚筒大绳
固定死绳，安装挡销
安装二层台
负责人：副队长
负责班组：井架班
二层台处大绳兜起固定在井架上
安装二层台撑杆
上提井架，倒换大支架
安装二层台
整理大绳

图 2–7　安装井架流程图

八、起井架及后续安装

起井架及后续安装流程图如图 2−8 所示。

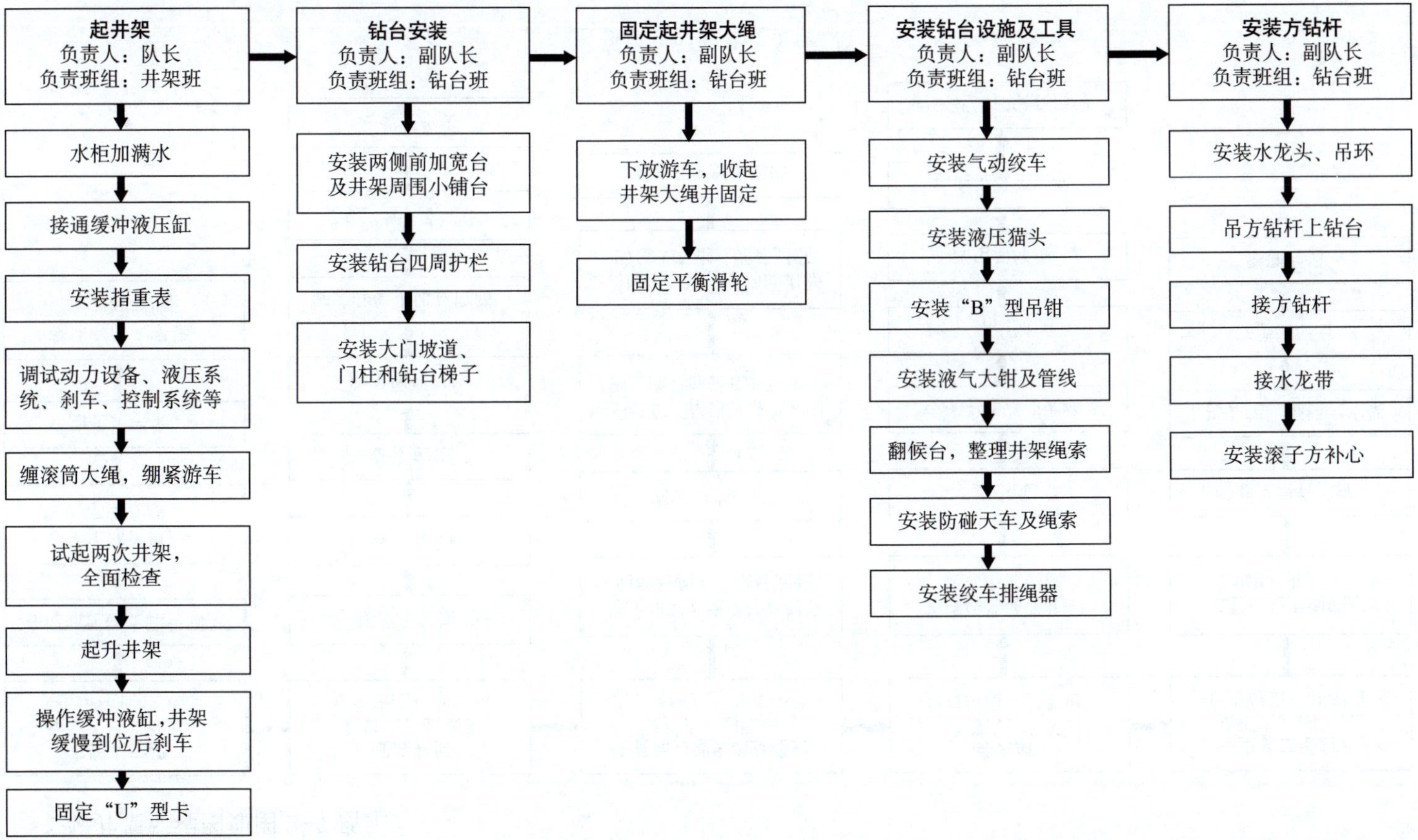

图 2−8　起井架及后续安装流程图

九、安装泵房、循环罐

安装泵房、循环罐流程图如图 2–9 所示。

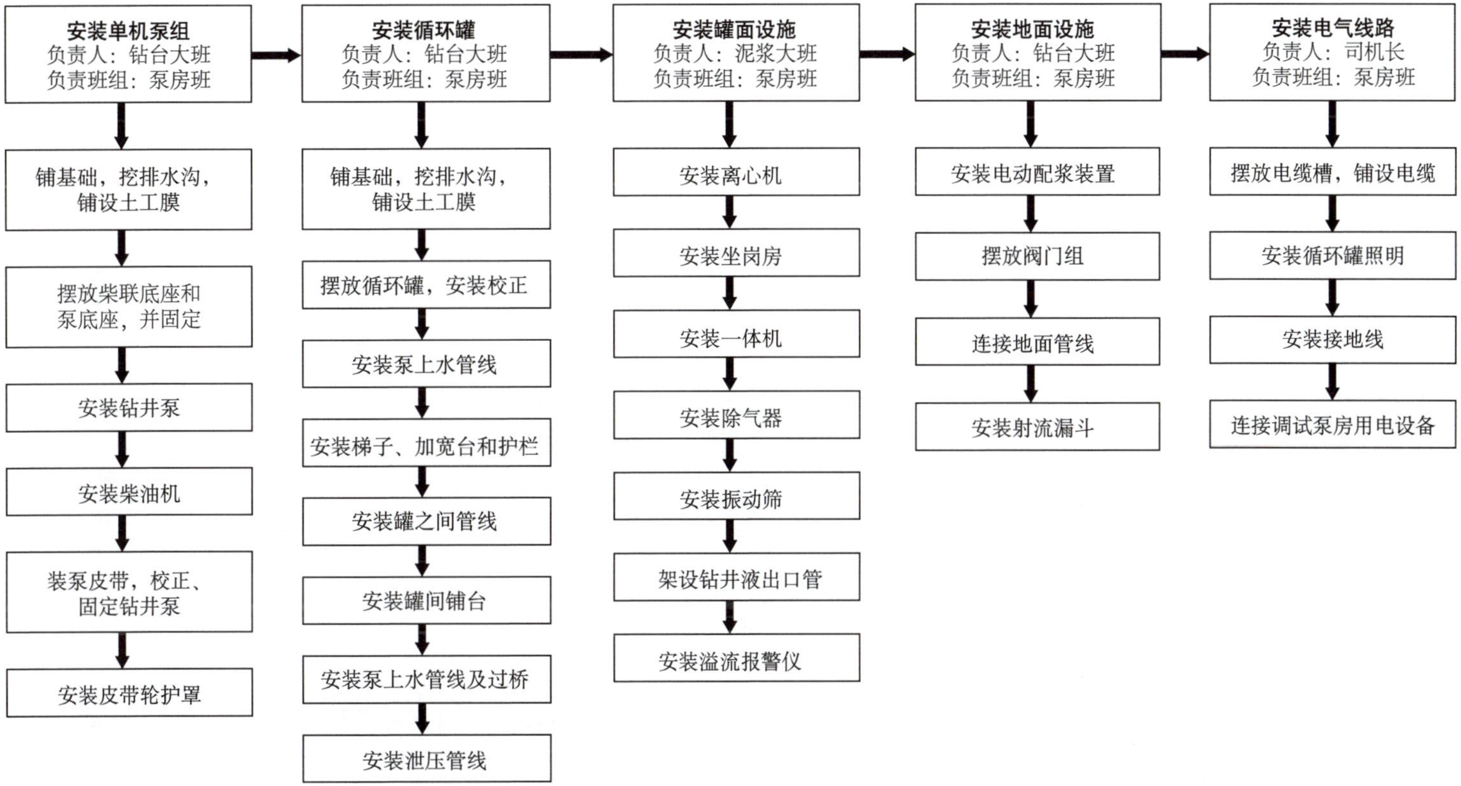

图 2–9 安装泵房、循环罐流程图

第二节 30DB 钻机拆卸、安装流程网络图

一、拆卸井架

拆卸井架流程图如图 2-10 所示。

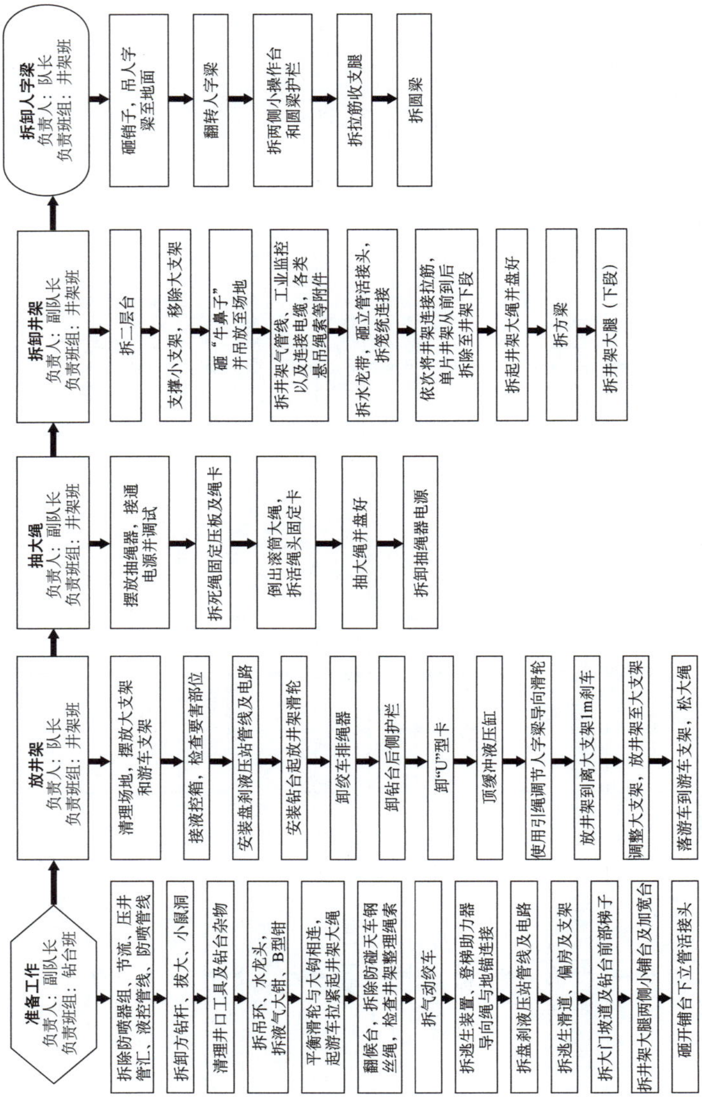
准备工作
负责人：副队长
负责班组：钻台班
拆除防喷器组、节流、压井管汇、液控管线、防喷管线
拆卸方钻杆，拔大、小鼠洞
清理井口工具及钻台杂物
拆吊环、水龙头，拆液气大钳、B型钳
平衡滑轮与大钩相连，起游车拉紧起井架大绳
翻候台，拆除防碰天车钢丝绳，检查井架整理绳索
拆气动绞车
拆逃生装置、登梯助力器导向绳与地锚连接
拆盘刹液压站管线及电路
拆逃生滑道、偏房及支架
拆大门坡道及钻台前部梯子
拆井架大腿两侧小铺台及加宽台
砸开铺台下立管活接头
放井架
负责人：队长
负责班组：井架班
清理场地，摆放大支架和游车支架
接液控箱，检查要害部位
安装盘刹液压站管线及电路
安装钻台起放井架滑轮
卸绞车排绳器
卸钻台后侧护栏
卸"U"型卡
顶缓冲液压缸
使用引绳调节人字梁导向滑轮
放井架到离大支架1m刹车
调整大支架，放井架至大支架
落游车到游车支架，松大绳
抽大绳
负责人：副队长
负责班组：井架班
摆放抽绳器，接通电源并调试
拆死绳固定压板及绳卡
倒出滚筒大绳，拆活绳头固定卡
抽大绳并盘好
拆卸抽绳器电源
拆卸井架
负责人：副队长
负责班组：井架班
拆二层台
支撑小支架，移除大支架
砸"牛鼻子"并吊放至场地
拆井架气管线、工业监控以及连接电缆，各类悬吊绳索等附件
拆水龙带，砸立管活接头，拆笼统连接
依次将井架连接拉筋，单片井架从前到后拆除至井架下段
拆起井架大绳并盘好
拆方梁
拆井架大腿（下段）
拆卸人字梁
负责人：队长
负责班组：井架班
砸销子，吊人字梁至地面
翻转人字梁
拆两侧小操作台和圆梁护栏
拆拉筋收支腿
拆圆梁

图 2-10 拆卸井架流程图

二、拆卸钻台

拆卸钻台流程图如图 2–11 所示。

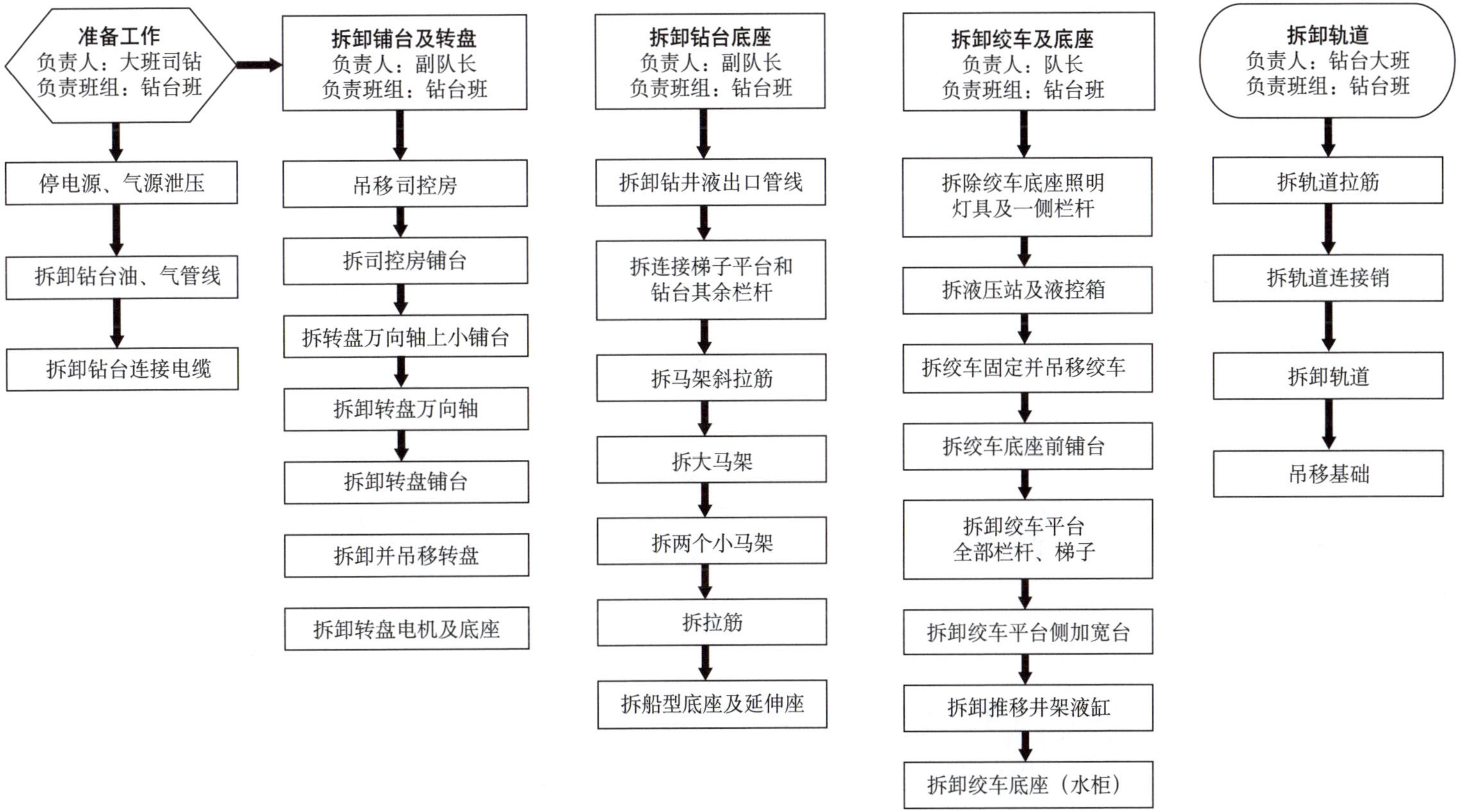

图 2–11 拆卸钻台流程图

三、拆卸泵房及循环罐

拆卸泵房及循环罐流程如图 2–12 所示。

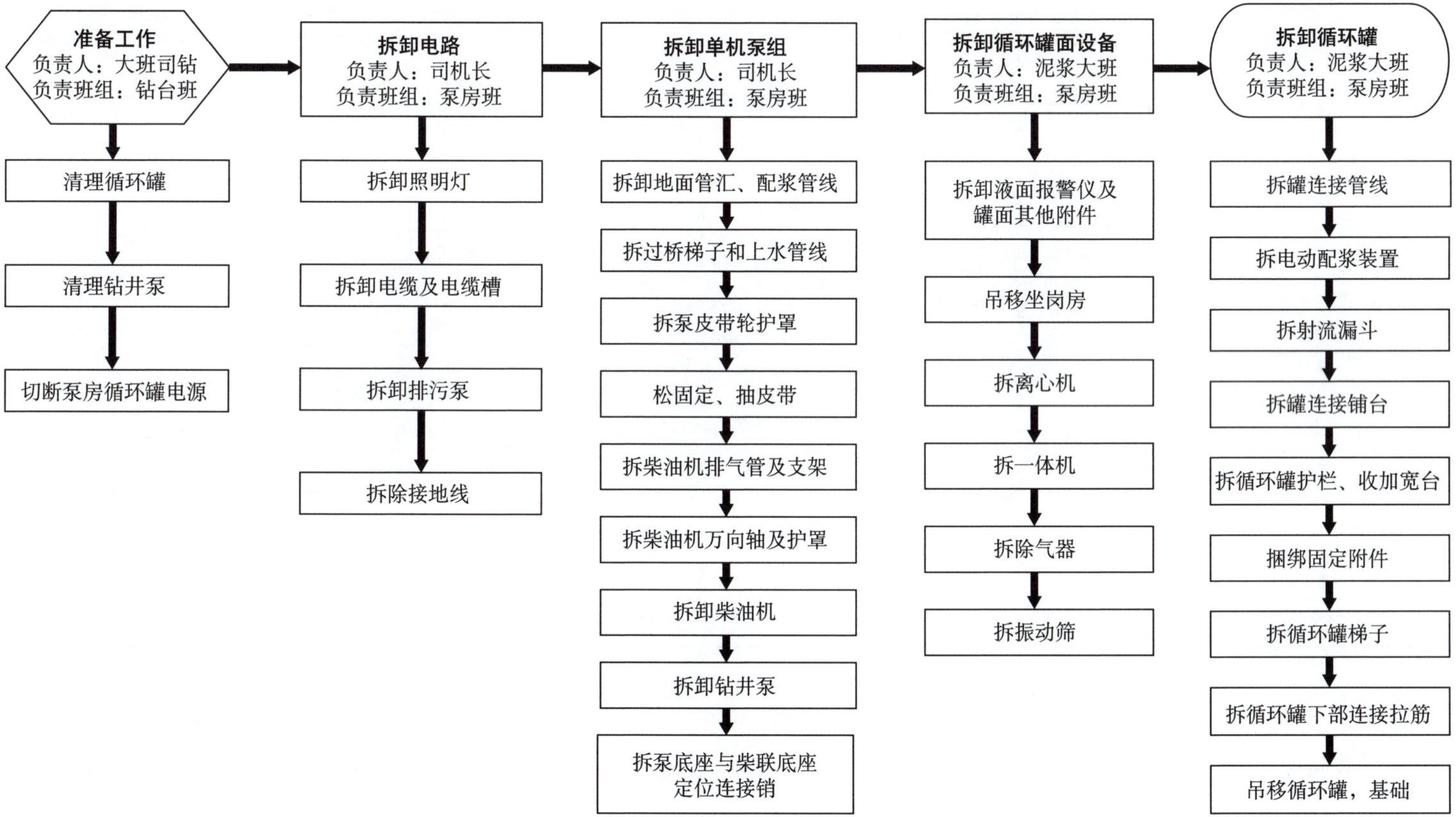

图 2–12 拆卸泵房及循环罐流程图

四、拆卸机房

拆卸机房流程图如图 2–13 所示。

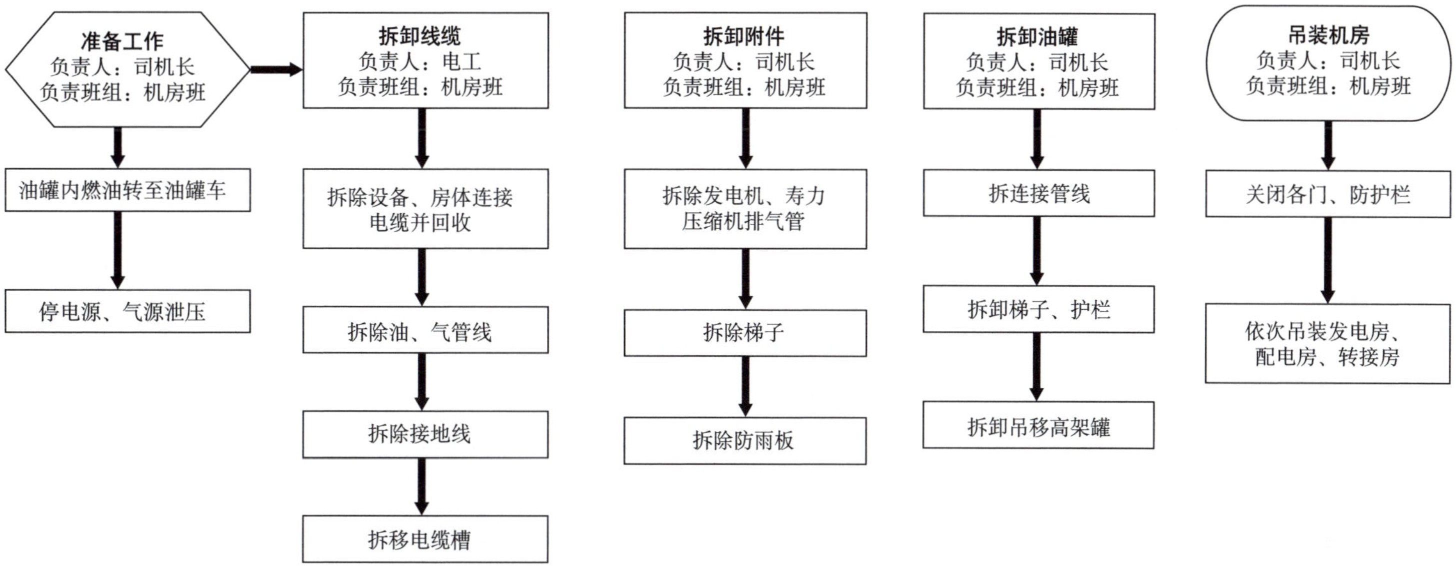

图 2–13 拆卸机房流程图

五、安装钻台

安装钻台流程图如图 2–14 所示。

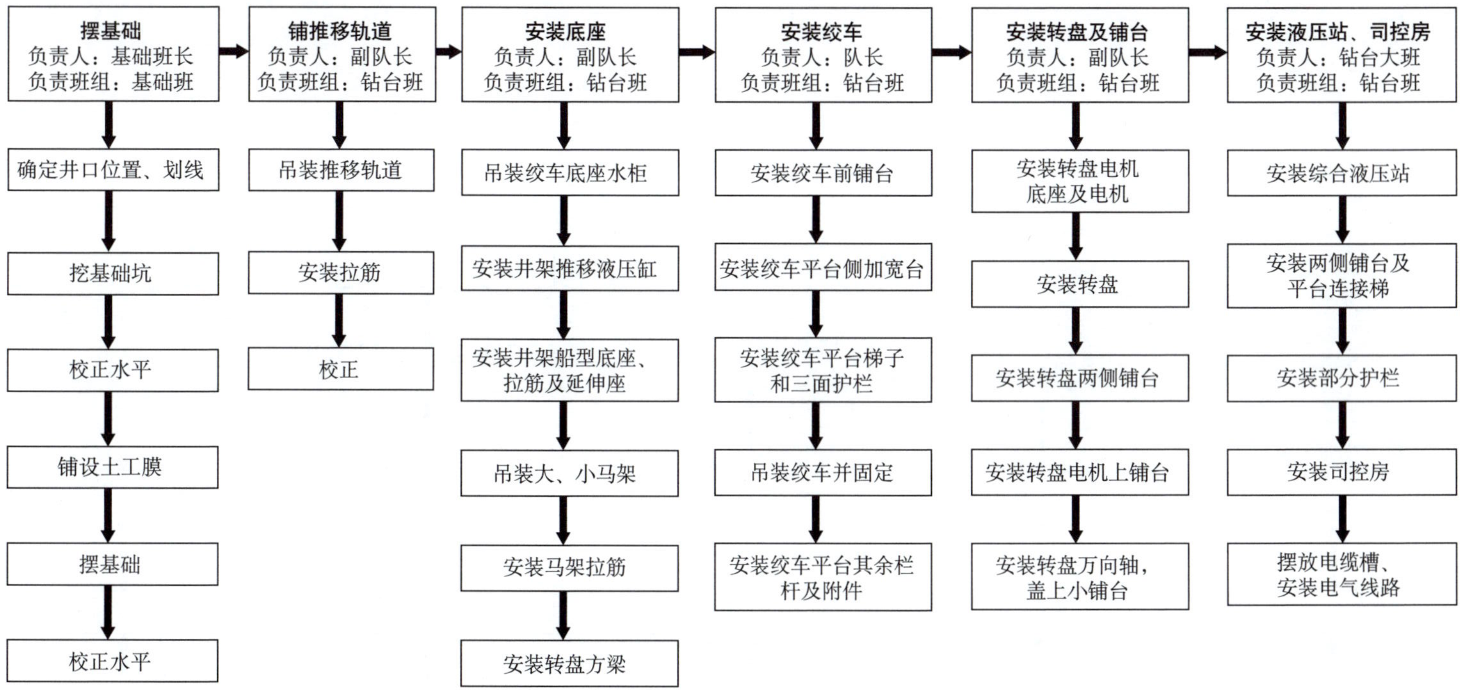

图 2–14　安装钻台流程图

六、安装机房

安装机房流程图如图 2–15 所示。

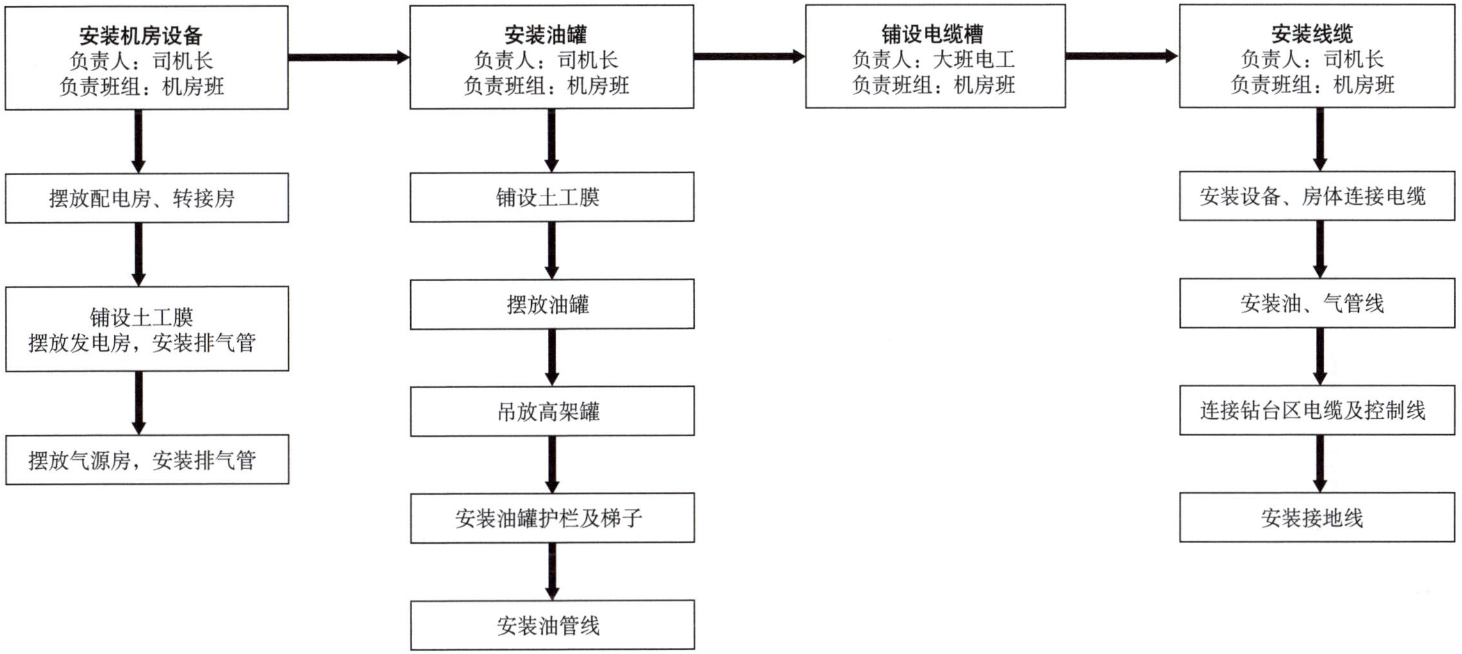

图 2–15 安装机房流程图

七、安装井架

安装井架流程图如图 2–16 所示。

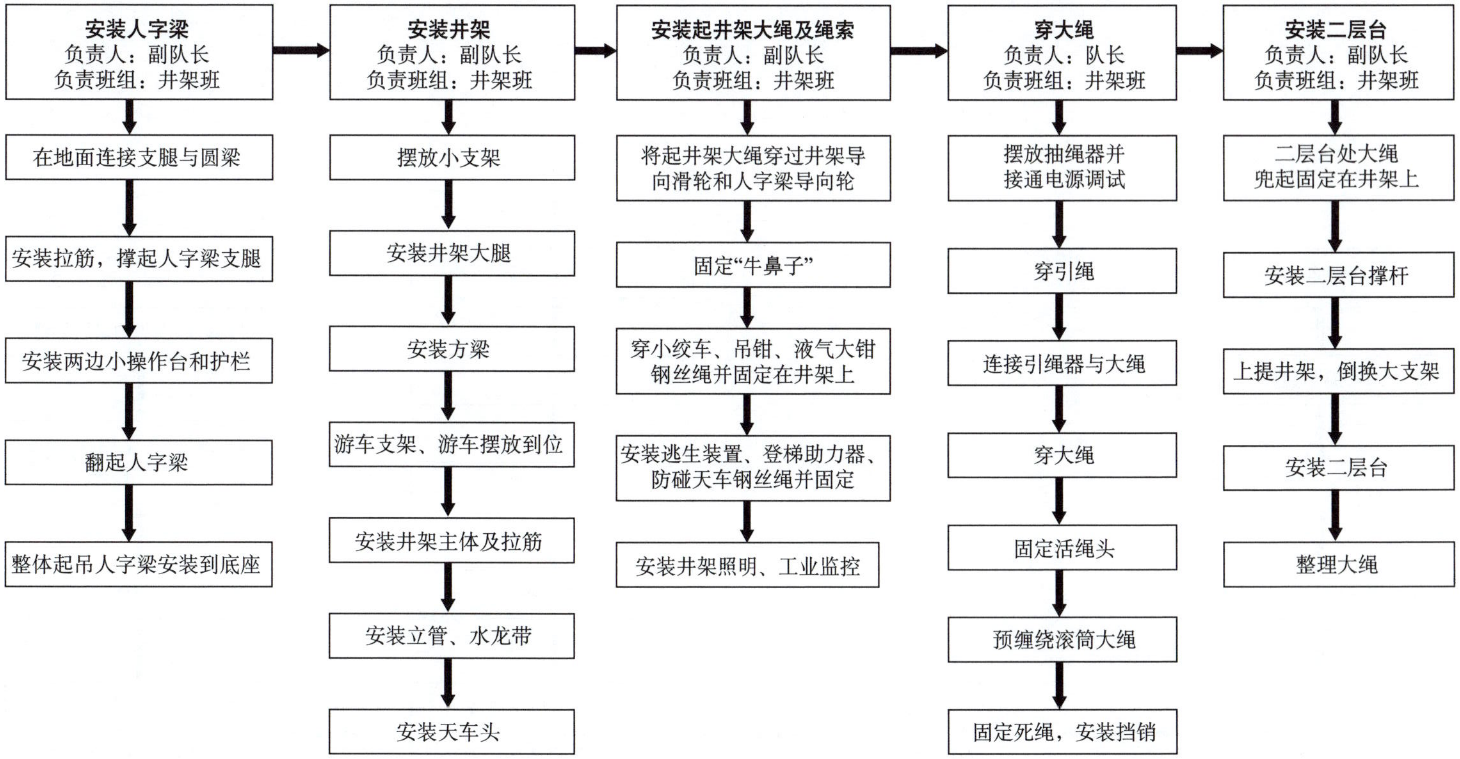
安装人字梁
负责人：副队长
负责班组：井架班
在地面连接支腿与圆梁
安装拉筋，撑起人字梁支腿
安装两边小操作台和护栏
翻起人字梁
整体起吊人字梁安装到底座
安装井架
负责人：副队长
负责班组：井架班
摆放小支架
安装井架大腿
安装方梁
游车支架、游车摆放到位
安装井架主体及拉筋
安装立管、水龙带
安装天车头
安装起井架大绳及绳索
负责人：副队长
负责班组：井架班
将起井架大绳穿过井架导向滑轮和人字梁导向轮
固定“牛鼻子”
穿小绞车、吊钳、液气大钳钢丝绳并固定在井架上
安装逃生装置、登梯助力器、防碰天车钢丝绳并固定
安装井架照明、工业监控
穿大绳
负责人：队长
负责班组：井架班
摆放抽绳器并接通电源调试
穿引绳
连接引绳器与大绳
穿大绳
固定活绳头
预缠绕滚筒大绳
固定死绳，安装挡销
安装二层台
负责人：副队长
负责班组：井架班
二层台处大绳兜起固定在井架上
安装二层台撑杆
上提井架，倒换大支架
安装二层台
整理大绳

图 2–16 安装井架流程图

八、起井架及后续安装

起井架及后续安装流程图如图 2–17 所示。

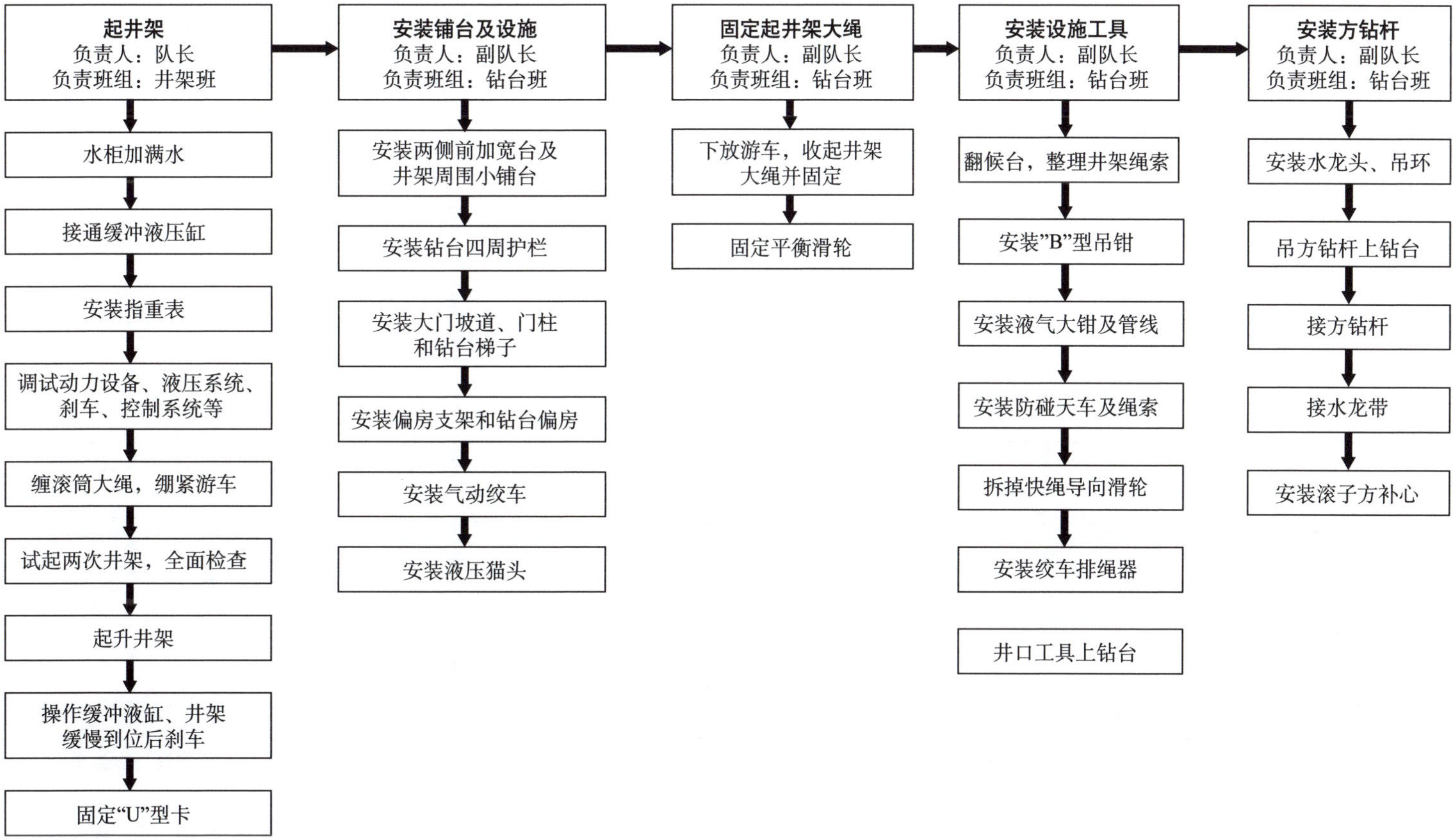

图 2–17 起井架及后续安装流程图

九、安装泵房、循环罐

安装泵房、循环罐流程图如图 2–18 所示。

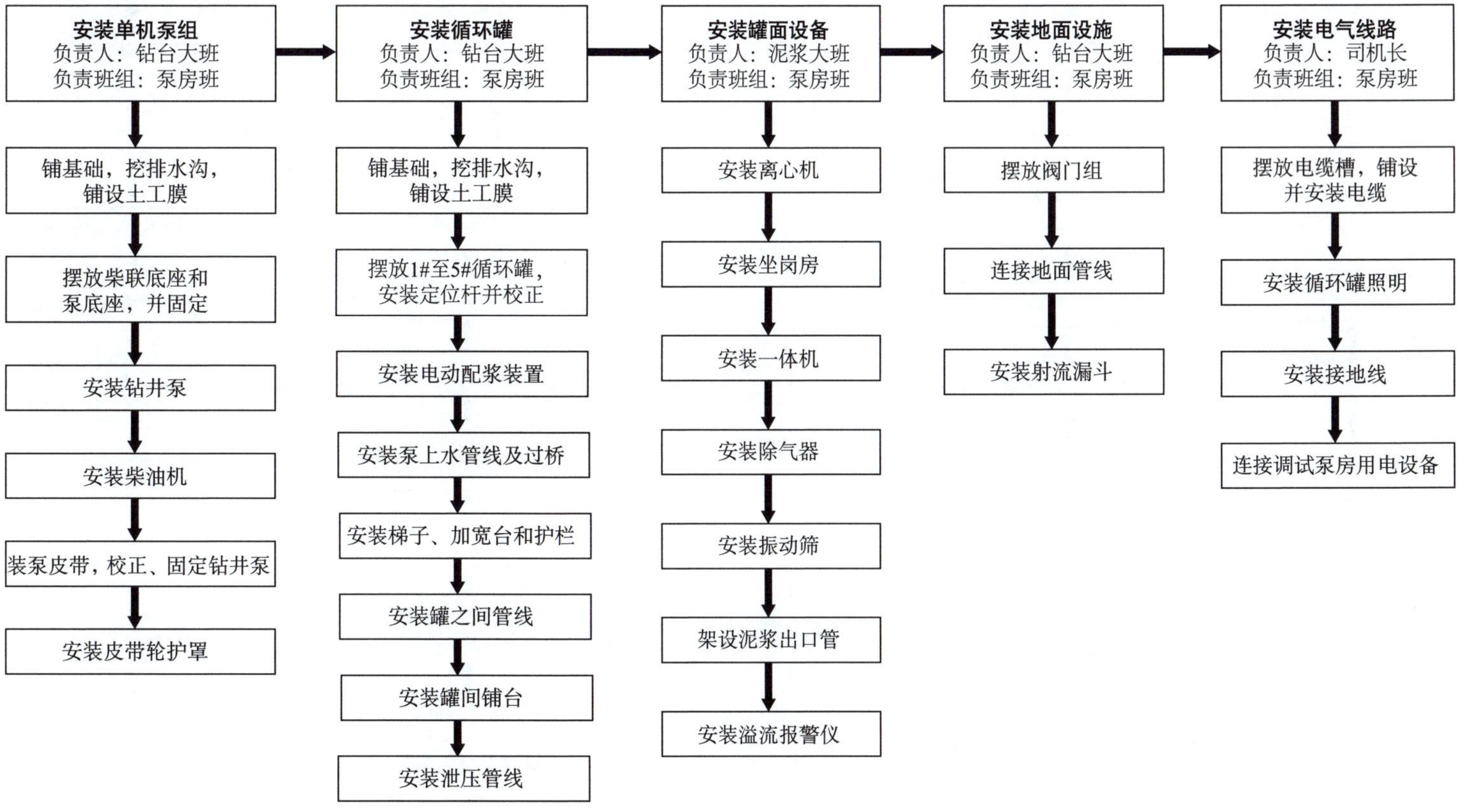

图 2–18　安装泵房、循环罐流程图

第三节 30LDB 钻机拆卸、安装流程网络图

一、拆卸井架

拆卸井架流程图如图 2–19 所示。

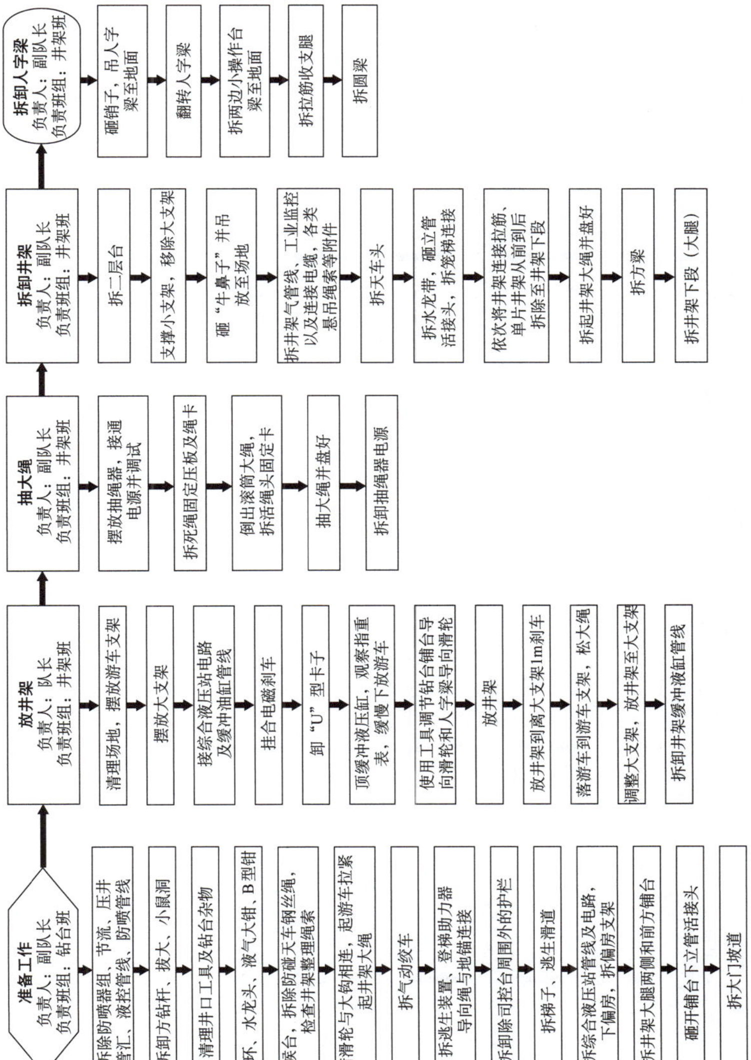
准备工作
负责人：副队长
负责班组：钻台班
拆除防喷器组、节流、压井管汇、液控管线、防喷管线
拆卸方钻杆，拔大、小鼠洞
清理井口工具及钻台杂物
拆吊环、水龙头、液气大钳、B型钳
翻候台，拆除防碰天车钢丝绳，检查井架整理绳索
平衡滑轮与大钩相连，起游车拉紧起井架大绳
拆气动绞车
拆逃生装置、登梯助力器导向绳与地锚连接
拆卸除司控台周围外的护栏
拆梯子、逃生滑道
拆综合液压站管线及电路，下偏房，拆偏房支架
拆井架大腿两侧和前方铺台
砸开铺台下立管活接头
拆大门坡道
放井架
负责人：队长
负责班组：井架班
清理场地，摆放游车支架
摆放大支架
接综合液压站电路及缓冲油缸管线
挂合电磁刹车
卸“U”型卡子
顶缓冲液压缸，观察指重表，缓慢下放游车
使用工具调节钻台铺台导向滑轮和人字梁导向滑轮
放井架
放井架到离大支架1m刹车
落游车到游车支架，松大绳
调整大支架，放井架至大支架
拆卸井架缓冲液缸管线
抽大绳
负责人：副队长
负责班组：井架班
摆放抽绳器，接通电源并调试
拆死绳固定压板及绳卡
倒出滚筒大绳，拆活绳头固定卡
抽大绳并盘好
拆卸抽绳器电源
拆卸井架
负责人：副队长
负责班组：井架班
拆二层台
支撑小支架，移除大支架
砸“牛鼻子”井吊放至场地
拆井架气管线、工业监控以及连接电缆，各类悬吊绳索等附件
拆天车头
拆水龙带，砸立管活接头，拆笼梯连接
依次将井架连接拉筋，单片井架从前到后拆除至井架下段
拆起井架大绳并盘好
拆方梁
拆井架下段（大腿）
拆卸人字梁
负责人：副队长
负责班组：井架班
砸销子，吊人字梁至地面
翻转人字梁
拆两边小操作台梁至地面
拆拉筋收支腿
拆圆梁

图 2–19 拆卸井架流程图

二、拆卸机房

拆卸机房流程图如图 2–20 所示。

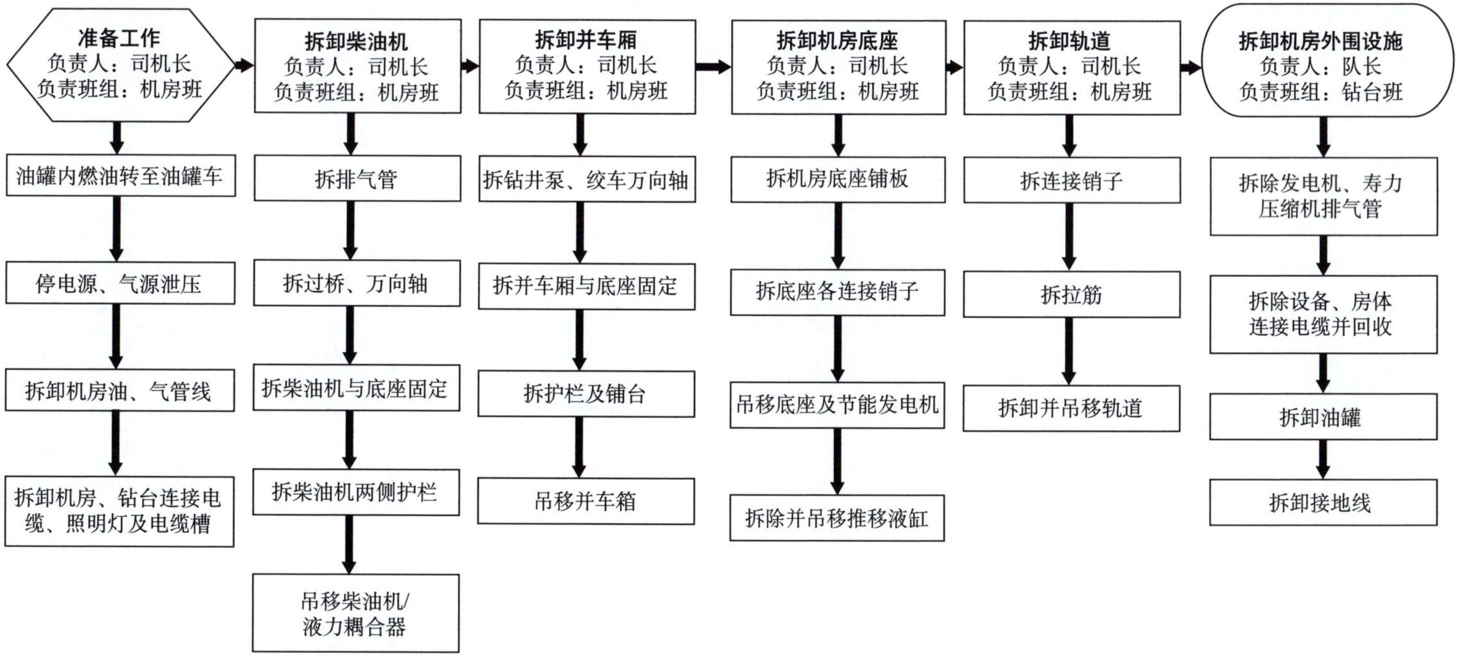

图 2–20　拆卸机房流程图

三、拆卸绞车及钻台

拆卸绞车及钻台流程图如图 2–21 所示。

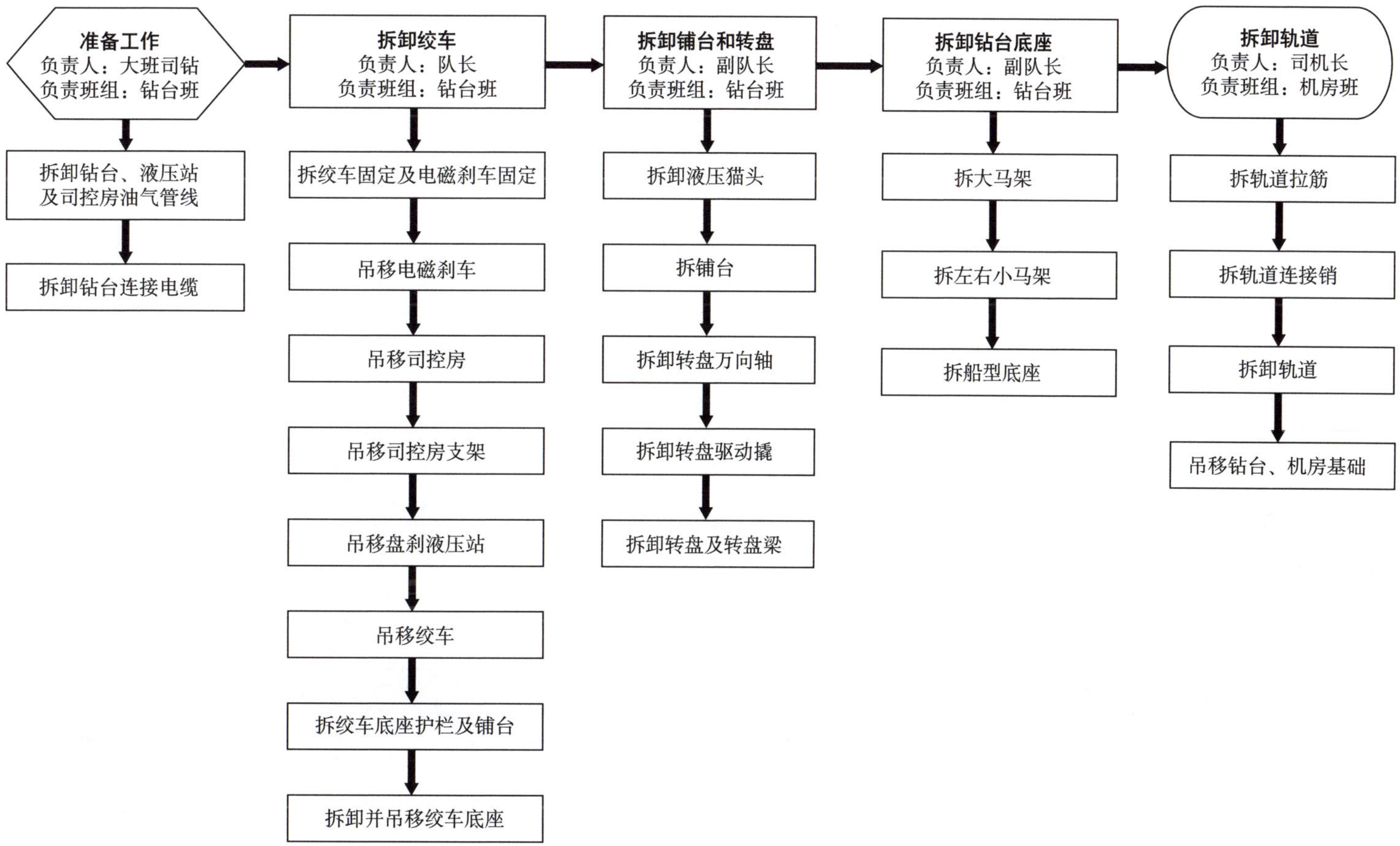

图 2–21 拆卸绞车及钻台流程图

四、拆卸泵房及循环罐

拆卸泵房及循环罐流程图如图 2–22 所示。

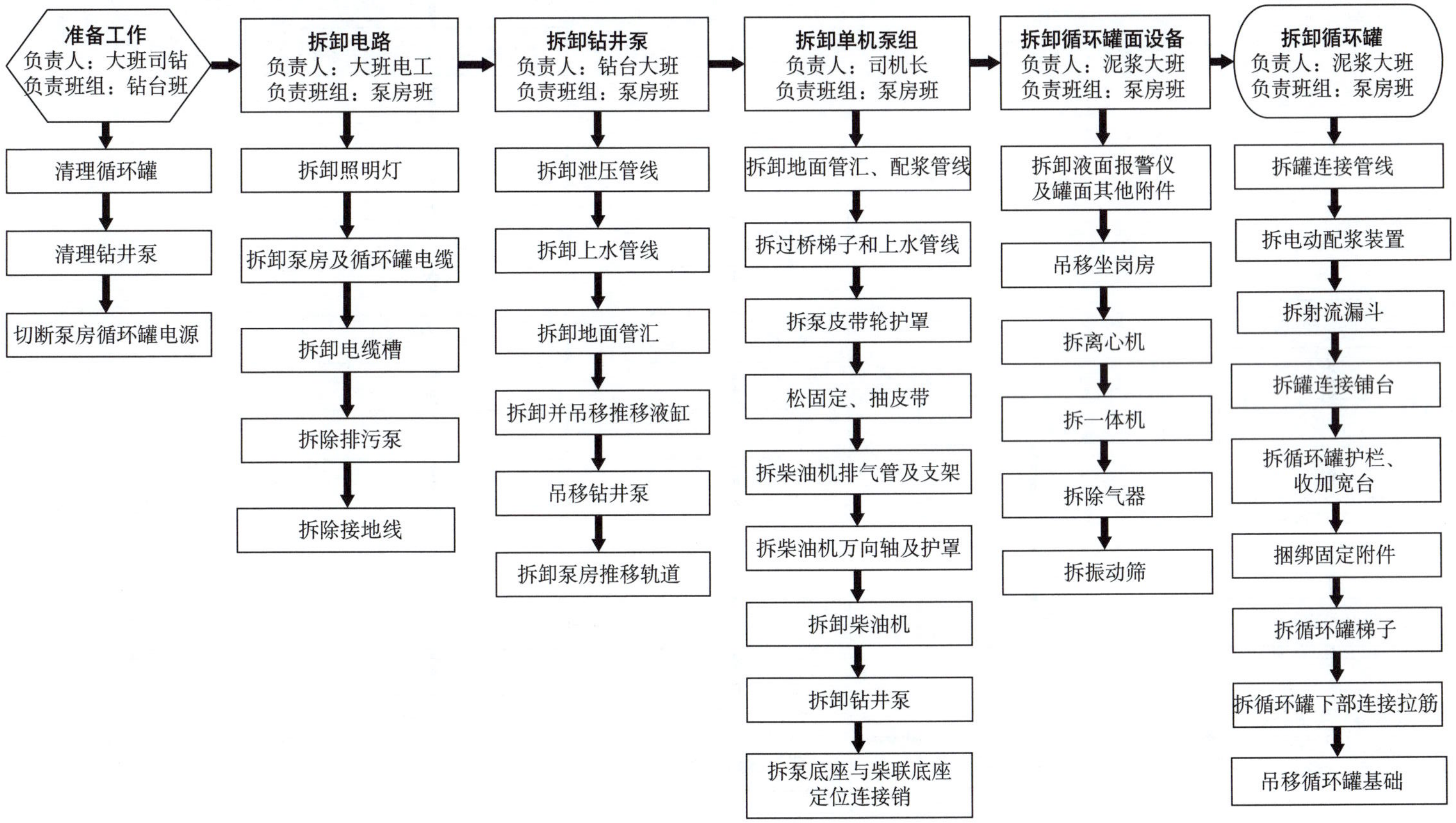

图 2–22 拆卸泵房及循环罐流程图

五、安装机房、绞车

安装机房、绞车流程图如图 2–23 所示。

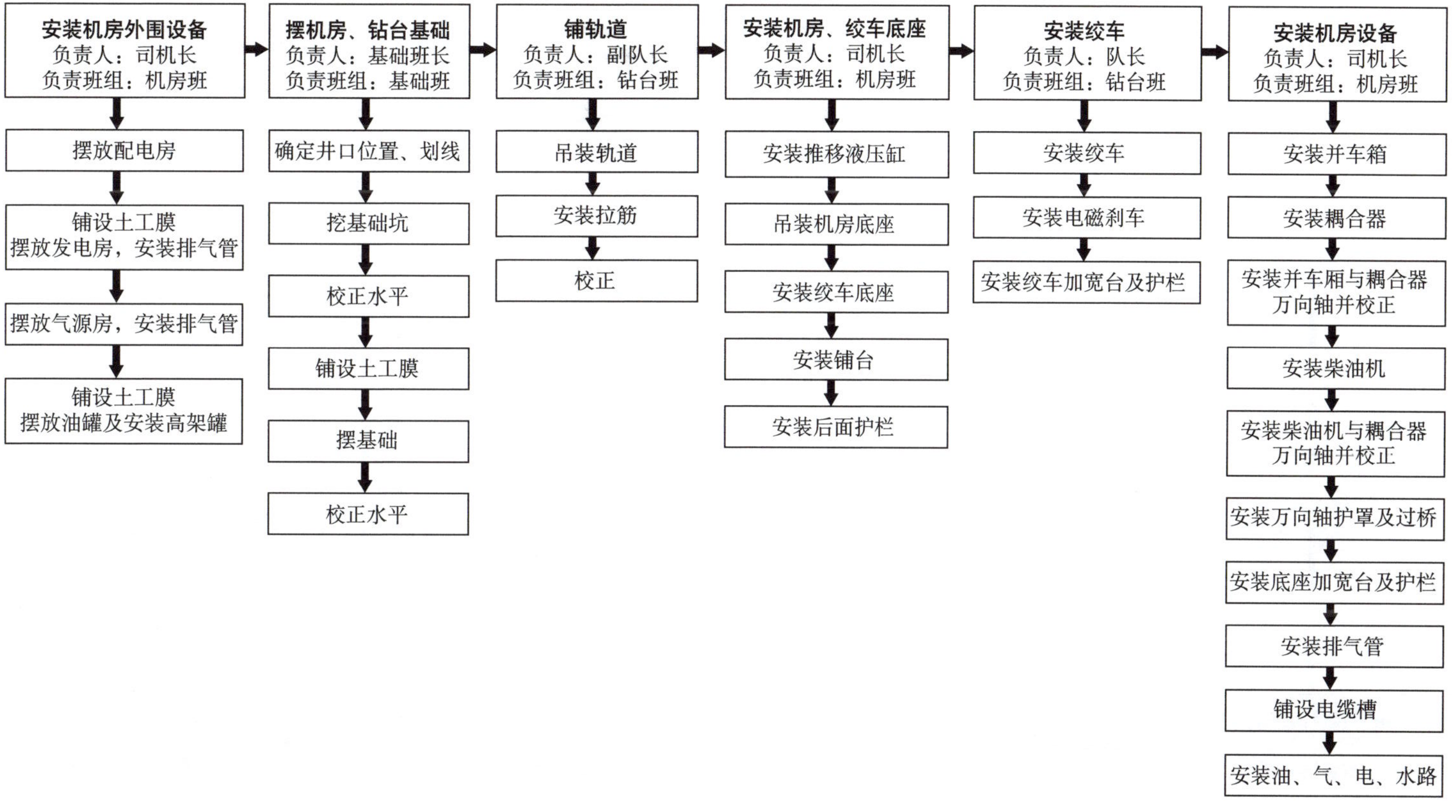

图 2–23 安装机房、绞车流程图

六、安装钻台

安装钻台流程图如图 2–24 所示。

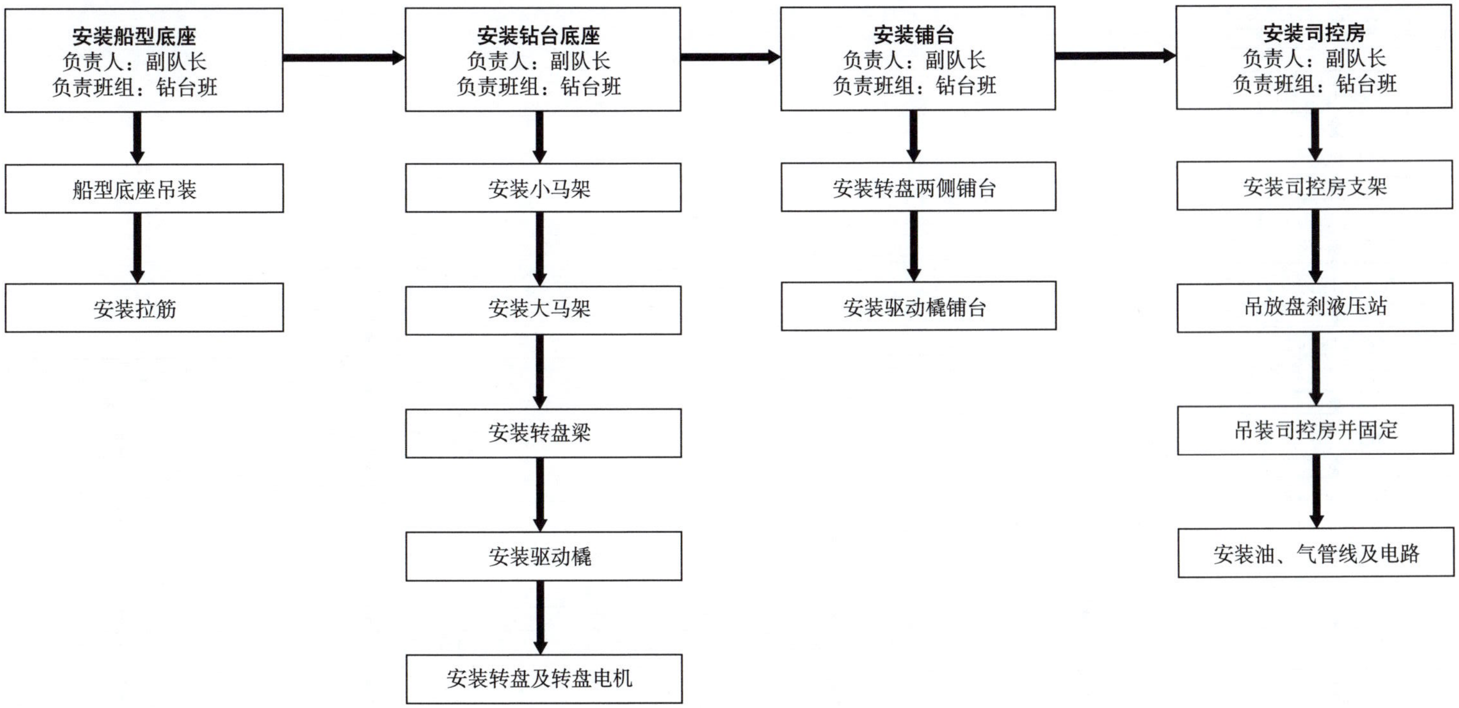

图 2–24　安装钻台流程图

七、安装井架

安装井架流程图如图 2–25 所示。

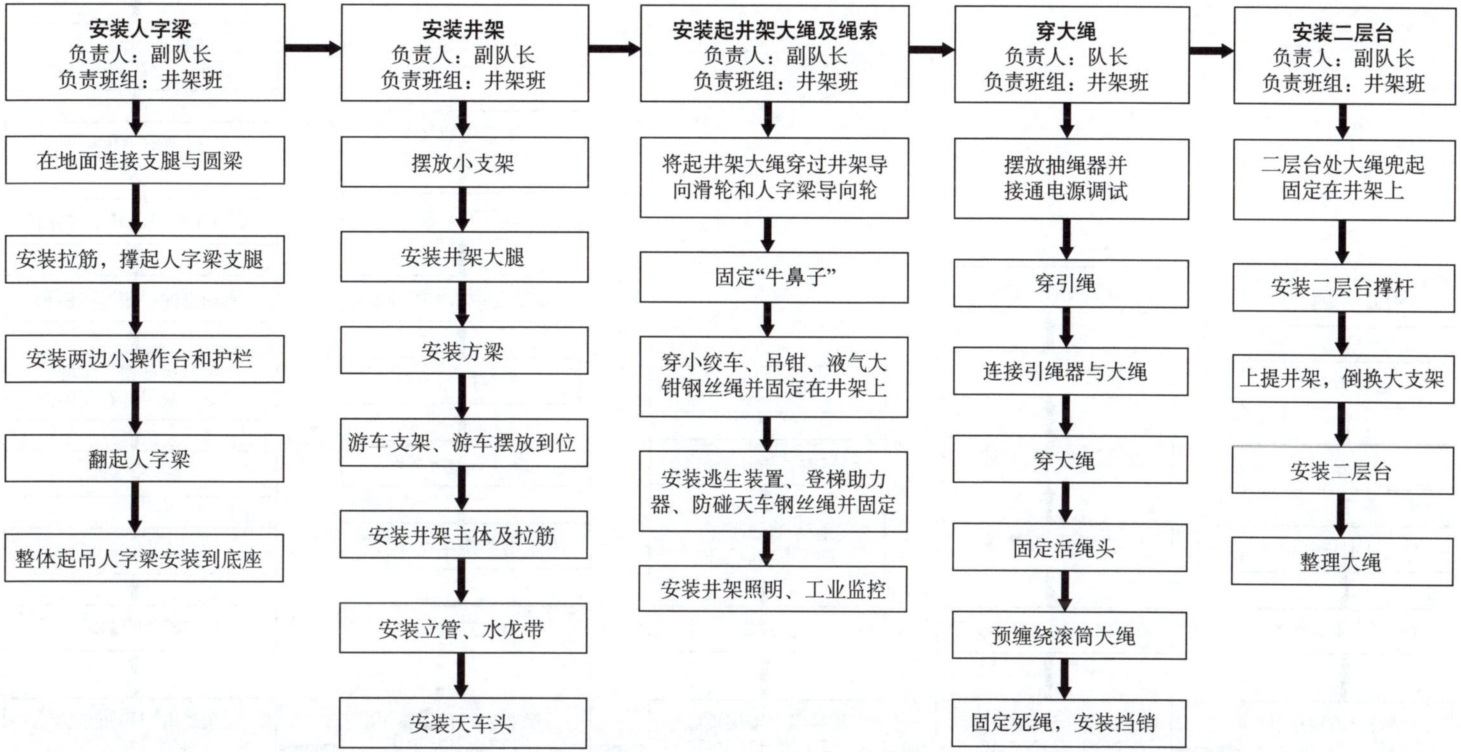

图 2–25 安装井架流程图

八、起井架及后续安装

起井架及后续安装流程图如图 2–26 所示。

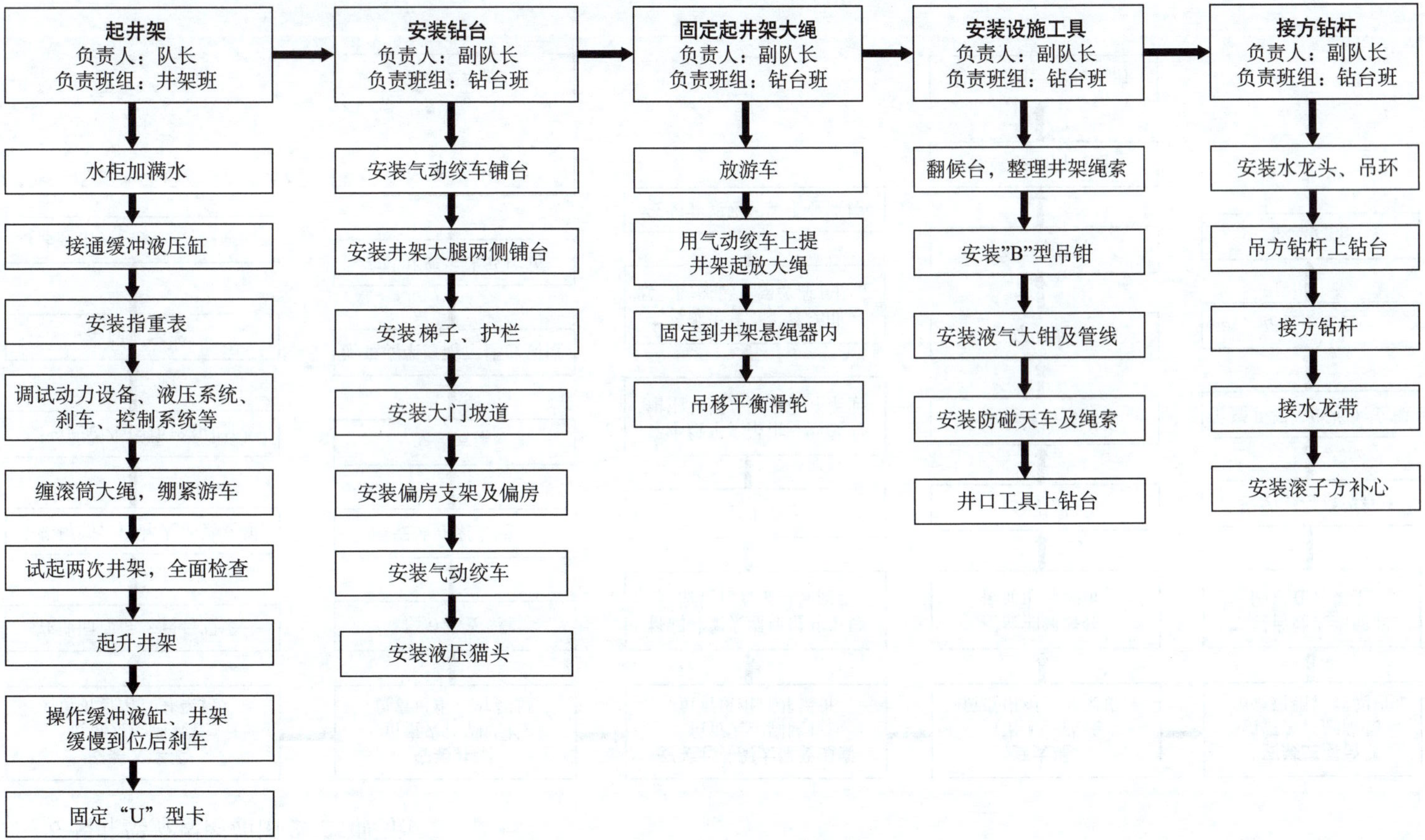

图 2–26　起井架及后续安装流程图

九、安装泵房及循环罐

安装泵房及循环罐流程图如图 2–27 所示。

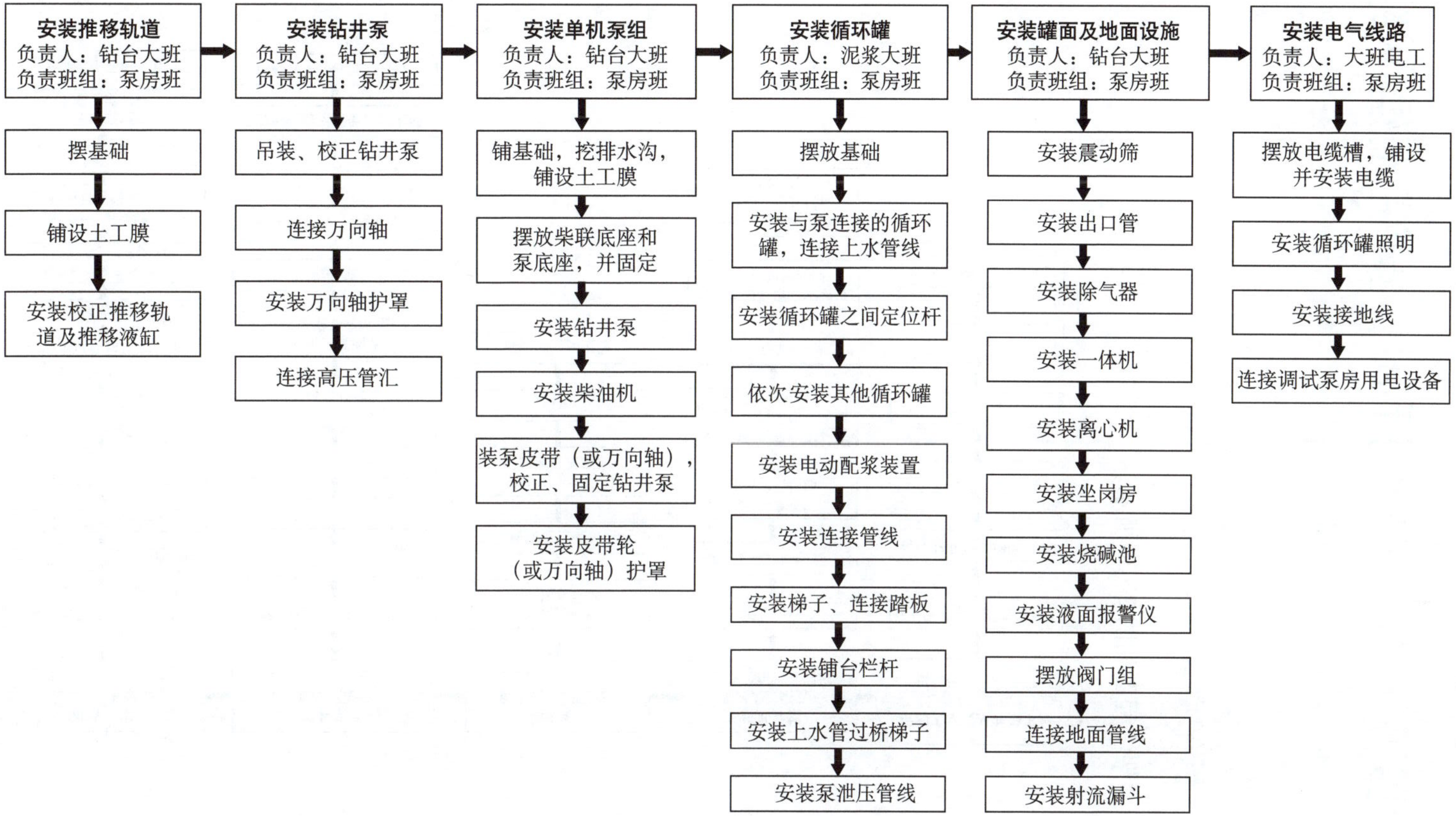

图 2–27 安装泵房及循环罐流程图

第四节 40V 钻机拆卸、安装流程网络图

一、拆卸井架

拆卸井架流程图如图 2–28 所示。

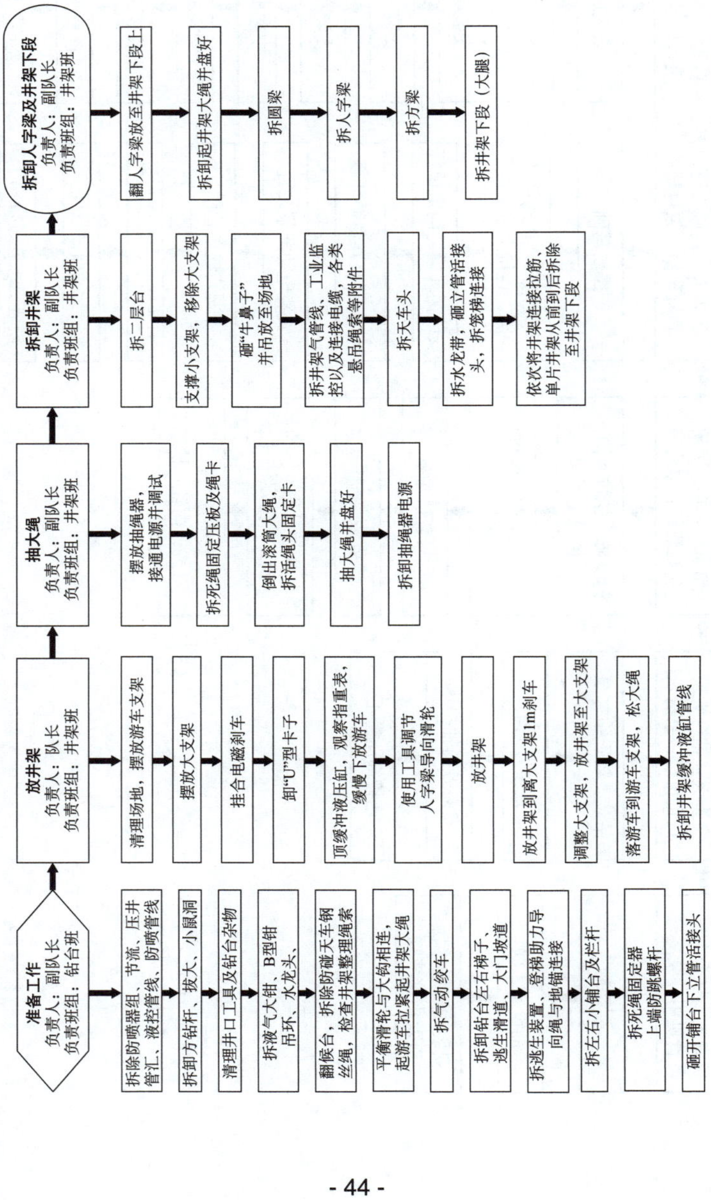
准备工作
负责人：副队长
负责班组：钻台班
拆除防喷器组、节流、压井管汇、液控管线、防喷管线
拆卸方钻杆、拔大、小鼠洞
清理井口工具及钻台杂物
拆液气大钳、B型钳吊环、水龙头、
翻猴台，拆除防碰天车钢丝绳，检查井架整理绳索
平衡滑轮与大钩相连，起游车拉紧起井架大绳
拆气动绞车
拆卸钻台左右梯子、逃生滑道、大门坡道
拆逃生装置、登梯助力导向绳与地锚连接
拆左右小铺台及栏杆
拆死绳固定器上端防跳螺杆
砸开铺台下立管活接头
放井架
负责人：队长
负责班组：井架班
清理场地，摆放游车支架
摆放大支架
挂合电磁刹车
卸“U”型卡子
顶缓冲液压缸，观察指重表，缓慢下放游车
使用工具调节人字梁导向滑轮
放井架
放井架到离大支架1m刹车
调整大支架，放井架至大支架
落游车到游车支架，松大绳
拆井架缓冲液缸管线
抽大绳
负责人：副队长
负责班组：井架班
摆放抽绳器，接通电源并调试
拆死绳固定压板及绳卡
倒出滚筒大绳，拆活绳头固定卡
抽大绳并盘好
拆卸抽绳器电源
拆卸井架
负责人：副队长
负责班组：井架班
拆二层台
支撑小支架，移除大支架
砸“牛鼻子”并吊放至场地
拆井架气管线、工业监控以及连接电缆，各类悬吊绳索等附件
拆天车头
拆水龙带，砸立管活接头，拆爬梯连接
依次将井架连接拉筋，单片井架从前到后拆除至井架下段
拆卸人字梁及井架下段
负责人：副队长
负责班组：井架班
翻人字梁放至井架下段上
拆卸起井架大绳并盘好
拆圆梁
拆人字梁
拆方梁
拆井架下段（大腿）

图 2–28 拆卸井架流程图

二、拆卸钻台

拆卸钻台流程图如图 2–29 所示。

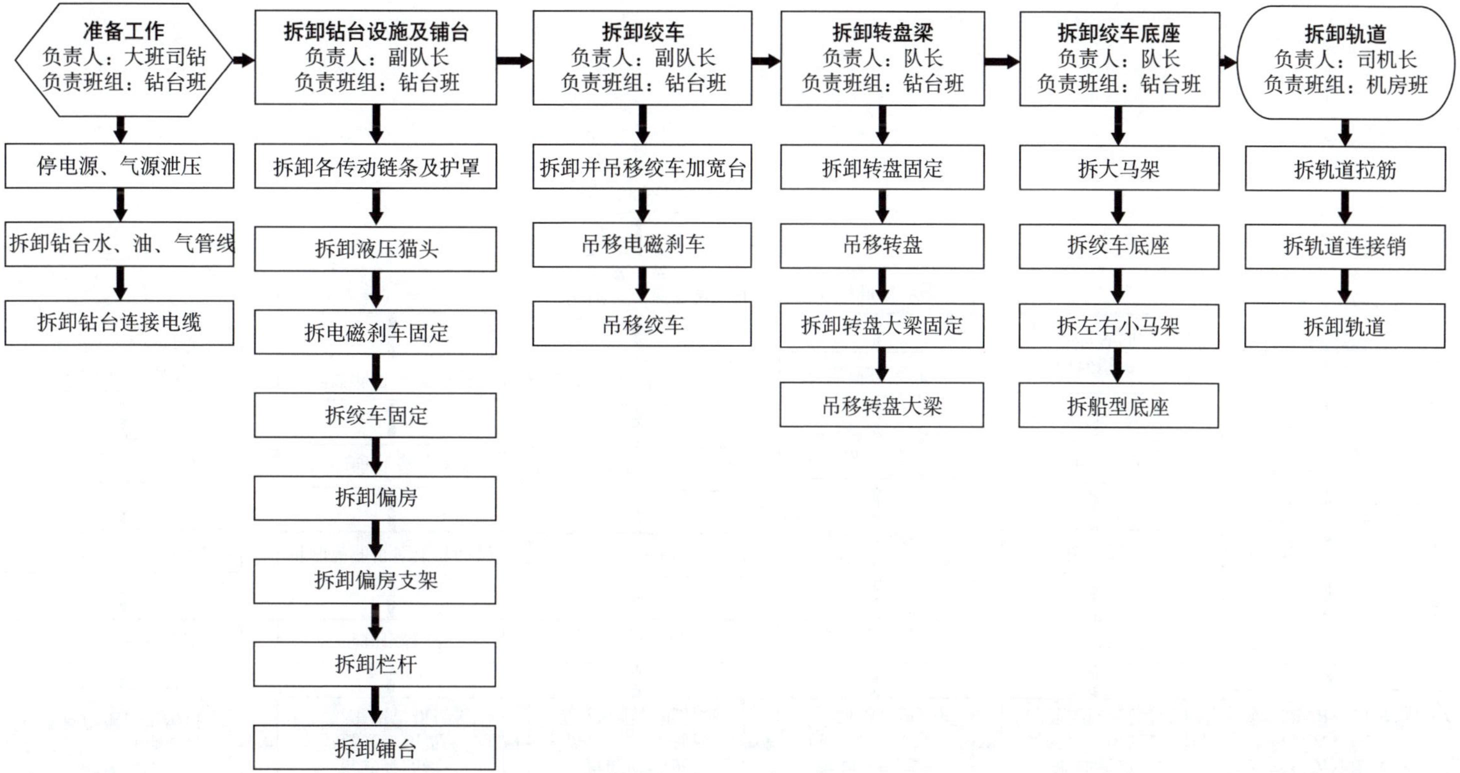

图 2–29 拆卸钻台流程图

三、拆卸机房

拆卸机房流程图如图 2–30 所示。

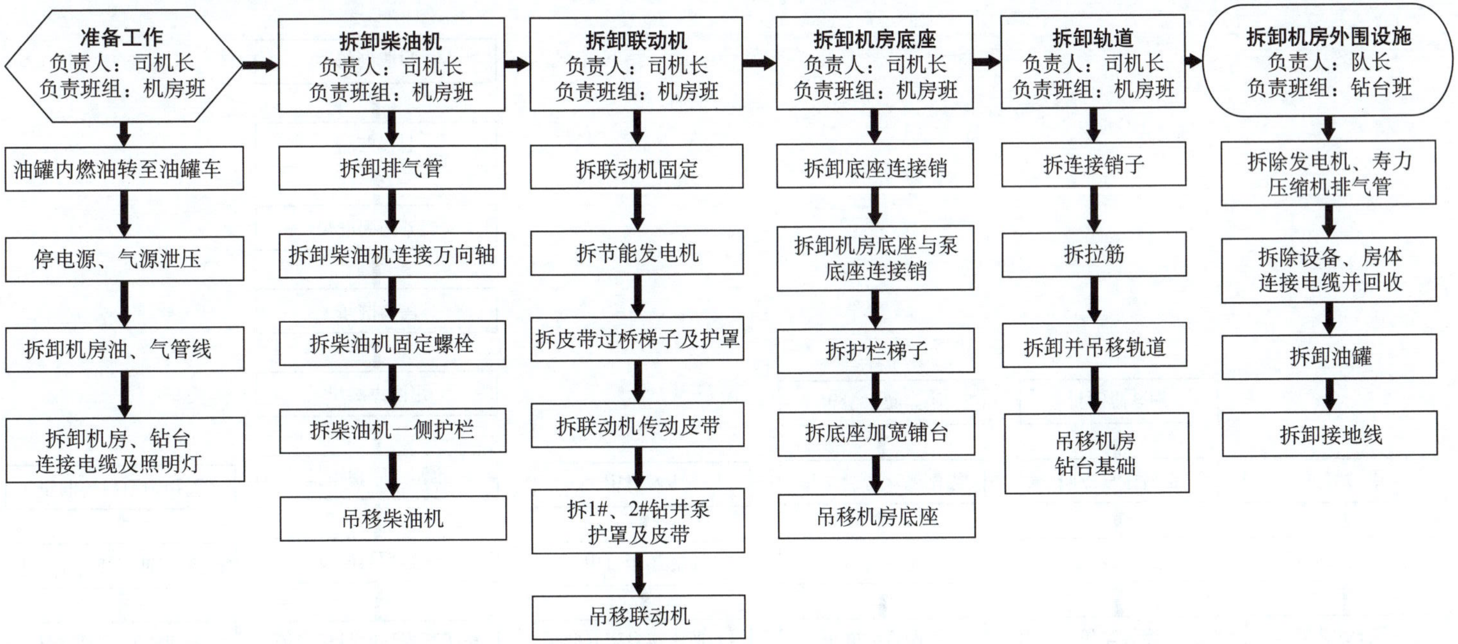

图 2–30　拆卸机房流程图

四、拆卸泵房、循环罐

拆卸泵房、循环罐流程图如图 2–31 所示。

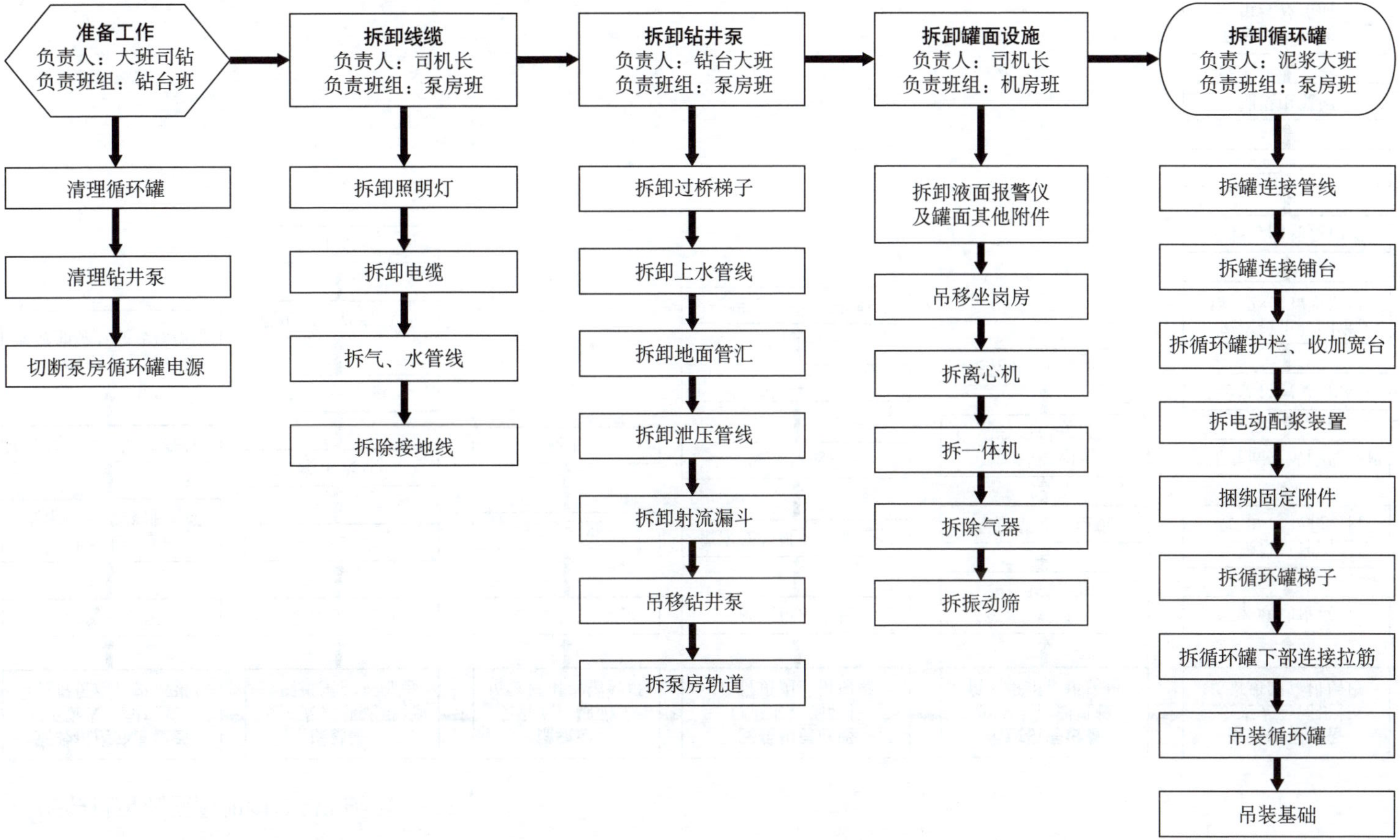

图 2–31 拆卸泵房、循环罐流程图

五、安装机房

安装机房流程图如图 2–32 所示。

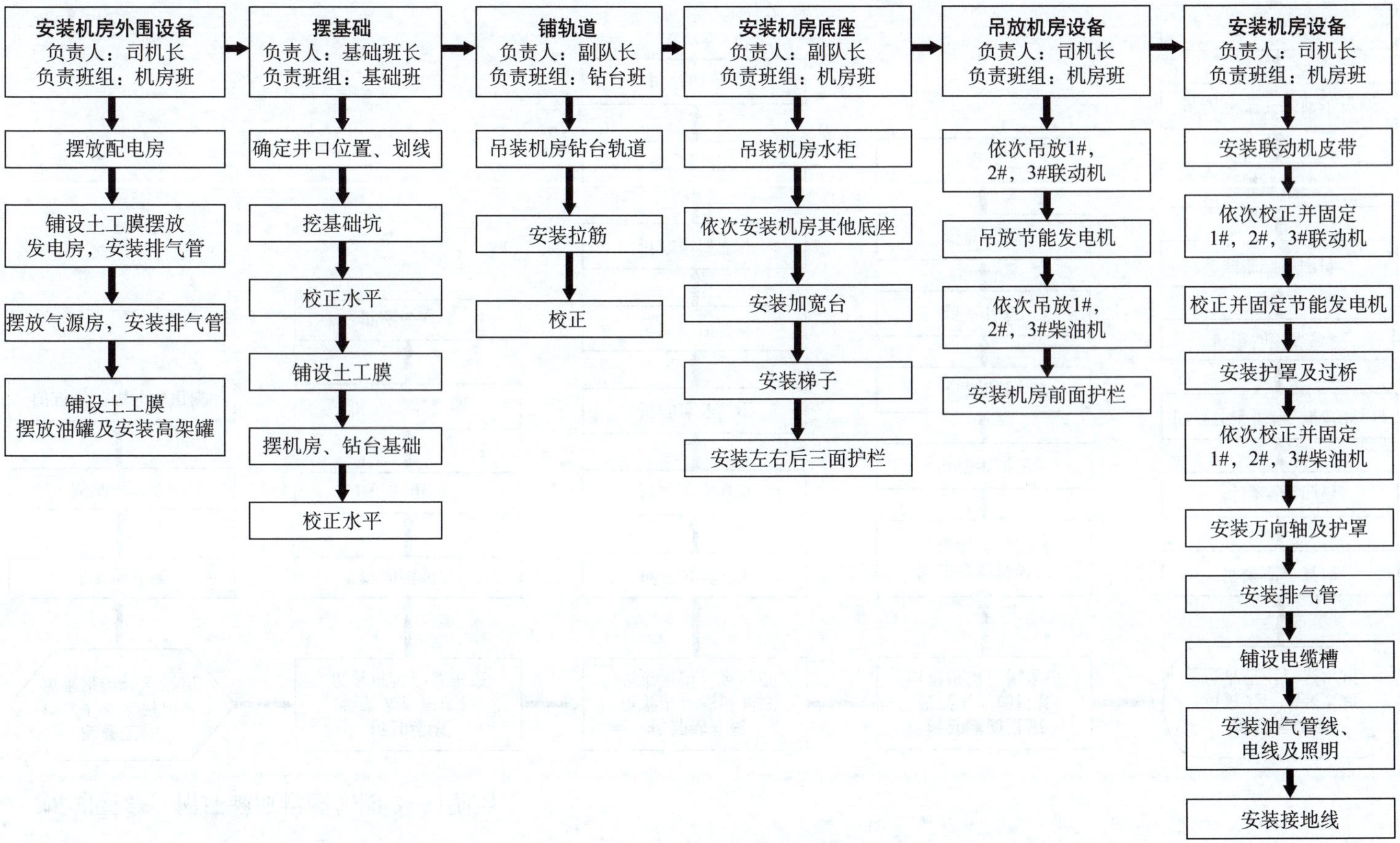

图 2–32　安装机房流程图

六、安装钻台

安装钻台流程图如图 2–33 所示。

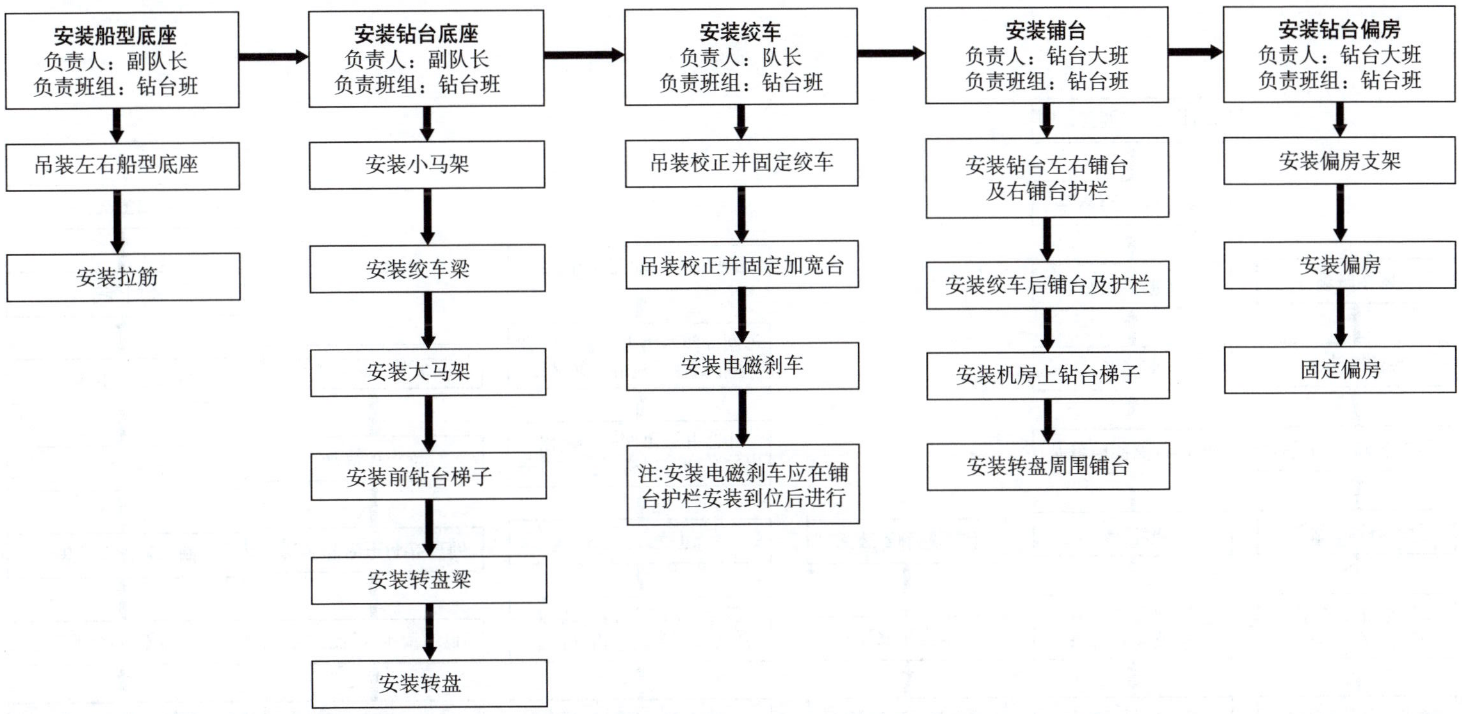

图 2–33　安装钻台流程图

七、安装井架

安装井架流程图如图 2–34 所示。

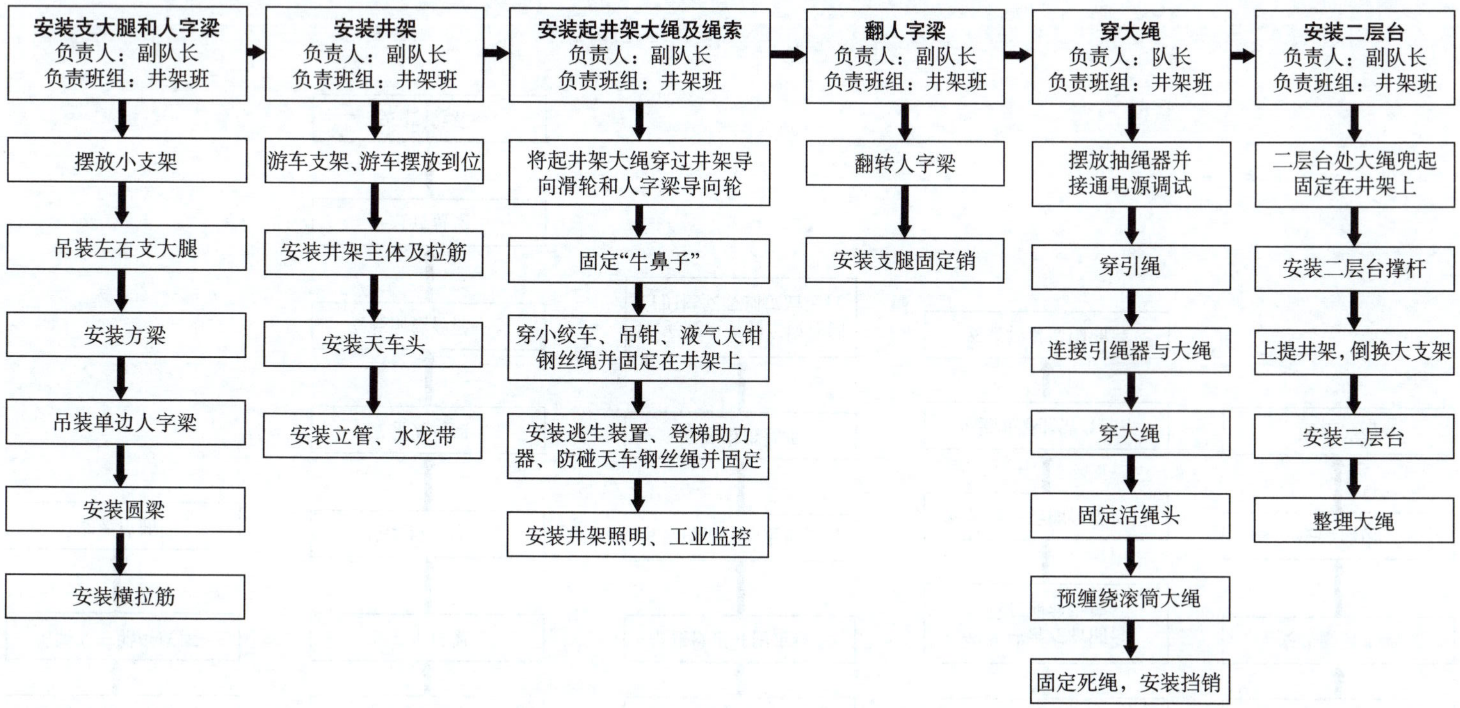
安装支大腿和人字梁
负责人：副队长
负责班组：井架班
摆放小支架
吊装左右支大腿
安装方梁
吊装单边人字梁
安装圆梁
安装横拉筋
安装井架
负责人：副队长
负责班组：井架班
游车支架、游车摆放到位
安装井架主体及拉筋
安装天车头
安装立管、水龙带
安装起井架大绳及绳索
负责人：副队长
负责班组：井架班
将起井架大绳穿过井架导向滑轮和人字梁导向轮
固定“牛鼻子”
穿小绞车、吊钳、液气大钳钢丝绳并固定在井架上
安装逃生装置、登梯助力器、防碰天车钢丝绳并固定
安装井架照明、工业监控
翻人字梁
负责人：副队长
负责班组：井架班
翻转人字梁
安装支腿固定销
穿大绳
负责人：队长
负责班组：井架班
摆放抽绳器并接通电源调试
穿引绳
连接引绳器与大绳
穿大绳
固定活绳头
预缠绕滚筒大绳
固定死绳，安装挡销
安装二层台
负责人：副队长
负责班组：井架班
二层台处大绳兜起固定在井架上
安装二层台撑杆
上提井架，倒换大支架
安装二层台
整理大绳

图 2–34 安装井架流程图

八、起井架及后续安装

起井架及后续安装流程图如图 2–35 所示。

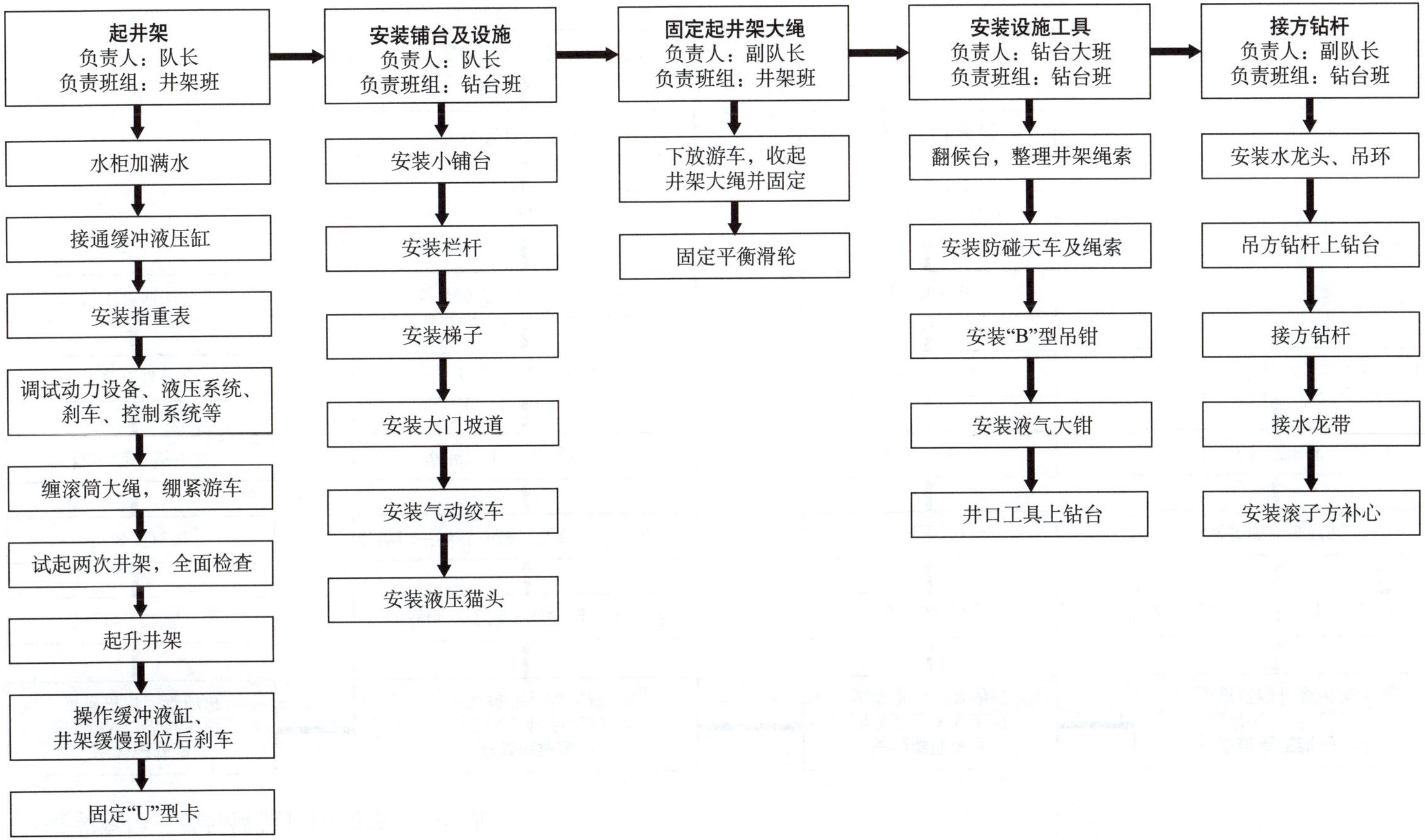

图 2–35 起井架及后续安装流程图

九、安装泵房、循环罐

安装泵房、循环罐流程图如图 2–36 所示。

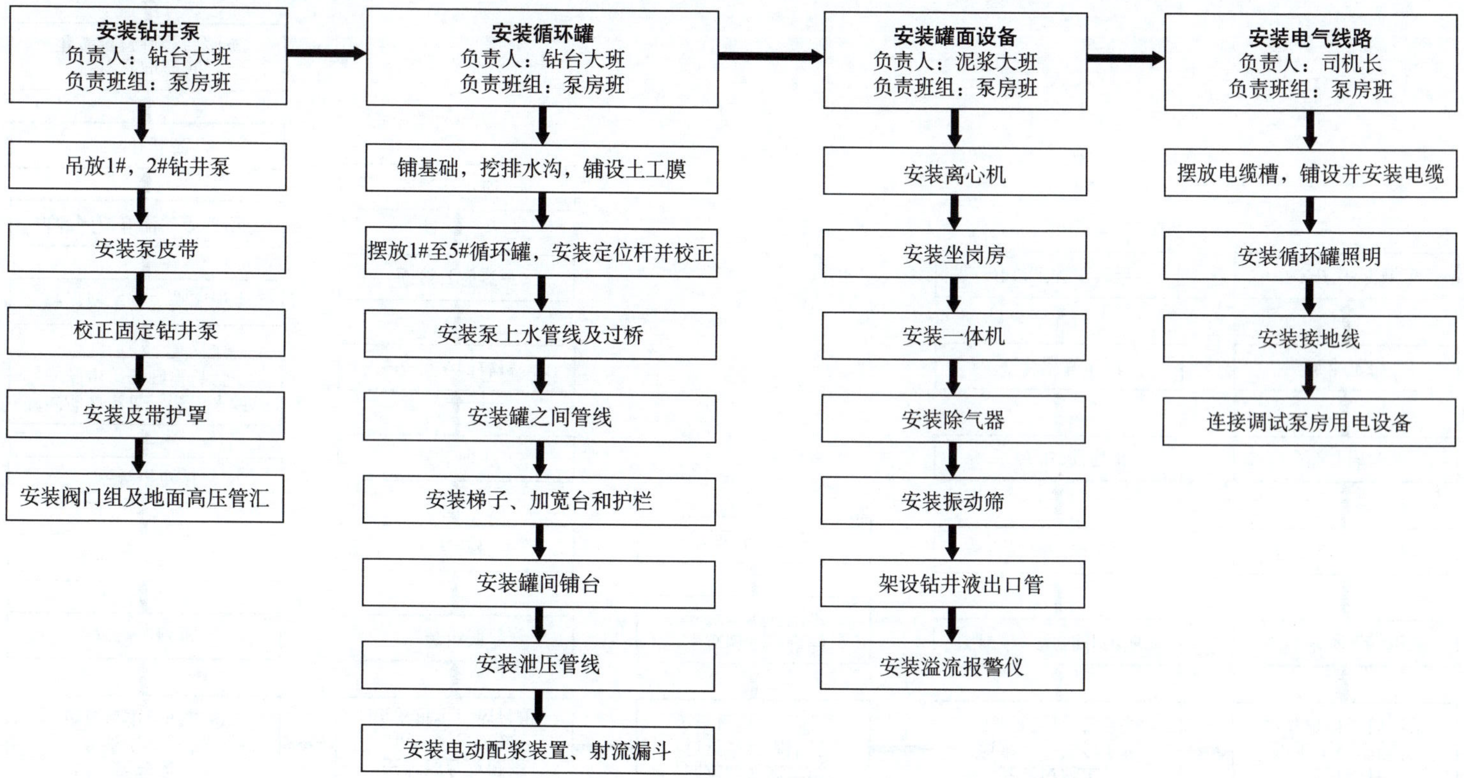

图 2–36　安装泵房、循环罐流程图

第五节 40LDB 钻机拆卸、安装流程网络图

一、拆卸井架

（一）拆卸井架（钻台起升式）

拆卸井架（钻台起升式）流程图如图 2–37 所示。

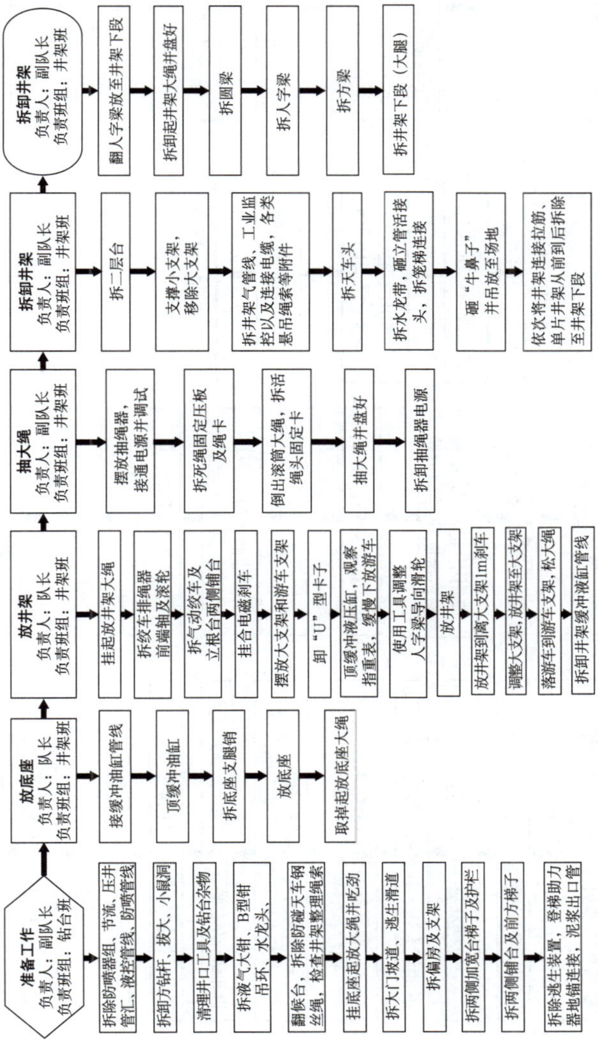
准备工作
负责人：副队长
负责班组：钻台班
拆除防喷器组、节流、压井管汇、液控管线、防喷管线
拆卸方钻杆，拔大、小鼠洞
清理井口工具及钻台杂物
拆液气大钳、B型钳吊环、水龙头、
翻候台，拆除防碰天车钢丝绳，检查井架整理绳索
挂底座起放大绳井吃劲
拆大门坡道、逃生滑道
拆偏房及支架
拆两侧加宽台梯子及护栏
拆两侧铺台及前方梯子
拆除逃生装置，登梯助力器地锚连接，泥浆出口管
放底座
负责人：队长
负责班组：井架班
接缓冲油缸管线
顶缓冲油缸
拆底座支腿销
放底座
取掉起放底座大绳
放井架
负责人：队长
负责班组：井架班
挂起放井架大绳
拆绞车排绳器前端轴及滚轮
拆气动绞车及立根台两侧铺台
挂合电磁刹车
摆放大支架和游车支架
卸“U”型卡子
顶缓冲液压缸，观察指重表，缓慢下放游车
使用工具调整人字梁导向滑轮
放井架
放井架到离大支架1m刹车
调整大支架，放井架至大支架
落游车到游车支架，松大绳
拆卸井架缓冲液缸管线
抽大绳
负责人：副队长
负责班组：井架班
摆放抽绳器，接通电源并调试
拆死绳固定压板及绳卡
倒出滚筒大绳，拆活绳头固定卡
抽大绳并盘好
拆卸抽绳器电源
拆卸井架
负责人：副队长
负责班组：井架班
拆二层台
支撑小支架，移除大支架
拆井架气管线、工业监控以及连接电缆，各类悬吊绳索等附件
拆天车头
拆水龙带，砸立管活接头，拆宽梯连接
砸“牛鼻子”井吊放至场地
依次将井架连接拉筋、单片井架从前到后拆除至井架下段
拆卸井架
负责人：副队长
负责班组：井架班
翻人字梁放至井架下段
拆卸起井架大绳并盘好
拆圆梁
拆人字梁
拆方梁
拆井架下段（大腿）

图 2–37 拆卸井架（钻台起升式）流程图

（二）拆卸井架（钻台固定式）

拆卸井架（钻台固定式）流程图如图 2–38 所示。

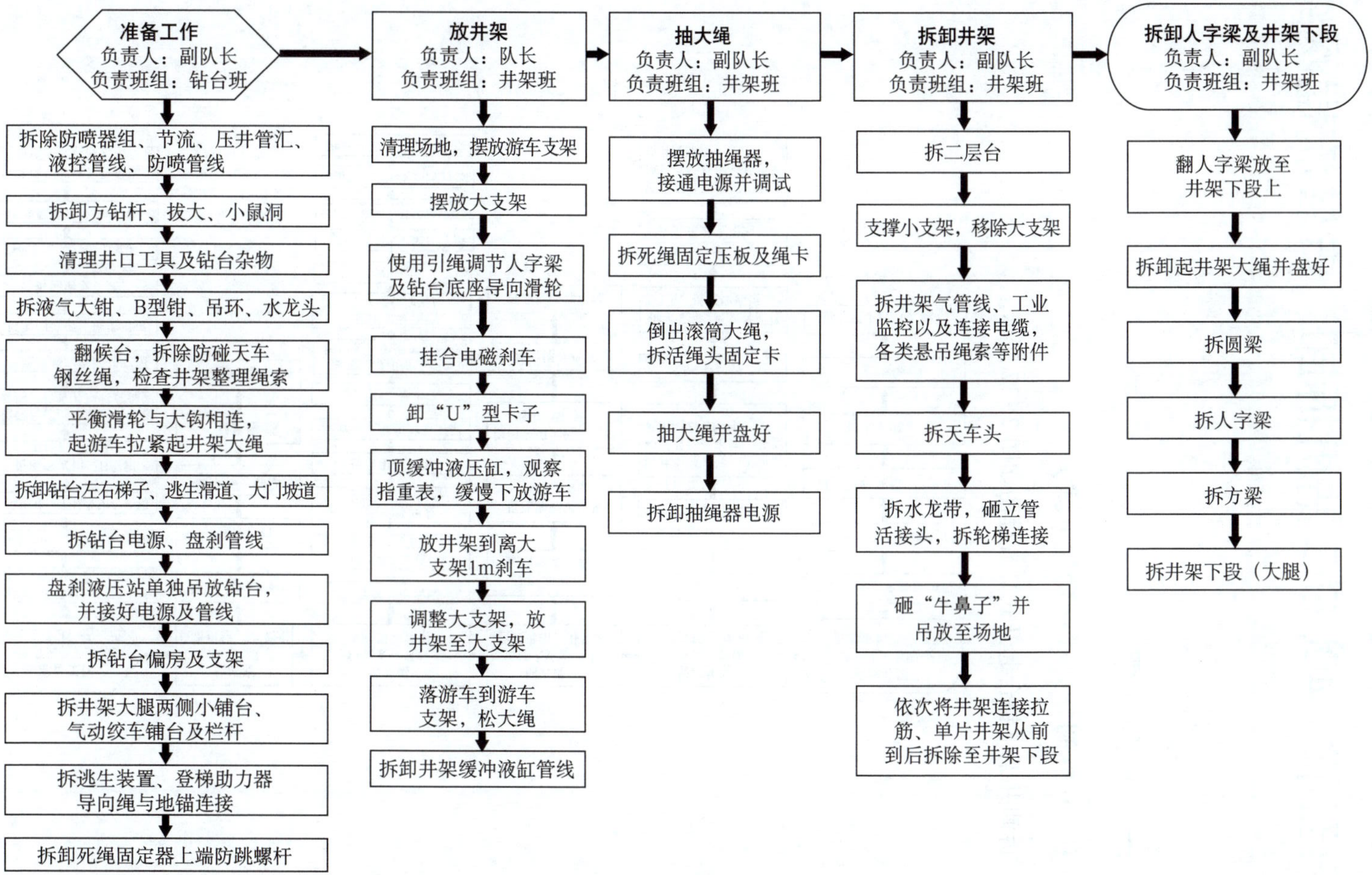

准备工作
负责人：副队长
负责班组：钻台班
拆除防喷器组、节流、压井管汇、液控管线、防喷管线
拆卸方钻杆、拔大、小鼠洞
清理井口工具及钻台杂物
拆液气大钳、B型钳、吊环、水龙头
翻候台，拆除防碰天车钢丝绳，检查井架整理绳索
平衡滑轮与大钩相连，起游车拉紧起井架大绳
拆卸钻台左右梯子、逃生滑道、大门坡道
拆钻台电源、盘刹管线
盘刹液压站单独吊放钻台，并接好电源及管线
拆钻台偏房及支架
拆井架大腿两侧小铺台、气动绞车铺台及栏杆
拆逃生装置、登梯助力器导向绳与地锚连接
拆卸死绳固定器上端防跳螺杆
放井架
负责人：队长
负责班组：井架班
清理场地，摆放游车支架
摆放大支架
使用引绳调节人字梁及钻台底座导向滑轮
挂合电磁刹车
卸“U”型卡子
顶缓冲液压缸，观察指重表，缓慢下放游车
放井架到离大支架1m刹车
调整大支架，放井架至大支架
落游车到游车支架，松大绳
拆卸井架缓冲液缸管线
抽大绳
负责人：副队长
负责班组：井架班
摆放抽绳器，接通电源并调试
拆死绳固定压板及绳卡
倒出滚筒大绳，拆活绳头固定卡
抽大绳并盘好
拆卸抽绳器电源
拆卸井架
负责人：副队长
负责班组：井架班
拆二层台
支撑小支架，移除大支架
拆井架气管线、工业监控以及连接电缆，各类悬吊绳索等附件
拆天车头
拆水龙带，砸立管活接头，拆轮梯连接
砸“牛鼻子”并吊放至场地
依次将井架连接拉筋、单片井架从前到后拆除至井架下段
拆卸人字梁及井架下段
负责人：副队长
负责班组：井架班
翻人字梁放至井架下段上
拆卸起井架大绳并盘好
拆圆梁
拆人字梁
拆方梁
拆井架下段（大腿）

图 2–38 拆卸井架（钻台固定式）流程图

二、拆卸钻台

（一）拆卸钻台（起升式）

拆卸钻台（起升式）流程图如图 2–39 所示。

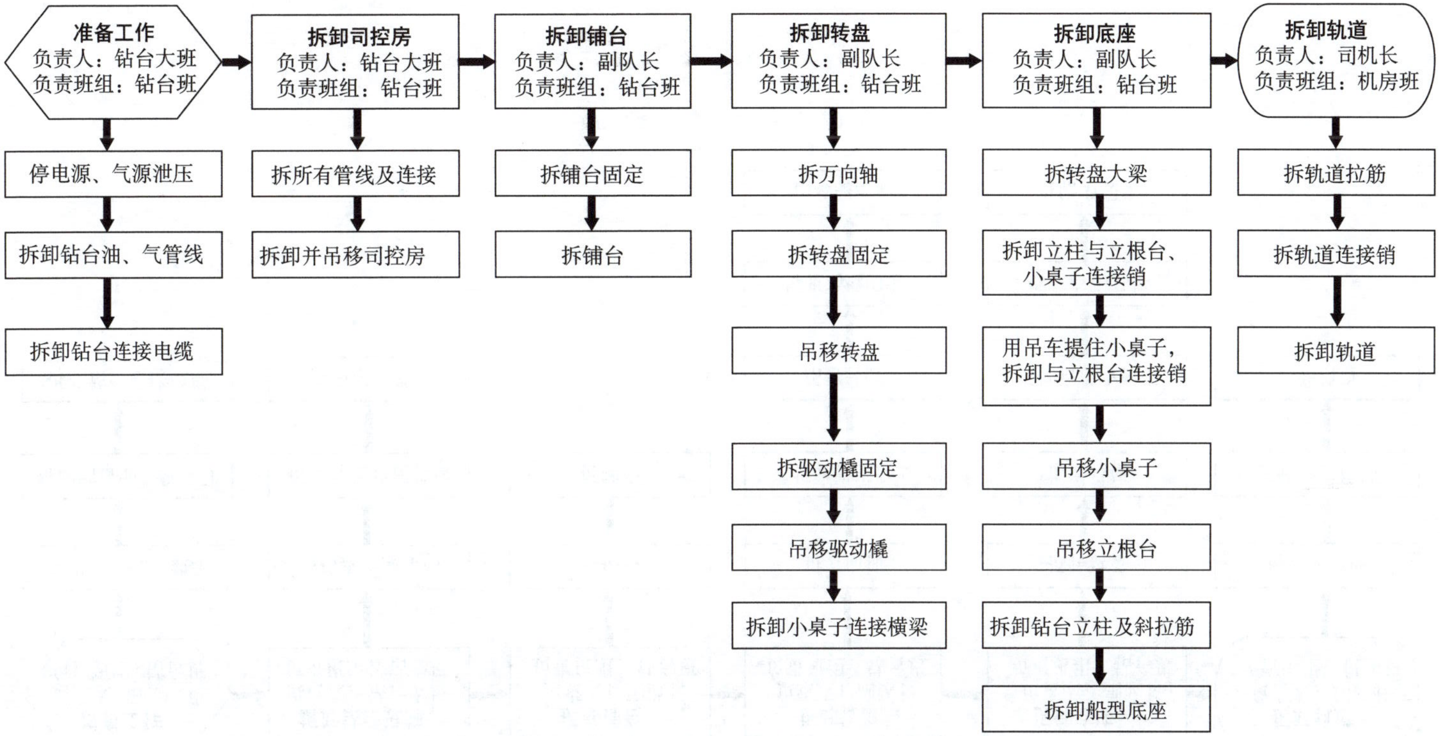

图 2–39 拆卸钻台（起升式）流程图

（二）拆卸钻台（固定式）

拆卸钻台（固定式）流程图如图 2–40 所示。

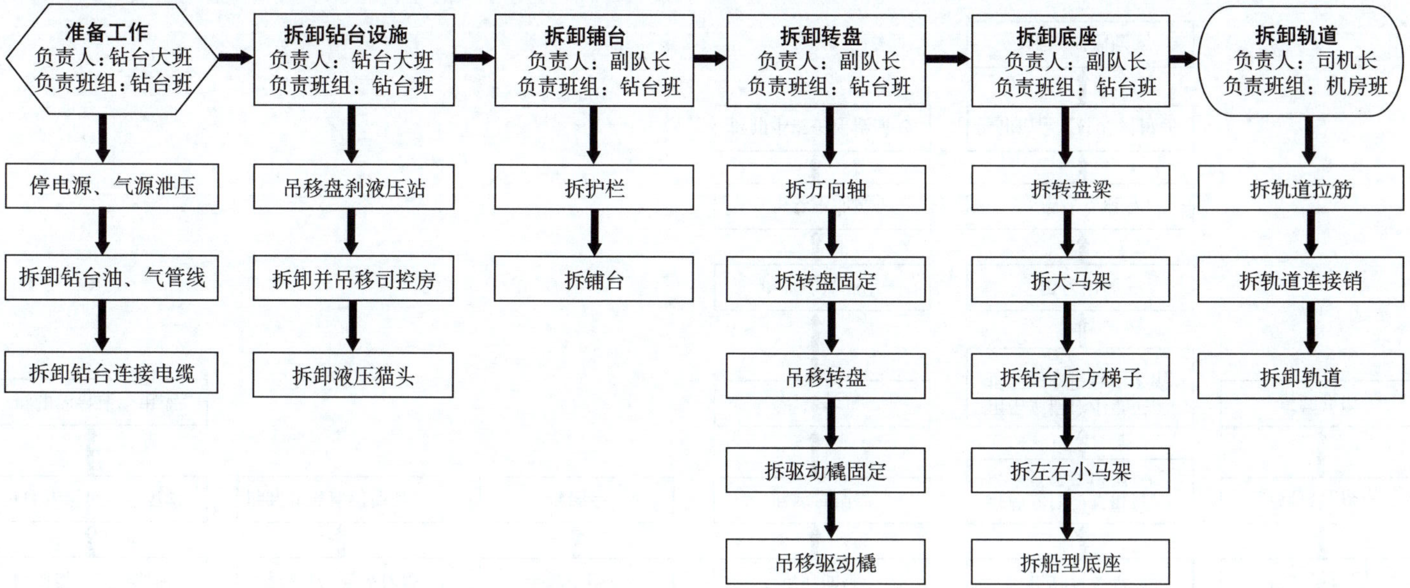

图 2–40　拆卸钻台（固定式）流程图

三、拆卸机房、绞车

拆卸机房、绞车流程图如图 2–41 所示。

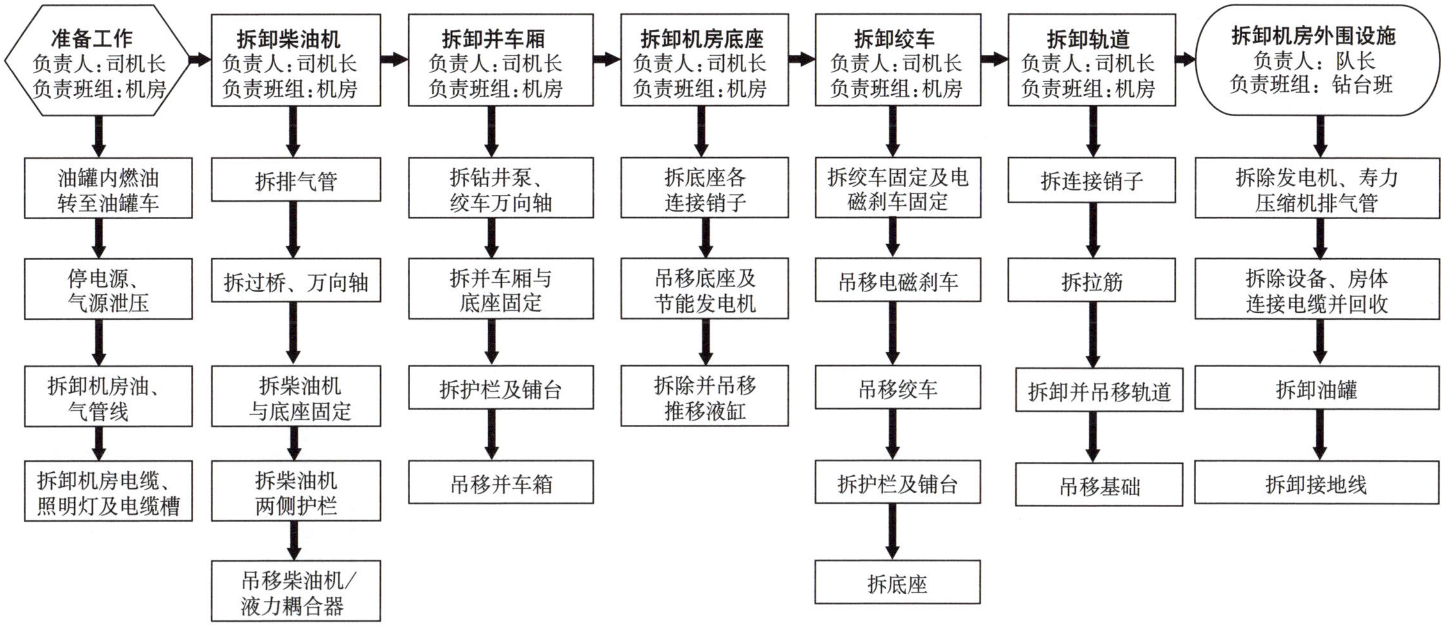

图 2–41 拆卸机房、绞车流程图

四、拆卸泵房及循环罐

拆卸泵房及循环罐流程图如图 2–42 所示。

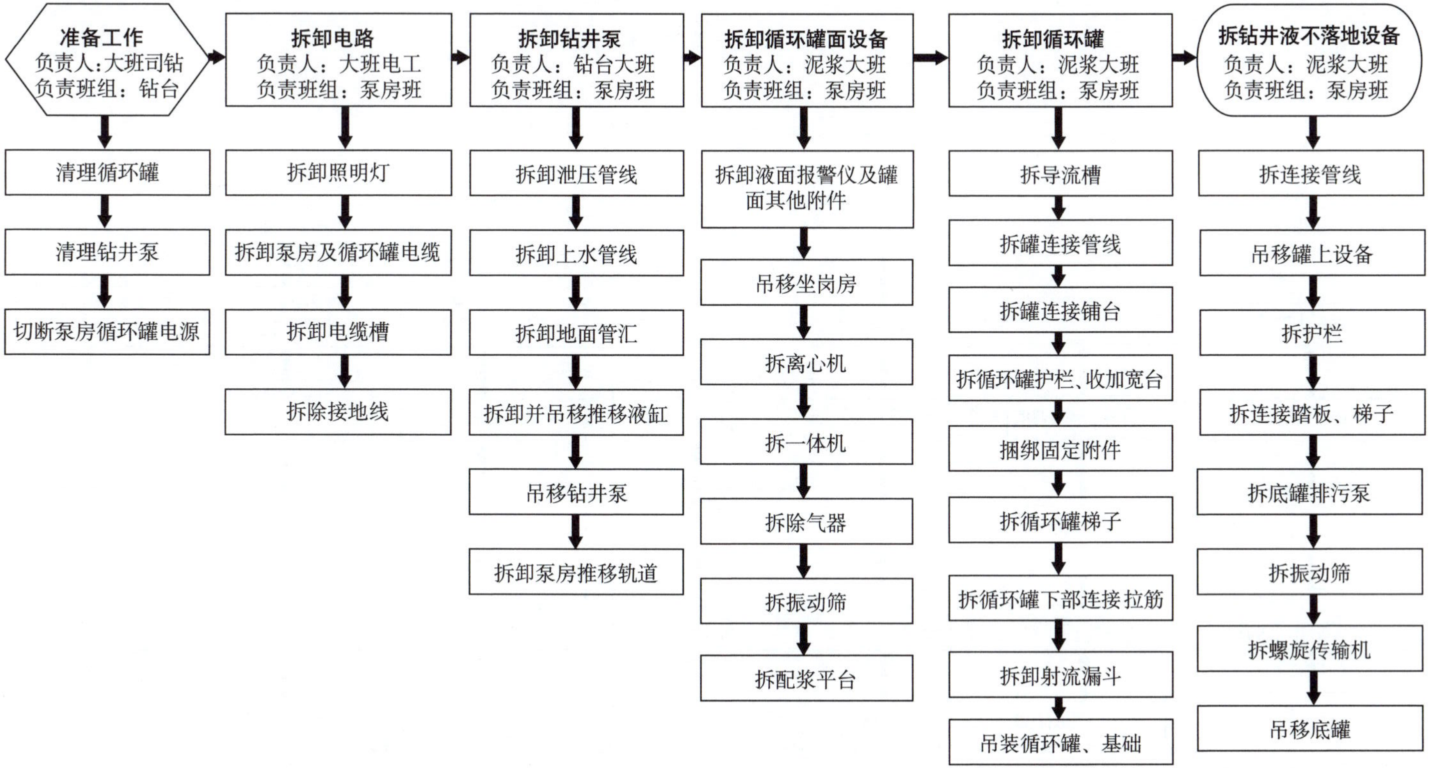

图 2–42　拆卸泵房及循环罐流程图

五、安装机房、绞车

安装机房、绞车流程图如图 2–43 所示。

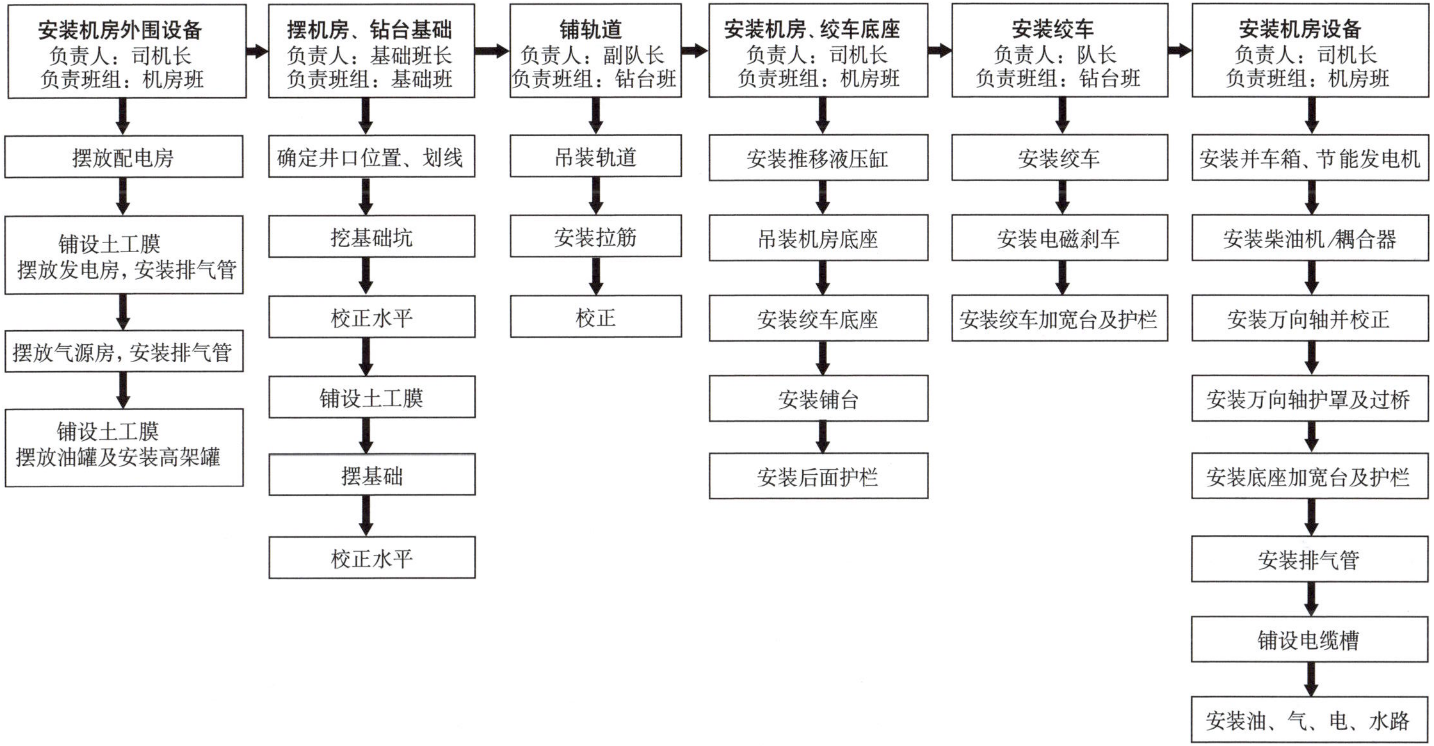

图 2–43　安装机房、绞车流程图

六、安装钻台

（一）安装钻台（起升式）

安装钻台（起升式）流程图如图 2–44 所示。

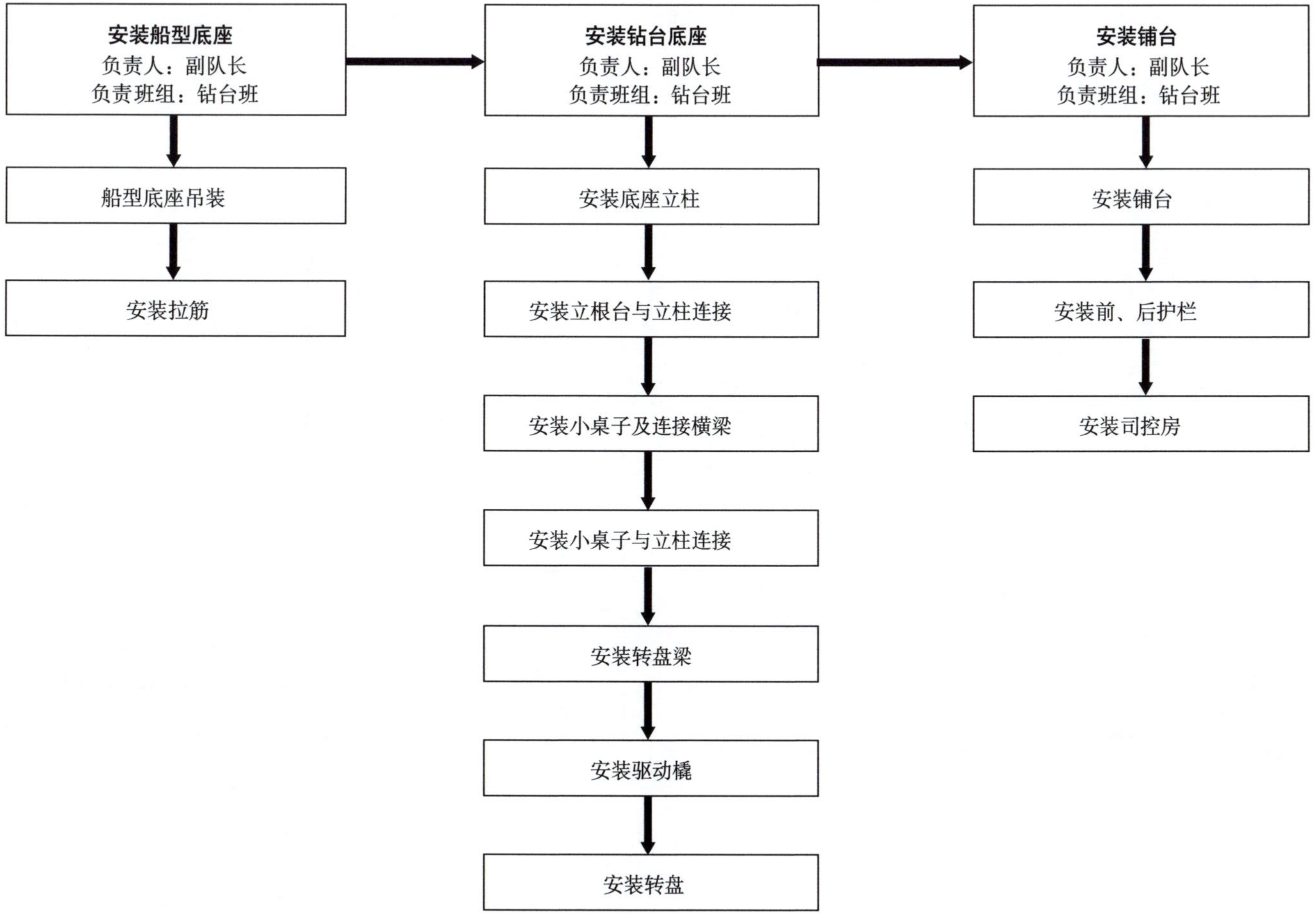

图 2–44　安装钻台（起升式）流程图

（二）安装钻台（固定式）

安装钻台（固定式）流程图如图 2–45 所示。

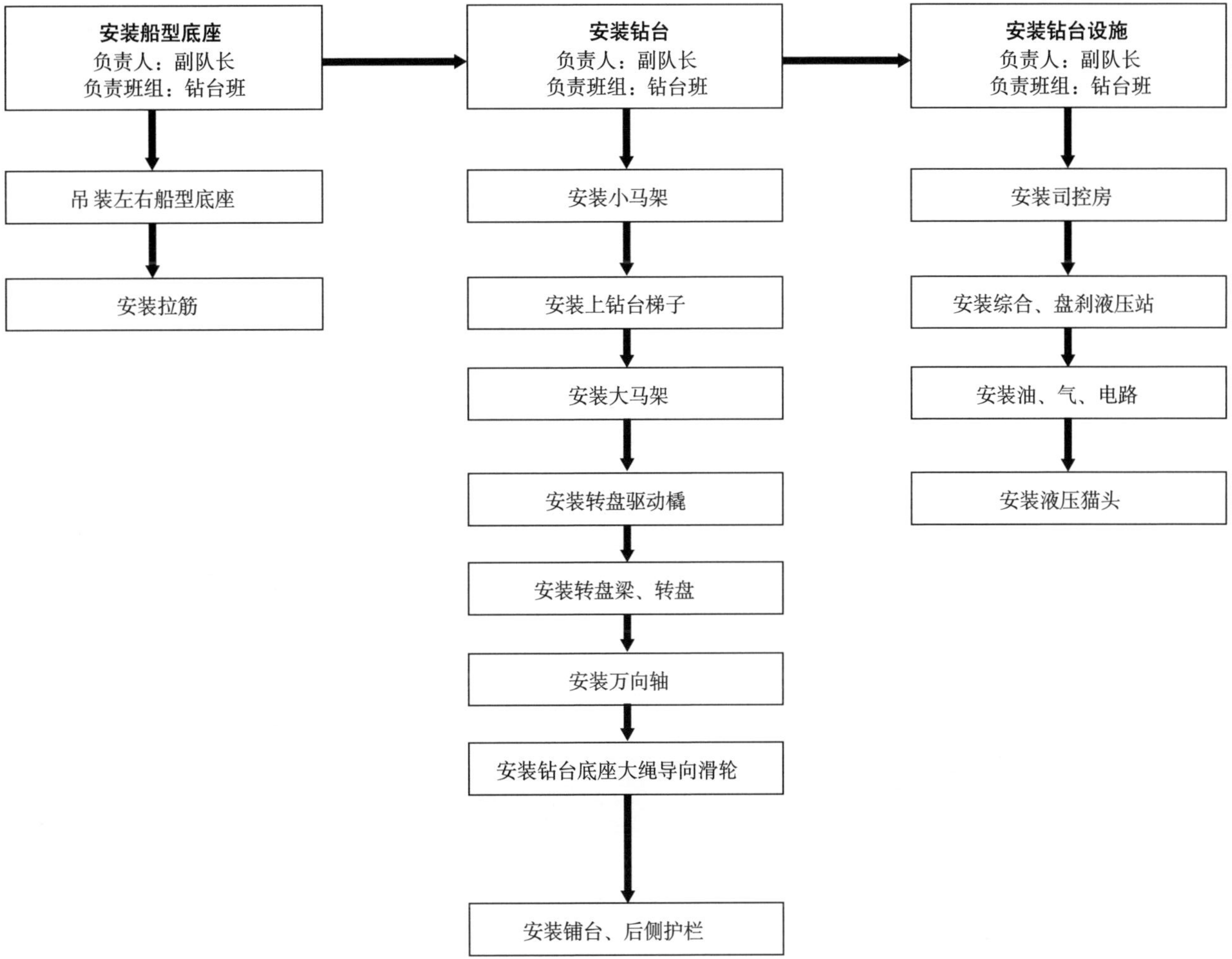

图 2–45 安装钻台（固定式）流程图

七、安装井架

安装井架流程图如图 2–46 所示。

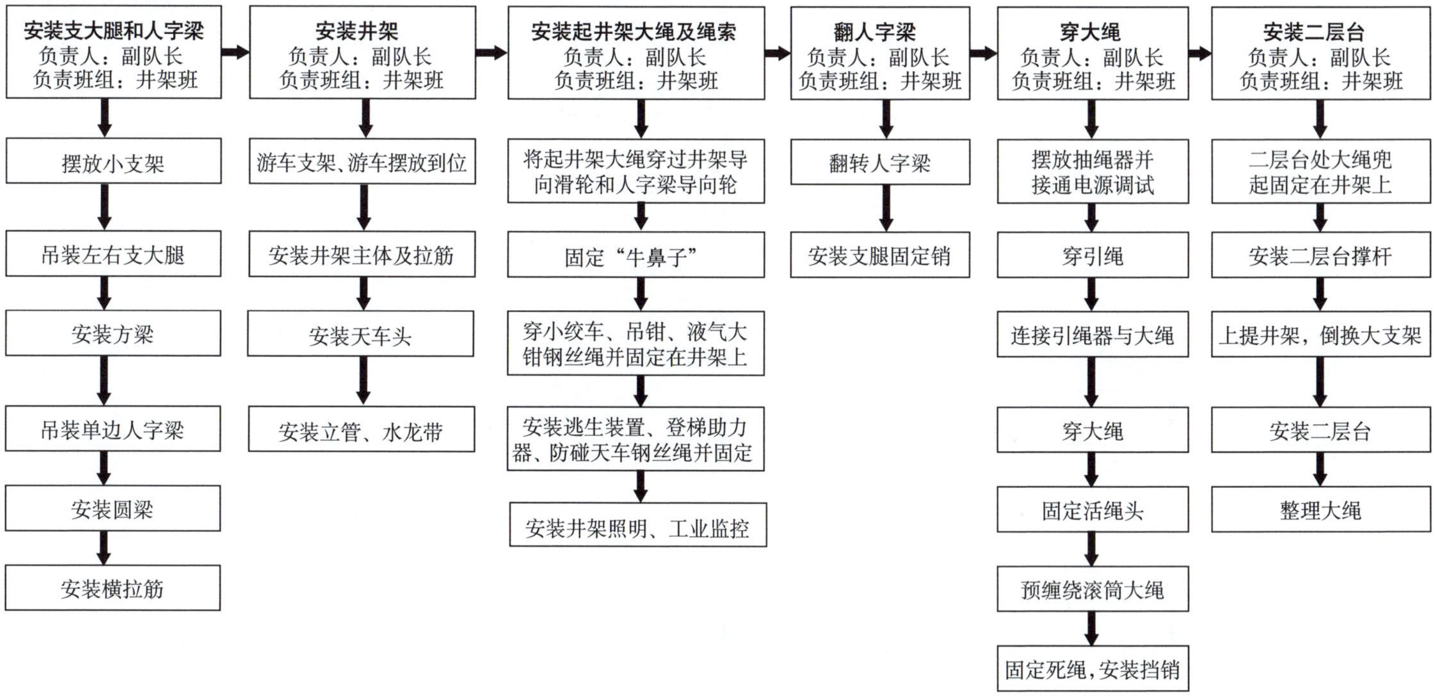

安装支大腿和人字梁
负责人：副队长
负责班组：井架班
摆放小支架
吊装左右支大腿
安装方梁
吊装单边人字梁
安装圆梁
安装横拉筋
安装井架
负责人：副队长
负责班组：井架班
游车支架、游车摆放到位
安装井架主体及拉筋
安装天车头
安装立管、水龙带
安装起井架大绳及绳索
负责人：副队长
负责班组：井架班
将起井架大绳穿过井架导向滑轮和人字梁导向轮
固定“牛鼻子”
穿小绞车、吊钳、液气大钳钢丝绳并固定在井架上
安装逃生装置、登梯助力器、防碰天车钢丝绳并固定
安装井架照明、工业监控
翻人字梁
负责人：副队长
负责班组：井架班
翻转人字梁
安装支腿固定销
穿大绳
负责人：副队长
负责班组：井架班
摆放抽绳器并接通电源调试
穿引绳
连接引绳器与大绳
穿大绳
固定活绳头
预缠绕滚筒大绳
固定死绳，安装挡销
安装二层台
负责人：副队长
负责班组：井架班
二层台处大绳兜起固定在井架上
安装二层台撑杆
上提井架，倒换大支架
安装二层台
整理大绳

图 2–46　安装井架流程图

八、起升井架、底座及后续安装

（一）起升井架、底座及后续安装（底座起升式）

起升井架、底座及后续安装（底座起升式）流程图如图 2–47 所示。

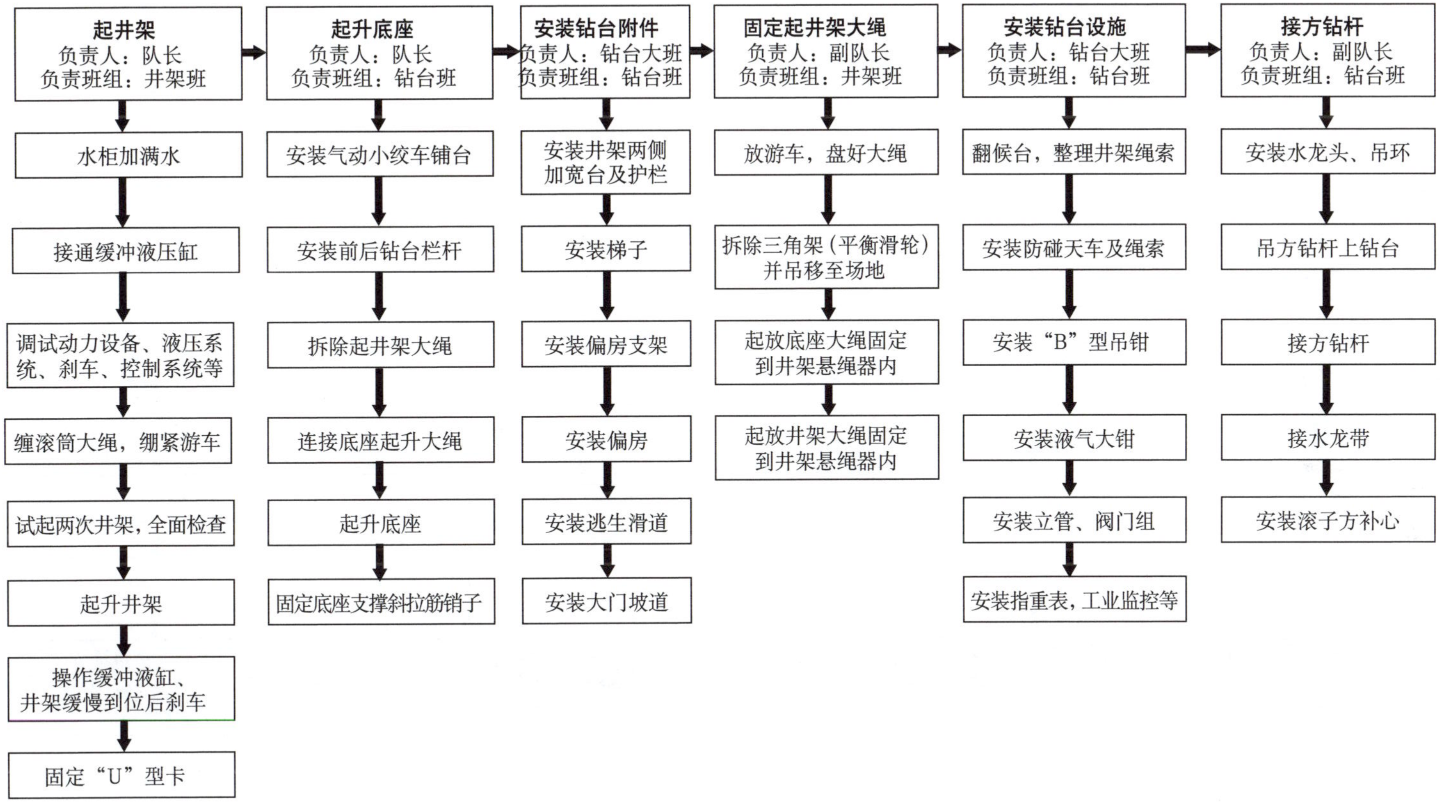

图 2–47　起升井架、底座及后续安装（底座起升式）流程图

（二）起井架及后续安装（底座固定式）

起井架及后续安装（底座固定式）流程图如图 2–48 所示。

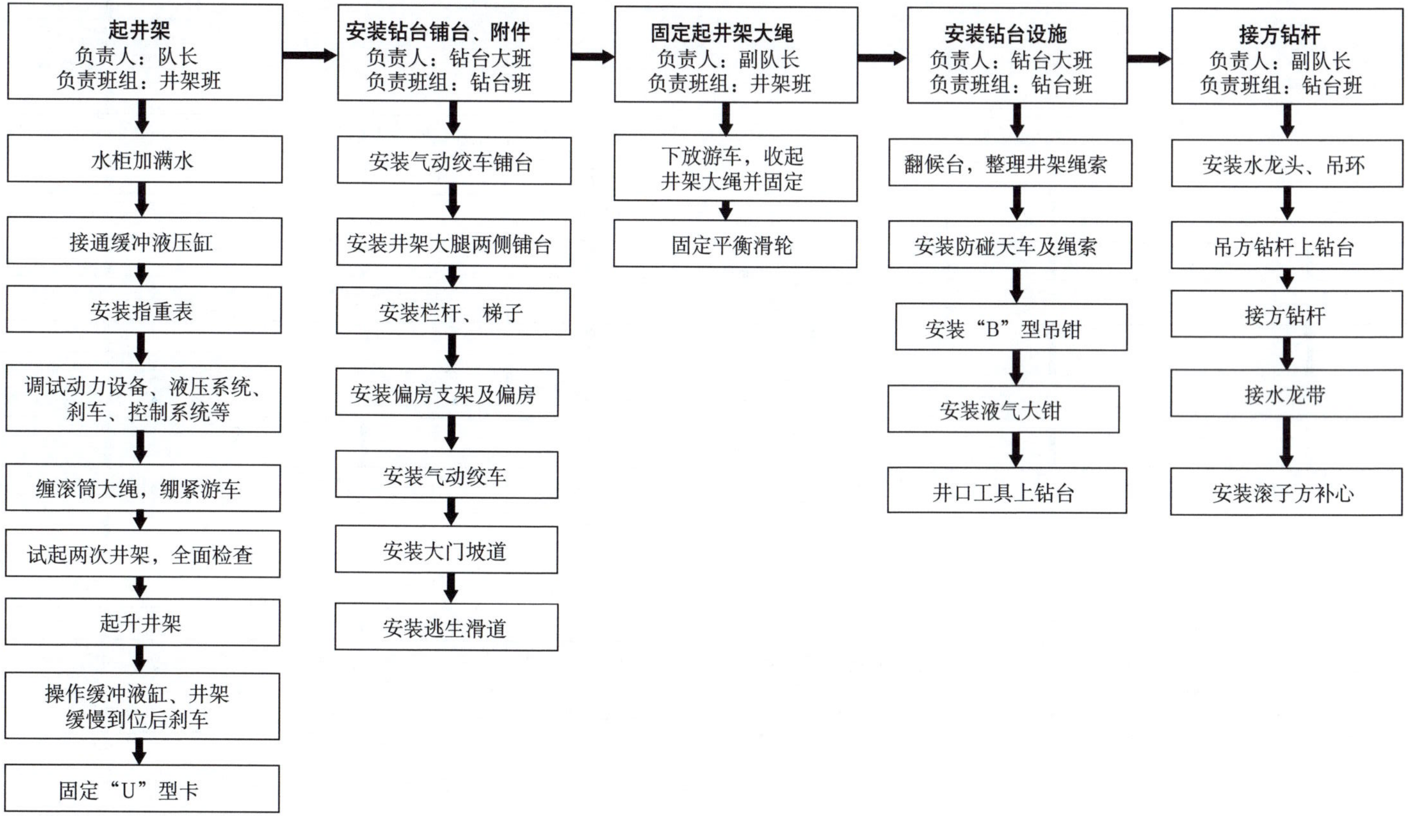

图 2–48 起井架及后续安装（底座固定式）流程图

九、安装泵房、循环罐

安装泵房、循环罐流程图如图 2–49 所示。

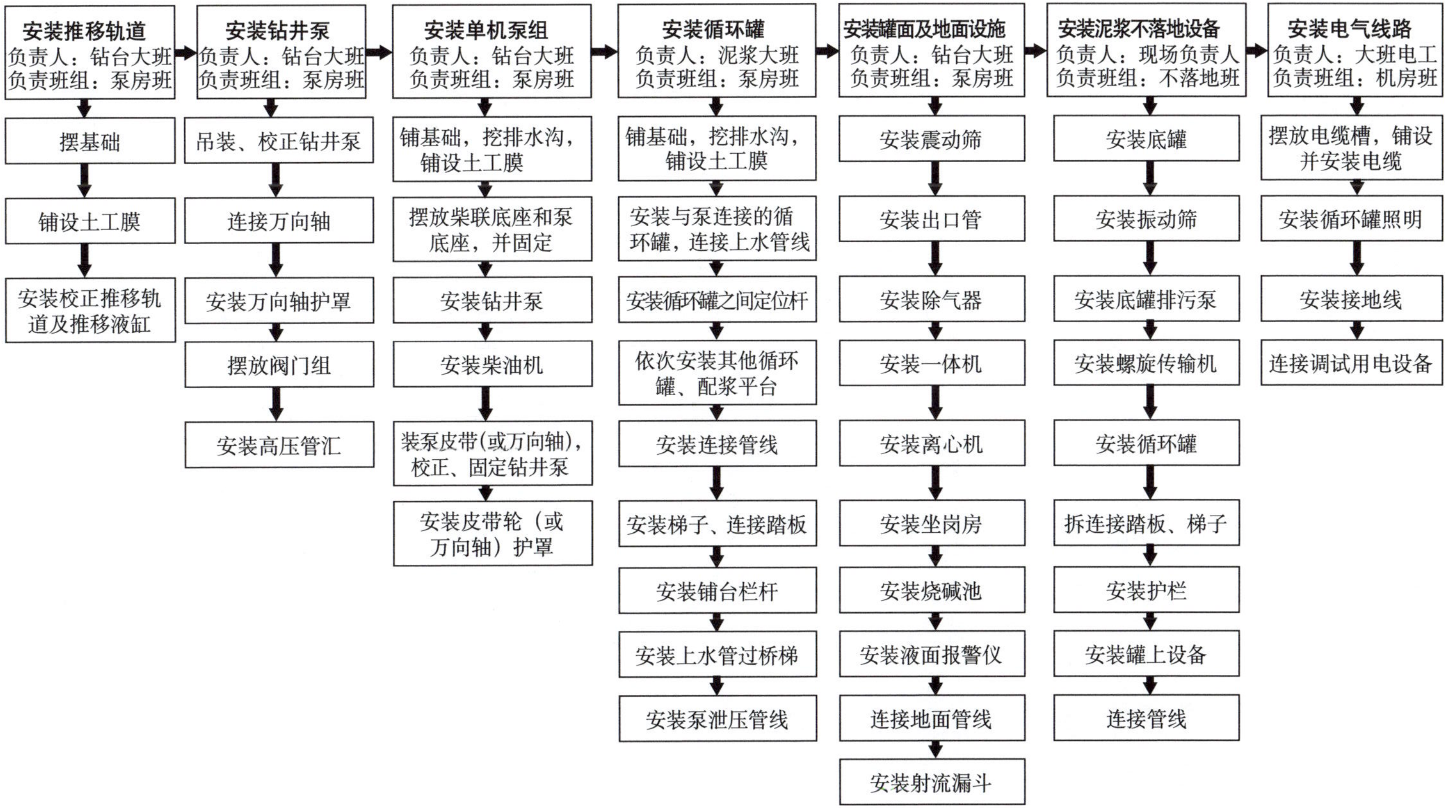

图 2–49 安装泵房、循环罐流程图

第六节　50DB 钻机拆卸、安装流程网络图

一、拆卸井架

（一）拆卸井架（低位绞车）

拆卸井架（低位绞车）流程图如图 2–50 所示。

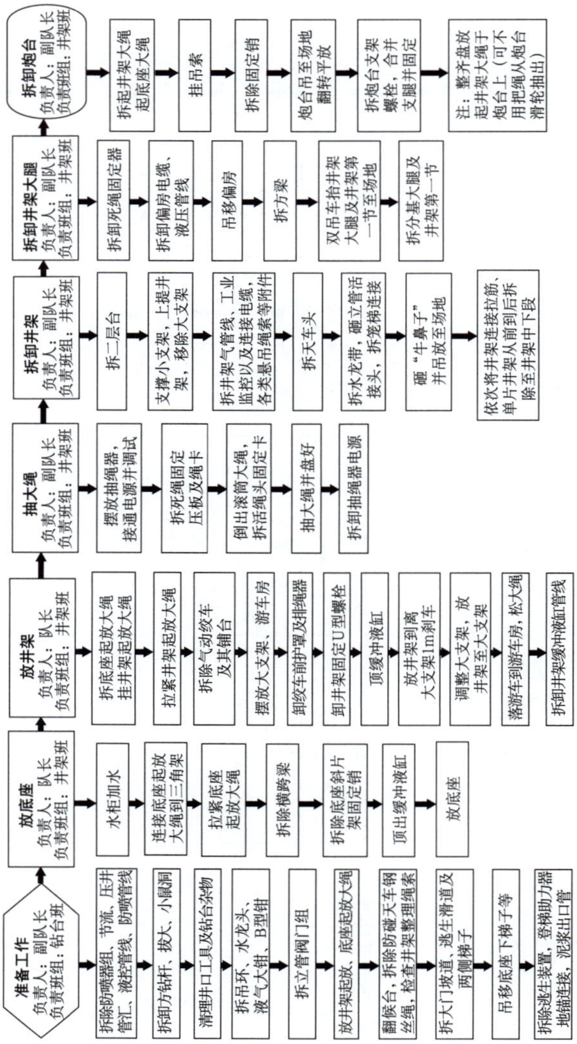
准备工作 负责人：副队长 负责班组：钻台班
拆除防喷器组、节流、压井管汇、液控管线、防喷管线
拆卸方钻杆、拔大、小鼠洞
清理井口工具及钻台杂物
拆吊环、水龙头、液气大钳、B型钳
拆立管阀门组
放井架起放、底座起放大绳
翻候台，拆除防碰天车钢丝绳，检查井架整理绳索
拆大门坡道、逃生滑道及两侧梯子
吊移底座下梯子等
拆除逃生装置，登梯助力器地锚连接，泥浆出口管
放底座 负责人：队长 负责班组：井架班
水柜加水
连接底座起放大绳到三角架
拉紧底座起放大绳
拆除横跨梁
拆除底座斜片架固定销
顶出缓冲液缸
放底座
放井架 负责人：队长 负责班组：井架班
拆底座起放大绳 挂井架起放大绳
拉紧井架起放大绳
拆除气动绞车及其铺台
摆放大支架、游车房
卸绞车前护罩及排绳器
卸井架固定U型螺栓
顶缓冲液缸
放井架到离大支架1m刹车
调整大支架，放井架至大支架
落游车到游车房，松大绳
拆卸井架缓冲液缸管线
抽大绳 负责人：副队长 负责班组：井架班
摆放抽绳器，接通电源并调试
拆死绳固定压板及绳卡
倒出滚筒大绳，拆活绳头固定卡
抽大绳并盘好
拆卸抽绳器电源
拆卸井架 负责人：副队长 负责班组：井架班
拆二层台
支撑小支架，上提井架，移除大支架
拆井架气管线、工业监控以及连接电缆，各类悬吊绳索等附件
拆天车头
拆水龙带，硬立管活接头，拆旁梯接头
砸“牛鼻子”井吊放至场地
依次将井架连接拉筋，单片井架从前到后拆除至井架中下段
拆卸井架大腿 负责人：副队长 负责班组：井架班
拆卸死绳固定器
拆卸偏房电缆、液压管线
吊移偏房
拆方梁
双吊车抬井架大腿及井架第一节至场地
拆分基大腿及井架第一节
拆卸炮台 负责人：副队长 负责班组：井架班
拆起井架大绳起底座大绳
挂吊索
拆除固定销
炮台吊至场地翻转平放
拆炮台支架螺栓，合并支腿并固定
注：整齐盘放起井架大绳于炮台上（可不用把绳从炮台滑轮抽出）

图 2–50　拆卸井架（低位绞车）流程图

（二）拆卸井架（高位绞车）

拆卸井架（高位绞车）流程图如图 2–51 所示。

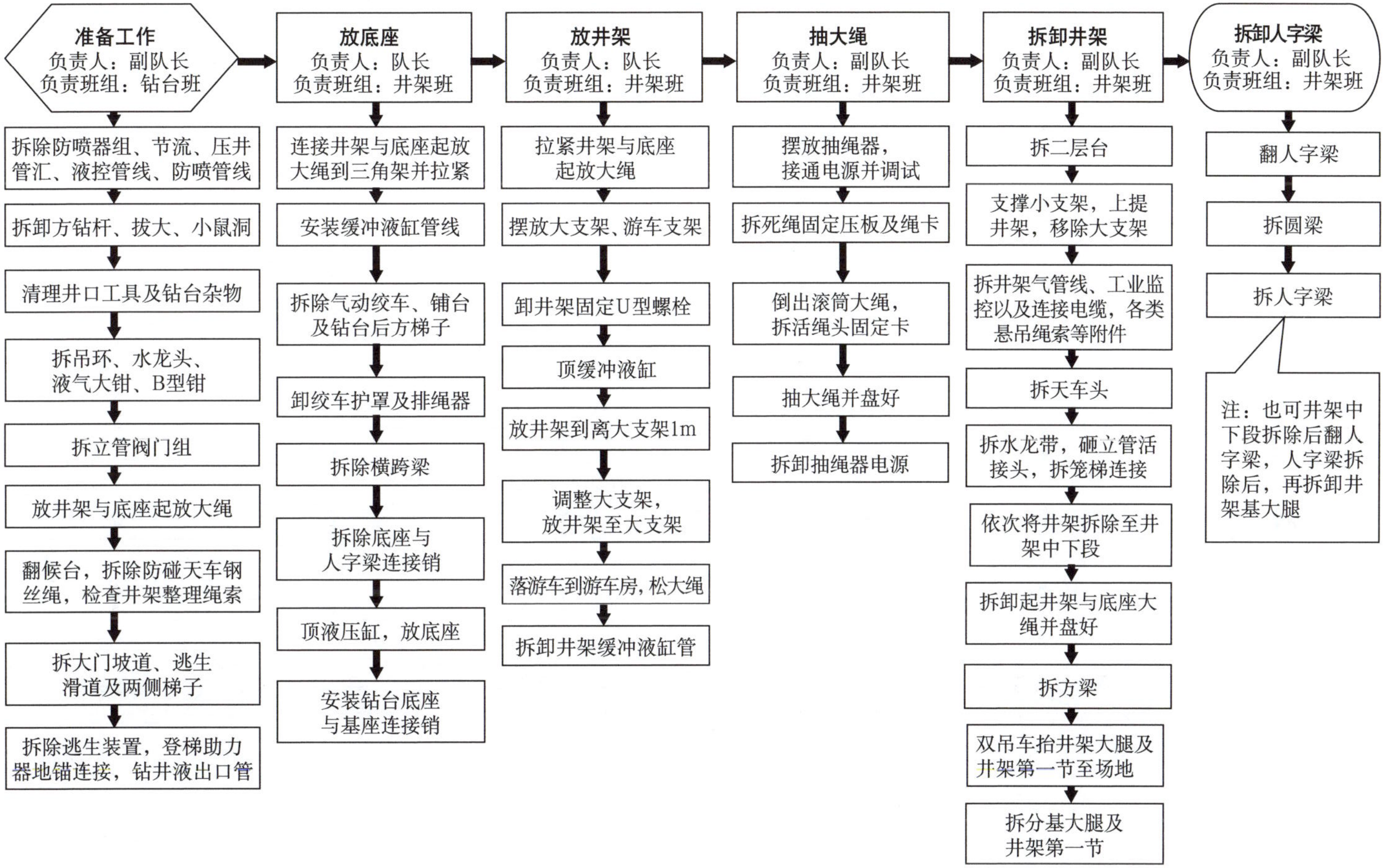
准备工作
负责人：副队长
负责班组：钻台班
拆除防喷器组、节流、压井管汇、液控管线、防喷管线
拆卸方钻杆、拔大、小鼠洞
清理井口工具及钻台杂物
拆吊环、水龙头、液气大钳、B型钳
拆立管阀门组
放井架与底座起放大绳
翻候台，拆除防碰天车钢丝绳，检查井架整理绳索
拆大门坡道、逃生滑道及两侧梯子
拆除逃生装置，登梯助力器地锚连接，钻井液出口管
放底座
负责人：队长
负责班组：井架班
连接井架与底座起放大绳到三角架并拉紧
安装缓冲液缸管线
拆除气动绞车、铺台及钻台后方梯子
卸绞车护罩及排绳器
拆除横跨梁
拆除底座与人字梁连接销
顶液压缸，放底座
安装钻台底座与基座连接销
放井架
负责人：队长
负责班组：井架班
拉紧井架与底座起放大绳
摆放大支架、游车支架
卸井架固定U型螺栓
顶缓冲液缸
放井架到离大支架1m
调整大支架，放井架至大支架
落游车到游车房，松大绳
拆卸井架缓冲液缸管
抽大绳
负责人：副队长
负责班组：井架班
摆放抽绳器，接通电源并调试
拆死绳固定压板及绳卡
倒出滚筒大绳，拆活绳头固定卡
抽大绳并盘好
拆卸抽绳器电源
拆卸井架
负责人：副队长
负责班组：井架班
拆二层台
支撑小支架，上提井架，移除大支架
拆井架气管线、工业监控以及连接电缆，各类悬吊绳索等附件
拆天车头
拆水龙带，砸立管活接头，拆笼梯连接
依次将井架拆除至井架中下段
拆卸起井架与底座大绳并盘好
拆方梁
双吊车抬井架大腿及井架第一节至场地
拆分基大腿及井架第一节
拆卸人字梁
负责人：副队长
负责班组：井架班
翻人字梁
拆圆梁
拆人字梁
注：也可井架中下段拆除后翻人字梁，人字梁拆除后，再拆卸井架基大腿

图 2–51 拆卸井架（高位绞车）流程图

二、拆卸钻台

（一）拆卸钻台（低位绞车）

拆卸钻台（低位绞车）流程图如图 2–52 所示。

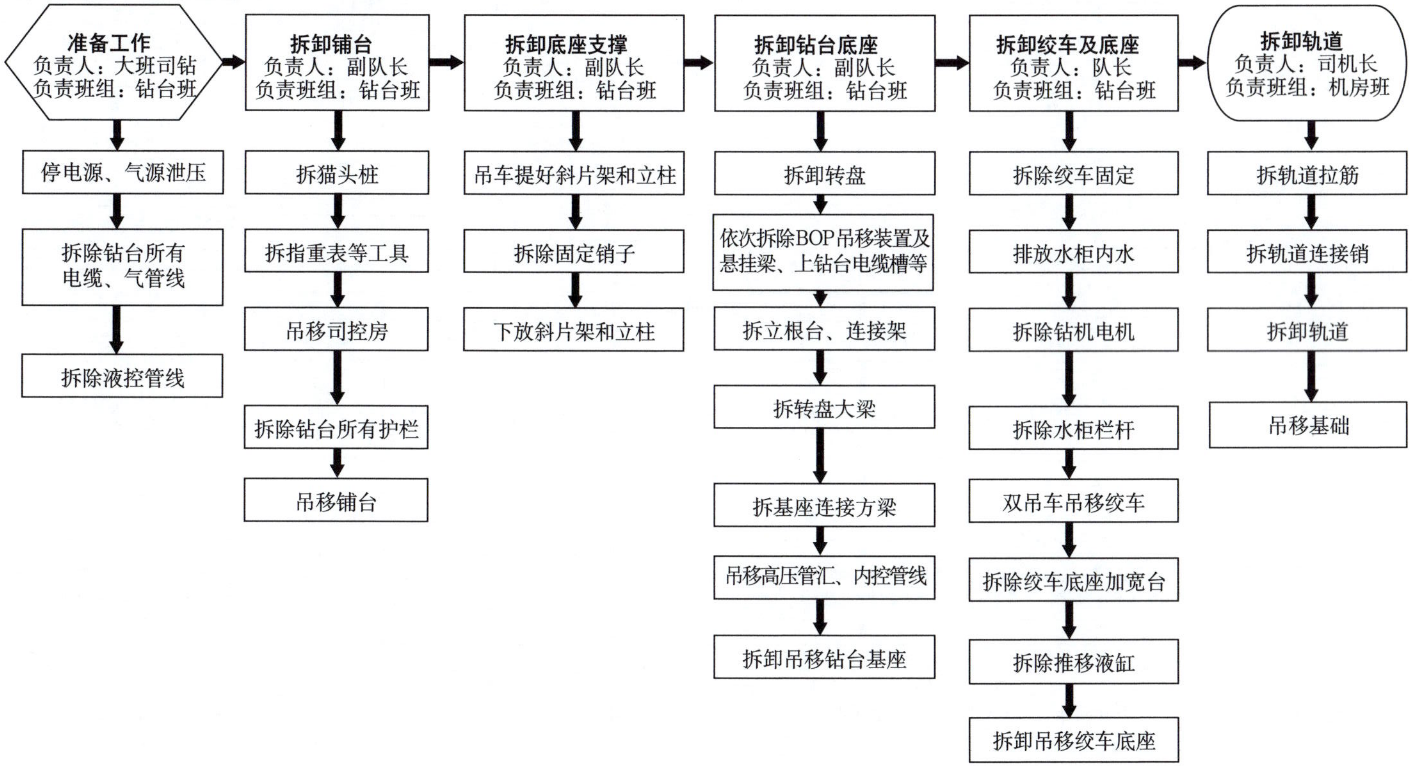

图 2–52　拆卸钻台（低位绞车）流程图

（二）拆卸钻台（高位绞车）

拆卸钻台（高位绞车）流程图如图 2–53 所示。

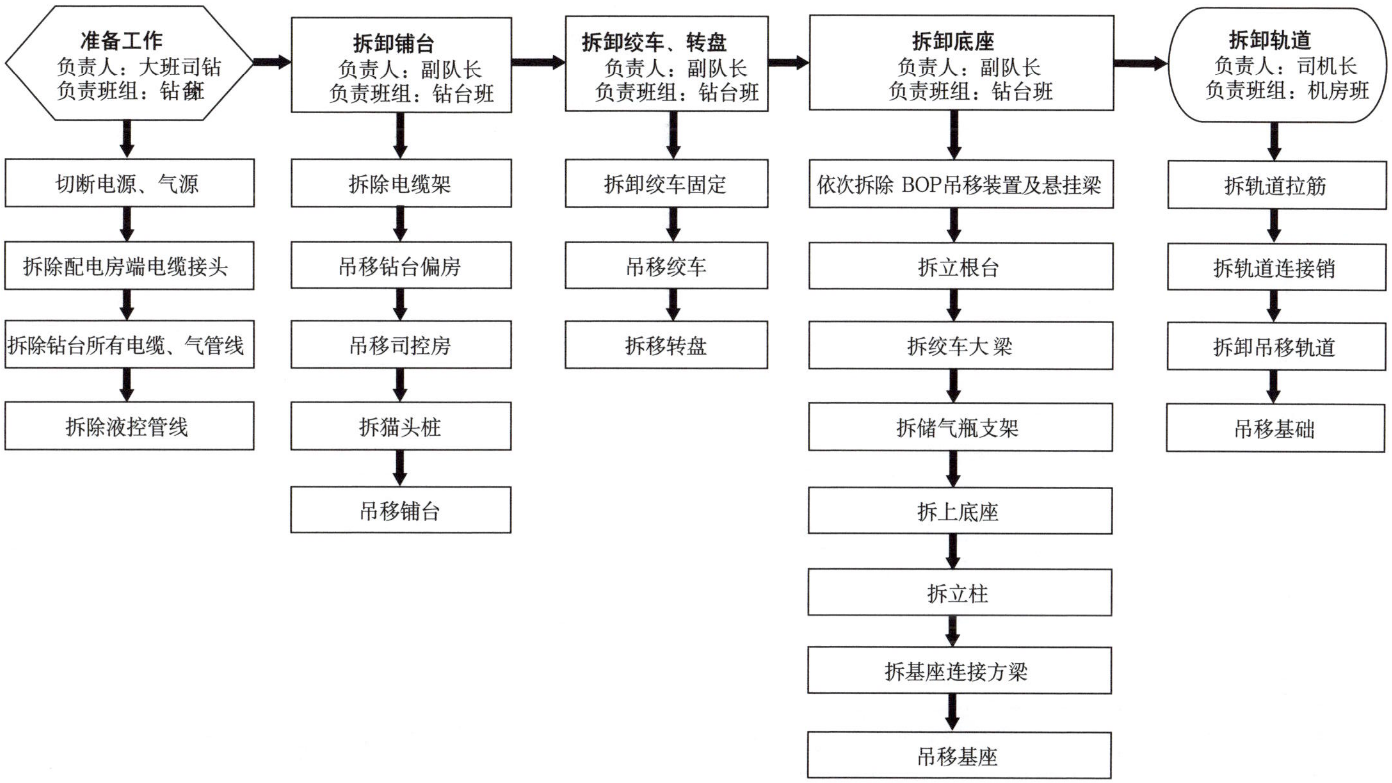

图 2–53 拆卸钻台（高位绞车）流程图

三、拆卸泵房及循环罐

拆卸泵房及循环罐流程图如图 2–54 所示。

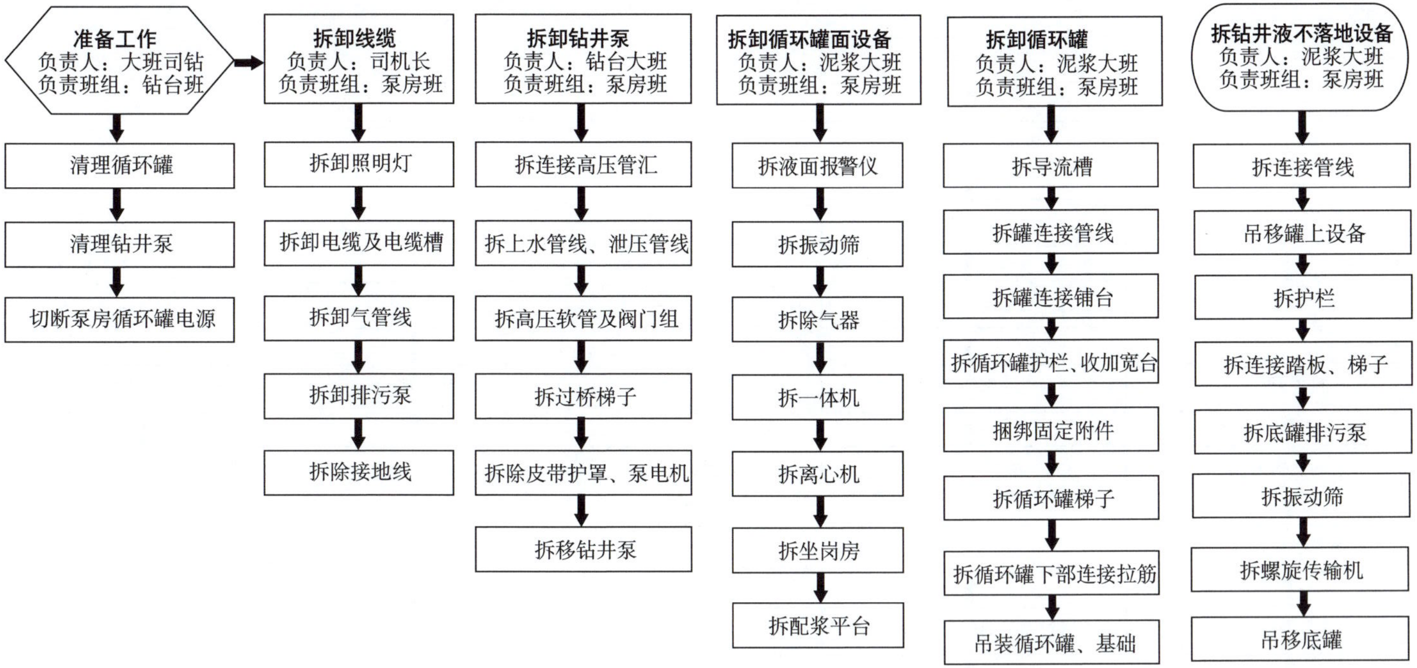

图 2–54　拆卸泵房及循环罐流程图

四、拆卸机房

拆卸机房流程图如图 2–55 所示。

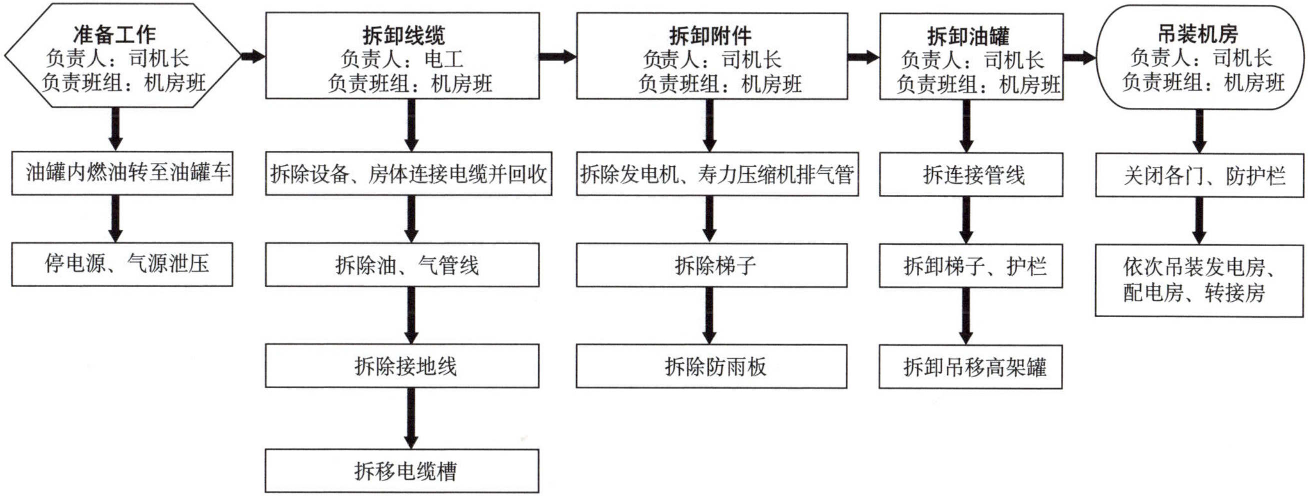

图 2–55 拆卸机房流程图

五、安装钻台

（一）安装钻台（低位绞车）

安装钻台（低位绞车）流程图如图 2–56 所示。

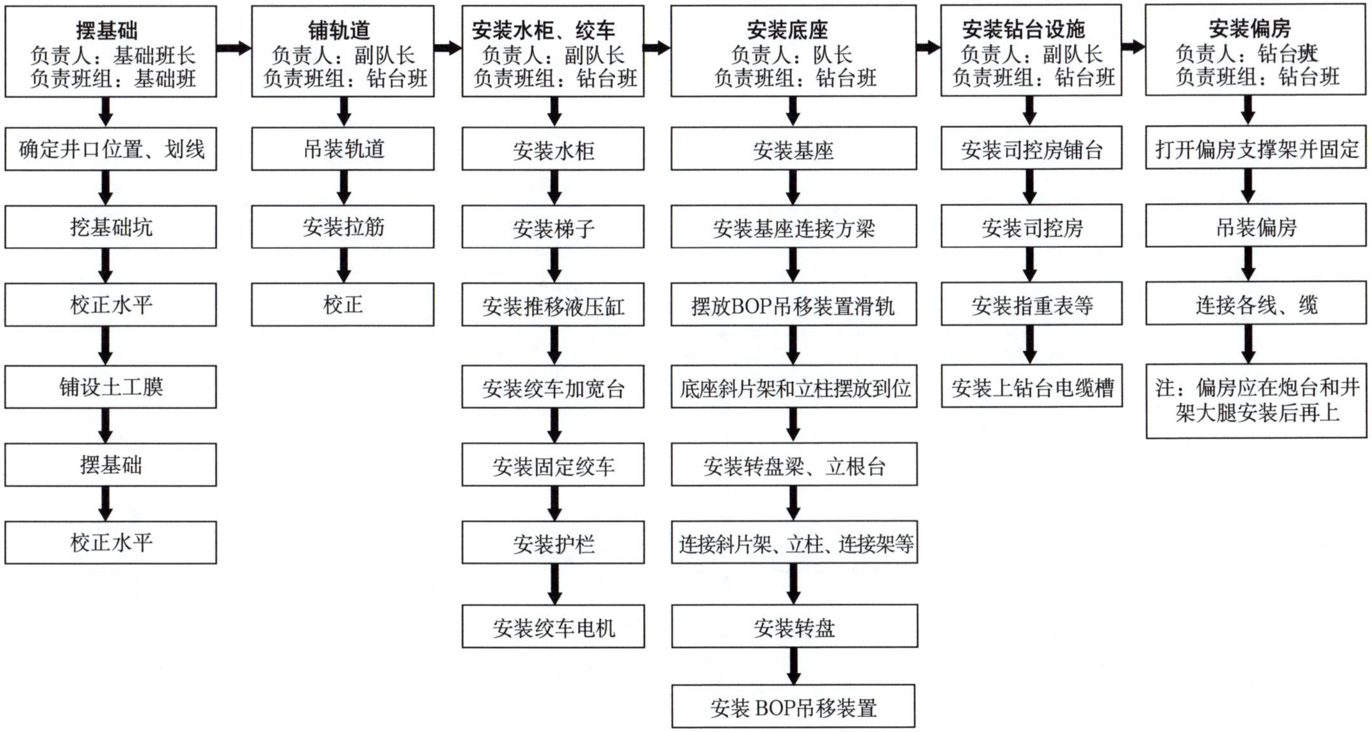

图 2–56　安装钻台（低位绞车）流程图

（二）安装钻台（高位绞车）

安装钻台（高位绞车）流程图如图 2–57 所示。

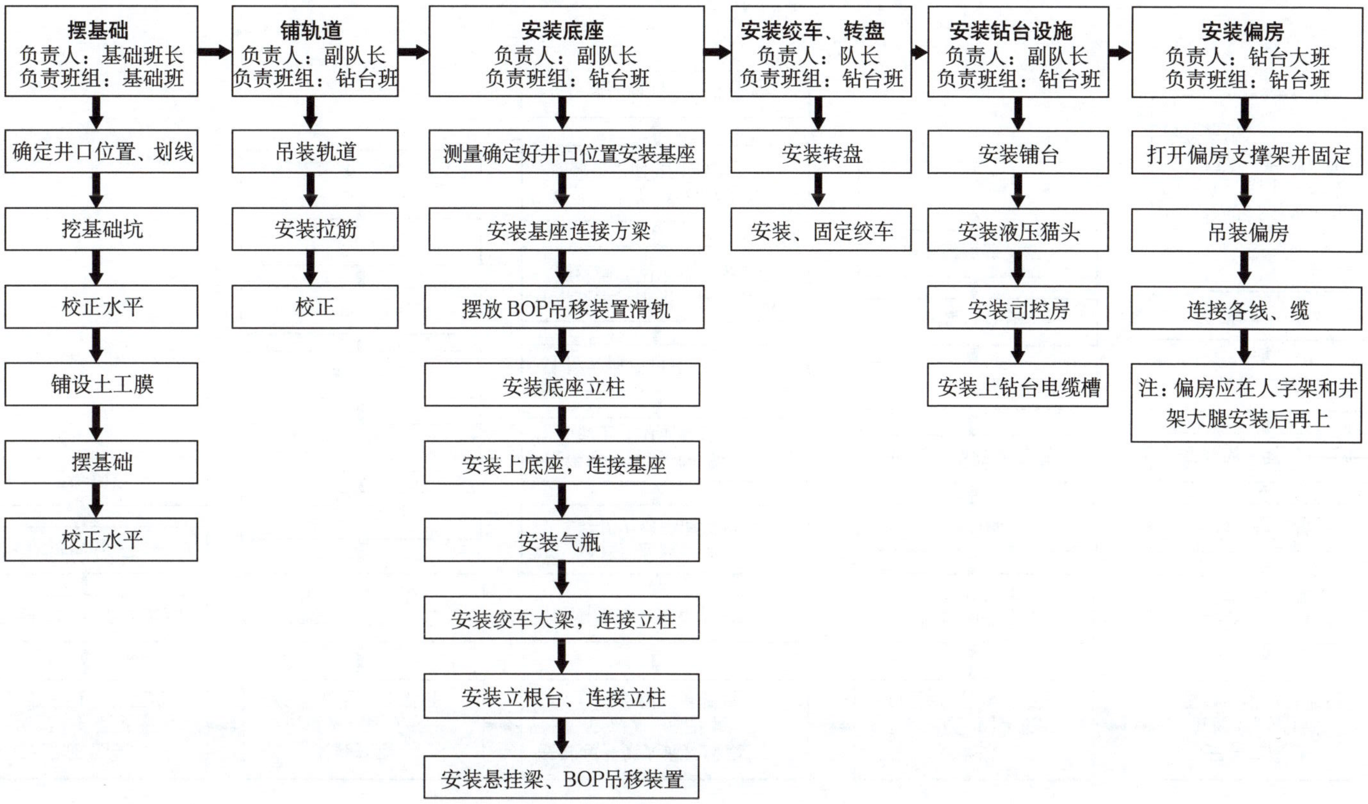

图 2–57 安装钻台（高位绞车）流程图

六、安装井架

（一）安装井架（低位绞车）

安装井架（低位绞车）流程图如图 2–58 所示。

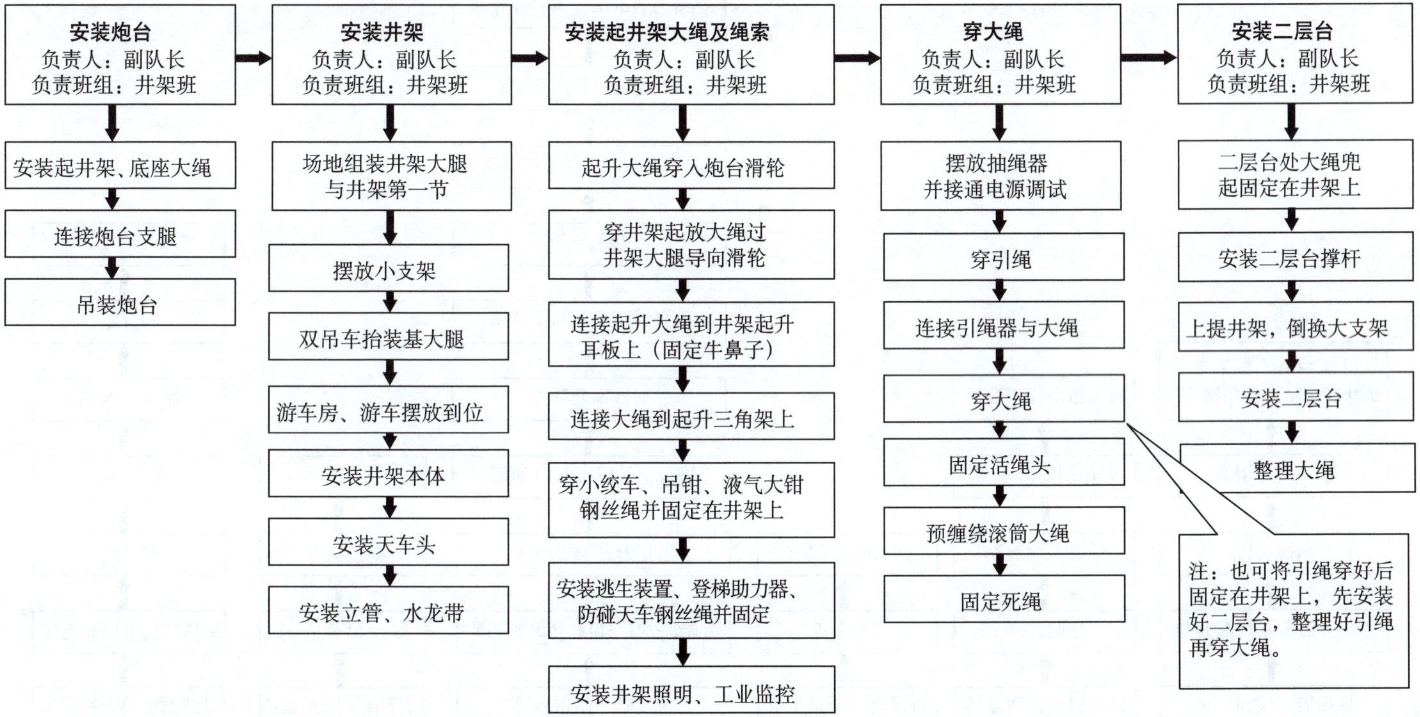
安装炮台
负责人：副队长
负责班组：井架班
安装起井架、底座大绳
连接炮台支腿
吊装炮台
安装井架
负责人：副队长
负责班组：井架班
场地组装井架大腿与井架第一节
摆放小支架
双吊车抬装基大腿
游车房、游车摆放到位
安装井架本体
安装天车头
安装立管、水龙带
安装起井架大绳及绳索
负责人：副队长
负责班组：井架班
起升大绳穿入炮台滑轮
穿井架起放大绳过井架大腿导向滑轮
连接起升大绳到井架起升耳板上（固定牛鼻子）
连接大绳到起升三角架上
穿小绞车、吊钳、液气大钳钢丝绳并固定在井架上
安装逃生装置、登梯助力器、防碰天车钢丝绳并固定
安装井架照明、工业监控
穿大绳
负责人：副队长
负责班组：井架班
摆放抽绳器并接通电源调试
穿引绳
连接引绳器与大绳
穿大绳
固定活绳头
预缠绕滚筒大绳
固定死绳
安装二层台
负责人：副队长
负责班组：井架班
二层台处大绳兜起固定在井架上
安装二层台撑杆
上提井架，倒换大支架
安装二层台
整理大绳
注：也可将引绳穿好后固定在井架上，先安装好二层台，整理好引绳再穿大绳。

图 2–58　安装井架（低位绞车）流程图

（二）安装井架（高位绞车）

安装井架（高位绞车）流程图如图 2–59 所示。

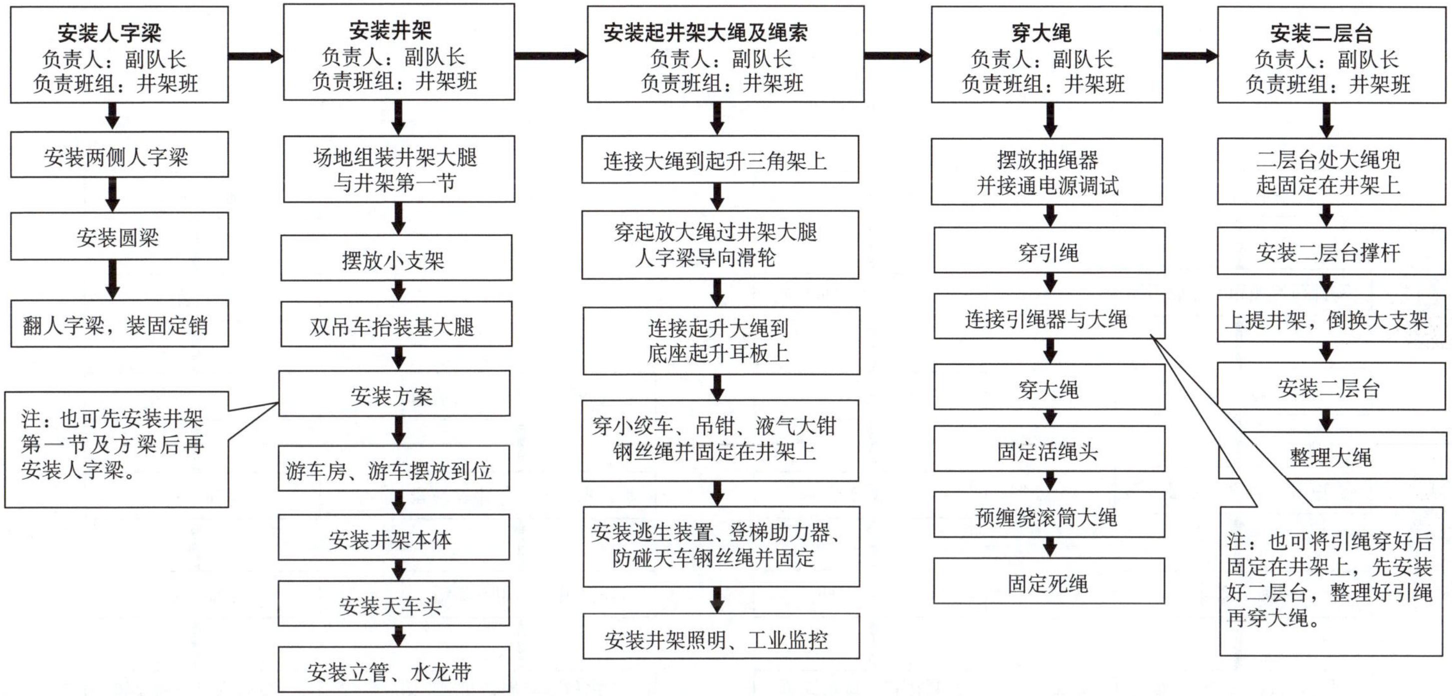
安装人字梁
负责人：副队长
负责班组：井架班
安装两侧人字梁
安装圆梁
翻人字梁，装固定销
注：也可先安装井架第一节及方梁后再安装人字梁。
安装井架
负责人：副队长
负责班组：井架班
场地组装井架大腿与井架第一节
摆放小支架
双吊车抬装基大腿
安装方案
游车房、游车摆放到位
安装井架本体
安装天车头
安装立管、水龙带
安装起井架大绳及绳索
负责人：副队长
负责班组：井架班
连接大绳到起升三角架上
穿起放大绳过井架大腿人字梁导向滑轮
连接起升大绳到底座起升耳板上
穿小绞车、吊钳、液气大钳钢丝绳并固定在井架上
安装逃生装置、登梯助力器、防碰天车钢丝绳并固定
安装井架照明、工业监控
穿大绳
负责人：副队长
负责班组：井架班
摆放抽绳器并接通电源调试
穿引绳
连接引绳器与大绳
穿大绳
固定活绳头
预缠绕滚筒大绳
固定死绳
安装二层台
负责人：副队长
负责班组：井架班
二层台处大绳兜起固定在井架上
安装二层台撑杆
上提井架，倒换大支架
安装二层台
整理大绳
注：也可将引绳穿好后固定在井架上，先安装好二层台，整理好引绳再穿大绳。

图 2–59 安装井架（高位绞车）流程图

七、安装机房

安装机房流程图如图 2–60 所示。

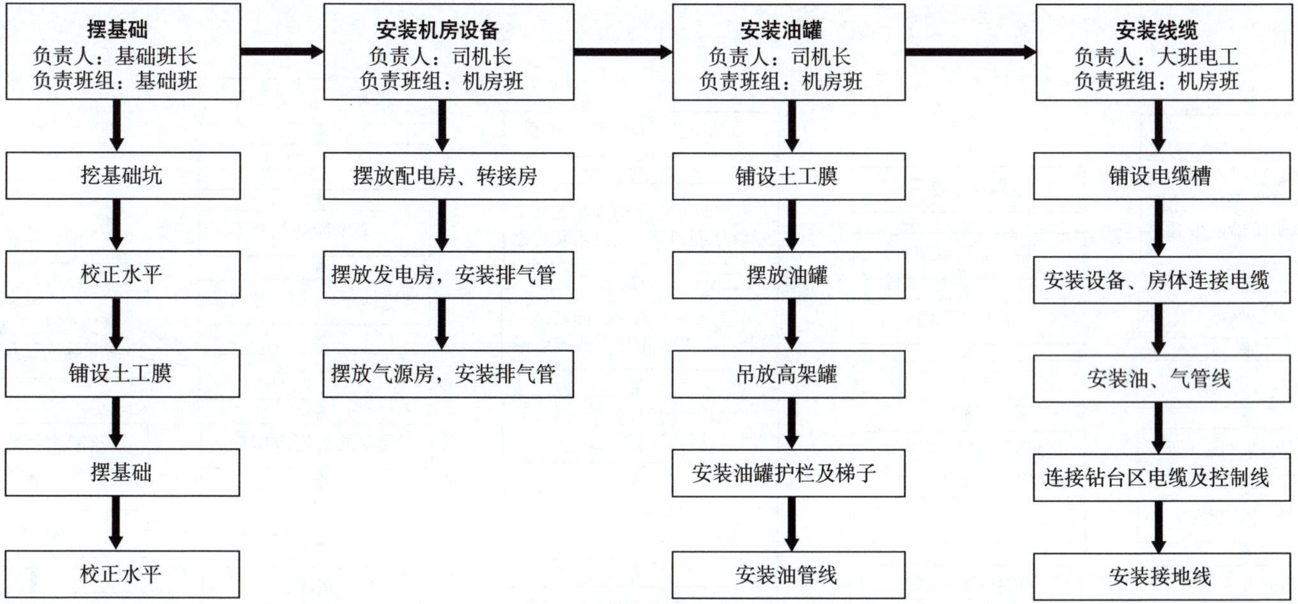

图 2–60　安装机房流程图

八、起升井架、底座及后续安装

（一）起升井架、底座及后续安装（低位绞车）

起升井架、底座及后续安装（低位绞车）流程图如图 2–61 所示。

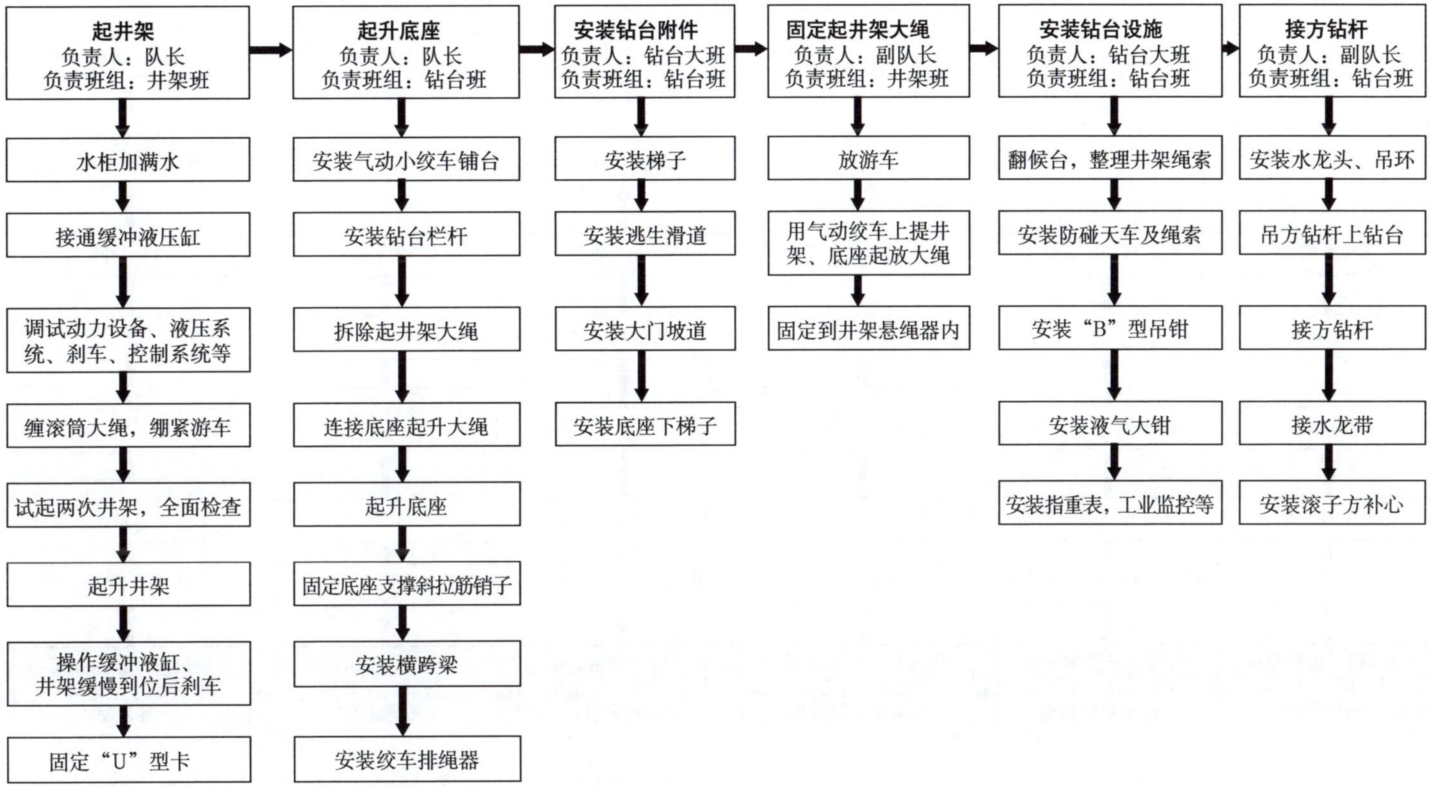

图 2–61 起升井架、底座及后续安装（低位绞车）流程图

（二）起升井架、底座及后续安装（高位绞车）

起升井架、底座及后续安装（高位绞车）流程图如图 2–62 所示。

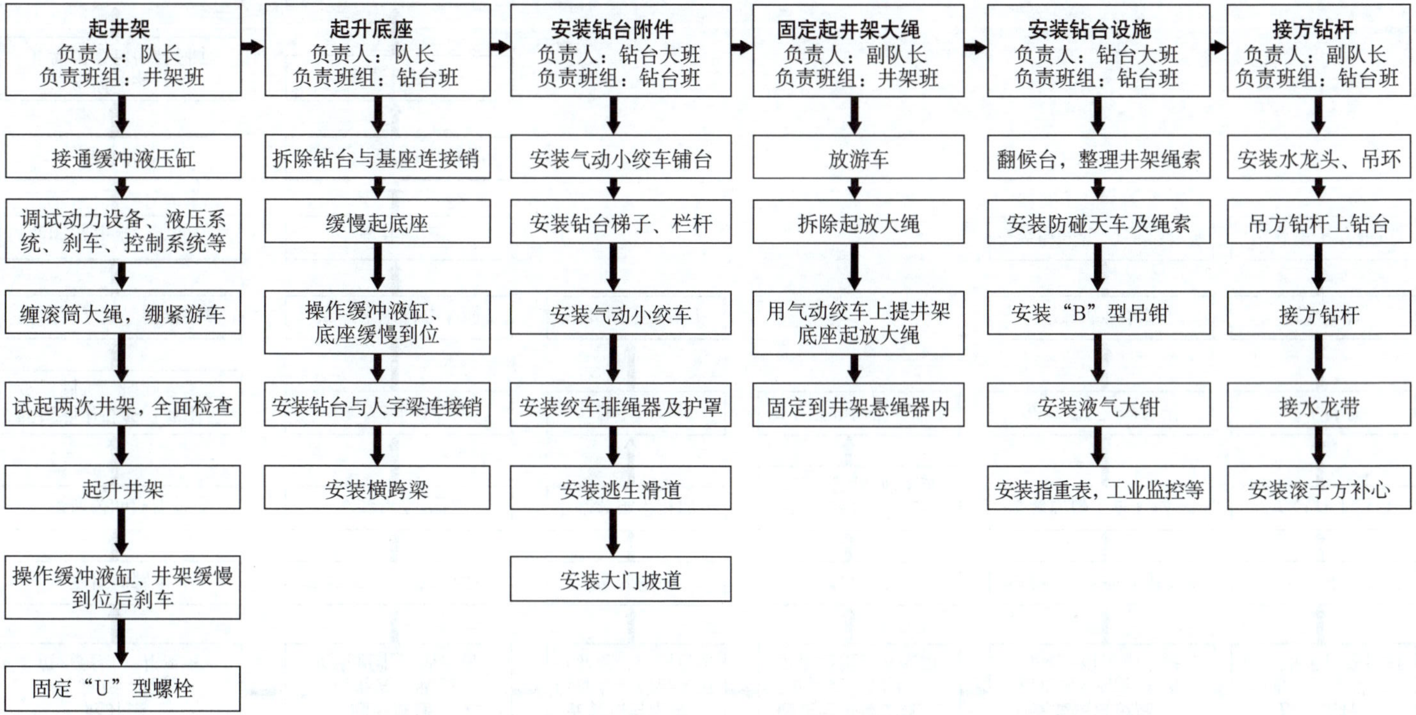

图 2–62　起升井架、底座及后续安装（高位绞车）流程图

九、安装泵房、循环罐

安装泵房、循环罐流程图如图 2–63 所示。

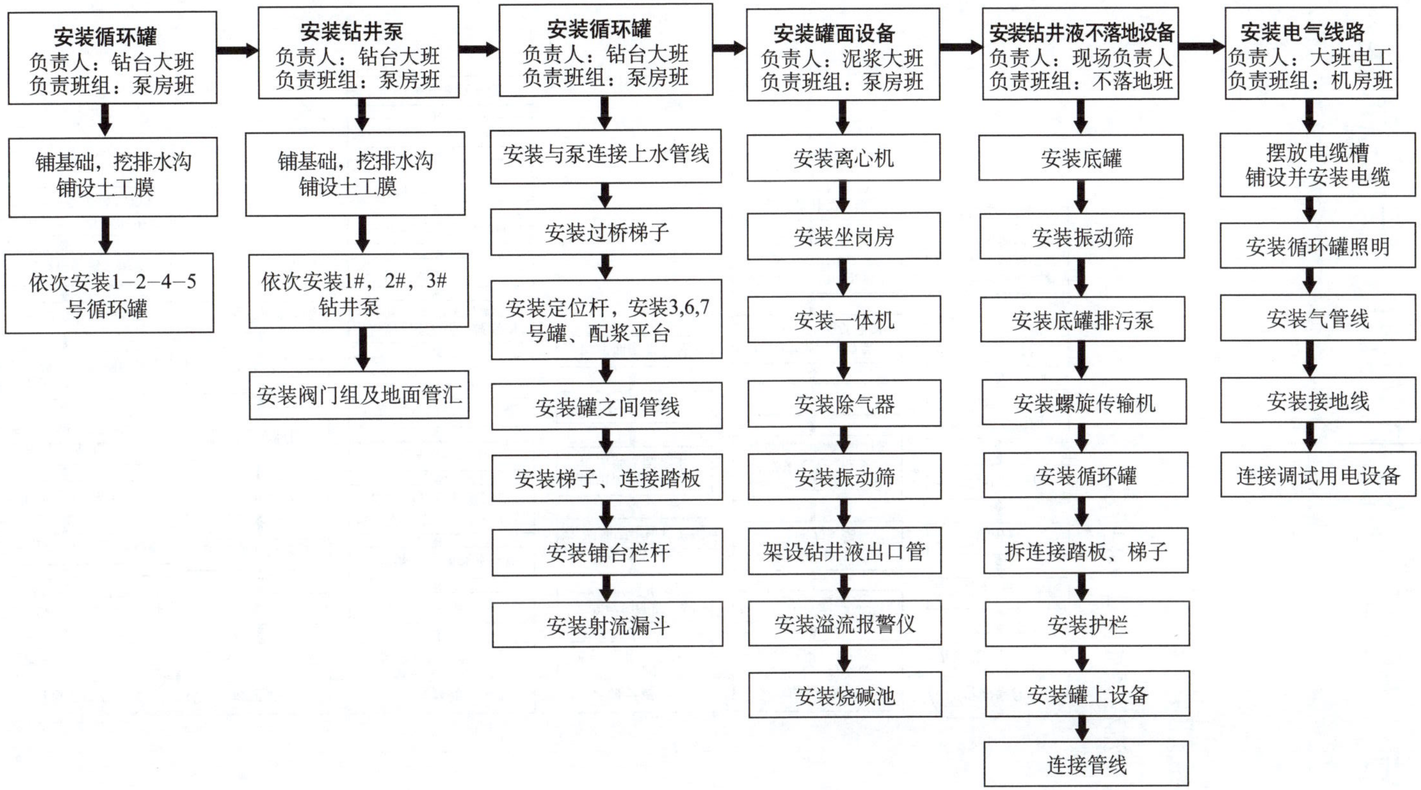

图 2–63　安装泵房、循环罐流程图

第七节 50LDB 钻机拆卸、安装流程网络图

一、拆卸井架

拆卸井架流程图如图 2-64 所示。

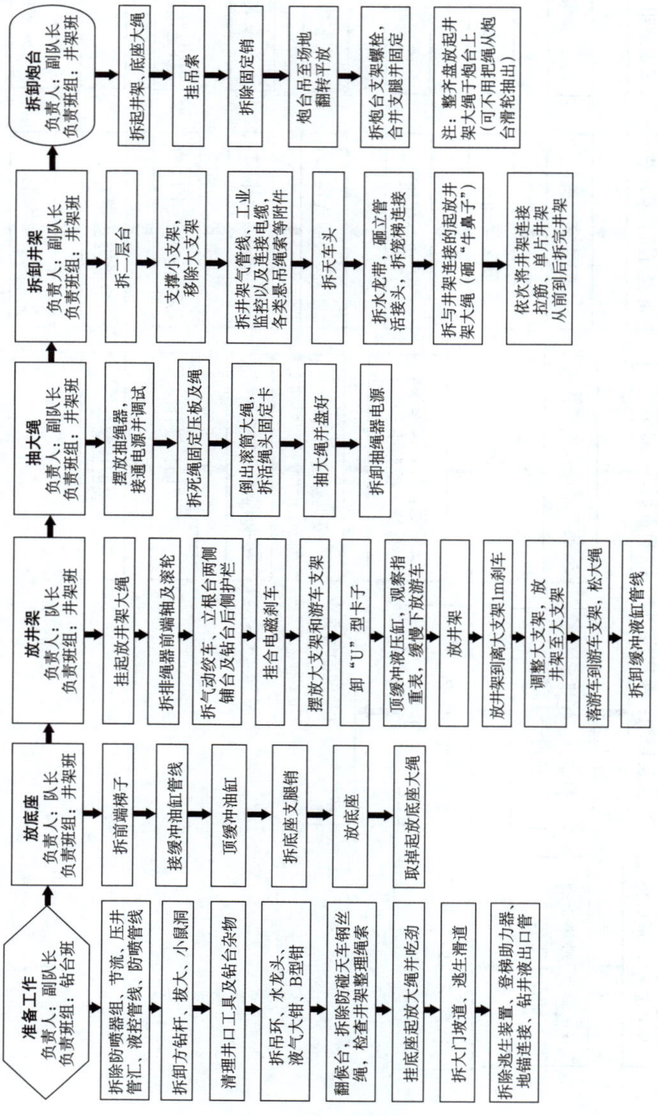
准备工作
负责人：副队长
负责班组：钻台班
拆除防喷器组、节流、压井管汇、液控管线、防喷管线
拆卸方钻杆、拔大、小鼠洞
清理井口工具及钻台杂物
拆吊环、水龙头、液气大钳、B型钳
翻候台，拆除防碰天车钢丝绳，检查井架整理绳索
挂底座起放大绳并吃劲
拆大门坡道、逃生滑道
拆除逃生装置、登梯助力器、地锚连接、钻井液出口管
放底座
负责人：队长
负责班组：井架班
拆前端梯子
接缓冲油缸管线
顶缓冲油缸
拆底座支腿销
放底座
取掉起放底座大绳
放井架
负责人：队长
负责班组：井架班
挂起放井架大绳
拆排绳器前端轴及滚轮
拆气动绞车，立根台两侧铺台及钻台后侧护栏
挂合电磁刹车
摆放大支架和游车支架
卸“U”型卡子
顶缓冲液压缸，观察指重表，缓慢下放游车
放井架
放井架到离大支架1m刹车
调整大支架，放井架至大支架
落游车到游车支架，松大绳
拆卸缓冲液缸管线
抽大绳
负责人：副队长
负责班组：井架班
摆放抽绳器，接通电源并调试
拆死绳固定压板及绳
倒出滚筒大绳，拆活绳头固定卡
抽大绳并盘好
拆卸抽绳器电源
拆卸井架
负责人：副队长
负责班组：井架班
拆二层台
支撑小支架，移除大支架
拆井架气管线、工业监控以及连接电缆、各类悬吊绳索等附件
拆天车头
拆水龙带，砸立管活接头，拆笼梯连接
拆与井架连接的起放井架大绳（砸“牛鼻子”）
依次将井架连接拉筋，单片井架从前到后拆完井架
拆卸炮台
负责人：副队长
负责班组：井架班
拆起井架、底座大绳
挂吊索
拆除固定销
炮台吊至场地翻转平放
拆炮台支架螺栓，合井支腿并固定
注：整齐盘放起井架大绳于炮台上（可不用把绳从炮台滑轮抽出）

图 2-64 拆卸井架流程图

二、拆卸钻台

拆卸钻台流程图如图 2–65 所示。

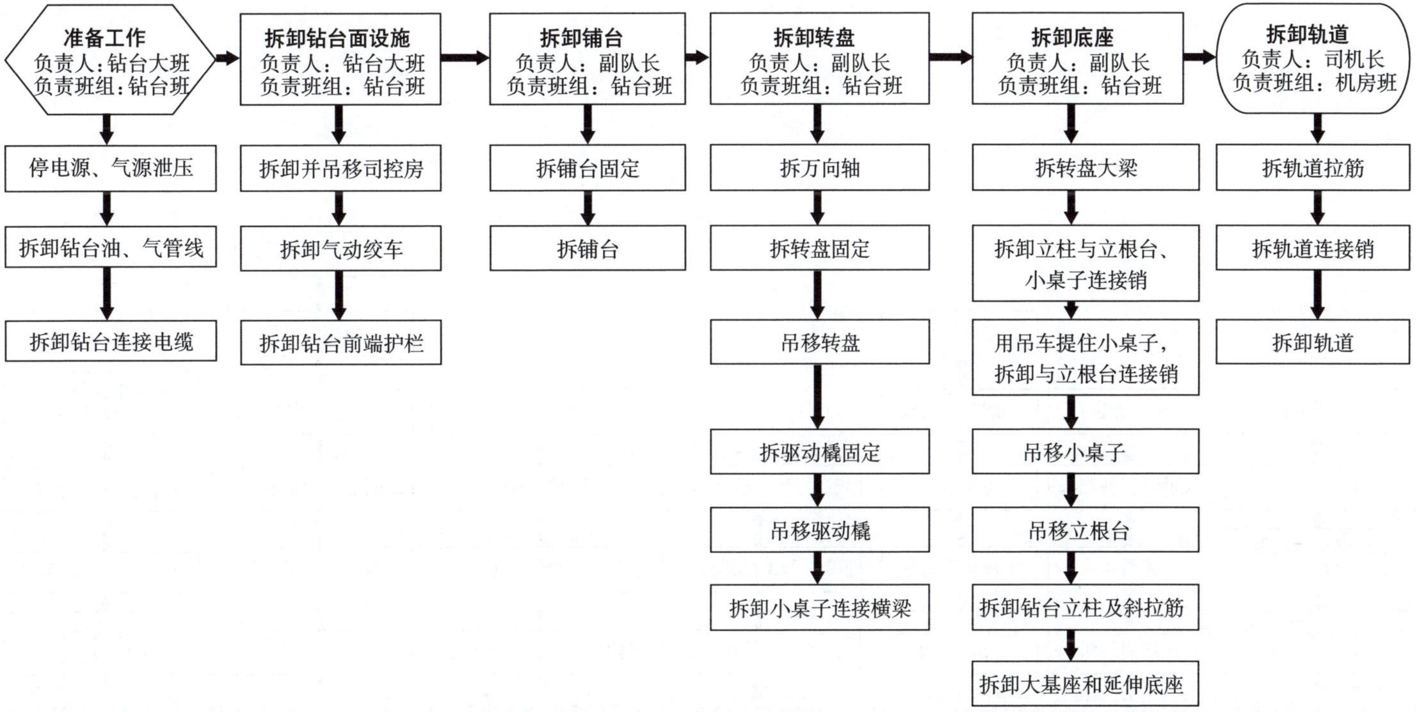

图 2–65 拆卸钻台流程图

三、拆卸机房、绞车

拆卸机房、绞车流程图如图 2–66 所示。

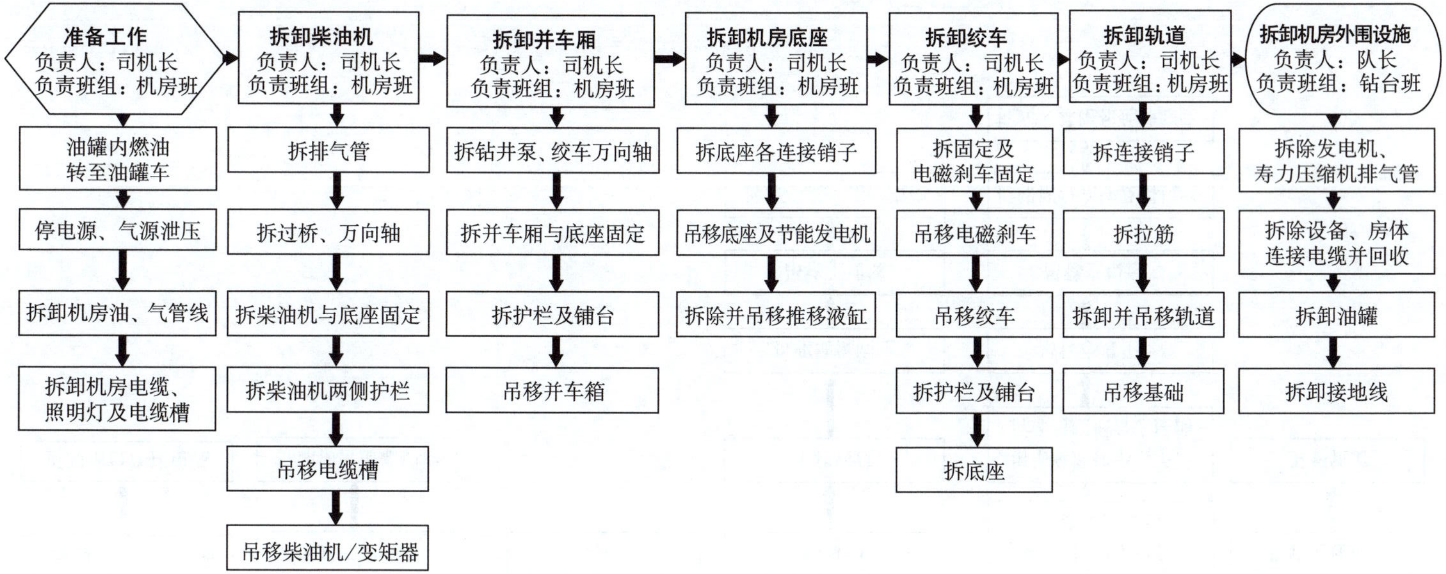

图 2–66 拆卸机房、绞车流程图

四、拆卸泵房及循环罐

拆卸泵房及循环罐流程图如图 2–67 所示。

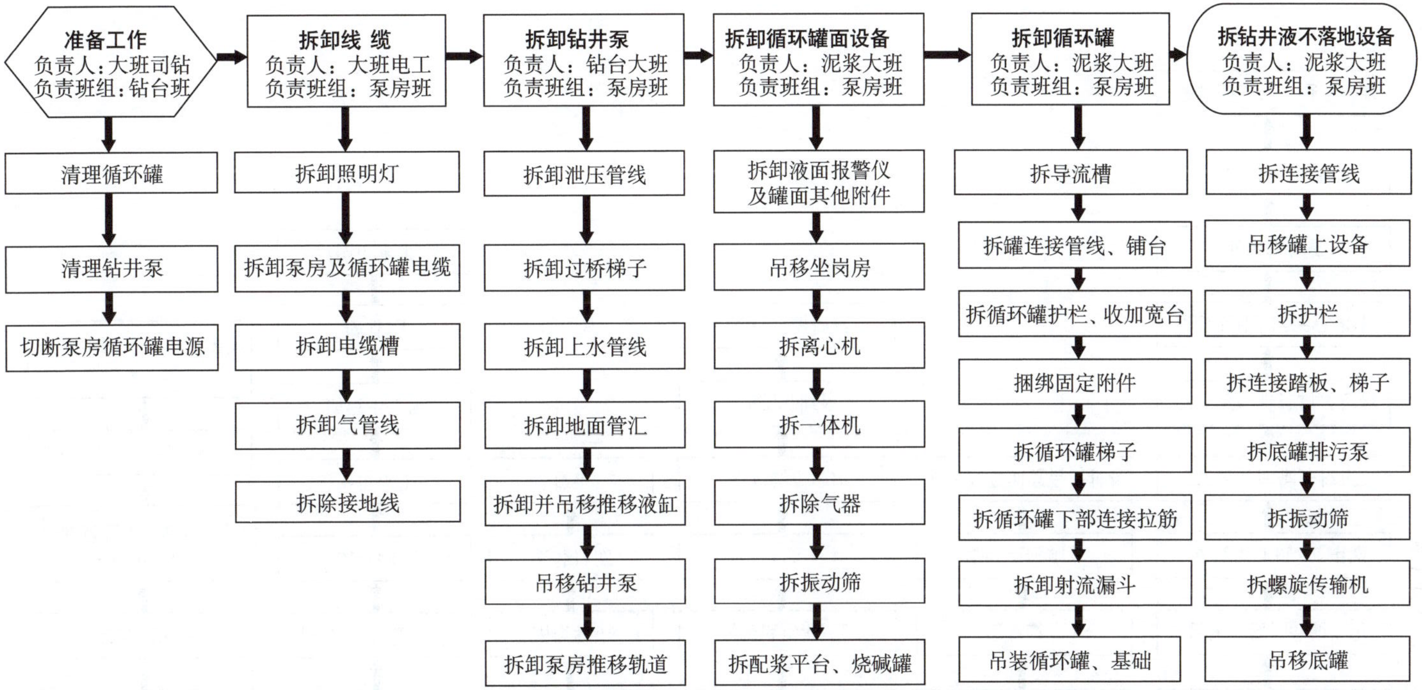

图 2–67 拆卸泵房及循环罐流程图

五、安装机房、绞车

安装机房、绞车流程图如图 2–68 所示。

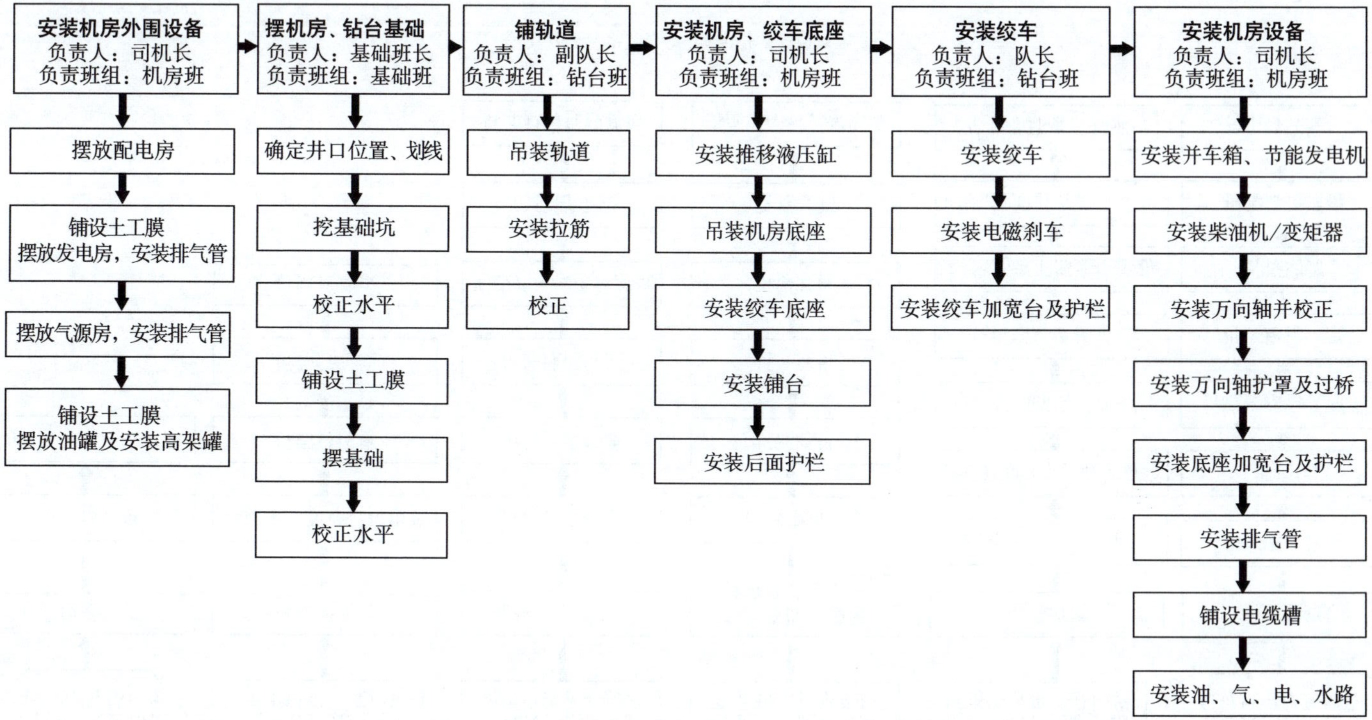

图 2–68　安装机房、绞车流程图

六、安装钻台（起升式）

安装钻台（起升式）流程图如图 2–69 所示。

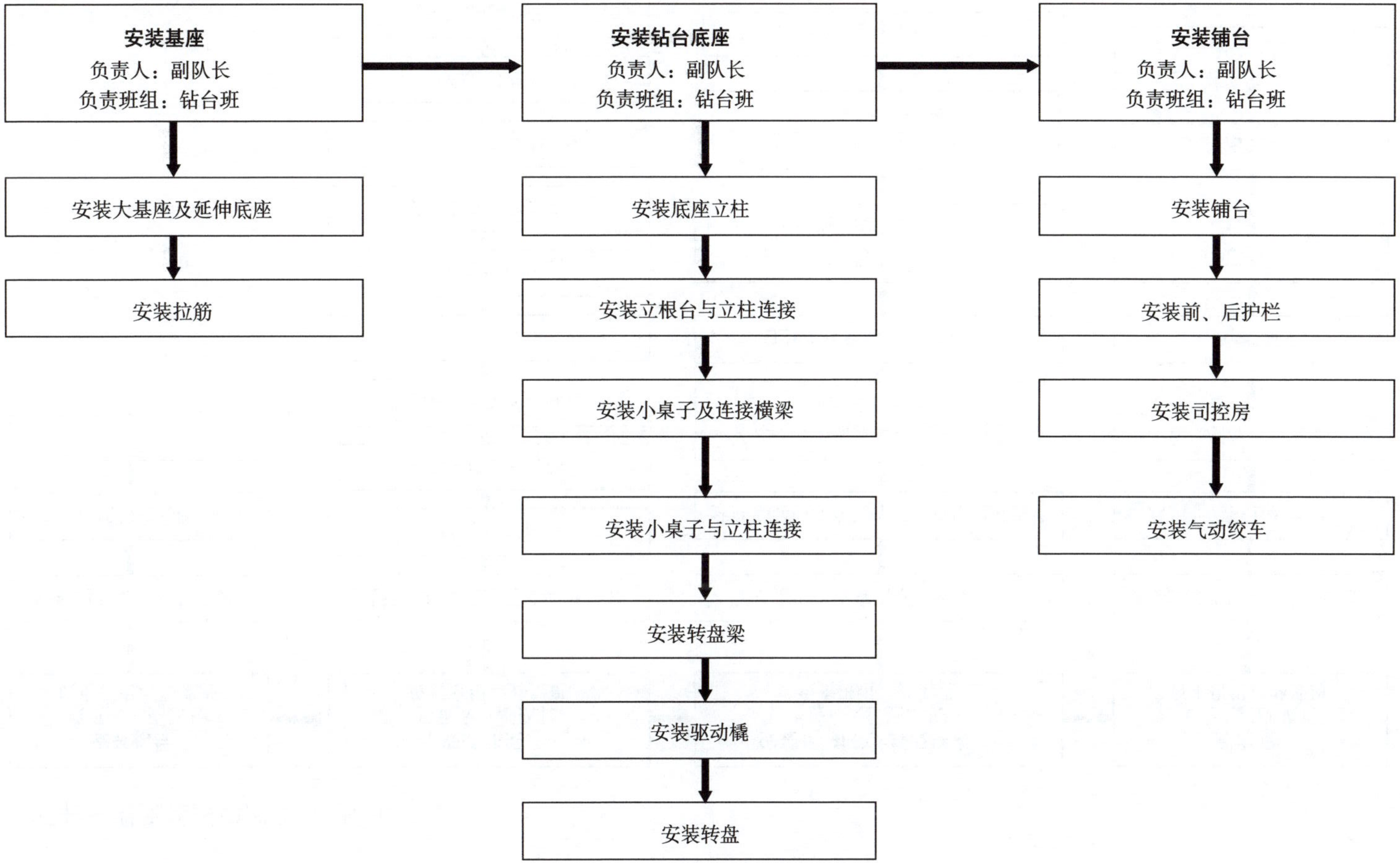

图 2–69 安装钻台（起升式）流程图

七、安装井架

安装井架流程图如图 2–70 所示。

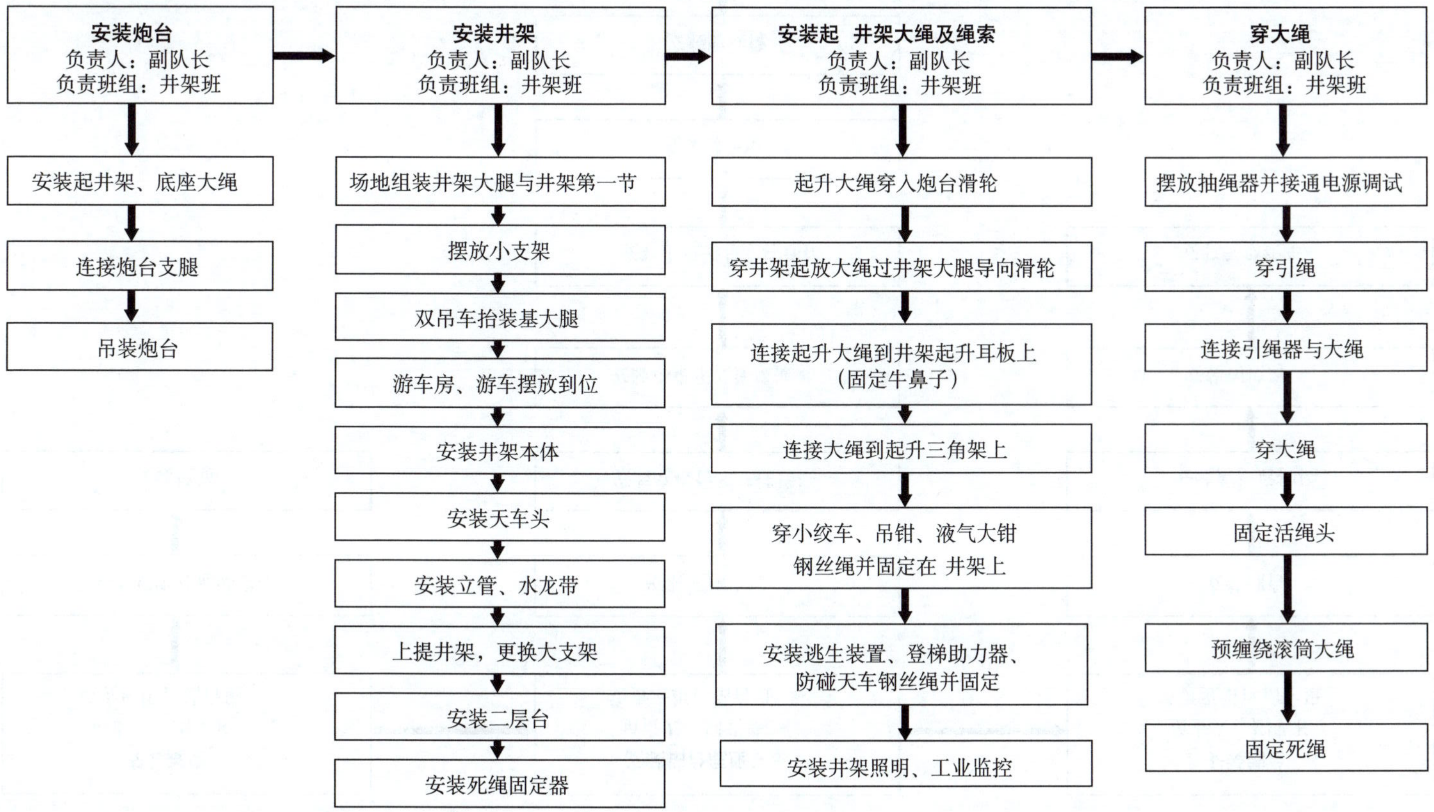
安装炮台
负责人：副队长
负责班组：井架班
安装起井架、底座大绳
连接炮台支腿
吊装炮台
安装井架
负责人：副队长
负责班组：井架班
场地组装井架大腿与井架第一节
摆放小支架
双吊车抬装基大腿
游车房、游车摆放到位
安装井架本体
安装天车头
安装立管、水龙带
上提井架，更换大支架
安装二层台
安装死绳固定器
安装起 井架大绳及绳索
负责人：副队长
负责班组：井架班
起升大绳穿入炮台滑轮
穿井架起放大绳过井架大腿导向滑轮
连接起升大绳到井架起升耳板上（固定牛鼻子）
连接大绳到起升三角架上
穿小绞车、吊钳、液气大钳钢丝绳并固定在 井架上
安装逃生装置、登梯助力器、防碰天车钢丝绳并固定
安装井架照明、工业监控
穿大绳
负责人：副队长
负责班组：井架班
摆放抽绳器并接通电源调试
穿引绳
连接引绳器与大绳
穿大绳
固定活绳头
预缠绕滚筒大绳
固定死绳

图 2–70　安装井架流程图

八、起升井架、底座及后续安装

起升井架、底座及后续安装流程图如图 2–71 所示。

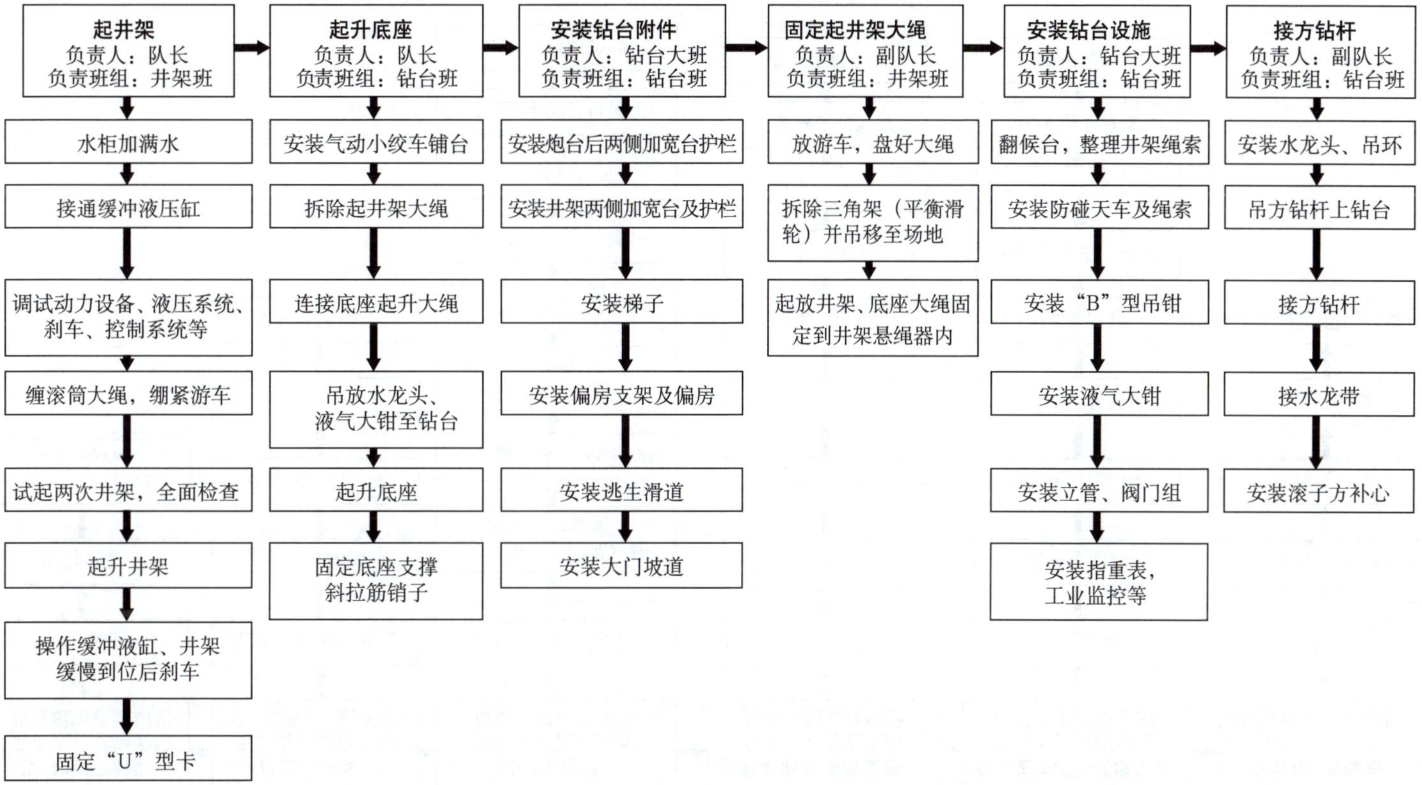

图 2–71 起升井架、底座及后续安装流程图

九、安装泵房、循环罐

安装泵房、循环罐流程图如图 2–72 所示。

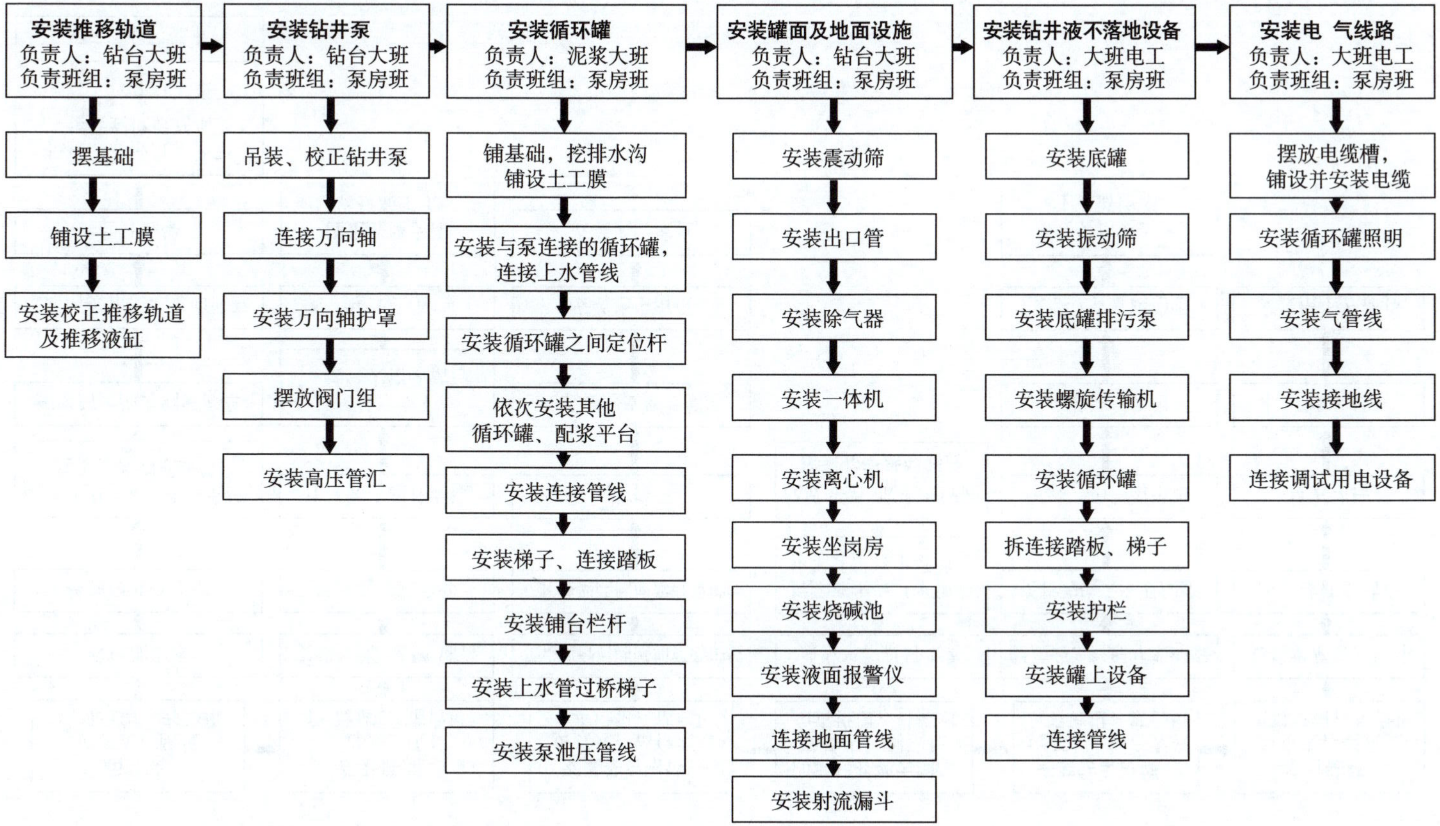

图 2–72 安装泵房、循环罐流程图

第八节　50L 钻机拆卸、安装流程网络图

一、拆卸井架及钻台底座

拆卸井架及钻机底座流程图如图 2–73 所示。

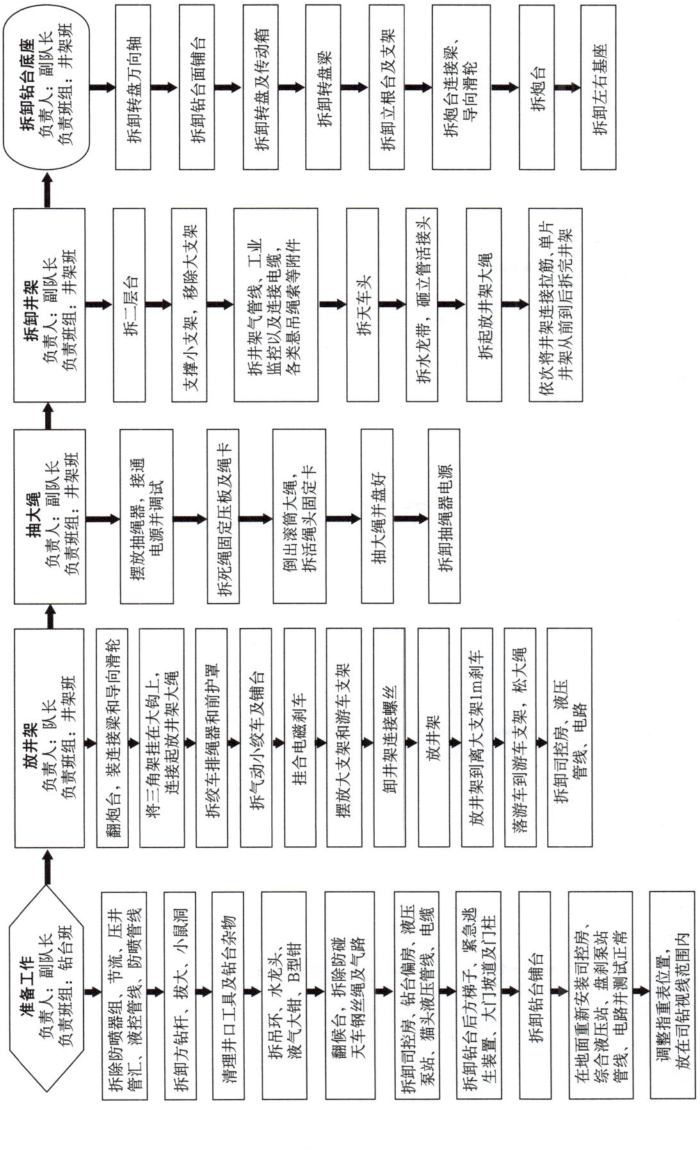
准备工作
负责人：副队长
负责班组：钻台班
拆除防喷器组、节流、压井管汇、液控管线、防喷管线
拆卸方钻杆、拔大、小鼠洞
清理井口工具及钻台杂物
拆吊环、水龙头、液气大钳、B型钳
翻侯台，拆除防碰天车钢丝绳及气路
拆卸司控房、钻台偏房、液压泵站、猫头液压管线、电缆
拆卸钻台后方梯子、紧急逃生装置、大门坡道及门柱
拆卸钻台铺台
在地面重新安装司控房、综合液压站、盘刹泵站管线、电路并测试正常
调整指重表位置，放在司钻视线范围内
放井架
负责人：队长
负责班组：井架班
翻炮台，装连接梁和导向滑轮
将三角架挂在大钩上，连接起放井架大绳
拆绞车排绳器和前护罩
拆气动小绞车及铺台
挂合电磁刹车
摆放大支架和游车支架
卸井架连接螺丝
放井架
放井架到离大支架1m刹车
落游车到游车支架，松大绳
拆卸司控房、液压管线、电路
抽大绳
负责人：副队长
负责班组：井架班
摆放抽绳器，接通电源并调试
拆死绳固定压板及绳卡
倒出滚筒大绳，拆活绳头固定卡
抽大绳并盘好
拆卸抽绳器电源
拆卸井架
负责人：副队长
负责班组：井架班
拆二层台
支撑小支架，移除大支架
拆井架气管线、工业监控以及连接电缆，各类悬吊绳索等附件
拆天车头
拆水龙带，硬立管活接头
拆起放井架大绳
依次将井架连接拉筋，单片井架从前到后拆完井架
拆卸钻台底座
负责人：副队长
负责班组：井架班
拆卸转盘万向轴
拆卸钻台面铺台
拆卸转盘及传动箱
拆卸转盘梁
拆卸立根台及支架
拆炮台连接梁、导向滑轮
拆炮台
拆卸左右基座

图 2–73　拆卸井架及钻台底座流程图

二、拆卸机房、绞车

拆卸机房、绞车流程图如图 2–74 所示。

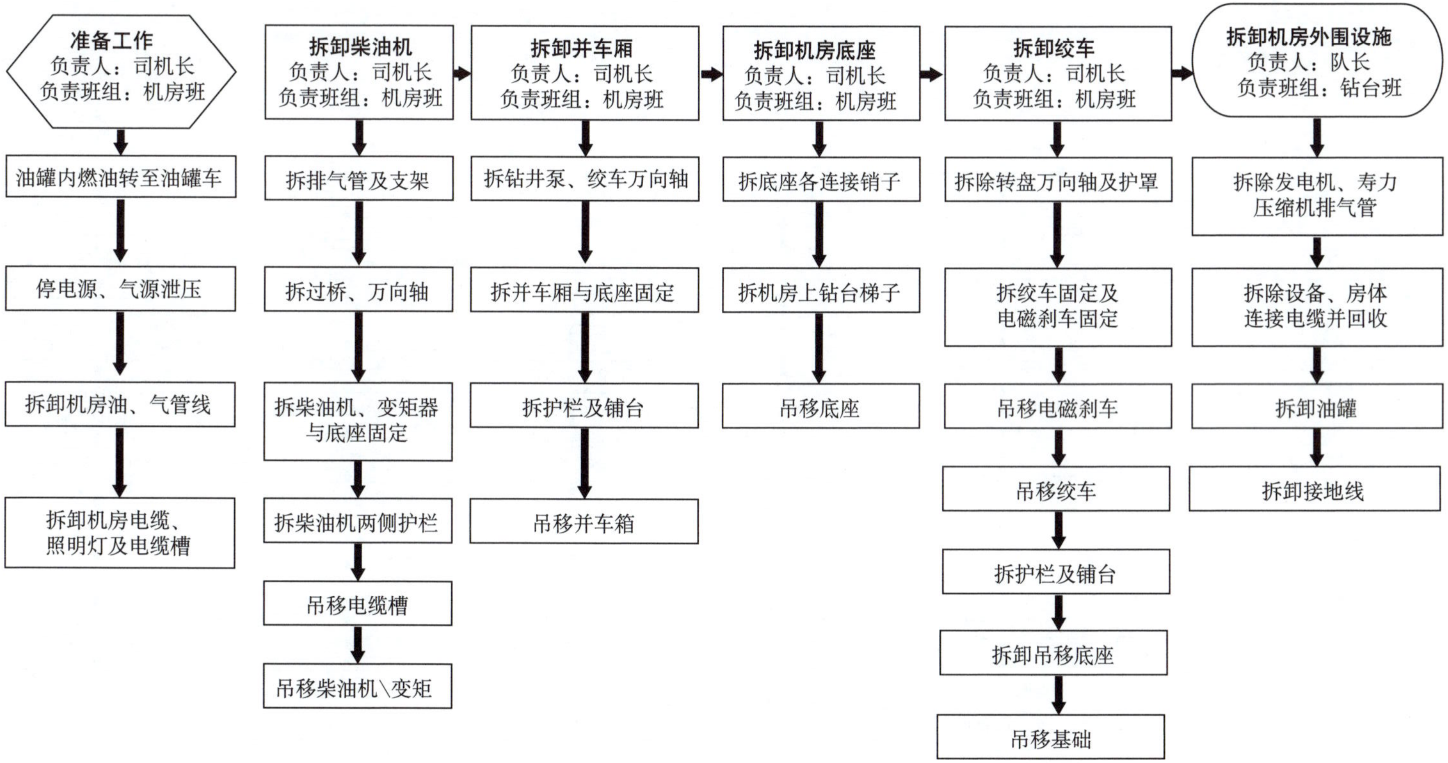

图 2–74　拆卸机房、绞车流程图

三、拆卸泵房及循环罐

拆卸泵房及循环罐流程图如图 2–75 所示。

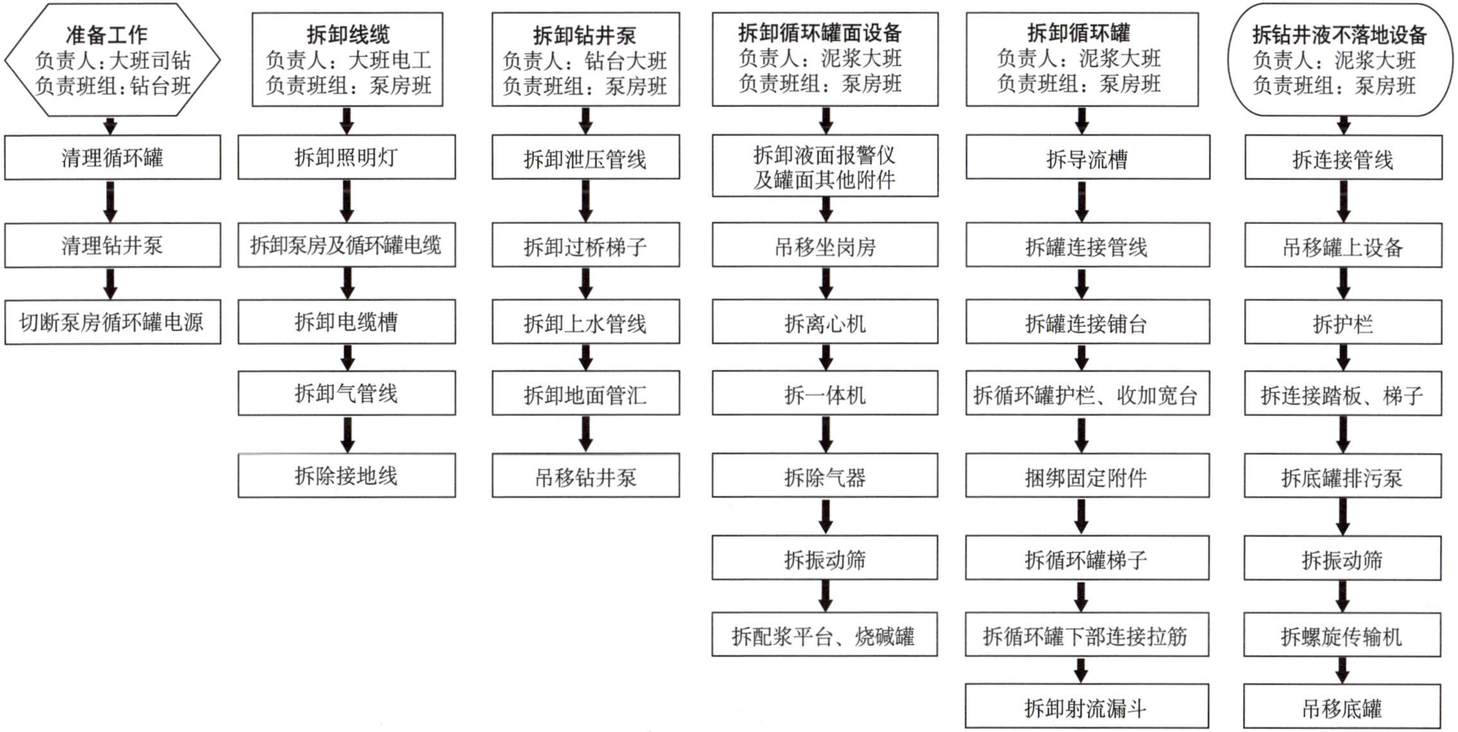

图 2–75 拆卸泵房及循环罐流程图

四、安装机房、绞车

安装机房、绞车流程图如图 2–76 所示。

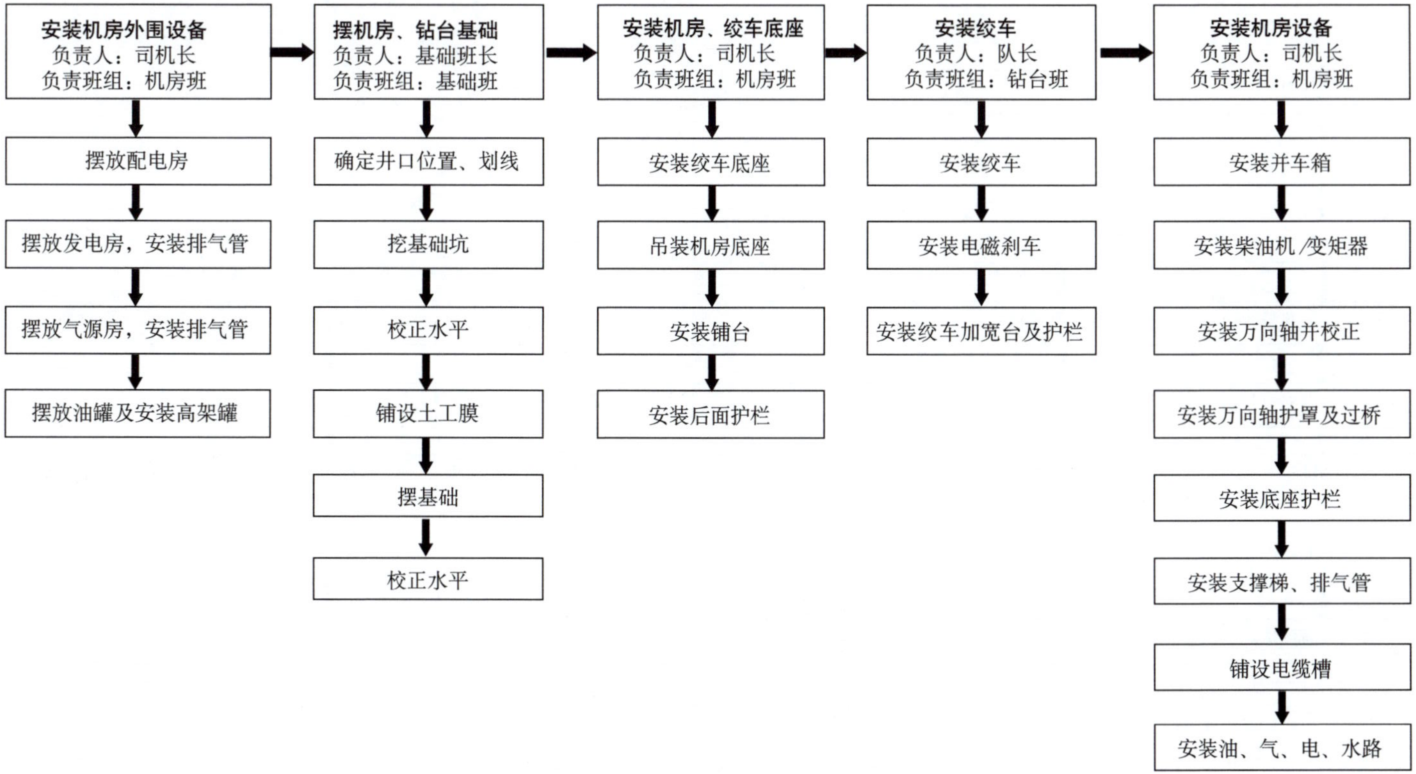

图 2–76　安装机房、绞车流程图

五、安装钻台、井架

安装钻台、井架流程图如图 2–77 所示。

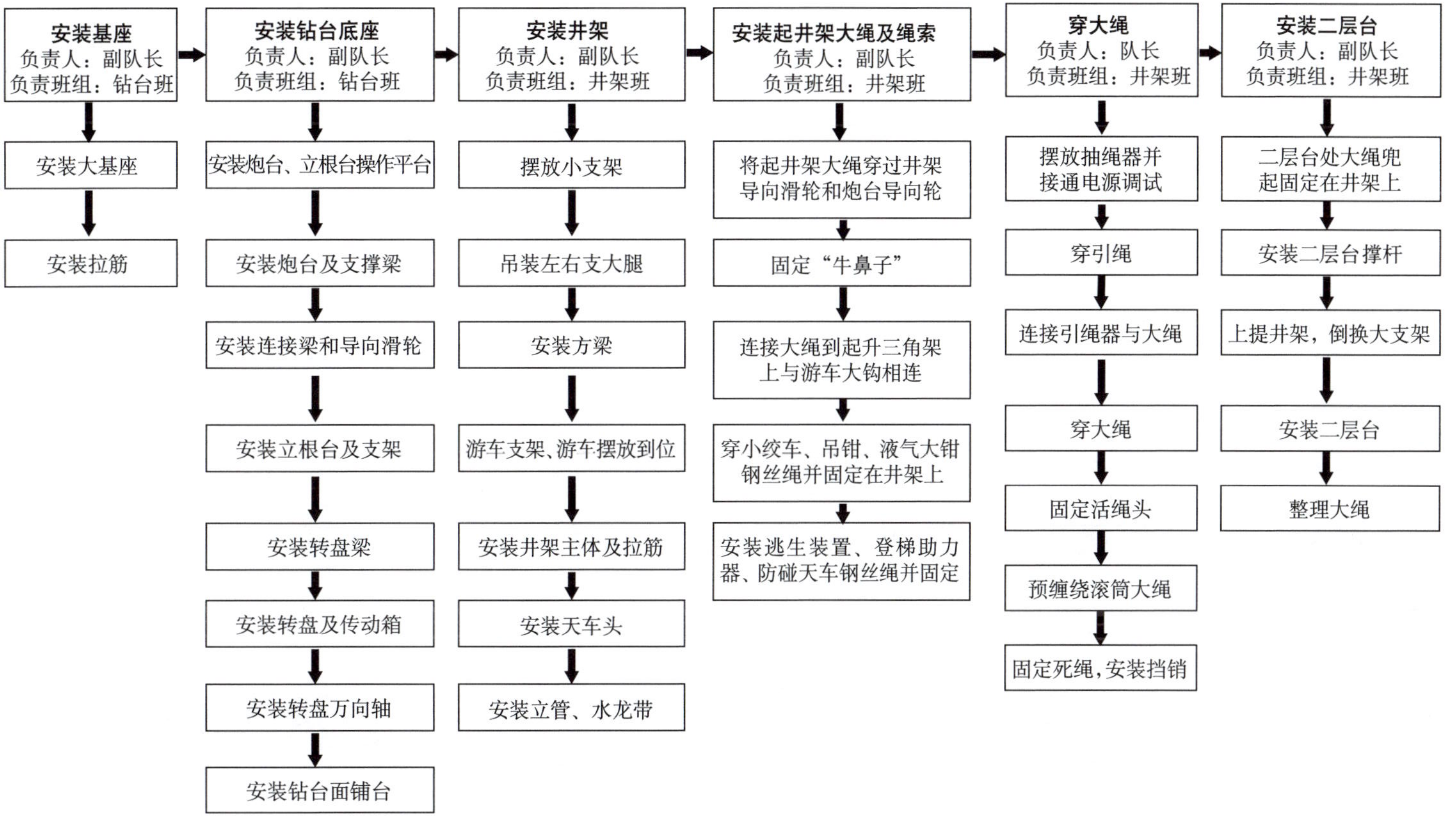
安装基座
负责人：副队长
负责班组：钻台班
安装大基座
安装拉筋
安装钻台底座
负责人：副队长
负责班组：钻台班
安装炮台、立根台操作平台
安装炮台及支撑梁
安装连接梁和导向滑轮
安装立根台及支架
安装转盘梁
安装转盘及传动箱
安装转盘万向轴
安装钻台面铺台
安装井架
负责人：副队长
负责班组：井架班
摆放小支架
吊装左右支大腿
安装方梁
游车支架、游车摆放到位
安装井架主体及拉筋
安装天车头
安装立管、水龙带
安装起井架大绳及绳索
负责人：副队长
负责班组：井架班
将起井架大绳穿过井架导向滑轮和炮台导向轮
固定“牛鼻子”
连接大绳到起升三角架上与游车大钩相连
穿小绞车、吊钳、液气大钳钢丝绳并固定在井架上
安装逃生装置、登梯助力器、防碰天车钢丝绳并固定
穿大绳
负责人：队长
负责班组：井架班
摆放抽绳器并接通电源调试
穿引绳
连接引绳器与大绳
穿大绳
固定活绳头
预缠绕滚筒大绳
固定死绳，安装挡销
安装二层台
负责人：副队长
负责班组：井架班
二层台处大绳兜起固定在井架上
安装二层台撑杆
上提井架，倒换大支架
安装二层台
整理大绳

图 2–77 安装钻台、井架流程图

六、起井架及后续安装

起井架及后续安装流程图如图 2–78 所示。

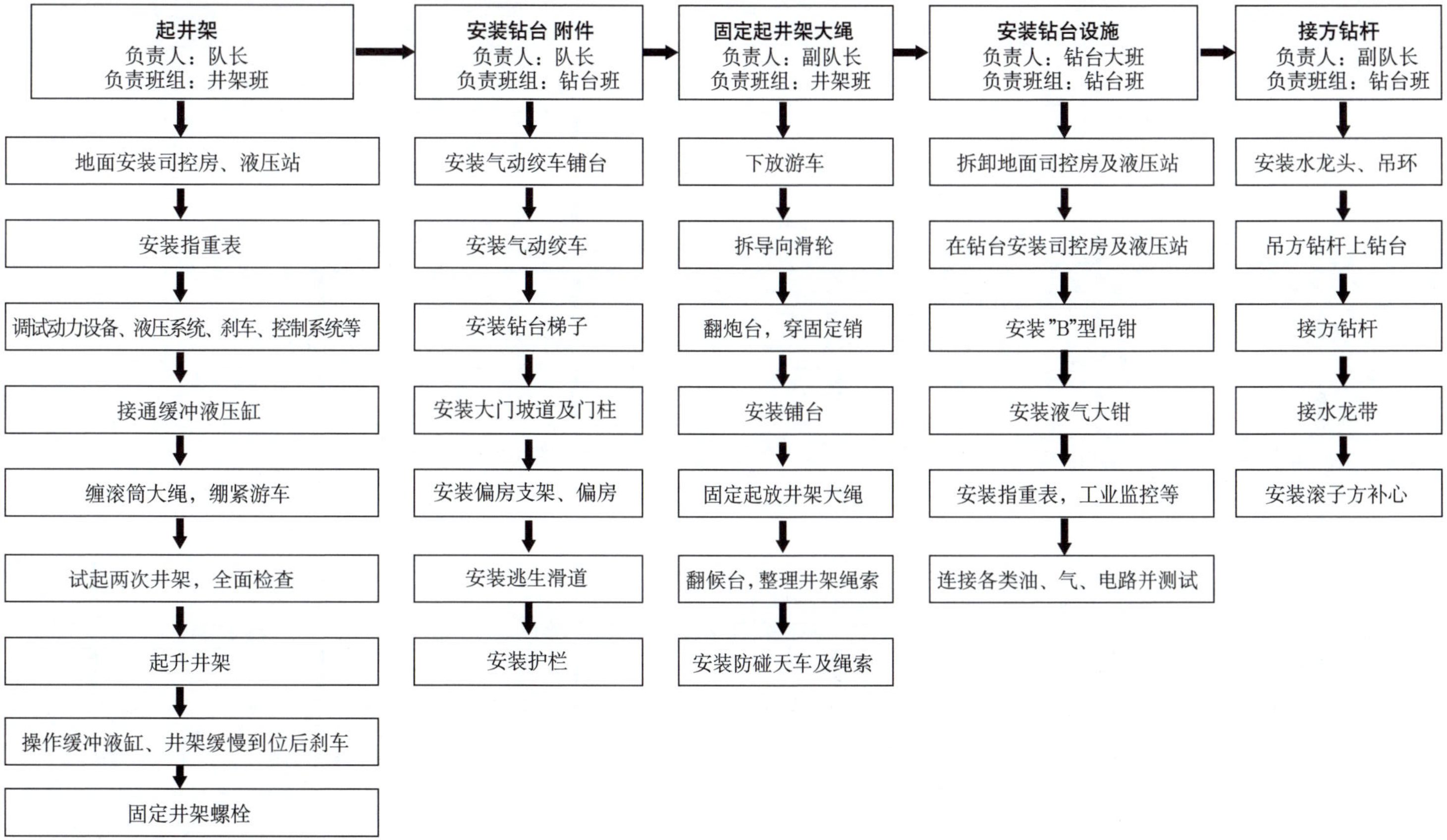

图 2–78 起井架及后续安装流程图

七、安装泵房、循环罐

安装泵房、循环罐流程图如图 2−79 所示。

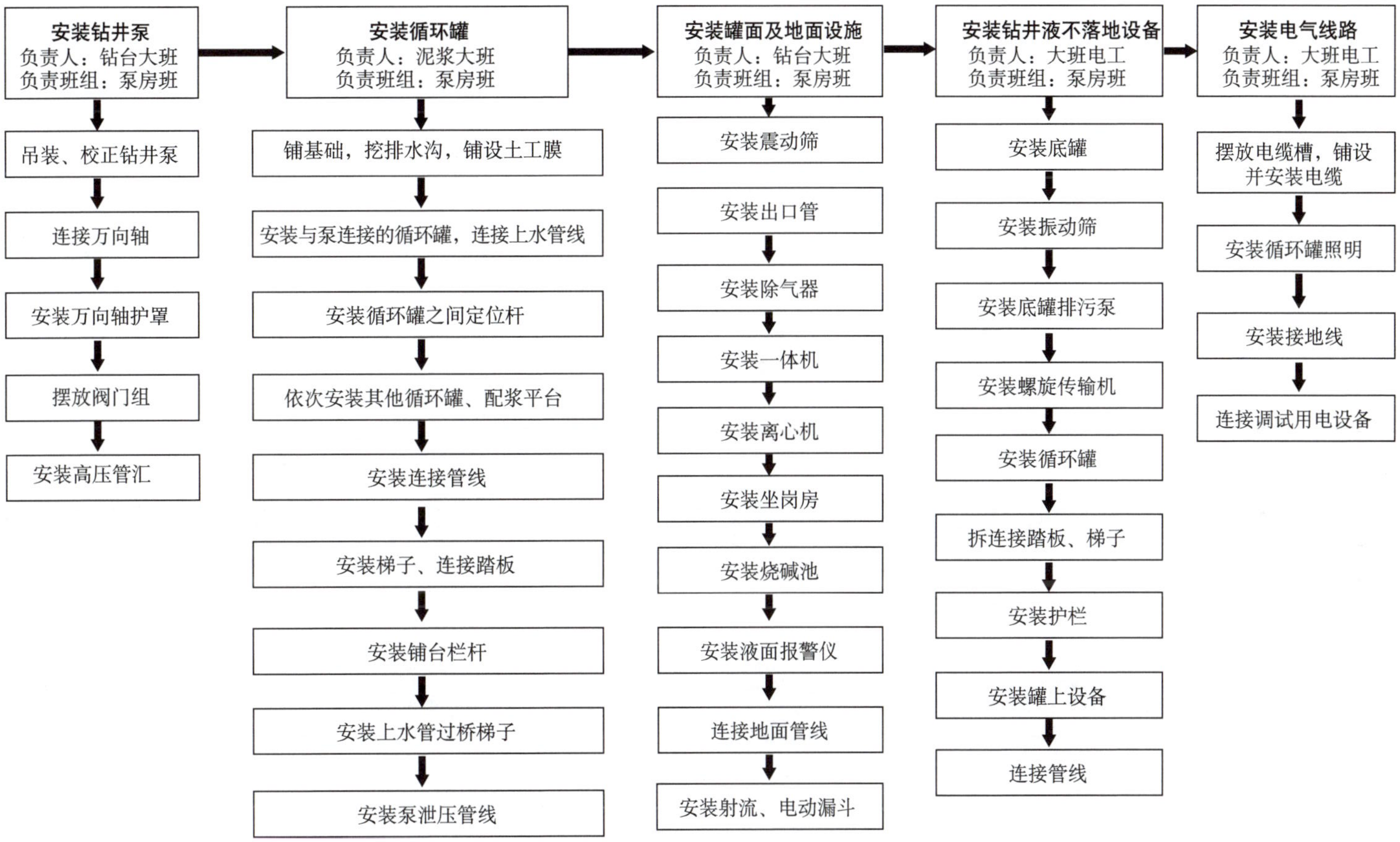

图 2−79 安装泵房、循环罐流程图

第九节 70DB 钻机拆卸、安装流程网络图（带顶驱）

一、拆卸顶驱

拆卸顶驱流程图如图 2–80 所示。

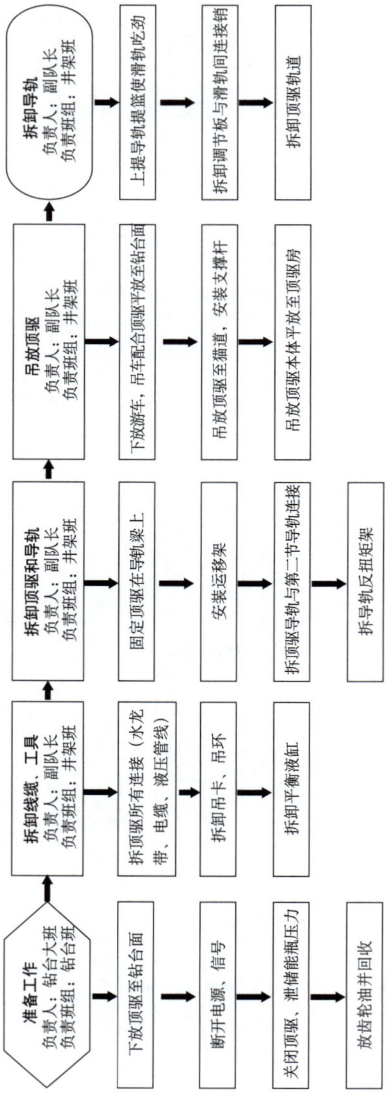

图 2–80 拆卸顶驱流程图

二、拆卸井架

拆卸井架流程图如图 2–81 所示。

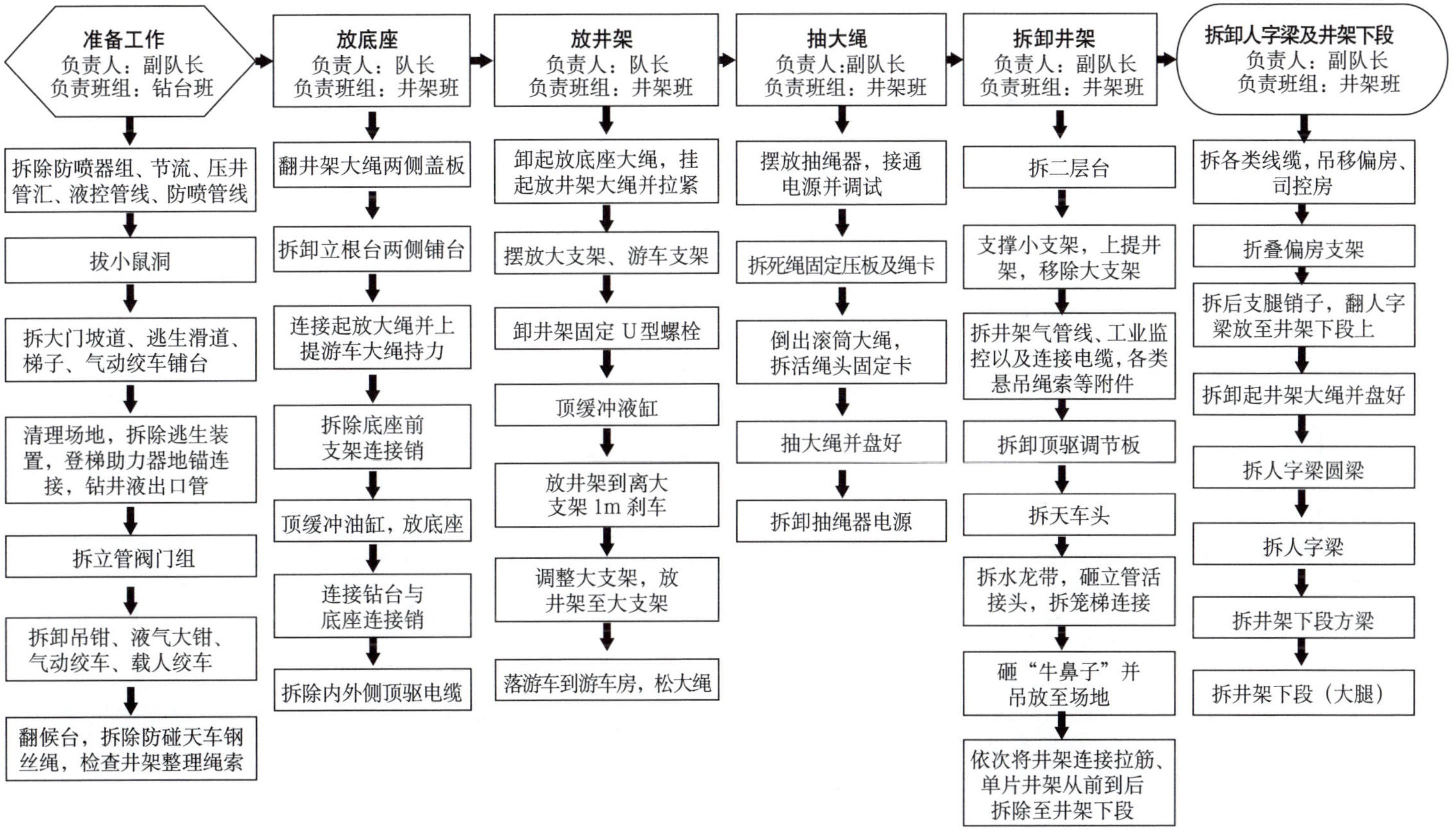
准备工作
负责人：副队长
负责班组：钻台班
拆除防喷器组、节流、压井管汇、液控管线、防喷管线
拔小鼠洞
拆大门坡道、逃生滑道、梯子、气动绞车铺台
清理场地，拆除逃生装置，登梯助力器地锚连接，钻井液出口管
拆立管阀门组
拆卸吊钳、液气大钳、气动绞车、载人绞车
翻候台，拆除防碰天车钢丝绳，检查井架整理绳索
放底座
负责人：队长
负责班组：井架班
翻井架大绳两侧盖板
拆卸立根台两侧铺台
连接起放大绳并上提游车大绳持力
拆除底座前支架连接销
顶缓冲油缸，放底座
连接钻台与底座连接销
拆除内外侧顶驱电缆
放井架
负责人：队长
负责班组：井架班
卸起放底座大绳，挂起放井架大绳并拉紧
摆放大支架、游车支架
卸井架固定 U 型螺栓
顶缓冲液缸
放井架到离大支架 1m 刹车
调整大支架，放井架至大支架
落游车到游车房，松大绳
抽大绳
负责人:副队长
负责班组：井架班
摆放抽绳器，接通电源并调试
拆死绳固定压板及绳卡
倒出滚筒大绳，拆活绳头固定卡
抽大绳并盘好
拆卸抽绳器电源
拆卸井架
负责人：副队长
负责班组：井架班
拆二层台
支撑小支架，上提井架，移除大支架
拆井架气管线、工业监控以及连接电缆，各类悬吊绳索等附件
拆卸顶驱调节板
拆天车头
拆水龙带，砸立管活接头，拆笼梯连接
砸“牛鼻子”并吊放至场地
依次将井架连接拉筋、单片井架从前到后拆除至井架下段
拆卸人字梁及井架下段
负责人：副队长
负责班组：井架班
拆各类线缆，吊移偏房、司控房
折叠偏房支架
拆后支腿销子，翻人字梁放至井架下段上
拆卸起井架大绳并盘好
拆人字梁圆梁
拆人字梁
拆井架下段方梁
拆井架下段（大腿）

图 2–81　拆卸井架流程图

三、拆卸钻台

拆卸钻台流程图如图 2–82 所示。

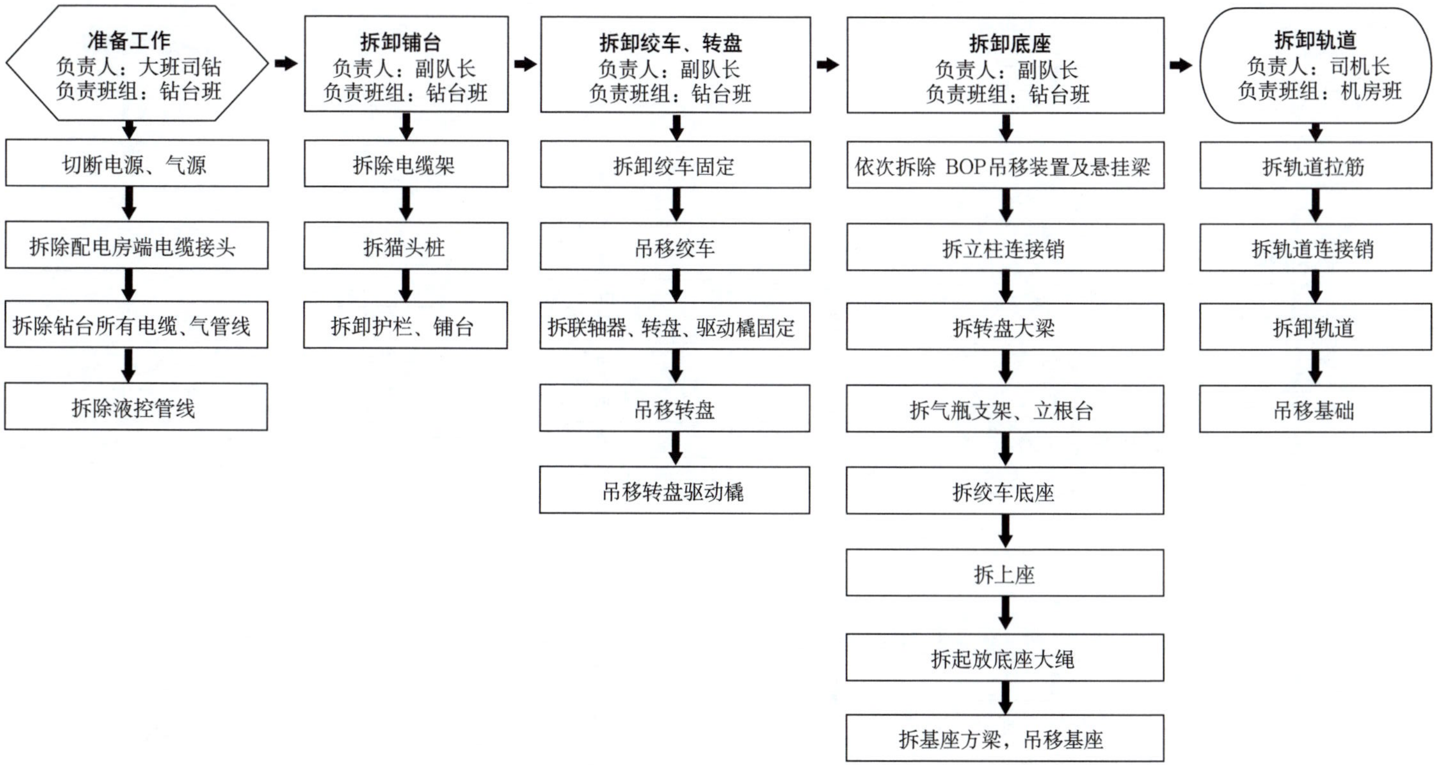

图 2–82 拆卸钻台流程图

四、拆卸泵房及循环罐

拆卸泵房及循环罐流程图如图 2–83 所示。

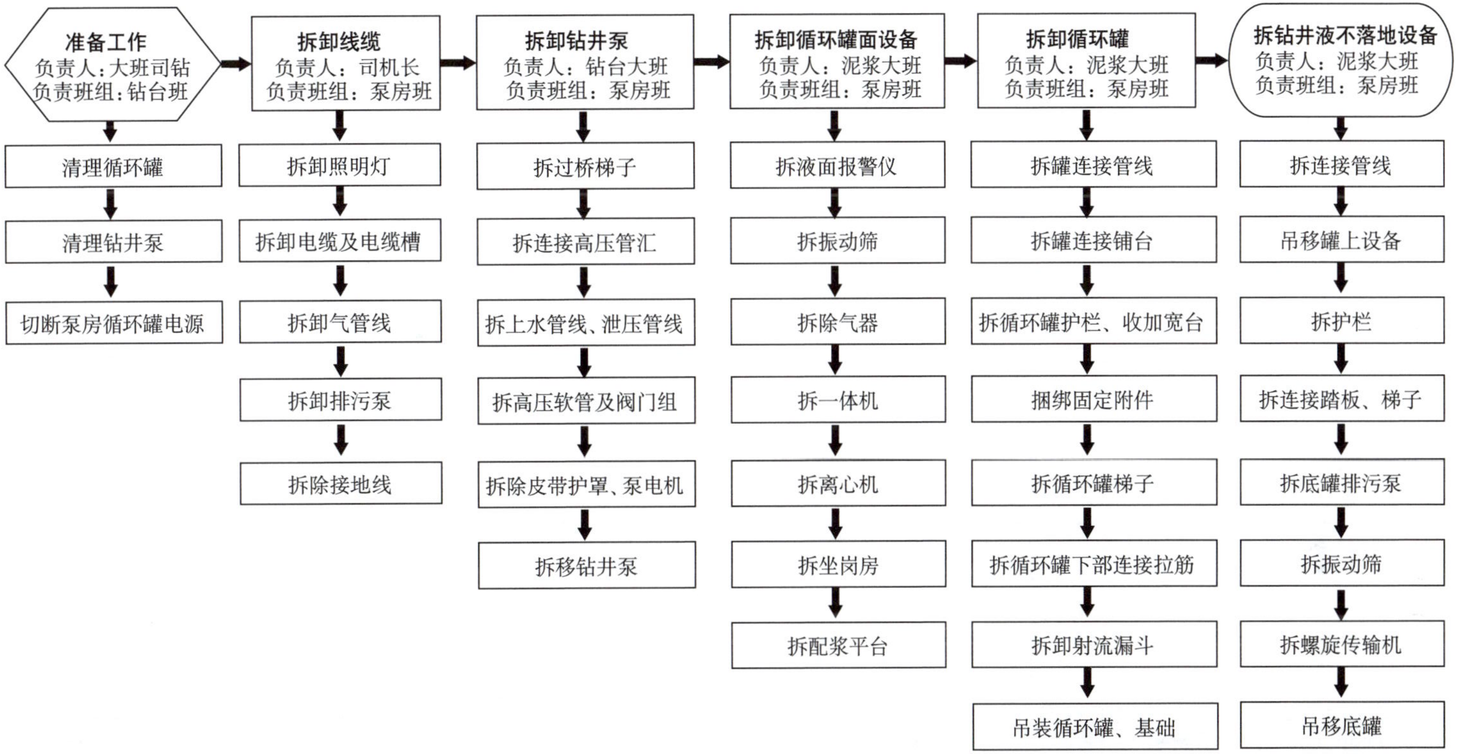

图 2–83 拆卸泵房及循环罐流程图

五、拆卸机房

拆卸机房流程图如图 2–84 所示。

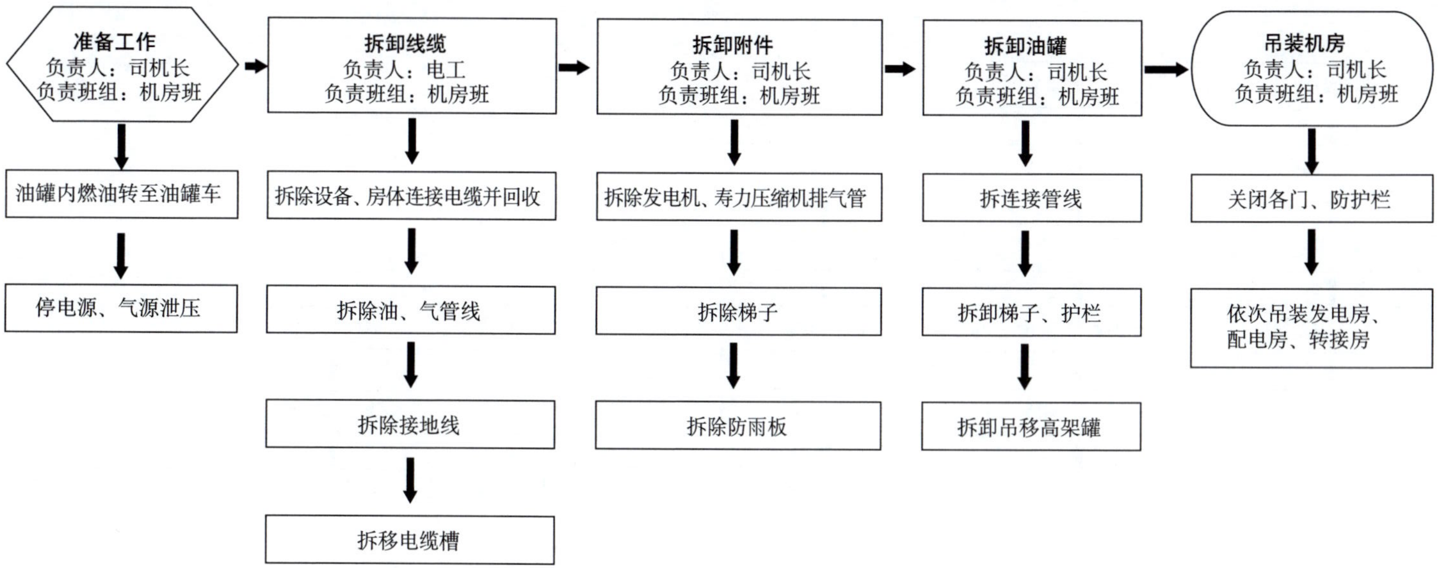

图 2–84　拆卸机房流程图

六、安装钻台

安装钻台流程图如图 2–85 所示。

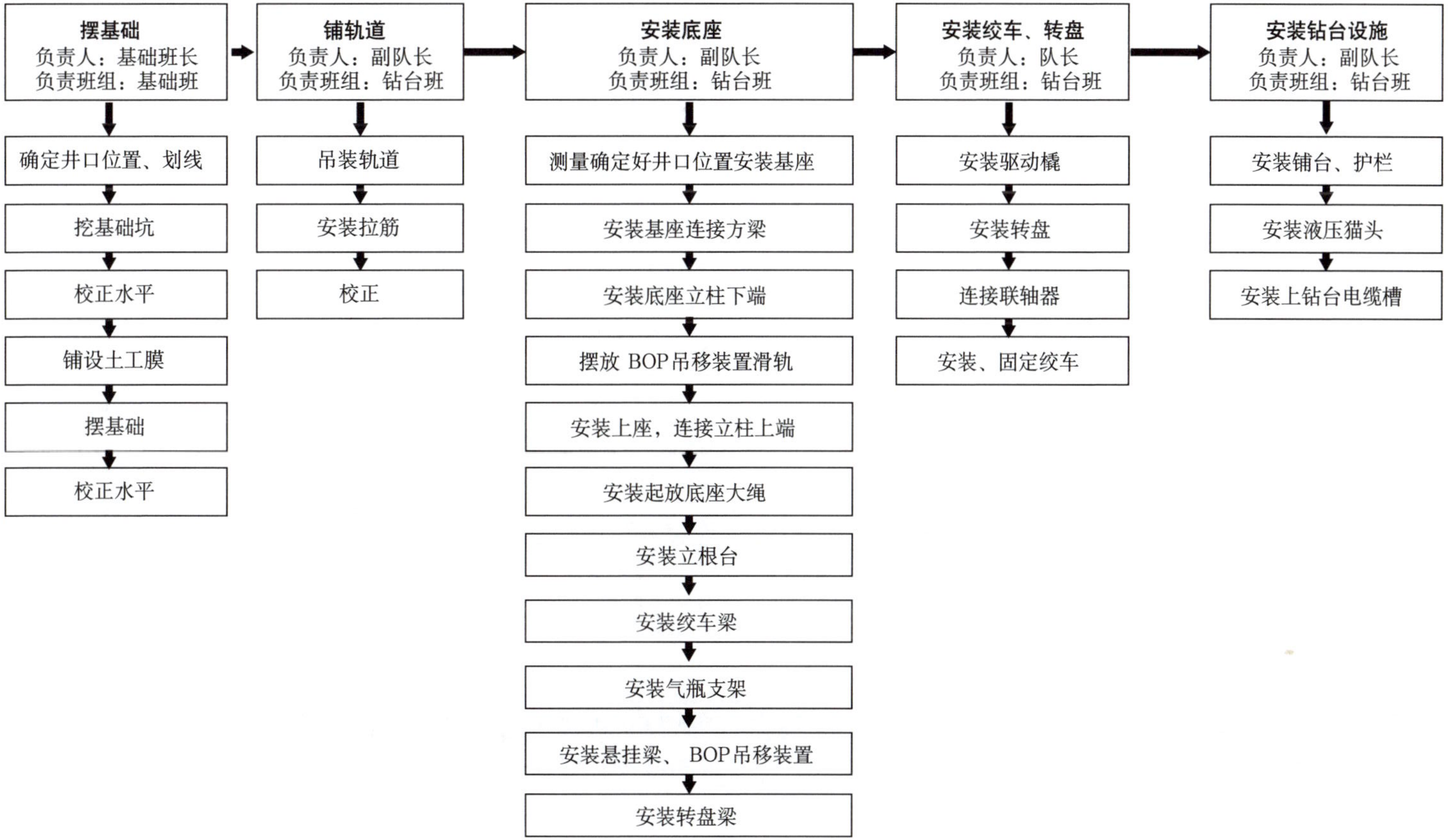

图 2–85 安装钻台流程图

七、安装井架

安装井架流程图如图 2–86 所示。

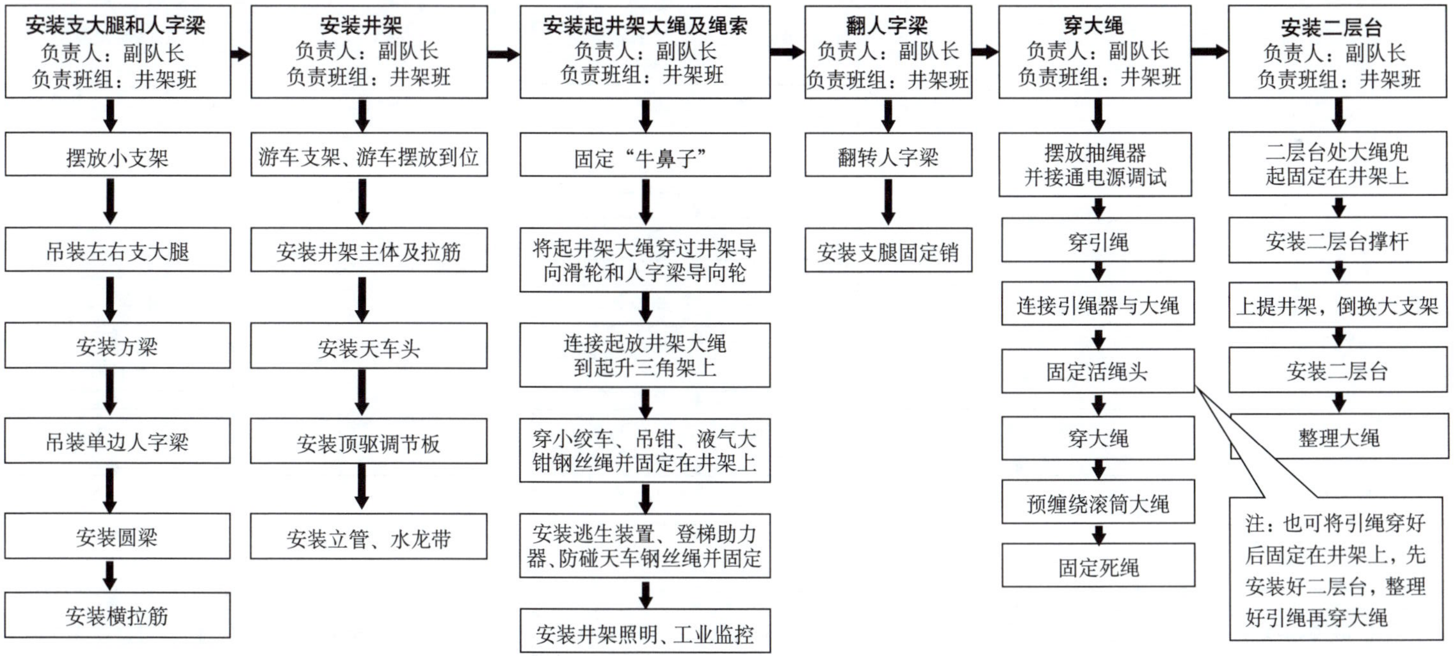
安装支大腿和人字梁
负责人：副队长
负责班组：井架班
摆放小支架
吊装左右支大腿
安装方梁
吊装单边人字梁
安装圆梁
安装横拉筋
安装井架
负责人：副队长
负责班组：井架班
游车支架、游车摆放到位
安装井架主体及拉筋
安装天车头
安装顶驱调节板
安装立管、水龙带
安装起井架大绳及绳索
负责人：副队长
负责班组：井架班
固定“牛鼻子”
将起井架大绳穿过井架导向滑轮和人字梁导向轮
连接起放井架大绳到起升三角架上
穿小绞车、吊钳、液气大钳钢丝绳并固定在井架上
安装逃生装置、登梯助力器、防碰天车钢丝绳并固定
安装井架照明、工业监控
翻人字梁
负责人：副队长
负责班组：井架班
翻转人字梁
安装支腿固定销
穿大绳
负责人：副队长
负责班组：井架班
摆放抽绳器并接通电源调试
穿引绳
连接引绳器与大绳
固定活绳头
穿大绳
预缠绕滚筒大绳
固定死绳
安装二层台
负责人：副队长
负责班组：井架班
二层台处大绳兜起固定在井架上
安装二层台撑杆
上提井架，倒换大支架
安装二层台
整理大绳
注：也可将引绳穿好后固定在井架上，先安装好二层台，整理好引绳再穿大绳

图 2–86　安装井架流程图

八、安装机房

安装机房流程图如图 2-87 所示。

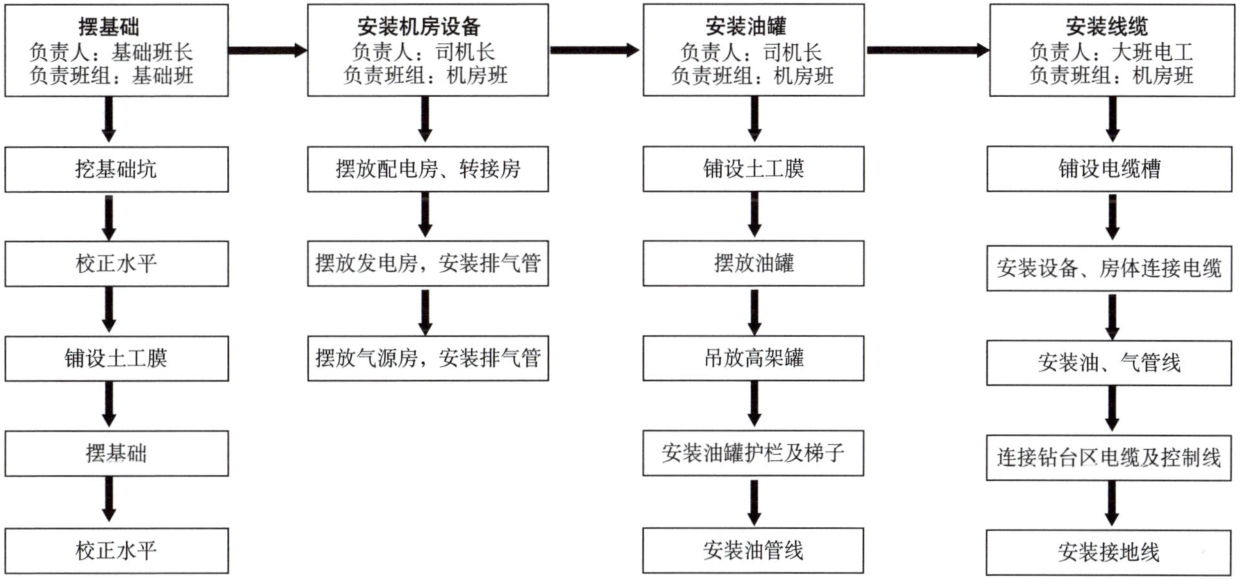

图 2-87 安装机房流程图

九、起升井架、底座及后续安装

起升井架、底座及后续安装流程图如图 2–88 所示。

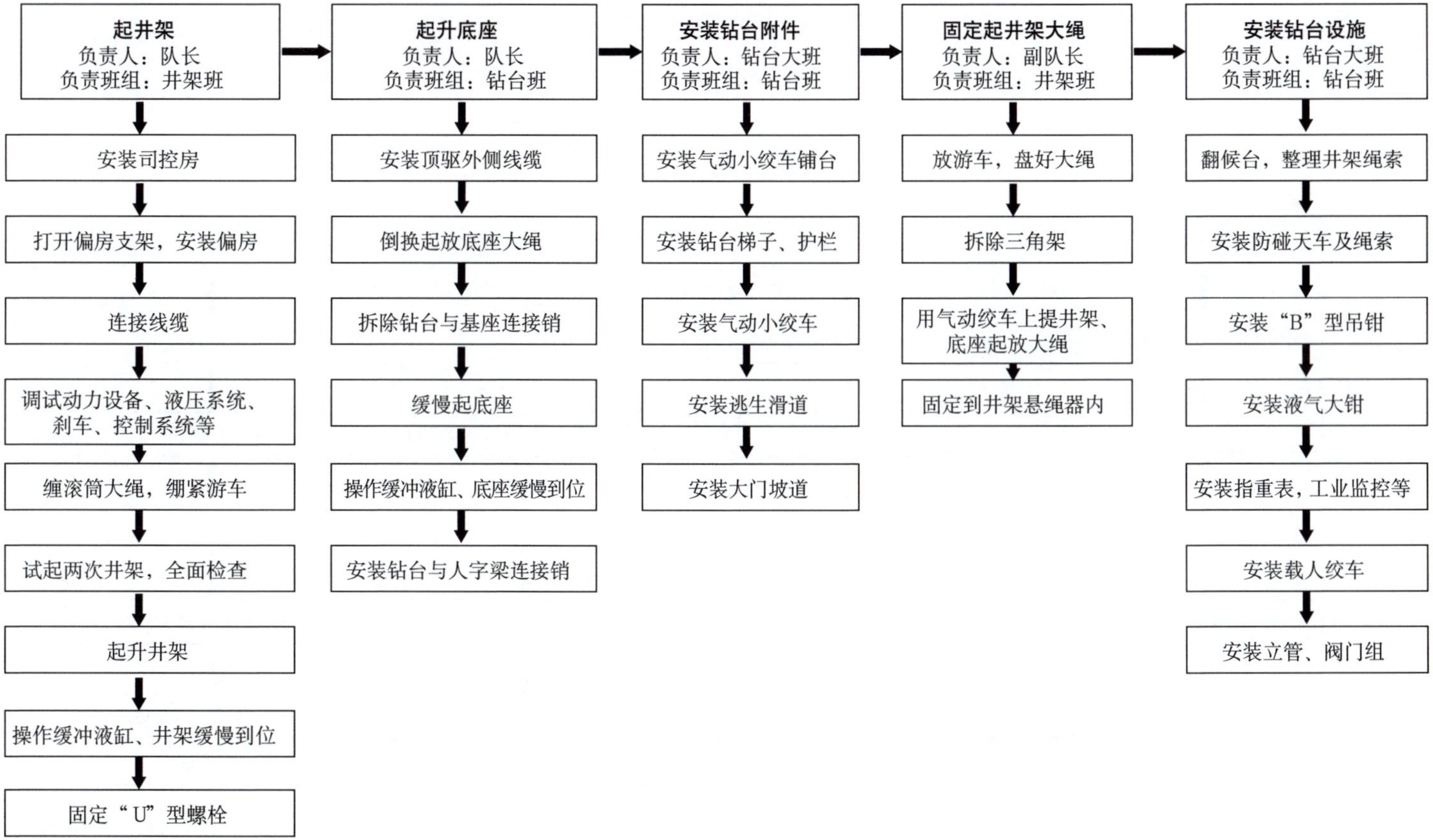

图 2–88　起升井架、底座及后续安装流程图

十、安装泵房、循环罐

安装泵房、循环罐流程图如图 2–89 所示。

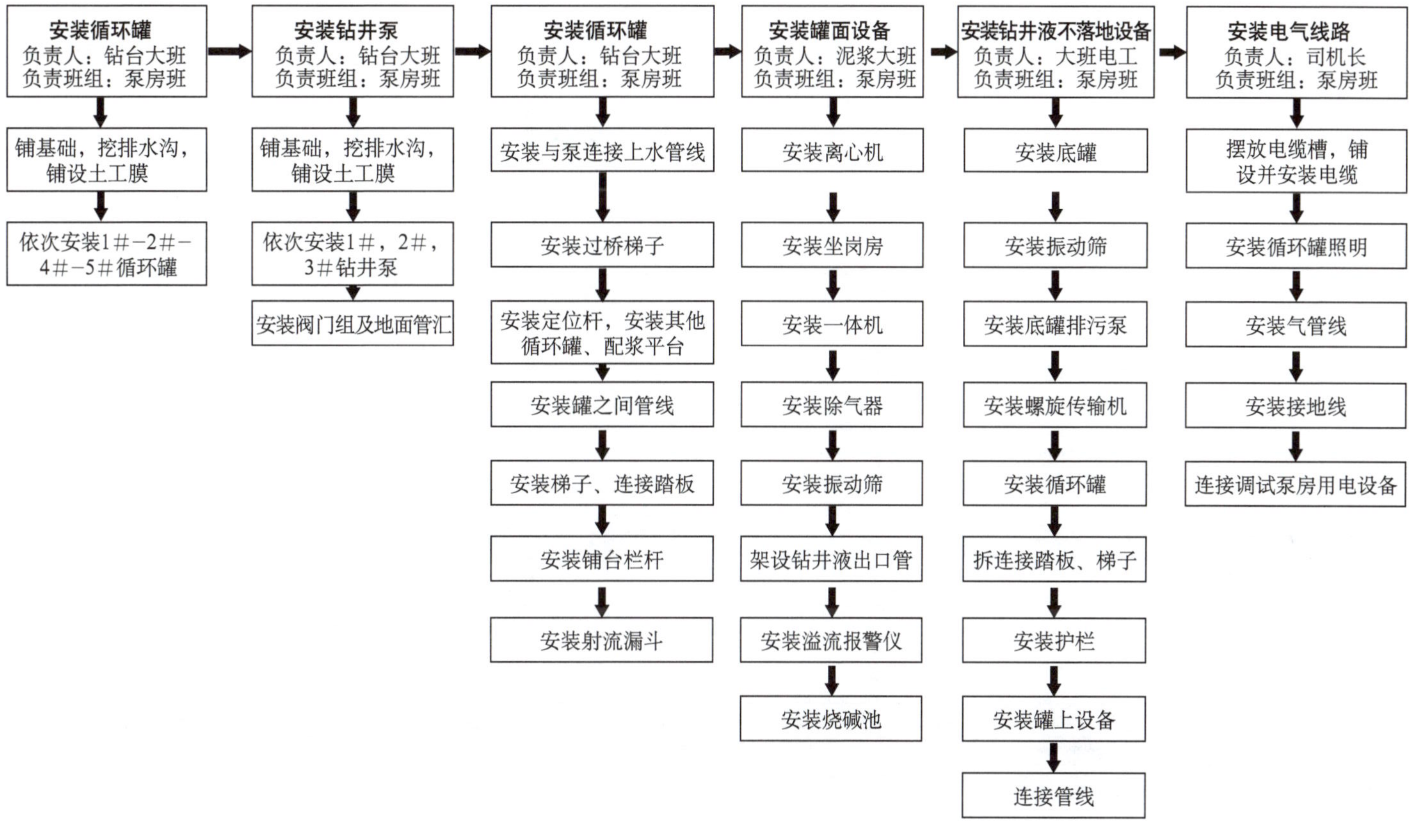

图 2–89 安装泵房、循环罐流程图

十一、安装顶驱

安装顶驱流程图如图 2–90 所示。

图 2–90 安装顶驱流程图

第十节 70LDB 钻机拆卸、安装流程网络图

一、拆卸井架及钻台底座

拆卸井架及钻台底座流程图如图 2–91 所示。

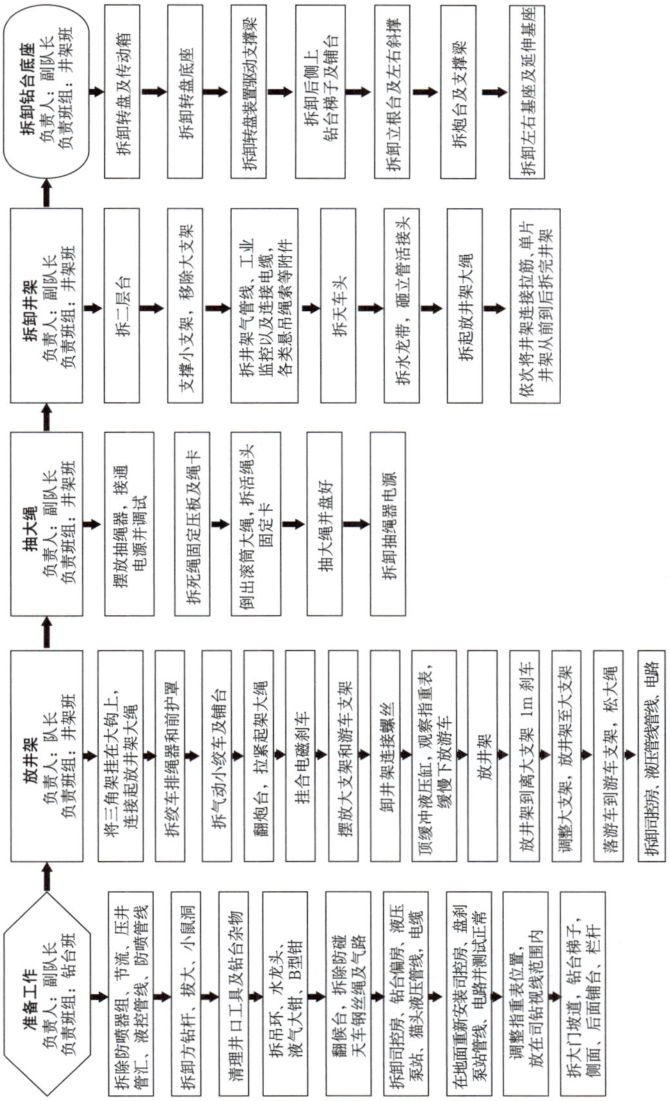
准备工作
负责人：副队长
负责班组：钻台班
拆除防喷器组、节流、压井管汇、液控管线、防喷管线
拆卸方钻杆、拔大、小鼠洞
清理井口工具及钻台杂物
拆吊环、水龙头、液气大钳、B型钳
翻猴台，拆除防碰天车钢丝绳及气路
拆卸司控房、钻台偏房、液压泵站、猫头液压管线、电缆
在地面重新安装司控房，盘刹泵站管线，电路并测试正常
调整指重表位置，放在司钻视线范围内
拆大门坡道、钻台梯子、侧面、后面铺台、栏杆
放井架
负责人：队长
负责班组：井架班
将三角架挂在大钩上，连接起放井架大绳
拆绞车排绳器和前护罩
拆气动小绞车及铺台
翻炮台，拉紧起架大绳
挂合电磁刹车
摆放大支架和游车支架
卸井架连接螺丝
顶缓冲液压缸，观察指重表，缓慢下放游车
放井架
放井架到离大支架 1m 刹车
调整大支架，放井架至大支架
落游车到游车支架，松大绳
拆卸司控房，液压管线管线，电路
抽大绳
负责人：副队长
负责班组：井架班
摆放抽绳器，接通电源并调试
拆死绳固定压板及绳卡
倒出滚筒大绳，拆活绳头固定卡
抽大绳并盘好
拆抽绳器电源
拆卸井架
负责人：副队长
负责班组：井架班
拆二层台
支撑小支架，移除大支架
拆井架气管线、工业监控以及连接电缆，各类悬吊绳索等附件
拆天车头
拆水龙带，砸立管活接头
拆起放井架大绳
依次将井架连接拉筋，单片井架从前到后拆完井架
拆卸钻台底座
负责人：副队长
负责班组：井架班
拆卸转盘及传动箱
拆卸转盘底座
拆卸转盘装置驱动支撑梁
拆卸后侧上钻台梯子及铺台
拆卸立根台及左右斜撑
拆炮台及支撑梁
拆卸左右基座及延伸基座

图 2–91 拆卸井架及钻台底座流程图

二、拆卸机房、绞车

拆卸机房、绞车流程图如图 2–92 所示。

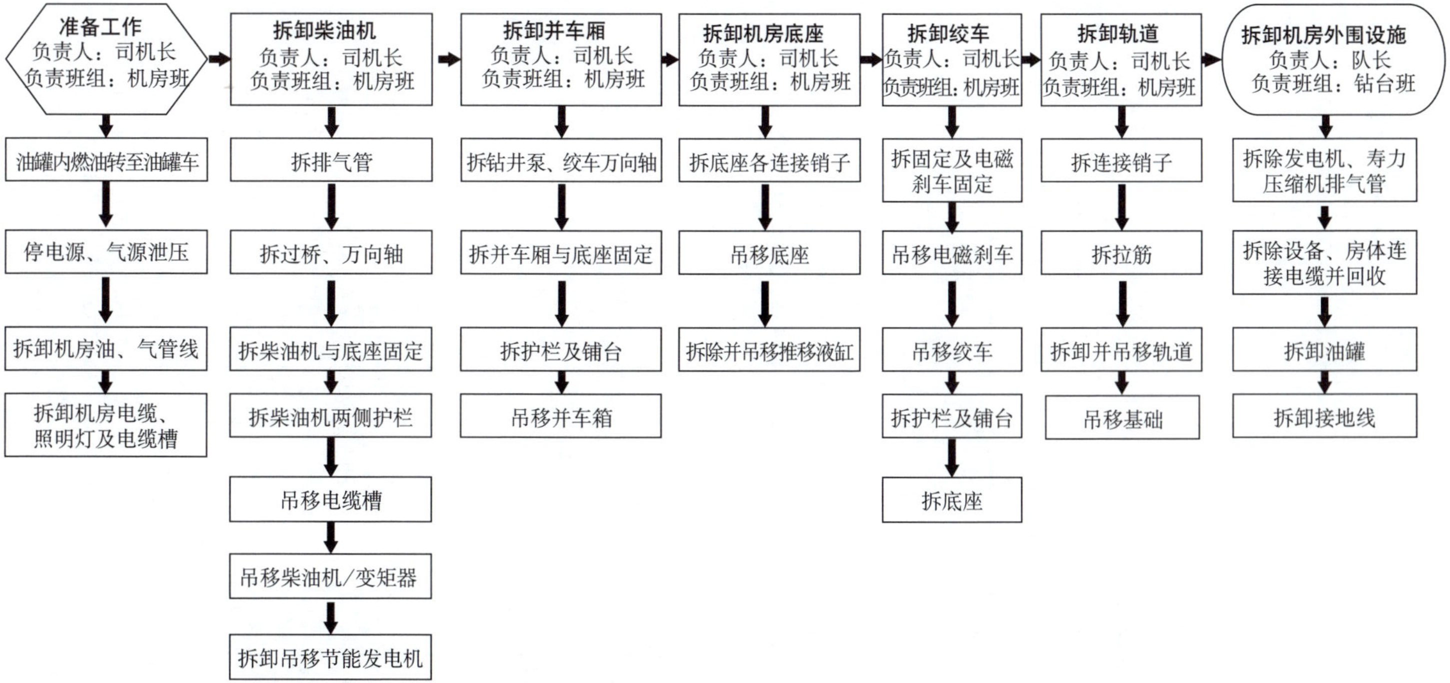

图 2–92　拆卸机房、绞车流程图

三、拆卸泵房及循环罐

拆卸泵房及循环罐流程图如图 2–93 所示。

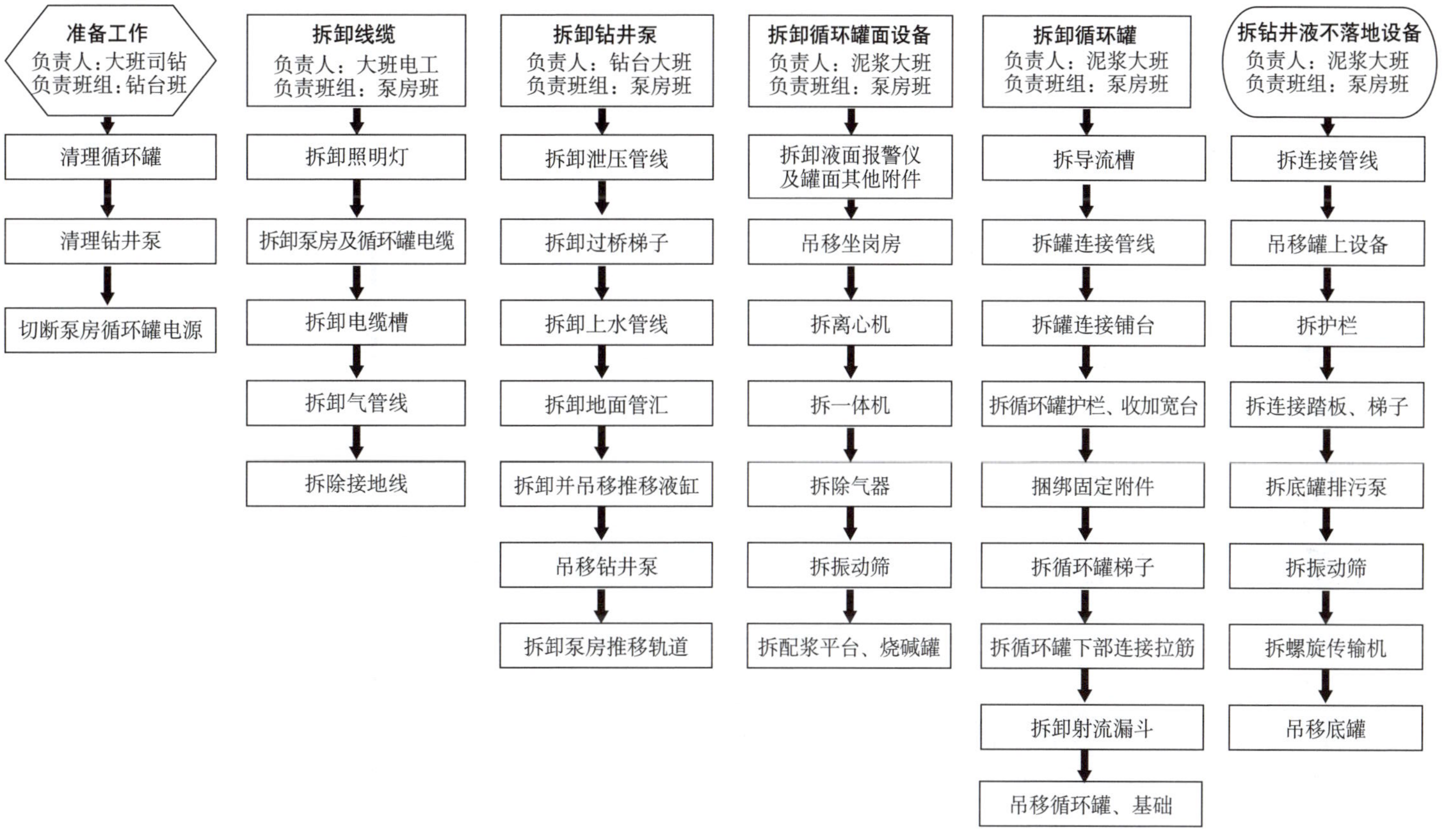

图 2–93　拆卸泵房及循环罐流程图

四、安装机房、绞车

安装机房、绞车流程图如图 2–94 所示。

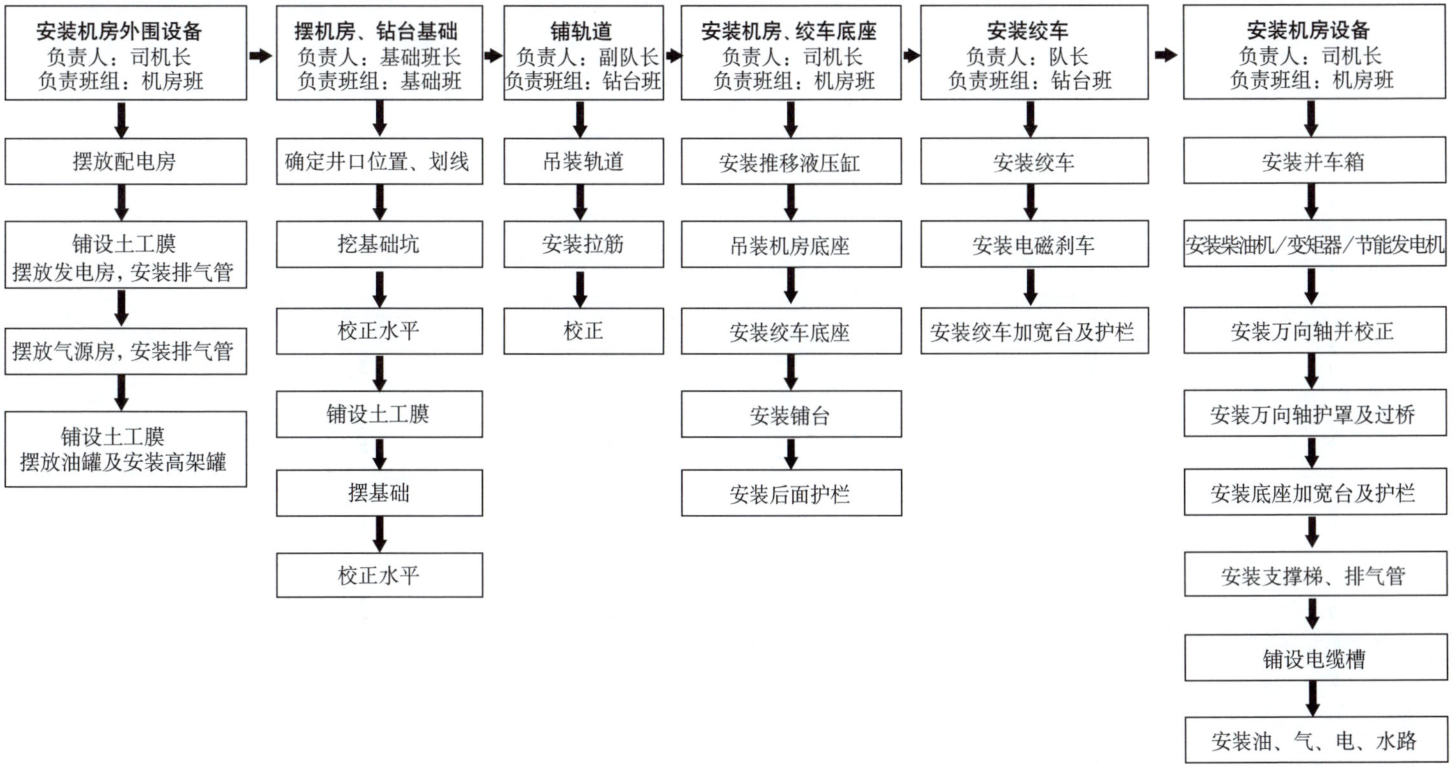

图 2–94　安装机房、绞车流程图

五、安装钻台、井架

安装钻台、井架流程图如图 2–95 所示。

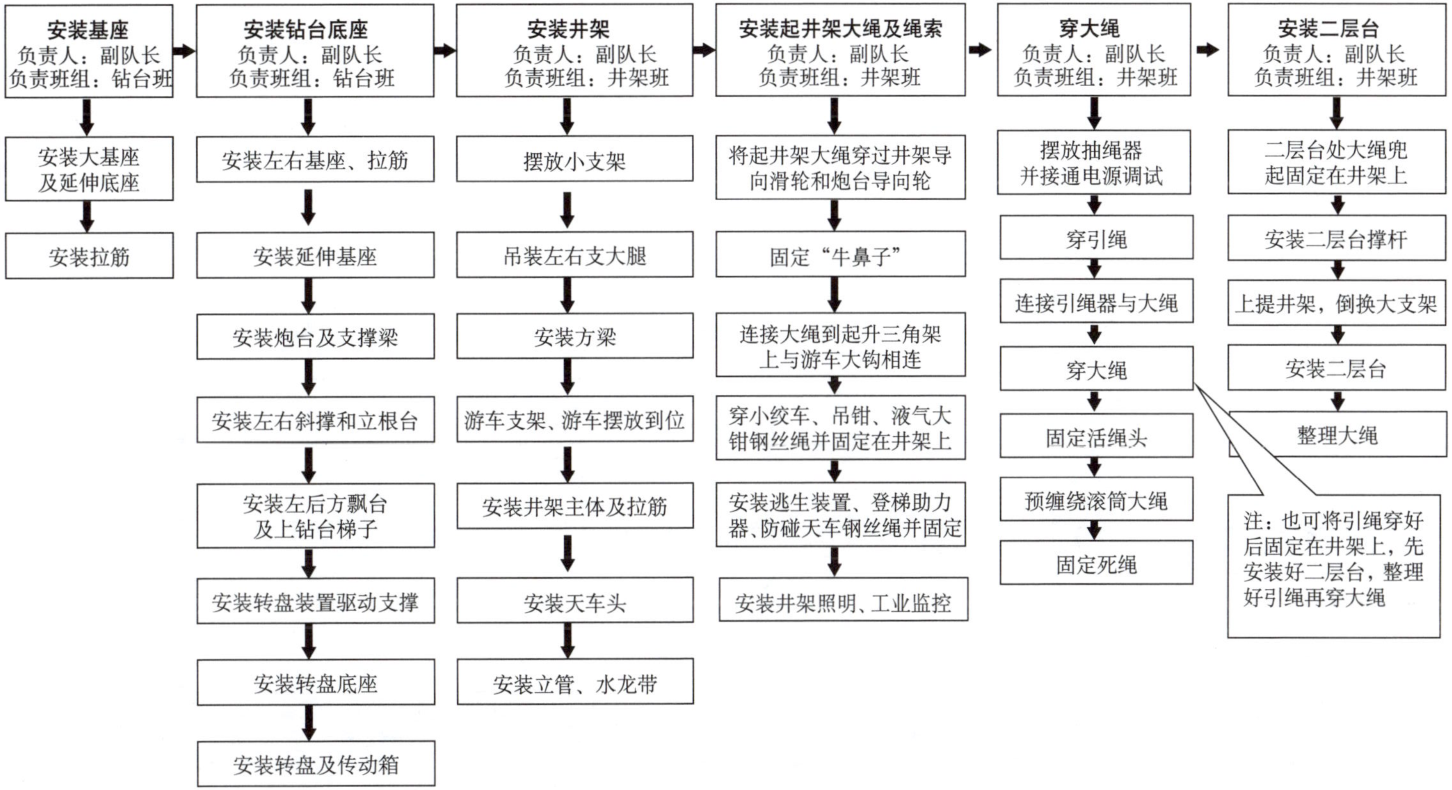
安装基座
负责人：副队长
负责班组：钻台班
安装大基座及延伸底座
安装拉筋
安装钻台底座
负责人：副队长
负责班组：钻台班
安装左右基座、拉筋
安装延伸基座
安装炮台及支撑梁
安装左右斜撑和立根台
安装左后方飘台及上钻台梯子
安装转盘装置驱动支撑
安装转盘底座
安装转盘及传动箱
安装井架
负责人：副队长
负责班组：井架班
摆放小支架
吊装左右支大腿
安装方梁
游车支架、游车摆放到位
安装井架主体及拉筋
安装天车头
安装立管、水龙带
安装起井架大绳及绳索
负责人：副队长
负责班组：井架班
将起井架大绳穿过井架导向滑轮和炮台导向轮
固定“牛鼻子”
连接大绳到起升三角架上与游车大钩相连
穿小绞车、吊钳、液气大钳钢丝绳并固定在井架上
安装逃生装置、登梯助力器、防碰天车钢丝绳并固定
安装井架照明、工业监控
穿大绳
负责人：副队长
负责班组：井架班
摆放抽绳器并接通电源调试
穿引绳
连接引绳器与大绳
穿大绳
固定活绳头
预缠绕滚筒大绳
固定死绳
安装二层台
负责人：副队长
负责班组：井架班
二层台处大绳兜起固定在井架上
安装二层台撑杆
上提井架，倒换大支架
安装二层台
整理大绳
注：也可将引绳穿好后固定在井架上，先安装好二层台，整理好引绳再穿大绳

图 2–95　安装钻台、井架流程图

六、起井架及后续安装

起井架及后续安装流程图如图 2–96 所示。

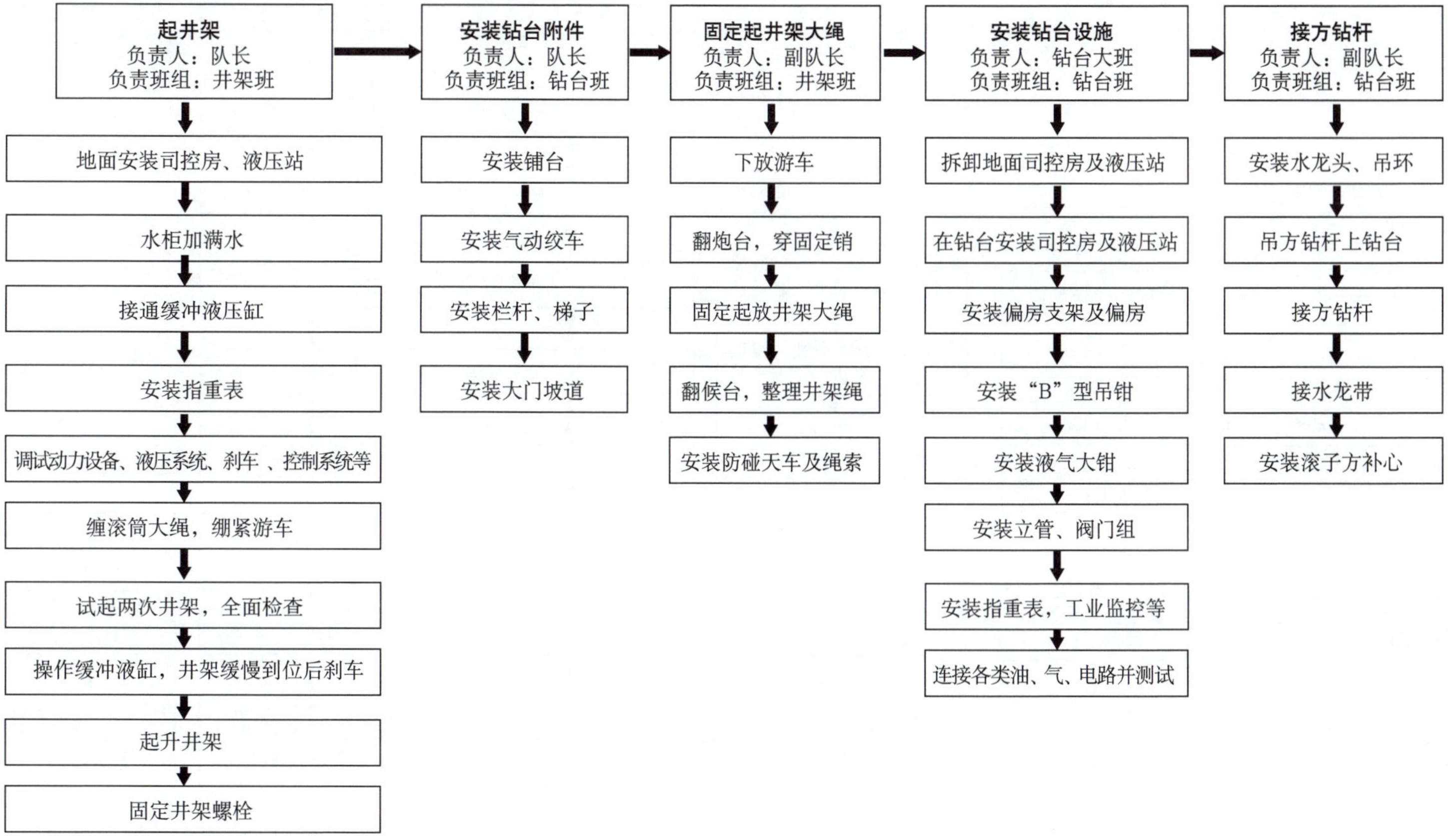

图 2–96　起井架及后续安装流程图

七、安装泵房、循环罐

安装泵房、循环罐流程图如图 2–97 所示。

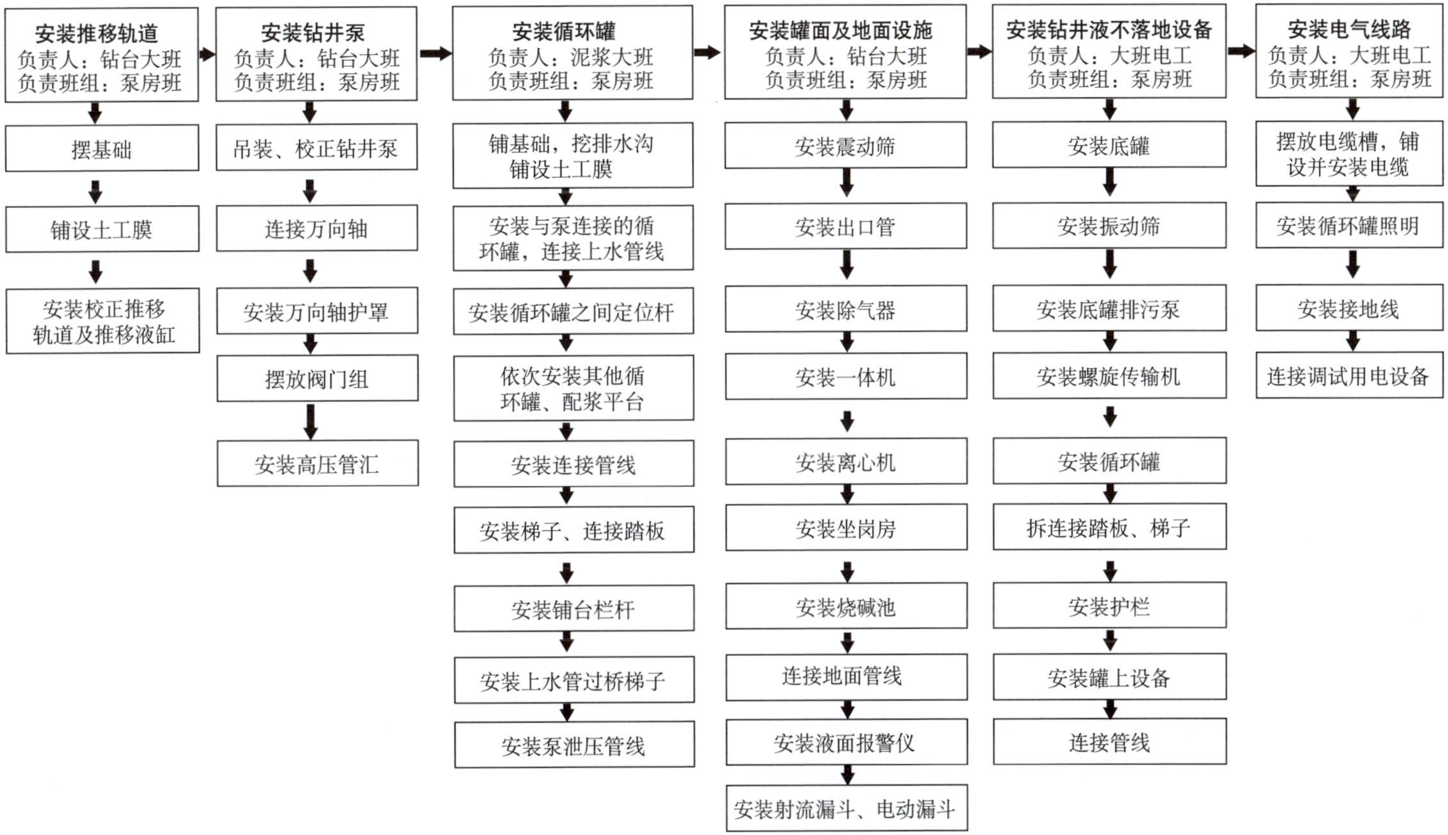

图 2–97 安装泵房、循环罐流程图

第三章

钻机拆卸、安装常见风险及管控措施

第一节 钻台区风险及管控措施

一、拆卸、安装起吊

拆卸、安装起吊风险及管控措施见表 3–1。

表 3–1 拆卸、安装起吊风险及管控措施

序号	风险描述	图片模拟	管控措施	图片模拟
1	吊水龙头时吊挂方式选择不正确，水龙头下砸、提环挤伤作业人员手部		按要求正确吊挂水龙头，提环及本体吊平，摆放水龙头时，使用好引绳，不直接用手	
2	吊司控房、液控箱、液气大钳、轴流风机以及其他井口配套设备、设施、工具时不选择固定(规定)吊点或吊挂方式不当，造成的落物下砸风险		选择标记的吊点正确吊挂，严格执行十不吊和五个确认	
3	吊吊环、B 型大钳上下钻台，吊连接管线等，不固定牢靠，分肢受力摆动碰伤作业人员		提前将吊环、B 型大钳等使用铁丝捆扎固定牢靠，防止吊挂过程中分离伤人	
4	拆卸、安装牛鼻子时，指挥不当或气动小绞车操作人员不按指挥信号作业，造成的人员手部挤伤		使用钻杆拉钩打开大钩，指挥气动小绞车平稳将牛鼻子挂入大钩	

续表

序号	风险描述	图片模拟	管控措施	图片模拟
5	起吊起放底座大绳过猛，挂碰，造成吊带断裂，大绳下砸风险		指挥沟通，注意观察，平稳起吊	
6	吊起放井架大绳时，吊带选择不合理，气动小绞车操作人员精力不集中造成挂碰，吊带断裂下砸伤人		检查好吊带，注意观察，平稳起吊	
7	安装、拆除、安装钻台梯子时，吊挂方式不正确，梯子倾翻、倒砸，造成人员伤害		选择固定吊点，使用好引绳，人员挂好绳套后及时处理到安全位置，按要求指挥起吊	
8	提吊钻台偏房时，吊车停放位置不合理，造成吊车吊臂受损、偏房下砸风险		吊车吨位选择合理，合理摆放吊车	
9	提吊偏房支架时，吊挂位置不合理，支架倾翻砸伤作业人员		选择正确吊点，人员挂好绳套后及时撤离到安全位置	
10	拆除、安装钻台铺台时，钢丝绳套选择不合理，指挥沟通不到位，铺台倾翻，造成作业人员高空坠落，或砸伤配合作业人员		选择正确的吊具，与吊车司机沟通信号明畅，选择站在安全的位置砸连接销	
11	拆卸转盘、转盘电机时吊车提吊角度不当，损坏设备，人员站在拔杆下或吊物摆动范围内，造成人员碰伤		拔杆摆正，司索信号明确，使用好引绳，严禁站在吊物上	

续表

序号	风险描述	图片模拟	管控措施	图片模拟
12	安装上钻台梯子时注意合计设计安装流程和安装方式，严禁人员在被吊的梯子上行走		按程序安装	
13	钢丝绳套检查不到位，断丝超标或吊装规格不符合要求，使用过程中断裂下砸伤害		使用前认真检查，存在安全隐患的立即报废，严格按照安全系数选取使用钢丝绳套	
14	吊车千斤支撑不牢，吊装时发生吊装事故风险		吊车支腿支撑可靠，钢板衬垫到位	

二、登高及临边

登高及临边风险与管控措施见图 3–2。

表 3–2　登高及临边风险与管控措施

序号	风险描述	图片模拟	管控措施	图片模拟
1	拆除、安装 B 型吊钳，作业方式不当（人员站在 B 型大钳上拆卸），造成的高空坠落风险		使用作业平台或梯子进行拆卸	
2	人员上井架翻猴台、挂起放井架大绳时，不使用防坠落装置、安全带使用不合理，造成的人员坠落风险		正确合理使用安全带、防坠落装置	
3	拆除、安装钻台梯子、大门坡道时，人员砸销子、挂绳套不系安全带，高空坠落风险		临边作业系好安全带	

续表

序号	风险描述	图片模拟	管控措施	图片模拟
4	在钻台偏房上挂钢丝绳，人员无临边作业措施，高空坠落风险		提前将防坠落装置挂在井架上，使用好防坠落装置和安全带	
5	拆除、安装钻台偏房支架，人员保险带系挂不合理，吊车异常摆动，造成人员坠落风险		保险带高挂低用，作业时与吊车司机沟通，严禁无指挥信号擅动吊车	
6	拆除、安装铺台时，作业人员临边作业不系安全带，高空坠落风险	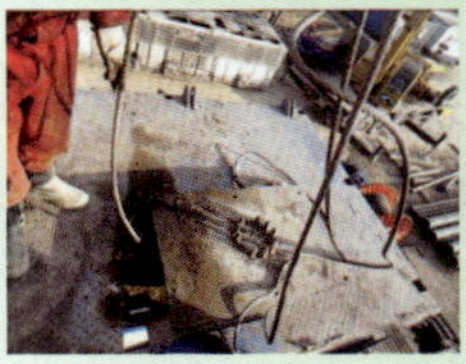	条件允许挂好防护链等，临边作业系好安全带	

三、使用工具及设备

使用工具及设备风险及管控措施见表 3–3。

表 3–3　使用工具及设备风险及管控措施

序号	风险描述	图片模拟	管控措施	图片模拟
1	手取梯子固定连接销，手部挤伤风险		使用撬杠、榔头配合作业	
2	使用扳手等工具拆除、安装螺栓（钻台梯子、井架U型卡子)时不系尾绳、不使用工具袋，造成落物下砸		高空作业使用好工具袋，作业工具必须系尾绳	
3	使用管钳、链钳拆卸大门坡道立柱，打滑造成人员扭伤、碰伤		合理使用工具，不猛推猛闪	

续表

序号	风险描述	图片模拟	管控措施	图片模拟
4	放底座时，未观察液压油管线、起放井架大绳，造成损坏风险		提前将管线等摆好，放井架时，观察好管线、大绳游动，存在挤压风险时，及时沟通叫停	（无）
5	站在锤子运行方向，锤子滑脱或断裂伤人		站在锤子运行方向侧面	
6	敲击作业站位不合理，锤子轮空造成扭伤		选择合理站位	
7	工具检查不到位，使用过程中发生断裂，造成人员伤害		认真检查，存在问题整改，确保满足安全作业条件	

四、路线及站位选择

路线及站位选择风险及管控措施见表 3–4。

表 3–4　路线及站位选择风险及管控措施

序号	风险描述	图片模拟	管控措施	图片模拟
1	未封闭井口，人员踏空造成扭伤、拉伤风险		及时使用井口盖板对井口进行封闭	
2	拆吊环时，提吊吊环位置不正确，人员站位不合理，吊环翻转砸伤作业人员		提吊在吊带上方，人员平稳操作气动小绞车，不站在吊环摆动范围之内	

续表

序号	风险描述	图片模拟	管控措施	图片模拟
3	盘放起放底座大绳、起放井架大绳，人员站位不当、气动小绞车下放速度过快，钢丝绳弹伤、砸伤作业人员		选正确择吊带，控制下方速度，使用钻杆钩子站在安全区域控制盘放	
4	拆除、安装钻台梯子时，人员砸销子使用锤子、撬杠等，碰伤配合作业人员		不站在锤子运动范围和锤子可能飞出范围内。不站在作业区域下方，防止销子下落砸伤	
5	放底座时沟通不畅，作业人员未及时撤离到安全区域		场地负责人检查后，用对讲机与司控房沟通，开始放底座前，司钻长鸣喇叭警示	（无）
6	砸斜梁连接销时，配合人员站位不当，锤子碰伤风险		不站在锤子运动范围和锤子可能飞出范围内	
7	拆卸偏房时，人员站在偏房正下方，或偏房与井架之间，偏房摆动挤伤、连接销子下砸伤人		远离偏房摆动范围	
8	拆卸钻台、底座时，在底座上行走		行走集中精力，作业前清理积水泥浆	
9	绳套滑脱方钻杆下砸伤人		挂牢绳套，远离站位	
10	吊装钻台附属设备设施时，人员站在吊物下方，吊臂、吊车转盘旋转范围		落实吊装作业“十不吊”和“五个确认”	

五、其他

其他风险及管控措施见表 3–5。

表 3–5 其他风险及管控措施

序号	风险描述	图片模拟	管控措施	图片模拟
1	倒盘刹泵站电源线时，未执行用电安全管理要求，造成触电伤害	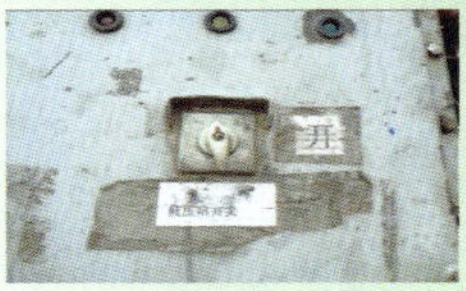	作业许可，上锁挂签	
2	拆除、安装完部分钻台铺台、栏杆、梯子、大门坡道后，不及时对开口进行封闭，人员坠落风险		拆除、安装后立即对开口部位用铁丝、棕绳等进行封闭	

第二节 井架区风险及管控措施

一、拆卸起吊

拆卸起吊风险及管控措施见表 3–6。

表 3–6 拆卸起吊风险及管控措施

序号	风险描述	图片模拟	管控措施	图片模拟
1	天车头吊挂方式、吊挂点不正确，天车头翻转挤伤作业人员风险		选择固定吊点，安装、拆除连接螺栓（销子）时，人员及时撤离到安全区域	
2	拆卸二层台吊挂位置不合理，摆动损坏设备或造成作业人员伤害		拆卸前在二层台重心位置挂好吊索具，用吊钩提住，然后再拆卸支腿连接销轴	

续表

序号	风险描述	图片模拟	管控措施	图片模拟
3	长时间提吊井架，造成设备变形		提前将小支架摆放到位，二层台拆除后立即倒绳套，将井架整体放在小支架上	
4	整体提吊井架摔落、作业人员猛提猛放造成井架变形		吊车带上负荷后，操作人员必须撤离至地面方可起吊。整体起放井架，专人指挥吊车，防止吊车猛提猛放造成设备变形损坏	
5	拆卸井架连接拉筋时，拉筋摆动伤人、坠落伤人		拆卸时用 ϕ12mm 钢丝绳套挂在拉筋两端吊点上，人员站在安全位置，注意防止销轴飞出砸伤井架上和地面操作人员。吊车司机严禁擅动吊臂，严格执行指挥信号	
6	盘放水龙带下砸伤害		正确选择钢丝绳套，正确吊挂，盘放时严禁人员直接进入到水龙带下方	
7	翻人字架拉翻吊车风险		正确停放吊车，指挥人员合理指挥，缓慢平稳作业	

二、登高及临边

登高及临边风险及管控措施见表 3–7。

表 3–7 登高及临边风险及管控措施

风险描述	图片模拟	管控措施	图片模拟
井架作业不使用双尾绳安全带和生命线，高处坠落		使用好双尾绳安全带和生命线，人员低位移动	

三、使用工具及设备

使用工具及设备风险及管控措施见表 3–8。

表 3–8 使用工具及设备风险及管控措施

序号	风险描述	图片模拟	管控措施	图片模拟
1	敲击作业，锤子伤人		人员合理站位，使用前检查好锤子，防止锤子头飞出	
2	使用撬杠，打滑扭伤		使用撬杠时，人员选择安全合理的站位，不得猛闪猛撬，防止突然卸力造成伤害	

四、路线及站位选择

路线及站位选择风险及管控措施见表 3–9。

表 3–9 路线及站位选择风险及管控措施

序号	风险描述	图片模拟	管控措施	图片模拟
1	砸二层台连接销时，人员站位不当，二层台晃动挤伤作业人员		人员拆卸销轴时，必须系好安全带，站在井架外侧，以免二层台摆动造成伤害	

续表

序号	风险描述	图片模拟	管控措施	图片模拟
2	砸销子飞出伤人、支撑杆下落伤人		砸二层台支撑杆连接销子时,由外向内,并清理井架区其他人员,防止销子飞出造成落物砸伤	
3	人员站在井架区内摆放、挪动大支架,井架突然下坠造成人员伤害		准确测量大支架摆放位置,提前将大支架摆放到位,需要调整大支架时,只需要左右进行调整,使用引绳拉大支架,严禁人员进入井架下方。也可以采取用装载机、驻井车推拉的方式作业	
4	拆卸天车头时,落物下砸		低位拆卸,先拆下方,再拆上方,严禁上下同时交叉进行。作业时,人员不站在销子坠落下方	
5	放倒单片井架时,人员进入井架倾倒范围内,或推扶井架		指挥吊车操作,使用好引绳,严禁人员进入倒落范围内	
6	拆卸起放井架大绳站位不合理,大绳砸伤作业人员		砸销子时,站在大绳摆动的反方向,其他配合作业人员不站在大绳摆动范围以内。吊车司机严格执行吊装指挥信号	
7	拆卸的井架摆放不合理,造成井场安全通道受限		提前规划摆放位置,合理摆放,人员不站在吊物和地面障碍物之间作业	

续表

序号	风险描述	图片模拟	管控措施	图片模拟
8	拆卸作业时，人员站在井架正下方		人员应站在井架外侧	
9	抽大绳时人员站在井架下方、钻台等绳头摆动的范围，活绳头摆动伤人		井架上无相关作业人员，人员站在打击范围以外	
10	起井架时人员站位不合理，井架顶掉缓冲缸，下砸伤人		井架靠近缓慢操作；无关人员远离钻台	

五、其他

其他风险及管控措施见表 3–10。

表 3–10　其他风险及管控措施

序号	风险描述	图片模拟	管控措施	图片模拟
1	抽大绳时抽绳器摆放角度不合理，抽绳器移动伤人		正确合理摆放抽绳器，人员不站在抽绳器和井架之间作业	
2	抽绳器接线，控制抽绳器开关，触电伤人		严格用电作业许可，使用前对控制开关进行认真检查	
3	抽绳排绳时造成人员卷入伤害		正确合理使用钻杆拉钩，合理控制抽绳速度	

第三节　机泵房区风险及管控措施

一、拆卸起吊

拆卸起吊风险及管控措施见表 3–11。

表 3–11　拆卸起吊风险及管控措施

序号	风险描述	图片模拟	管控措施	图片模拟
1	吊挂排气管使用单根绳套，或吊挂点不正确，附着物不拆除，排气管翻到，倒砸伤人		使用两根钢丝绳套，选择正确的吊点	
2	吊装柴油机、并车厢时吊车停放位置不合理，强行起吊，设备损坏		正确选择起吊位置，起吊前先进行试起吊，确保提吊载荷满足要求。吊车千斤必须支撑牢靠	
3	吊除过桥梯子等，选择吊点不正确。拔落扶手，造成落物下砸		选择正确的吊点	
4	钢丝绳套检查不到位，吨位选择不满足安全载荷要求，造成钢丝绳断裂伤人、落物下砸伤人		选择正确的钢丝绳套	
5	吊物上有附着物未固定，吊装过程中落物下砸		对附着物进行拆除或固定牢靠	

续表

序号	风险描述	图片模拟	管控措施	图片模拟
6	拆吊地面管汇时，一次起吊多根未固定的管汇，造成管汇受力分开，挤伤作业人员		单根起吊，或固定后起吊	
7	拆卸安装地面高压管汇坍塌下砸		正确吊挂，合理站位	
8	安装时手抓钢丝绳，钢丝绳突然卸力造成绞入伤害		严禁手抓钢丝绳	

二、登高及临边

登高及临边风险及管控措施见表 3–12。

表 3–12　登高及临边风险及管控措施

序号	风险描述	图片模拟	管控措施	图片模拟
1	挂排气管钢丝绳套时，人员踏空滑跌风险		踩稳站好，使用安全带	
2	安装机泵房附属设备设施时站位不当，高处坠落风险		正确合理站位，必要时采取工作平台作业	

三、使用工具及设备

使用工具及设备风险及管控措施见表 3–13。

表 3–13 使用工具及设备风险及管控措施

序号	风险描述	图片模拟	管控措施	图片模拟
1	敲击作业，锤子检查不到位，锤子头飞出伤人		作业前认真检查	
2	使用扳手卸螺栓，打滑造成手部伤害		正确合理使用	

四、路线及站位选择

路线及站位选择风险及管控措施见表 3–14。

表 3–14 路线及站位选择风险及管控措施

风险描述	图片模拟	管控措施	图片模拟
吊装并车厢、管汇等设备设施时，人员站在无逃生通道的障碍物之间		合理选择站位，确保紧急情况下逃生	

五、其他

其他风险及管控措施见表 3–15。

表 3–15 其他风险及管控措施

风险描述	图片模拟	管控措施	图片模拟
作业前未对泵房区域钻井液进行清理，作业时滑跌伤害		提前清理排水沟等，将坑洞处填平	

第四节 循环罐区风险及管控措施

一、拆卸起吊

拆卸起吊风险及管控措施见表 3–16。

表 3–16 拆卸起吊风险及管控措施

序号	风险描述	图片模拟	管控措施	图片模拟
1	吊车停靠位置不合理，超载起吊，造成吊车吊臂折断、吊车倾翻等风险		选择合适位置支好吊车	
2	吊装指挥信号不明确，吊装指挥人员站位不合理，吊车司机私自摆动拔杆，造成人员伤害		专人指挥，站位合理，便于指挥及与吊车司机观察沟通	
3	钢丝绳套选择不当，安全载荷不足，棱刃处未加衬垫，造成钢丝绳拉断风险		正确选择钢丝绳套，正确吊挂，采取必要的安全措施	
4	引绳使用不规范，人员站在危险区域，吊物摆动伤害		使用至少两根引绳，人员站在安全区域	
5	拆卸固控设备时，连接部位未拆除，造成摆动伤害或设备设施损坏		拆除，检查确认后吊装	

续表

序号	风险描述	图片模拟	管控措施	图片模拟
6	拆卸安装上循环罐梯子时吊挂方式不正确，造成下砸伤害		正确吊挂，人员站在安全区域	
7	吊挂管线方式不正确，造成的下砸伤害		按吊点标记进行吊挂，严禁单绳套起挂长管线	

二、登高及临边

登高及临边风险及管控措施见表 3–17。

表 3–17　登高及临边风险及管控措施

风险描述	图片模拟	管控措施	图片模拟
高处坠落		人员行走注意周边环境，及时安装防护栏杆	

三、使用工具及设备

使用工具及设备风险及管控措施见表 3–18。

表 3–18　使用工具及设备风险及管控措施

序号	风险描述	图片模拟	管控措施	图片模拟
1	工具打滑风险		清理油污，开口完好	
2	锤子砸空伤害自己		选择锤子大小合适，姿势正确，用力平稳	

四、路线及站位选择

路线及站位选择风险及管控措施见表 3–19。

表 3–19 路线及站位选择风险及管控措施

序号	风险描述	图片模拟	管控措施	图片模拟
1	人员行走时踩空		注意脚下坑洞，盖板及时改好	
2	拆装铺台、附件等时作业人员滑跌		拆装铺台、附件等时站位抓牢，必要时系好保险带	
3	人员在循环罐行走时跨越循环罐跌落风险		循环罐之间留有过人铺台，及时安装过人铺台和平台	
4	人员站在加宽台下作业，存在下砸伤人风险		绳套栓挂加宽台，人员侧面站位	

五、其他

其他风险及管控措施见表 3–20。

表 3–20 其他风险及管控措施

序号	风险描述	图片模拟	管控措施	图片模拟
1	拆线时触电伤害		断开总电源，挂牌上锁，专人监护	

续表

序号	风险描述	图片模拟	管控措施	图片模拟
2	安装循环罐灯架时人员安排不合理，人员配合不当，倒砸伤害		合理安排作业人员，必须两人以上配合作业，作业过程中沟通作业方式	

第五节　油罐、发电房、化工与水罐区风险及管控措施

一、拆卸起吊

拆卸起吊风险及管控措施见表3–21。

表3–21　拆卸起吊风险及管控措施

序号	风险描述	图片模拟	管控措施	图片模拟
1	吊车停放位置不当，吊装时吊车翻倒造成人员伤害和设备损伤		合理停放吊车，起吊前先试起吊，必要时使用两台吊车抬放	
2	摆放发电房、油罐时，人员站位不当，吊车私自摆放，造成人员夹伤、挤伤		吊装信号明确，吊车司机听从指挥信号操作	
3	吊点选择不合理，吊挂方式不当，手推拉吊物，吊物下砸伤人		正确选择吊点，合理吊挂，人员使用好引绳，远离吊物	

续表

序号	风险描述	图片模拟	管控措施	图片模拟
4	吊装时附着物固定不牢靠，滑落下砸伤害	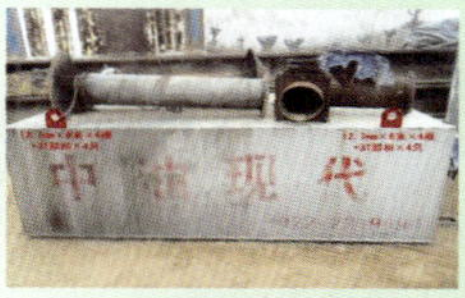	提前将小件附着物捆扎到位，使用好引绳，人员站在安全区域	
5	装车、摆放小件设备时，碰伤作业人员		合理计划装车次序、规划卸车位置，正确吊装，指挥人员正确指挥，摆放一次到位	
6	吊化工时吊装方式不正确，散落下砸伤害		使用吨包等打包吊装	

二、登高及临边

登高及临边风险及管控措施见表 3–22。

表 3–22　登高及临边风险及管控措施

序号	风险描述	图片模拟	管控措施	图片模拟
1	水罐、油罐上拆卸安装，不使用防坠落装置或保险带		沿梯子上下，必要时使用好安全带或差速器，高处行走时注意脚下防滑	
2	上发电房排除排气管滑跌坠落伤害		使用好扶梯，人员临边注意站位	
3	人员站在罐上调整上罐位置		使用引绳调整摆放位置	

三、使用工具及设备

使用工具及设备风险及管控措施见表 3–23。

表 3–23　使用工具及设备风险及管控措施

风险描述	图片模拟	管控措施	图片模拟
敲击作业锤子飞出伤害		作业前认真检查工具	

四、路线及站位选择

路线及站位选择风险及管控措施见表 3–24。

表 3–24　路线及站位选择风险及管控措施

序号	风险描述	图片模拟	管控措施	图片模拟
1	人员站在油罐之间，罐体摆动挤伤、高架罐梯子下砸伤人		使用引绳调整摆放位置	
2	人员站在水罐之间安装作业，挤伤		人员严禁站在水罐之间作业	

五、其他

其他风险及管控措施见表 3–25。

表 3–25　其他风险及管控措施

序号	风险描述	图片模拟	管控措施	图片模拟
1	发电房区域基础不平，设备运转造成损坏		找平基础，合理布局设备	

续表

序号	风险描述	图片模拟	管控措施	图片模拟
2	拉电缆时配合不当，绊倒作业人员的风险		正确合理布线，人员配合得当，清理作业区域的杂物	

第六节　前场管架、生产用房及住人房区风险及管控措施

一、拆卸起吊

拆卸起吊风险及管控措施见表 3–26。

表 3–26　拆卸起吊风险及管控措施

序号	风险描述	图片模拟	管控措施	图片模拟
1	吊管架、滑道等，未进行固定，吊装时散开，造成人员伤害		提前对猫道等进行捆扎固定	
2	一绳多吊，摆放时设备设施突然坍塌，造成人员碰伤		严禁一绳多吊，或必须捆扎固定好后再起吊	
3	吊化工时吨包袋子断裂砸伤作业人员		人员不站在吊物下方，尽量使用提篮吊装转井	

续表

序号	风险描述	图片模拟	管控措施	图片模拟
4	吊无固定吊点小件时吊挂不合理造成下砸伤害		标记吊点。用提篮进行吊装作业。	

二、登高及临边

登高及临边风险及管控措施见表 3–27。

表 3–27　登高及临边风险及管控措施

风险描述	图片模拟	管控措施	图片模拟
上营房拆除或安装附着设备设施时踏空、跌落风险		使用梯子上营房，作业时站稳抓牢	

三、使用工具及设备

使用工具及设备风险及管控措施见表 3–28。

表 3–28　使用工具及设备风险及管控措施

风险描述	图片模拟	管控措施	图片模拟
抓管转井时，装载机操作使用不规范，配合作业人员站位不当，造成碰伤		按要求规范操作装载机，一次按要求数量抓管，配合人员站在安全区域指挥	

四、路线及站位选择

路线及站位选择风险及管控措施见表 3–29。

表 3–29　路线及站位选择风险及管控措施

序号	风险描述	图片模拟	管控措施	图片模拟
1	摆营房时人员站在危险区域（房子之间）		站在便于紧急情况下逃生的安全区域	
2	场地设备设施和待安装的设备设施摆放不合理，影响人员行走和作业通道，紧急情况下造成碰伤、撞伤和绊倒伤害		合理规划布局井场摆放，确保逃生通道畅通和作业区域无障碍物	

第七节　营地区风险及管控措施

一、拆卸安装起吊

拆卸安装起吊风险及管控措施见表 3–30。

表 3–30　拆卸安装起吊风险及管控措施

风险描述	图片模拟	管控措施	图片模拟
起吊、摆放营房时，人员站位不当，摆动造成撞伤、挤伤		指挥信号明确，人员注意站位安全	

二、登高及临边

登高及临边风险及管控措施见表 3–31。

表 3–31　登高及临边风险及管控措施

风险描述	图片模拟	管控措施	图片模拟
上营房拆除或安装附着设备设施时踏空、跌落风险		使用梯子上营房，作业时站稳抓牢	

三、路线及站位选择

路线及站位选择风险及管控措施见表 3–32。

表 3–32　路线及站位选择风险及管控措施

风险描述	图片模拟	管控措施	图片模拟
摆营房时人员站在危险区域（房子之间）		站在便于紧急情况下逃生的安全区域	

第四章

钻机搬迁常见风险及管控措施

第一节 钻机设备摆放图绘制标准和范例

生产协调部门搬迁前三天，牵头组织钻井队、运输承包商三方对新井场（新井场尺寸参照表4–1）及道路进行踏勘，井场两点一线踏勘执行“两点一线”踏勘表（见表4–2）。对风险较大路段要采取测量有效路面、树立风险点标识和重点安全提示等措施。雨后搬迁必须重新组织踏勘。

表4–1 井场面积标准

井类	井型	钻机类别	长度 m	宽度 m
油井	单井	各类钻机	≥80	≥40
	水平井	各类钻机	≥80	≥60
	丛式井	单排方向上每增加一口井，井场长度增加4.5m		
气井	单井	40型及以下钻机	100	60
		40型以上钻机	110	70
	丛式井	单排方向上每增加一口井，井场长度增加10m		

表4–2 钻井队搬迁“两点一线”踏勘表

新井组号		地理位置			
老井组号		地理位置			
搬迁路线					
新井到项目部路线					
井场道路（公里）	距项目部		营地尺寸	长度，m	
	距老井			宽度，m	
井场尺寸	长度，m		泥浆池尺寸	长度，m	
	宽度，m			长度，m	
井场落差，cm			营地落差，cm		
供水方式					
验收情况及风险点描述					
整改措施					

续表

验收情况及签字	生产协调办		签字及日期	
	钻井队		签字及日期	
	运输承包商		签字及日期	

（1）“两点一线”踏勘主要包含以下内容：

①新老井场环境风险。进出口环境，倒车位置，车辆摆放位置，临沟位置，傍山位置，泥浆池位置，交汇点，盲区位置与范围，障碍物高度与宽度。

②连接新、老井场道路风险。路面质量，路基质量，路幅，路肩，弯道位置与弯度，坡道位置与坡度，盲区位置与范围，交汇点，事故多发段与事故形态。

③驾驶环境风险。天气，积水结冰处；车型特点，驾驶员操作缺陷与特点；行驶前准备。

④意义性环境风险。交通标识与标线，防护设施，应急点。

⑤社会性环境风险。交通流量，交通特征；村镇位置与交通特征，交汇位置与交通特征，隐蔽岔道与交通特征。

按照“谁踏勘，谁负责”的原则，跟踪整改“两点一线”踏勘存在的问题，现场监管人员要逐一验证。生产部门负责新井场、乡村道路和钻前施工道路的安全风险整改，钻井队负责老井场的安全风险整改，运输承包商负责新老井场和搬迁道路新增风险的报告和整改。

（2）制作依据井场和各设备尺寸统一缩放一定比例的磁铁方块模型。用于规划井场摆放，计划设备、设施之间的安全距离，为搬迁过程中的设备摆放提供依据（井场平面布置图如图 4–1 所示）。

（3）规划井场摆放时，必须考虑高崖、边坡、垫方等地貌因素；老井场施工必须勘测好地下管网和架空线路，预留安全距离。

（4）井场布置要求：发电房等有明火或有火花散发的设备、设施应设置在井口装置及储油设施季节风的上风侧位置；发电房、储油罐与井口相距不低于 30m；储油罐与发电房相距不低于 20m。

（5）确定井口位置，油罐、发电房、远控房安全距离，根据井型、井口数及井场地貌情况规划泥浆池尺寸和位置。

（6）根据井场大小调整设备摆放草图，副队长负责井场，书记负责营地。

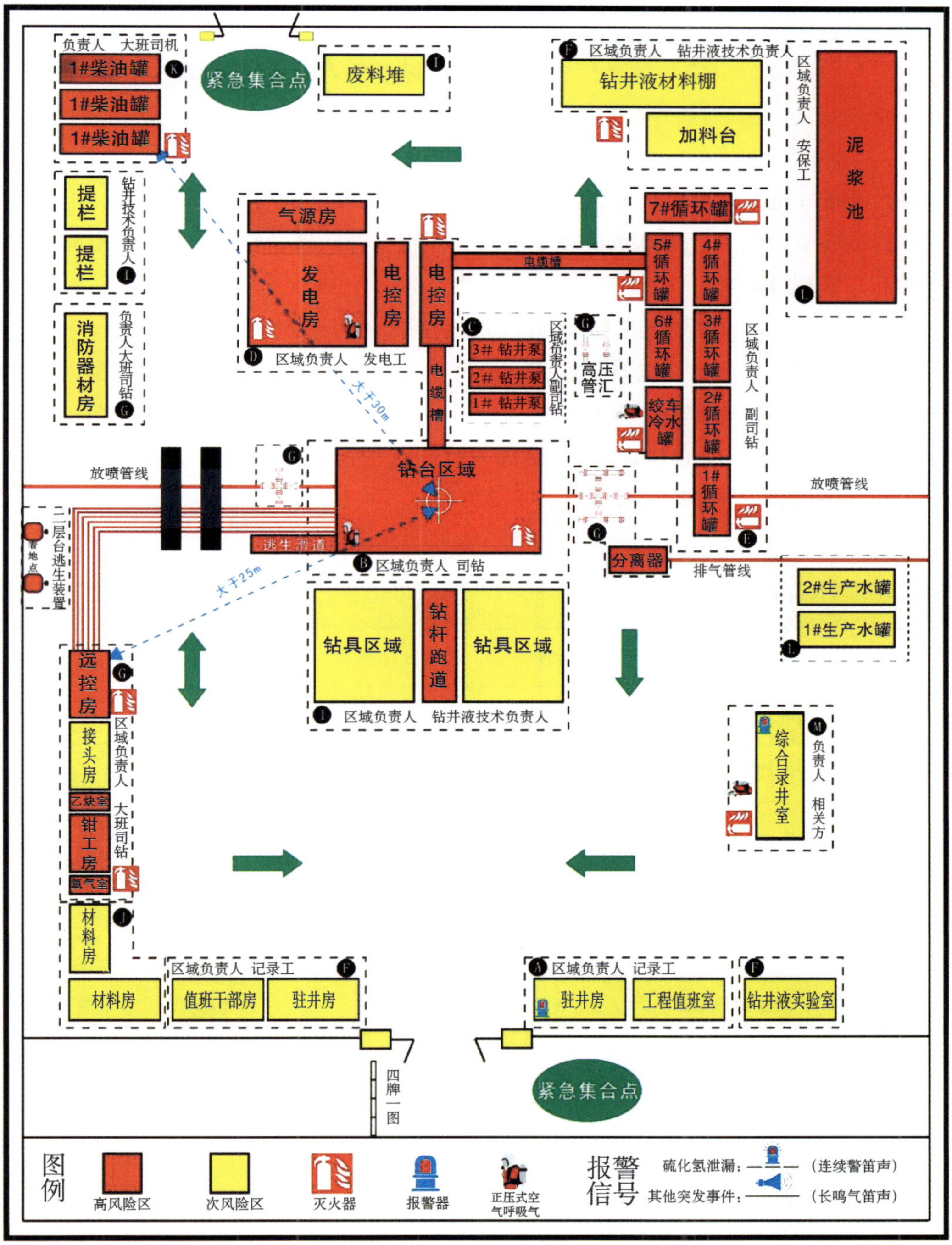

负责人 大班司机
1#柴油罐
1#柴油罐
1#柴油罐
紧急集合点
废料堆
区域负责人 钻井液技术负责人
钻井液材料棚
加料台
区域负责人 安保工
泥浆池
提栏
提栏
钻井技术负责人
消防器材房
负责人大班司钻
气源房
发电房
电控房
电控房
电缆槽
区域负责人 发电工
7#循环罐
5#循环罐
4#循环罐
6#循环罐
3#循环罐
2#循环罐
1#循环罐
绞车冷水罐
区域负责人 副司钻
3# 钻井泵
2# 钻井泵
1# 钻井泵
区域负责人副司钻
高压管汇
大于30m
电缆槽
放喷管线
钻台区域
放喷管线
二层台逃生装置
着地点
逃生滑道
区域负责人 司钻
分离器
排气管线
大于25m
2#生产水罐
1#生产水罐
钻具区域
钻杆跑道
钻具区域
区域负责人 钻井液技术负责人
远控房
接头房
乙炔室
钳工房
氧气室
区域负责人 大班司钻
材料房
综合录井室
负责人 相关方
材料房
区域负责人 记录工
值班干部房
驻井房
区域负责人 记录工
驻井房
工程值班室
钻井液实验室
四牌一图
紧急集合点
图例
高风险区
次风险区
灭火器
报警器
正压式空气呼吸气
报警信号
硫化氢泄漏：（连续警笛声）
其他突发事件：（长鸣气笛声）

图 4-1 井场平面摆放图

第二节　搬迁批次规划

（1）准备好与吊装物相匹配的吊索具、牵引绳、撬杠、铁锹、锤子和手工具等。

（2）设备装车前，运输承包商现场负责人应与钻井队现场负责人沟通确认设备吊装顺序和车辆摆放位置。

（3）根据新井场具体情况选择优先拉运的设备。

（4）拉运按“小伙房→前站住人房→滑道→底座→机房设备→绞车前后梁→转盘梁→绞车→转盘→司钻偏房→起放井架人字梁→井架→天车→钻井泵→循环罐→高压管汇→发电机组→ VFD（MCC）房→油罐→材料房→值班房→野营房→钻具及管材→基础”顺序进行装车（搬安流程表见表 4–3）。

表 4–3　40LDB 钻机拆搬安流程表

装车			安装	
第一批次：前站生产生活物资	小伙房、前站住人房、生活物资	2 ～ 3 车	底座及钻台	基础、轨道
	发电机及前站所需油料、工具	1 车		绞车、底座水柜
第二批次：轨道、底座	柴油机、机房底座	3 车		机房底座
	备用轨道、工具箱、附件	1 车		船型底座及延伸座
	并车厢	1 车		柴油机、并车厢
	绞车	1 车		左右小桌子、大桌子
	绞车底座水柜	1 车		转盘
	部分轨道、绞车前铺台、加宽台	2 车		绞车前铺台、加宽台
	左右小桌子	2 车		转盘电机底座、电机、钻台铺台
	大桌子	1 车		液压站、司控房
	左右船型底座、延伸座、附件	3 车	机房设备	发电房组
	其余轨道、钻台附件	2 车		配电房、转接房

续表

装车			安装	
第三批次：钻台机房主体设备	司控房、液压站、转盘	1 车	安装井架、起升	气源房、油罐组
	人字梁、方梁、井架大腿、小支架	3 车		小支架、方梁、井架大腿、人字梁
	钻台加宽台、铺台、偏房等	2 ~ 3 车		安装井架及绳索
	井架及悬吊系统、游车支架	1 车		穿大绳、装二层台
	天车头、二层台、大支架	2 车		起井架并固定
	发电房组、VFD 房	3 车		起钻台、钻台铺台、偏房
	气源房、油罐组、1# 钻井泵	4 车		坡道、梯子、气动绞车
第四批次：泵房及循环罐	单机泵组	2 车	泵房及循环罐	1# 钻井泵
	循环罐及附件、梯子	6 车		铺装循环罐并连接
	罐面固控设备	2 车		罐面固控设备
	阀门组及地面管汇	1 车		阀门组及地面管汇
第五批次：外围及管具	材料房、钳工房、消防房	5 车	外围及管具	材料房、钳工房、消防房
	水罐组、远控房	3 车		水罐组、远控房
	值班房、驻井房	3 ~ 5 车		值班房、驻井房
	猫道、管架、钻具	2 ~ 8 车		猫道、管架、钻具、单机泵组
第六批次：营地	野营房 餐厅等	15 ~ 17 车	40LDB 钻机共约 80 ~ 86 车	

第三节　设备捆绑装车标准和范例

在吊运各种设备时，为避免设备的倾斜、翻倒、变形、损坏，应根据设备的形状特点、重心位置，正确选择捆绑点、吊点，使设备在吊运过程中有足够的稳定性。

一、吊车、运输车辆的选择

（1）吊车及吊车操作员均取得相应资质，吊车的选用依据钻机机型具体确定工作载荷，安全工作载荷应大于准备搬迁设备中大件设备质量。

（2）吊车到井后依据检查表对吊车进行作业前检查（检查表见表 4–4）。

表 4–4　吊车检查表

作业项目				承包商名称	
车号	驾驶员	检查人	检查人单位	检查时间	车辆检查存在问题及处理情况
检查评价标准					
1	额定起重能力是否满足现场需要（钢丝绳股数与报警设置相匹配）				
2	操作室雨刮器、窗户、喇叭、踏板是否完好有效				
3	操作室操作杆是否完好有效				
4	轮子螺栓（是否完整，是否拧紧）				
5	刹车系统操作是否完好有效				
6	倒车报警器是否完好				
7	支腿固定销是否完好并能正确使用				
8	支腿垫板是否符合要求（面积至少是支腿千斤的 3 倍）				
9	液压油面高度是否符合标准要求				
10	液压管线是否渗漏、擦挂、磨损				
11	转盘轴承间距，螺栓、螺母安装是否到位				
12	起重臂中心销是否有裂缝、润滑是否到位				
13	绳鼓总成是否有裂缝、润滑是否到位				
14	导向滑轮、滑轮组是否有裂缝、润滑是否到位				
15	吊钩是否完好、是否有保险装置，副吊钩是否拆除或封锁				
16	起重臂是否完好（无可见的弯曲变形）				

续表

	检查评价标准
17	吊车钢丝绳出现下述情况不能继续使用，应该报废更换： 表面可见断丝在 6*d* 绳长范围或一支绳股上聚集，或出现断股；绳径减小超出磨损量、捻距伸长、钢丝和绳股之间缺少空隙、绳股凹处出现细微的褐色粉末、钢丝绳不易弯曲等弹性减小；外层钢丝磨损达到其直径的 40%，钢丝绳直径相对于公称直径减小 7% 或更多；表面出现深坑、钢丝相当松弛等表面腐蚀，以及检验确认有严重的内部腐蚀；钢丝绳出现波浪形、笼状畸变、绳股挤出、钢丝挤出、绳径局部增大、扭结、绳径局部减小、部分被压扁、弯折等严重变形等
18	力矩限制器是否完好
19	上限位开关是否完好
20	幅度指示器、水平仪是否完好

（3）运输车辆及车辆驾驶员均取得相应资质，车况满足拉运设备吨位要求。

（4）钻具拉运车辆除必须具备以上条件外，还必须具备以下条件：

①转运管具车辆必须安装 2 个“U”型管架，管架底座和挡板使用 20# 槽钢制作，底座和挡板间用三角形筋板双面焊接牢固，并设置稳定座。管架应与车厢底板或车架固定牢固，管架面应采取加装胶皮等防滑措施。

②转运管具车辆安装的管架挡板高度为 1.1m。

③转运管具车辆车厢前挡板应使用 5mm 钢板焊接或用 30mm 木板镶嵌在前挡板上进行加固防护，防护板高度应与车厢前标志杆平齐。

（5）三超设备拉运车辆除必须具备（1）至（3）的条件外，还必须具备以下条件（“三超”设备拉运 HSE 风险提示见表 4–5）：

表 4–5　HSE 提示和预防措施

	HSE 风险提示	消减措施
1	“三超”货物装载、捆绑不当，易造成车辆、人员伤害	按照道路标志限定高度、宽度装载货物
		装卸“三超”货物时，应掌握货物的高度、长度、宽度尺寸，将货物装在车辆的中心位置，捆绑牢固
2	行驶中不注意观察道路、桥梁、隧道处设置的标志，易引发意外事故	行驶中应谨慎驾驶，仔细观察道路、桥梁、隧道处设置的标志。不能通过时，不得冒险侥幸通过
3	行驶中转弯速度过快，角度选择不当，易引发意外事故	转弯时平稳操作，按照规定速度行驶
		转弯时选择最佳转弯角度，不具备转弯环境时，不得冒险转弯

续表

	HSE 风险提示	消减措施
4	行驶中超、会车操作不当，判断不准确，易引发事故	在超、会车时，道路必须满足车辆顺利通过的横向距离
		会车时，降低车速
5	行驶中，观察不周，易引发事故	行驶中需观察道路上方的光缆、电线等；行驶在较窄路段，应减速慢行，选择行驶路线
6	不按规定悬挂“三超”标志，不能及时提醒他人，易引发意外事故	选择高、宽、长最末端处，做好明显标志
		行驶途中应及时检查标志悬挂是否正常
7	卸载“三超”货物时，不按规定使用引绳，易造成意外事故	卸载时，必须按照要求使用引绳

①车辆技术性能良好，设置牢固的捆绑挂钩。

②配备超长、超高、超宽标志。

③驾驶员具备拉运“三超”货物经验。

④驾驶员熟悉各种类型道路情况及行驶要求。

二、吊索具选择

（一）基本条件

使用中或准备使用的吊索具，都需具备检验合格证书并在有效期内；安全工作载荷应大于准备起吊的重物质量（钻井队钢丝绳配备表见表 4–6）。

表 4–6　钻井队钢丝绳套配备标准

序号	规格及型号	配置数量
1	ϕ 25.4mm × 8m	8 根
2	ϕ 22.2mm × 8m	8 根
3	ϕ 19mm × 12m	8 根
4	ϕ 15.9mm × 12m	4 根
5	ϕ 15.9mm × 8m	8 根
6	ϕ 15.9mm × 12m（一端带吊钩）	4 根
7	ϕ 12.7mm × 8m	4 根

（二）吊索选择

（1）较通用的环境下使用钢丝绳吊索。

（2）潮湿或腐蚀环境下使用人造纤维吊索。

（三）安全系数

最低安全系数不得小于 6。

（四）使用前安全检查

1. 钢丝绳吊索

（1）在六倍钢丝绳直径的长度内的断丝数小于 5 根。

（2）局部（同一截面）可见断丝数，原则上不得超过 3 根。

（3）在索眼金属套管连接部位不得出现断丝。

（4）钢丝绳磨损缩径不得超过原公称直径的 10%。

2. 吊带吊索

（1）吊带的破损、穿孔、切口、撕断的现象和程度。

（2）承载接缝绽开、缝线磨断的现象和程度。

（3）纤维表面粗糙易于剥落的现象和程度。

（4）纤维软化、老化、弹性变小、强度减弱的现象和程度。

（5）出现死结的现象和程度。

（6）表面有过多的点状疏松、腐蚀，酸碱烧损以及热熔化或烧焦的现象和程度。

（五）设备吊点的选择

在起重吊装作业中吊物与被吊物之间连接的部位，被称为吊点。当采用单根吊索起吊设备时，吊点应与重心同在一条铅垂线上；用两根或两根以上绳索捆绑起吊重物时，绳索的交汇处（吊钩位置）应与设备重心在同一条铅垂线上。吊点的选择应遵循以下原则：

（1）不规则物体试吊法选择吊点。在一般吊装工作中估计物体重心位置，采用低位试吊（吊离地面以上＜15cm）的方法来逐步找到重心，确定吊点同时做好吊点标识为下次起吊提供方便。钻井队不规则设备标识见表 4–7。

（2）有指定吊耳或吊环的物体，吊点要采用原设计的吊点。

（3）吊装钻具时，吊点的位置应在距重心等距离的两端，吊钩通过重心。

（4）竖直吊装（井架高压立管、地面管线）时，吊点选择应在起吊端处留有安全余量，起吊时，吊钩应向下支撑点方向移动，以保持吊索垂直，避免形成拖拽，产生碰撞。

表 4—7　钻井队不规则吊物吊点标识清单

序号	分类	设备名称	吊点设置
1	不规则吊物	井架大腿	对称中心点
2	不规则吊物	吊环	两根绳套穿于吊孔
3	不规则吊物	水龙头	平放时两根绳套，一根穿于提环，一头挂于水龙头下端
4	不规则吊物	强力泵支架	找本体平衡点挂吊带起吊
5	不规则吊物	柴油机排气管	用两根绳找正平衡点吊装
6	不规则吊物	推井架千斤顶	卸扣或兜吊
7	不规则吊物	万向轴	吊带捆绑
8	不规则吊物	万向轴护罩	吊带捆绑
9	不规则吊物	防溢管（喇叭口）	绳套拴于 90° 导管处
10	不规则吊物	钻井液出口管	用勾子绳套捆吊
11	不规则吊物	泥浆皮带轮护罩	用钢丝绳套兜吊或用护罩上的提环吊
12	不规则吊物	爬坡链条护罩	用卸扣挂在提环上
13	不规则吊物	强力泵	无吊点
14	不规则吊物	液压千斤	无吊耳
15	不规则吊物	离心机	无吊耳
16	不规则吊物	钻台加宽铺台	用三根绳套起吊
17	不规则吊物	钻台小铺台	四根绳套活动手柄处起吊
18	不规则吊物	钻台偏房支架	两根钩子绳套缠绕
19	不规则吊物	天车头	一根专用绳套分四股吊
20	不规则吊物	小绞车	从滚筒处穿绳套
21	不规则吊物	排污泵架子	找平衡点
22	不规则吊物	铺台	找平衡点
23	不规则吊物	大钩	找平衡点

续表

序号	分类	设备名称	吊点设置
24	不规则吊物	井架大腿	找平衡点
25	不规则吊物	压井管汇	四根等长单绳套起吊
26	不规则吊物	大方梁	两根绳套挂于方梁中心处两侧
27	不规则吊物	大圆梁	两根吊钩挂于圆梁两头
28	不规则吊物	第二节红井架	两根绳套起吊，挂点偏有重锤一侧
29	不规则吊物	加重漏斗	四根绳套挂于吊耳
30	不规则吊物	钻台机房和循环罐梯子	焊接吊耳或者两副绳套平吊
31	不规则吊物	抓管机爪子	连接销耳板处用卸扣起吊
32	不规则吊物	水管线	找平衡点
33	不规则吊物	B 型大钳	吊臂上吊环处

（六）设备捆绑要求

使用 8# 铁丝、钢丝绳索、手拉葫芦等将设备固定在卡车的四角，并用撬杠绞紧，捆绑点不应少于 4 处；同一辆车统一为内八字或外八字；捆绑有棱角的设备时，应垫以木板、废旧轮胎、麻袋等物，以免棱角割断捆绑铁丝或绳索。

（七）设备模块化捆绑

以优化装车车次为前提提高搬迁效率的目标，设备装车前即在场地上完成模块化叠放及捆绑工作，确保配货合理捆绑牢固方可起吊装车。

1. 管具捆绑及场地摆放要求

（1）使用 2 根直径 12.7 ~ 16mm，长 6 ~ 8m 的钢丝绳套，2 个 2 ~ 3t 手动葫芦捆绑管具，手动葫芦挂钩固定在车箱外侧挂钩上紧固牢靠。

(2) 管具应分类摆放（前后不超过一个接头）在垫杠或管架上，不得散乱放置，损坏、报废的管具应及时交回管具服务部。

（3）管具两侧设置专用挡销或用 ϕ 50mm 圆钢制作的挡杆，挡销、挡杆固定牢靠，管具堆放高度不得超过挡销高度，管具排放两层及以上时，两侧 2 根及以上管具必须用 8 号铅丝捆绑牢靠（捆绑管具至少 2 根以上）。

2. 设备捆绑

老井设备拆卸后，摆放位置定制化、捆绑组合模块化、装车配货清单化。搬迁时根据新井场条件，装车顺序合理化、卸车位置定制化，减少搬迁期间的吊装频次和吊装风险，提高装车、卸车效率。

设备拆卸模块化摆放如图 4–2 所示。

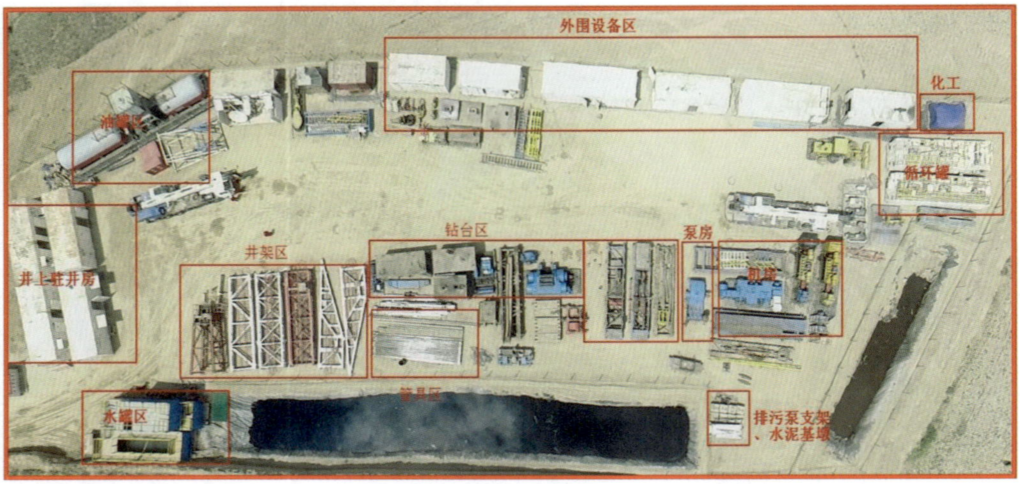

（a）模块化摆放一

（b）模块化摆放二

图 4–2　设备拆卸模块化摆放

(c) 模块化摆放三

续图 4-2

(八) 设备装车

(1) 吊装人员经过培训，具备作业需求；吊装指挥人员取得吊装指挥证。

(2) 装载“三超”设备时设备重心应在车厢中心位置，以保证车辆整体重心平衡。

(3) 拉运大件及贵重设备应由备案车辆（25t 四桥斯太尔车型或同类性能车型）、驾驶员（在承包商单位工作满 2 年和安全行驶 15×10^4km 以上，五证齐全）拉运，车厢底板必须为木质底板，且采取垫棕绳、草袋等防滑措施；车辆在有连续弯道、陡坡、路基松软等山区钻前道路时建议不捆绑（行驶至平坦路段应做捆绑固定），其他道路环境下须进行捆绑固定。

(4) 管具转运装卸方式。管具装载应按套管、导管、钻杆、钻铤、螺杆等分类装车，如需混装管具，应按照先重后轻，先长后短、先粗后细的顺序依次装载；禁止长度、粗细相差较大的管具混装；禁止管具与接头、设备混装。转运管具时，优先使用装载机装卸。设备运输前，钻井队和卡车驾驶员共同检查设备的装载情况，驾驶员确认装车及捆绑符合要求后在设备拉运清单上签字，承包商现场负责人对设备捆绑情况进行检查，确认安全后放行。

为规范钻机搬迁设备摆放、捆绑、装车方式，确保设备摆放定置化、分区捆绑组合模块化、吊装拉运流程化，防控搬迁过程混乱带来的风险，应根据不同钻机型号、“两点一线”踏勘情况由钻井队制定钻机搬迁“两图三单”，作为搬迁作业计划书附件，报上级审批。各类钻井机搬迁的“两图三单”见本书附录。

第四节　常见风险及管控措施

一、大件设备叠放及捆扎

（1）常见风险 1：程序错误，叠放设备先装车后固定。

管控措施：滑道、底座、井架、大件设备等需组合装车的在场地上叠放后，捆绑固定牢靠，统一装车（图 4–3）。

图 4–3　叠放程序错误

（2）常见风险 2：大件设备装车搭配不合理，前轻后重，或重心不稳。

消减措施：按照设备形状、尺寸、重量合理搭配装车，保障叠放牢靠、重心平稳（图 4–4）。

（3）常见风险 3：大件设备附件未拆卸完全。

消减措施：设备附件拆解完全（图 4–5）。

（4）常见风险 4：大件设备叠放后捆扎之前设备中间无防滑措施。

消减措施：设备叠放时，如接触面光滑或接触面太小，应加枕木或者胶皮衬垫，并捆绑牢靠（图 4–6）。

图 4–4 装车搭配不合理

图 4–5 附件未拆卸完全

图 4–6 设备中间无防滑措施

（5）常见风险 5：在场地上吊挂叠放设备时，用手扶吊物或者绳套，有夹手风险。

消减措施：使用引绳控制吊物，即将放置时推扶吊物两端外延，严禁抓扶绳套（图 4–7）。

二、钻具及零散类设备叠放及捆扎

（1）常见风险 1：钻具零散堆放，无法穿挂绳套。

消减措施：钻具在垫杠上打捆存放，整体吊装（图 4–8）。

图 4–7　手扶吊物或绳套

图 4–8　钻具零散堆放

（2）常见风险 2：不规则吊物吊点模糊，人员无法准确判断吊挂点存在的安全隐患。

消减措施： 对不规则吊件标识清楚吊点位置并设置吊点（图 4–9）。

图 4–9　不规则吊物吊点模糊

（3）常见风险 3：有棱角吊件未加衬垫，吊装过程中绳套侧滑或者绳套被割断造成被吊物下砸的安全隐患。

消减措施：有棱角的设备加焊吊点，无法加焊吊点的情况下对绳套加好衬垫（图 4–10）。

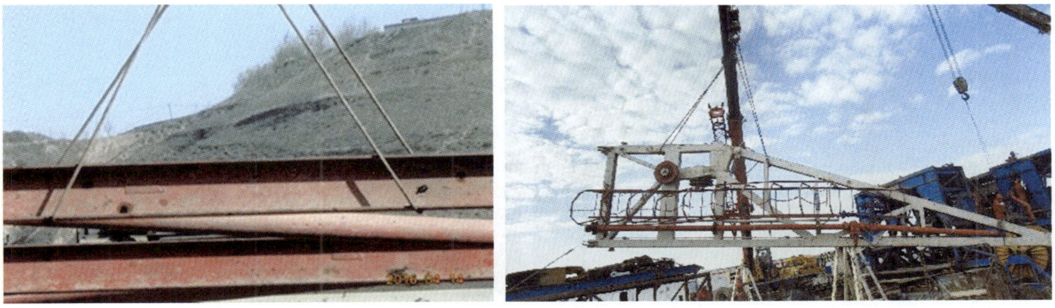

图 4–10　有棱角吊件未加衬垫

（4）常见风险 4：小件设备在吊装过程在一钩多挂脱落下砸。

消减措施：吊装过程中严禁一钩多挂，合理选择绳套，使用好引绳（图 4–11）。

图 4–11　一钩多挂

三、起吊及装车

（1）常见风险 1：无人指挥或多人指挥起造成吊车司机误操作。

消减措施：专人指挥信号明确（图 4–12）。

（2）常见风险 2：附着物未解除起吊物被起吊。

消减措施：起吊前确认物件独立，无附件连接（图 4–13）。

（3）常见风险 3：引绳使用不规范，设备吊装过程中摆动无法控制。

消减措施：引绳长度规范、栓挂位置在设备本体对角位置，大件设备需4条引绳（图4–14）。

图 4–12　无人指挥或多人指挥

图 4–13　附着物未解除起吊

图 4–14　引绳使用不规范

（4）常见风险 4：吊物上站人起吊。

消减措施：被吊物起吊前吊装指挥负责确认无人方可起吊（图 4–15）。

图 4–15 站人起吊

（5）常见风险 5：设备使用缺陷，吊车支腿位置选择不当。

消减措施：吊车吊装前支腿完全伸出且地基稳定（图 4–16）。

图 4–16 支腿位置选择不当

四、跟车

（1）常见风险 1：乘坐车辆人员必须系好安全带，途经危险路段（陡坡、塌方、河道等）特殊路段时的交通风险。

消减措施：途径危险路段时人员下车步行（4–17）。

（2）常见风险 2：乘坐拉运大件设备的车辆。

消减措施：拉运大件设备车辆不允许人员乘坐拉运车辆（图 4–18）。

（3）常见风险 3：路遇电线等车辆不能通过时上车挑线。

消减措施：人员使用正确的站位与工具挑线（图 4–19）。

图 4–17　安全带与特殊路段风险

图 4–18　乘坐拉运大件设备的车辆

图 4–19　上车挑线

五、起吊及卸车

（1）常见风险 1：吊索具选择不合理，如规格错误、断丝超标、变形严重等。

消减措施：选择与被吊物体相符的吊索具，检查吊索具安全可靠（图 4–20）。

图 4–20 吊索具选择不合理

（2）常见风险 2：卸车人员站在移动的车辆上。

消减措施：车辆在移动的过程中严禁站人（图 4–21）。

图 4–21 卸车人员站在移动车辆上

（3）常见风险 3：吊点选择不当。

消减措施：无固定吊点的物件做好吊点标识使用专用吊索具（图 4–22）。

（4）常见风险 4：吊车旋转范围内站人。

消减措施：吊装过程中吊车旋转范围内严禁站人（图 4–23）。

（5）常见风险 5：被吊物从车辆及人员上方穿过。

消减措施：吊车旋转范围内严禁站人，被吊物从车辆后方经过（图 4–24）。

图 4–22　吊点选择不当

图 4–23　吊车旋转范围内站人

六、设备摆放

（1）常见风险 1：设备摆放时，人员站在设备设施与吊物之间。

消减措施：使用好辅助工具，人员站在安全位置（图 4–25）。

图 4–24　被吊物从车辆及人员上方穿过

图 4–25　人员站在设备设施与被吊物之间

(2) 常见风险 2：设备临时胡乱放置，如放置在泥浆池边、高崖边、深沟旁、屋顶等。消减措施：摆放到安全位置（图 4–26）。

图 4–26　设备胡乱放置

（3）常见风险 3： 小件设备随意摆放阻挡安全通道。

消减措施：小件设备归类摆放，严禁阻挡安全通道（图 4–27）。

图 4–27 小件设备阻挡安全通道

七、场地整理

（1）常见风险 1： 高处作业未使用安全设施。

消减措施：高处作业使用好安全设施（图 4–28）。

图 4–28 高处作业未使用好安全设施

（2）常见风险 2：小型设备叠放不稳。

消减措施：严禁整理过程中叠放小型设备设施，应分类摆放（图 4–29）。

常见风险 3：高处作业无防护措施。

消减措施：高处作业遵循消除—替代—隔离—个人防护的流程措施（图 4–30）。

图 4–28 高处作业未使用安全设施

图 4–29 小型设备叠放不稳

图 4–30 高处作业无防护设施

第五章

“11222233”安全管理模式

第一节 “一个办法、一项流程”

一、一个办法：“钻井队搬迁管理办法”

对现有搬迁作业相关规定进行有效整合和修订，形成一套系统的搬迁作业安全管理规定，明确管理部门、钻井队和运输承包商的直线和属地管理职责及分工，理顺管理流程和作业程序，规范风险识别和控制措施。

二、一个流程：“钻机拆卸安装流程网络图”

对不同型号钻机编制拆卸安装流程网络图，并经钻井队讨论修订和拆卸安装现场验证后实施，规范钻井队拆卸安装作业步骤和管理程序。

第二节 “两个计划书、两个视频监控、两个考核、两项整治”

一、两个计划书：“钻井队搬迁作业计划书”和“运输承包商搬迁运输作业计划书”

（一）钻井队搬迁作业计划书

钻井队在确定搬迁时间和实施完“两点一线”踏勘后，经干部大班讨论后从两点一线踏勘、新井场布置、车辆计划、人员分工及能力评价、乘车安排、拆安准备、拆安过程管理、设备拉运清单、搬迁运输管理、风险识别及控制、承包商属地管理以及应急处置等 12 个方面制定作业计划书，经项目部审核批准后向钻井队全体作业人员进行交底和实施，作业结束后进行检查总结。

（二）运输承包商搬迁运输作业计划书

运输承包商在参加“两点一线”踏勘后，从新老井场布置、搬迁路线、运力组织、吊车安排、人员能力评价、车辆检查、搬迁运输管理、风险识别及控制以及应急处置9个方面制定作业计划书，经项目部审核批准后发钻井队备案，并向现场调度和驾驶员进行交底和实施，作业结束后进行服务质量评价和检查总结。

二、两个视频监控：“两点一线”视频踏勘和吊装作业视频监控

（一）“两点一线”视频踏勘

钻井施工井场及钻前道路多为油田公司项目组承包给地方企业施工，井场和道路存在一定的潜在风险。因此，在建立“两点一线踏勘”风险清单的基础上（表5–1），建立由生产部门组织钻井队和运输承包商三方负责人，在搬迁前对照风险清单应用行车记录仪对钻井队搬迁的新老井场和搬迁道路进行“两点一线”视频踏勘，严格落实“谁踏勘、谁签字、谁负责”的原则，全面识别新、老井场及搬迁路线是否存在影响搬迁作业的安全风险，制定针对性削减措施，并在“两点一线”踏勘视频上标注井场及道路风险点和防范措施。在搬迁前协调会和作业前安全会上向钻井队和运输承包商作业人员进行风险交底，对风险较大路段采取测量有效路面、树立风险点标识和重点安全提示等措施，达不到安全条件的不准搬迁。搬迁前如遇大雨、暴雨或连续降雨降雪等特殊天气，须重新组织“两点一线”视频踏勘。

表5–1 “两点一线”踏勘风险清单

项目	主要风险	削减措施	责任人
井场	前场距离不够，影响放井架	倒推井架或扩井场，井场前沿距井口不得小于55m	生产办人员、井队长
道路	1.道路两侧崖体滑坡、坍塌，造成设备损坏，人员伤害	1.道路选择应避开易滑坡、坍塌、泥沼等不良地段； 2.提示司乘人员通过危险路段时，先观察后低速通过	项目部副经理、生产办人员
	2.道路宽度不符合要求，易产生车辆擦挂，发生交通事故	1.平坦地段路基宽度应不小于7m，有效路面不小于6m； 2.山区路基宽度不小于6m，有效路面不小于5m； 3.转弯处曲率半径不小于18m，路面宽度不小于8m	
	3.桥梁不符合承重要求，压塌桥梁	对搬迁道路桥梁进行评估，选择符合钻机、钻井泵等大件能安全通过的桥梁	

续表

项目	主要风险	削减措施	责任人
道路	4. 雨后道路易出现暗洞、路基掏空，造成车辆侧翻等交通事故	1. 对出现暗洞、路基掏空处，设置警示标记，有条件的应进行修补； 2. 对参加搬迁的相关单位及承包商进行通报，做好风险提示	生产办人员、井队长
	5. 道路坡度大，载重车通过时易发生掉设备意外	1. 在危险路段提前安排装载机配合；2. 对参加搬迁的相关单位及承包商进行通报，做好风险提示	
	6. 道路上方线路、管线架空高度不够，车辆通过易出现挂蹭	1. 各种线路、管线，距离地面不小于4.5m，达不到要求的使用专用工具，在专人监护的情况下进行整改； 2. 高压电线按照标准执行	
井场	井场、营地四周高压线安全距离不够	1. 老井场存在废油池应进行相关的防火隔离，制定安全措施并对作业人员、承包商进行交底；2. 搬迁安装期间应明确指挥人员，对作业人员、承包商进行交底，做好触电及车辆伤害事故预防	生产办人员、井队长

（二）吊装作业高清视频监控

为吊车配置吊装高清视频监控仪，在上级现场监管人员上井时安装在吊车操作室内，并采取管理措施保障正常使用，实现管理和监管双视频监控吊装作业的吊装指挥、吊索具选择、人员站位、操作过程等整个运行过程，对未安装高清视频监控仪的吊车不准进入现场作业，生产协调办公室和安全环保办公室现场监管人员在搬迁结束后对采集的视频进行回放，查找吊车驾驶员和吊装作业人员的不安全行为和事故隐患，并将回放出的典型违章隐患视频进行剪辑，标注清楚所属单位、违章隐患名称、主要风险及危害、防范措施，发到钻井队和运输承包商进行直观的安全经验分享，并督促钻井队和运输承包商对照纠正违章、整改隐患，落实针对性防范措施。

三、两个考核：“钻井队拆卸搬迁安装考核评比办法”、“委托运输承包商管理及考核办法”

根据现场管理实践和作业关键环节，制订“钻井队拆卸搬迁安装考核评比办法”和“委托运输承包商管理及考核办法”，建立涵盖整个拆搬安作业过程的考核标准，明确规定由生产协调办公室、安全环保办公室现场监管人员，依据考评标准，对新老井场拆搬安作业进行单次拆搬安作业考核及量化打分（生产协调办公室负责老井场，并将安全监督发现的问题纳入考核；安全环保办公室负责新井场），考核结果由钻井队签字确认。上级拆搬安考核评比小组每月对单次拆搬安现场考核打分情况进行集体审议和复核，考核周期内对辖区钻井队拆搬安工作进行横向评比，每三个月按照辖区钻井队总数 10% 的比例评出拆搬安工作优秀钻井队进行奖励，在季度拆搬安例会上进行奖励兑现。

四、两项专项整治：吊装作业专项整治和高处作业专项整治

（一）吊装作业专项整治

建立现场安全管理人员和安全监督对吊装指挥人员的现场评价机制，编制吊装指挥人员现场提问评价表，强化吊装指挥人员站位及指挥信号管理。坚持吊装作业五项重点管控措施：坚持对吊车司机的培训、能力评价及主动对吊车安全性能检查；坚持吊索具的规范管理和使用，吊索具的选用符合作业标准，严禁使用吊链；坚持做好吊点标识，特别对不规则吊物吊点要标识清晰；坚持做好对司索人员绳套取挂、引绳使用、应急逃生等针对性培训；绳套型号、规格必须符合各物件标识要求；坚持做好气动小绞车使用管理，严格落实气动小绞车“十不吊”。规范吊装指挥管理：所有吊装必须明确专人指挥；吊车起放吊钩、摆拔杆、伸缩拔杆等操作前必须待指挥人员发出明显信号后才允许操作，不得无指挥信号擅自操作吊车；吊放到位后，必须把吊钩和吊绳提离吊物上方安全位置（0.5m 以上）方可指挥司机摆动拔杆；吊装指挥人员站位合理，必须严格落实起吊前“五确认”。规范引绳使用：所有吊装必须使用引绳，引绳长度必须符合作业工况要求，拉引绳的人员必须站在安全位置。

（二）高处作业专项整治

用优化生产组织方式和明确作业流程等方式减少或规避现场高处作业。必须进行的高处作业，要落实好栏杆、梯子安装，保险带使用双尾绳，井架、钻台安装“生命线”，钻台下、水罐及大支架安装差速器等防护措施。对安全带、护栏、“生命线”、差速器、攀升保护器、登梯助力器、二层台逃生装置等安全防护设施要严格管护。持续分类梳理高处作业清单，将临边作业纳入其中，建立拆搬安高处作业清单、正常钻进过程中高处作业清单、检维修等辅助作业的高处作业清单。钻井队在已梳理出的高处作业清单基础上，结合实际补充内容，落实管控措施。尤其重视拆卸、安装时钻台上的高处作业，包括偏房支架、人字梁、转盘横梁、绞车横梁、铺台和气动小绞车的拆装等。严格落实高处作业许可制度。做好与安全监督的沟通，抓好人员管理，身体条件

不允许、患高血压等禁忌症的人员严禁进行高处作业。规范安全防护设施使用，临边、高处作业必须使用安全带；拆安期间，必须对临边危险区域采取隔离、警示措施；梯子、防护栏杆、生命线、速差器、铺台、盖板、过桥踏板等必须遵循“先安后拆”原则；作业前必须检查安全帽佩戴情况，按要求佩戴安全帽；拆安钻台时必须提前设置临时生命线，方便安全带尾绳固定。

第三节 “三个责任、三次例会”

一、落实三个责任：钻井队拆搬安主体责任、项目部监管责任和委托运输承包商配合责任

（一）钻井队主体管理责任

1. 统筹考虑，模块化管理

钻井队要将拆搬安作为系统工程考虑和统筹，提前做好策划，搞好人员分工，优化组织，按设备类型在拆卸时进行模块化分类和捆绑，提高拆搬安效率和安全管理水平。

2. 做好风险识别和安全措施交底

组织开好搬迁作业安全会，参会人员应包括钻井队员工、运输承包商现场负责人、吊车司机、拉运大件车辆驾驶员和现场安全监管等人员，会上应对两点一线踏勘情况，具体工作任务和人员分工、作业过程主要风险和安全措施、作业操作规程、人员乘车安排等进行详细交底和学习；做好专项安全风险和控制措施交待，现场负责人要及时将大型设备的重量、重心、尺寸等情况，拉运时道路、天气等带来的安全风险和危险路段通过方法等安全措施向作业人员交待清楚，让作业人员对安全风险和控制措施做到心中有数。

3. 抓好搬迁人员乘车安排和安全管理

钻井队要及时与承包商现场人员沟通，做好搬迁时人员乘车安排，选择乘坐车况优良、驾驶技能优秀的车辆，严禁乘坐载物超过 10t 及以上的卡车，载物 10t 以下的卡车限乘 1 人；乘车人员必须系好安全带，途经陡坡、塌方、河道等特殊路段时，乘员要下车行走；严禁驾驶运输承包商车辆。

（二）项目部监管责任

项目部生产协调办公室、安全环保办公室做好拆搬安生产组织协调和全过程安全管理，制订“钻井队拆搬安现场监管人员管理手册”，明确监管人员职责、工作内容、工作清单、管理制度、检查评价、查患纠违等，设备办向钻井队出具拆卸过程设备维护保养意见。

1. 明确准入门槛，严把准入关

（1）设定车辆、驾驶员资质和安全条件，为确保承包商车辆和驾驶员资质及能力符合搬迁运输安全要求，车辆和驾驶员应具备以下资质和安全条件：

车辆：采用 25t 四桥斯太尔或同类性能车型；行驶证、机动车准入证合格有效，年限自登记日期起在 8 年以内；车辆转向、传动、制动、轮胎、灯光等关键部位安全可靠；车厢为木质底板，且采取防滑措施。

驾驶员：年龄在 23 周岁至 50 周岁，持有“B”类及以上机动车驾驶证，且具有 5 年以上驾驶经历；驾驶证、从业资格证、驾驶员核准证合格有效；应在承包商公司工作满 2 年和安全行驶 15×10^4km 以上。

（2）上级管理部门按照准入标准，对承包商车辆及驾驶员进行现场审核验证，进行车辆安全性能检测和驾驶员适应性检测，实施“一人一车一证”安全准入证和备案管理，对不符合准入条件的不予准入。

2. 落实搬迁前承包商安全审查

生产部门应牵头组织在搬迁前对运输承包商进行作业前安全审查，并落实整改验收，保障作业人员和车辆达到安全要求。重点审查以下项目：搬迁作业 HSE 计划书获得甲方批准；作业人员及车辆配备到位情况；完成了对作业人员的 HSE 培训和计划书交底；审核车辆及驾驶员资质；检查吊车、拉运“三超”件车辆安全性能，抽查运输卡车安全性能。

3. 强化承包商作业现场审核和安全监管

安全监管人员要在作业现场对车辆、驾驶员的资质和能力进行现场核查、评价，检查车辆关键部位和车厢底板、防滑措施，评价驾驶员对安全风险及控制措施掌握情况，检查和评价合格后方准作业。

（三）委托运输承包商配合责任

1. 认真落实搬迁作业 HSE 计划书管理

运输承包商应根据钻井类型、大型设备、搬迁道路等实际情况编制搬迁作业 HSE

计划书，提交生产部门负责人核准后传递钻井队。计划书应包括以下内容：项目概况，搬迁方案（作业计划、作业程序、运力及进度安排），甲方人员及沟通方式，作业人员分工、资质、职责及能力评价，吊车、“三超”件及运输车辆安排、资质及检查情况，主要风险评估及削减措施（人员、天气、道路、吊装、运输、装卸车等），搬迁路线图及主要风险点，应急计划及程序，计划书交底记录，作业小结。

2. 强化搬迁现场安全管控

承包商严抓吊车司机和现场调度的安全管理，明确现场调度职责履行、工作内容和查患纠违指标，定期开展吊车司机的安全教育及实际操作能力培训，完善公司考核制度，制定考核标准，对吊车司机和现场调度进行严格考核。

3. 抓好搬迁运行过程控制

（1）设备装载时安全管理。设备在装载前具备解体条件的应进行解体，并对设备上的附件清理干净或固定牢靠。设备须由经备案的车辆、驾驶员拉运，车厢底板须为木质底板，且采取垫棕绳、草袋等防滑措施。装载时设备重心应在车厢中心位置，以保证车辆整体重心平衡。

（2）大型设备捆绑安全管理。按照《中华人民共和国道路运输条例》第二十七条规定，货运经营者应当采取必要措施，防止货物脱落、扬撒等；《中华人民共和国道路交通安全法》第四十八条规定，机动车载物应当符合核定的载质量，严禁超载。载物的长、宽、高不得违反装载要求，不得遗洒、飘散载运物；《中华人民共和国道路交通安全法实施条例》第六十三条规定，驾驶机动车不得向道路上抛撒物品；拉运大型设备时应进行捆绑固定。鉴于钻前山区道路的高风险性，拉运大型设备车辆在有连续弯道、陡坡、路基松软等山区钻前道路时建议不捆绑（行驶至平坦路段时应做捆绑固定），其他道路环境下须进行捆绑固定，并悬挂明显标识（白天行驶挂三角小红旗，夜间行驶挂红灯）。

（3）大型设备运输安全管理。拉运大型设备车辆行驶前，应先安排 5 台以上拉运较轻设备的车辆先行，以测试钻前道路承载能力；行车中驾驶员要严格遵守安全行车规定；驾驶员在钻前道路须谨慎驾驶、低速行驶，遇窄路、急弯、坡道、路面不平等危险路段时车速控制在 15km/h 以下，现场负责人或同行驾驶员应指挥车辆安全通过；当钻前道路出现坍塌、路障等道路缺陷时，驾驶员应立即停车，现场整改后在确保安全的前提下通过；运输途中驾驶员应经常检查拉运设备是否移动或松动，如有松动应及时进行紧固；运输途中遇暴雨、大雾、大雪、沙尘暴等恶劣天气应暂停运输，停放在安全地带。

二、三次例会：分三个季度召开拆搬安例会

每年召开三次季度拆搬安例会，会议要求单位主管领导、生产运行部和安全环保节能部负责人，项目部主管生产和主管安全副经理，生产协调办公室主任、副主任及主管人员，安全环保办公室主任、副主任及主干人员，设备管理办公室负责人，钻井队、运输承包商负责人全部参加会议；会议以安全经验分享、季度拆搬安生产管理工作总结、季度拆搬安安全管理工作总结、钻井队拆搬安典型经验交流、拆搬安安全管理培训、典型违章隐患分析、奖惩通报、下一步拆搬安工作安排等为主要议程，分析阶段性拆搬安工作中存在的不足，找准问题根源，总结经验，安排下一步具体工作。

第六章

拆卸、搬迁、安装典型不安全行为和隐患

第一节 典型不安全行为

一、操作错误，忽视安全

操作错误，忽视安全行为见表 6–1。

表 6–1 操作错误，忽视安全

不安全行为描述	图例	危害说明
吊车千斤腿未完全伸出，就进行吊装作业		有造成吊车倾倒的风险
吊装的重物从吊车车头过		重物下砸造成吊车及人员损伤
卸扣用螺杆代替		造成螺杆断裂吊装事故

续表

不安全行为描述	图例	危害说明
吊装人字梁时，使用单引绳		在吊物摆动时，造成人员伤害

二、手代替工具操作

用手代替工具操作见表 6–2。

表 6–2　手代替工具操作

不安全行为描述	图例	危害说明
用手去扶即将受力的绳子		绳子吃劲夹伤手
吊装过程中，未使用引绳，而用手扶		造成夹手或吊物摆动无法控制

续表

不安全行为描述	图例	危害说明
用手代替绳套取挂钩		造成夹手
手代替工具来取吊物下的东西		手有被压伤的可能

三、使用不安全设备、工具或造成安全装置失效

使用不安全设备、工具或造成安全装置失效见表 6–3。

表 6–3　使用不安全设备、工具或造成安全装置失效

不安全行为描述	图例	危害说明
吊车大钩死绳处绳卡不符合要求		有造成吊车倾倒的风险

续表

不安全行为描述	图例	危害说明
使用破损的吊带吊装管线	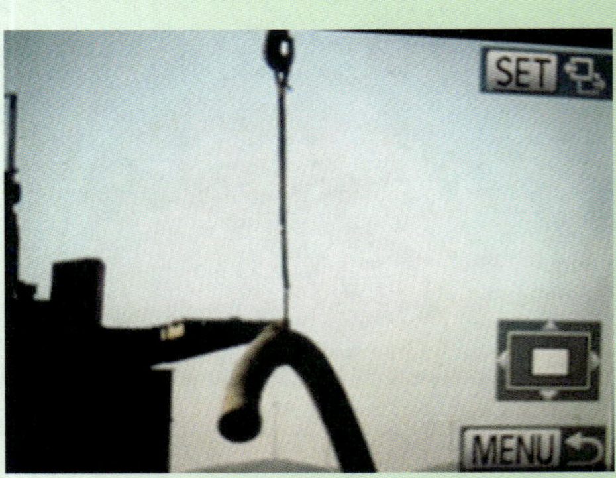	吊带断裂，造成重物下砸伤人
锤子未按要求安装保险绳		可能造成锤子头飞出伤人
拆卸过程中，搞卫生时清洗机未按要求接地		造成人员使用清洗机时触电伤害

四、忽视使用个人防护用具

在必须使用个人防护用品用具的作业或场合中，忽视其使用见表 6–4。

表 6–4　忽视使用个人防护用具

不安全行为描述	图例	危害说明
敲击作业未按要求佩戴护目镜		可能造成异物飞溅伤害
拆卸时大门坡道未按要求挂好防护链		可能造成人员高空坠落
拆卸井架时，安全带尾绳挂在井架槽钢上		尾绳可能滑脱，造成人员高空坠落
井架上的安全绳断裂		在拆卸井架时人员无法悬挂安全带

续表

不安全行为描述	图例	危害说明
现场进行焊接时未使用专用焊接手套		造成手部烫伤或触电

五、攀、坐不安全位置（如平台护栏、汽车挡板、吊车吊钩）

攀、坐不安全位置见表 6–5。

表 6–5　攀、坐不安全位置

不安全行为描述	图例	危害说明
人员做在护罩上		可能造成人员跌倒
吊装指挥人员站在钻井泵上指挥		可能造成人员滑跌的风险

续表

不安全行为描述	图例	危害说明
人员坐在、站在管具上		人员容易造成滑倒，及钻具滚动伤人
人员站在车马槽上		人员站位不稳造成坠落伤人

六、冒险进入危险场所

冒险进入危险场所见表 6–6。

表 6–6　冒险进入危险场所

不安全行为描述	图例	危害说明
人员进入车辆和吊物之间		可能造成人员夹伤

续表

不安全行为描述	图例	危害说明
人员进入钻具的隔离区内		钻具坍塌对人员造成伤害
人员在钻具堆上行走		钻具坍塌或滚动造成人员伤害
人员冒险进入受限空间		有被夹伤的可能
人员进入危险区，在被吊物下撕扯毛毡		被吊物摆动或下砸造成人员伤害

七、物体存放不当

物体存放不当见表 6–7。

表 6–7 物体存放不当

不安全行为描述	图例	危害说明
钻具上放置梯子		装卸梯子时，造成人员脚部夹伤或崴伤
在房顶放置电缆		在车辆行走的过程中，造成电缆下砸伤人
井架拆卸等停时，在井架上存放工具		工具高空坠落的风险

续表

不安全行为描述	图例	危害说明
井架斜担在钻具上		造成钻具坍塌或井架侧滑压伤作业人员
在逃生滑道上放置提升短接	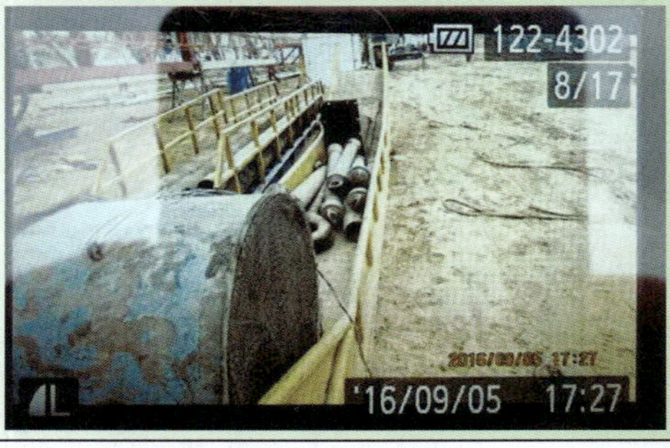	造成逃生滑道不平，增加下滑时的风险

八、有分散注意力行为或违反劳动纪律

有分散注意力或违反劳动纪律行为见表6–8。

表6–8　分散注意力、违反劳动纪律

不安全行为描述	图例	危害说明
拆卸时，在井场内抽烟		违反劳动纪律

续表

不安全行为描述	图例	危害说明
吊车司机在作业中抽烟		注意力分散，造成误操作
吊车司机离开时不关驾驶室门		按照要求必须及时关闭操作室门
现场司索人员抽烟		造成注意力分散，人员夹伤手

续表

不安全行为描述	图例	危害说明
在作业现场拨打手机		造成监控失控

九、管理违章

管理违章见表 6–9。

表 6–9 管理违章

不安全行为描述	图例	危害说明
吊装指挥人员参与作业		可能造成人员跌倒
卸钻机时现场无专人负责，且未拉引绳		可能造成人员伤害

续表

不安全行为描述	图例	危害说明
作业人员进入现场不佩戴安全帽		人员违反劳动纪律
吊车司机不参加作业前安全会		吊车司机应该按照规定参加作业前安全会
钻具转运未按要求配备 U 型管架		吊装时造成钻具坠落
吊车滑轮组少穿一股绳		造成吊车大钩速度变快，吊装能力降低

第二节 典型隐患

一、一般设备设施、工具缺陷

一般设备设施、工具缺陷见表 6–10。

表 6–10 一般设备设施、工具缺陷

隐患描述	图例	后果说明
车辆轮胎缺固定螺栓		造成轮胎损坏，车辆事故
滑道销子别针用铁丝代替		铁丝断裂，造成销子滑脱

续表

隐患描述	图例	后果说明
底座销子的固定销未按要求安装		可能存在销子退出的风险
吊车幅度指示针脱落		易造成起吊事故
吊车千斤板裂开		造成千斤支撑失效，吊车事故
二层台焊缝开裂	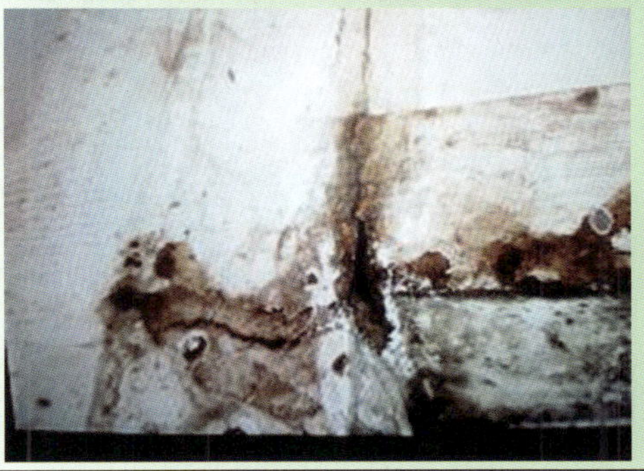	造成二层台变形

二、安全防护设施缺陷

安全防护设施缺陷见表 6–11。

表 6–11　安全防护设施缺陷

隐患描述	图例	后果说明
氧气瓶缺防护圈		造成气瓶变形损坏
机房未及时安装栏杆		造成人员坠落
循环罐撑杆未撑		造成铺台下砸伤人

续表

隐患描述	图例	后果说明
踏板缺失		造成人员崴脚，及坠落

三、作业环境不良

作业环境不良见表 6–12。

表 6–12 作业环境不良

隐患描述	图例	后果说明
拆卸时大鼠洞坑洞未盖好	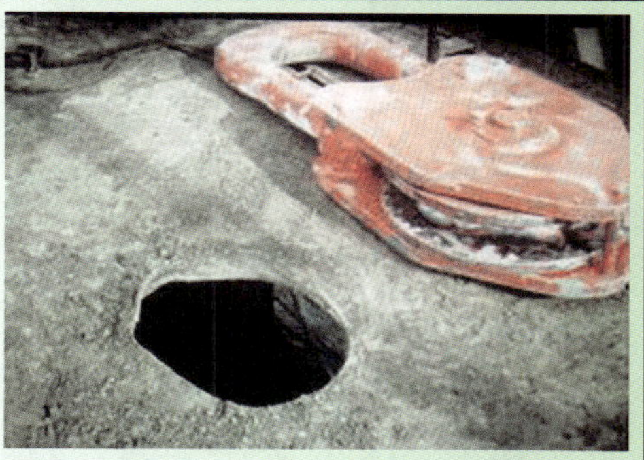	人员有摔倒的可能
钻具上放梯子		造成人员夹伤

续表

隐患描述	图例	后果说明
吊装区域内泥浆未清理		现场人员作业存在滑跌的风险
钻台面钢丝绳乱放		及时清理钻台面大绳确保工作面安全
钻台拆卸后存在坑洞		造成人员崴脚

四、吊索具缺陷

吊索具缺陷见表 6–13。

表 6-13 吊索具缺陷

隐患描述	图例	后果说明
钢丝绳断丝较多		造成钢丝绳断裂
钩子绳套无锁舌		造成被吊物脱落
吊带破损		造成吊带断裂
钢丝绳未加衬垫		造成钢丝绳割断

五、能力不足、配合不当

能力不足、配合不当见表 6–14。

表 6–14　能力不足、配合不当

隐患描述	图例	后果说明
吊车司机现场考试不及格	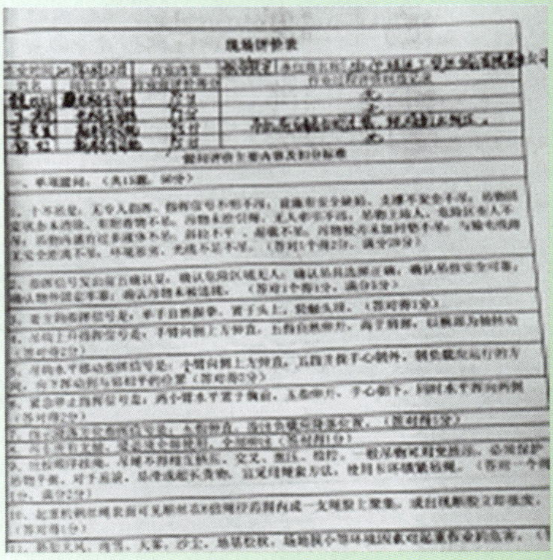	不能熟练使用吊车，可能造成误操作事故
人员进入锤子的危险范围内		人员沾位不合适，容易造成人员碰伤
现场人员配合不当，钻杆未完全搂入兜绳		容易造成兜绳

续表

隐患描述	图例	后果说明
装车过程中远控房门未关好		造成房门突然打开，伤车边人员

六、环境污染

环境污染见表 6–15。

表 6–15　环境污染

隐患描述	图例	后果说明
水龙头漏油		造成环境污染
液压站未上堵丝，现场存在漏油现象		造成环境污染

续表

隐患描述	图例	后果说明
井场外围垃圾较多		造成环境污染
搬家现场油污多，人员不及时清理		造成人员滑倒及环境污染

七、其他类

其他类见表 6–16。

表 6–16　其他类

隐患描述	图例	后果说明
铲车未关门，且车钥匙未拔		造成人员误操作车辆

续表

隐患描述	图例	后果说明
用抓管机进行卸吨包作业		造成吨包吊带破损
未按照要求安装吊车记录仪		对现场无法进行监控
吊物在车上装斜		路上有倾倒可能

附录

钻机搬迁“两图三单”

附录一 30B钻机搬迁“两图三单”

一、拆卸、搬迁、安装准备工作

严格执行“11222233”拆卸、搬迁、安装作业安全管理模式。

（1）拆卸、搬迁、安装前，编制“钻井队搬迁作业计划书”并审批、交底。

（2）组织全员分享“两点一线”踏勘视频，进行风险交底。

（3）进行新老井人员分工、明确工作责任。

（4）组织全员学习拆卸、搬迁、安装相关课件。

（5）拆卸、搬迁前进行“两图三单”交底，两图是“30B钻机老井拆卸定置摆放示意图”和“30B钻机新井卸车摆放示意图”；三单是“30B钻机拆卸定置摆放清单”“30B钻机设备设施捆绑组合清单”和“30B钻机设备设施装车组合清单”。

（6）将设备划分为整件、小件、散件三种类型，分类管理。

（7）按要求拆安防坠落装置、登高助力器、监控视频等设施，做好防损坏措施，防止防护解除带来的安全风险；对消防器材、接地线等按照安全规定择时回收或安装。

（8）对组合后的物件，重新明确吊点、吊索具和吊挂方式；评估提篮（托盘）承载能力。

二、设备拆卸、搬迁、安装流程

（1）钻井队搬迁前预留拆卸时间，做好搬迁前准备工作，尽量避免边拆边搬的现象。

（2）拆卸、安装流程参照对应的钻机拆卸、安装流程网络图。

（3）钻井队可根据场地大小、外协关系等情况进行适当调整，但必须遵循安全、实用、高效的原则。如机房、钻台的拆卸，在滑道充足的情况下，可以直接将柴油机、底座等设备进行装车，避免二次重复吊装；推荐提前对多片井架进行组合，采用叠放运输方式。

（4）拆卸、搬迁、安装流程发生变化，与现行安全管理规定或标准有不一致的情况，必须向生产、安全办公室汇报。

三、“30B钻机老井拆卸定置摆放示意图”

根据30B钻机特点，绘制拆卸摆放示意图（如附图1-1所示），对机房、钻台、泵房设备附件拆卸后的放置位置进行明确。

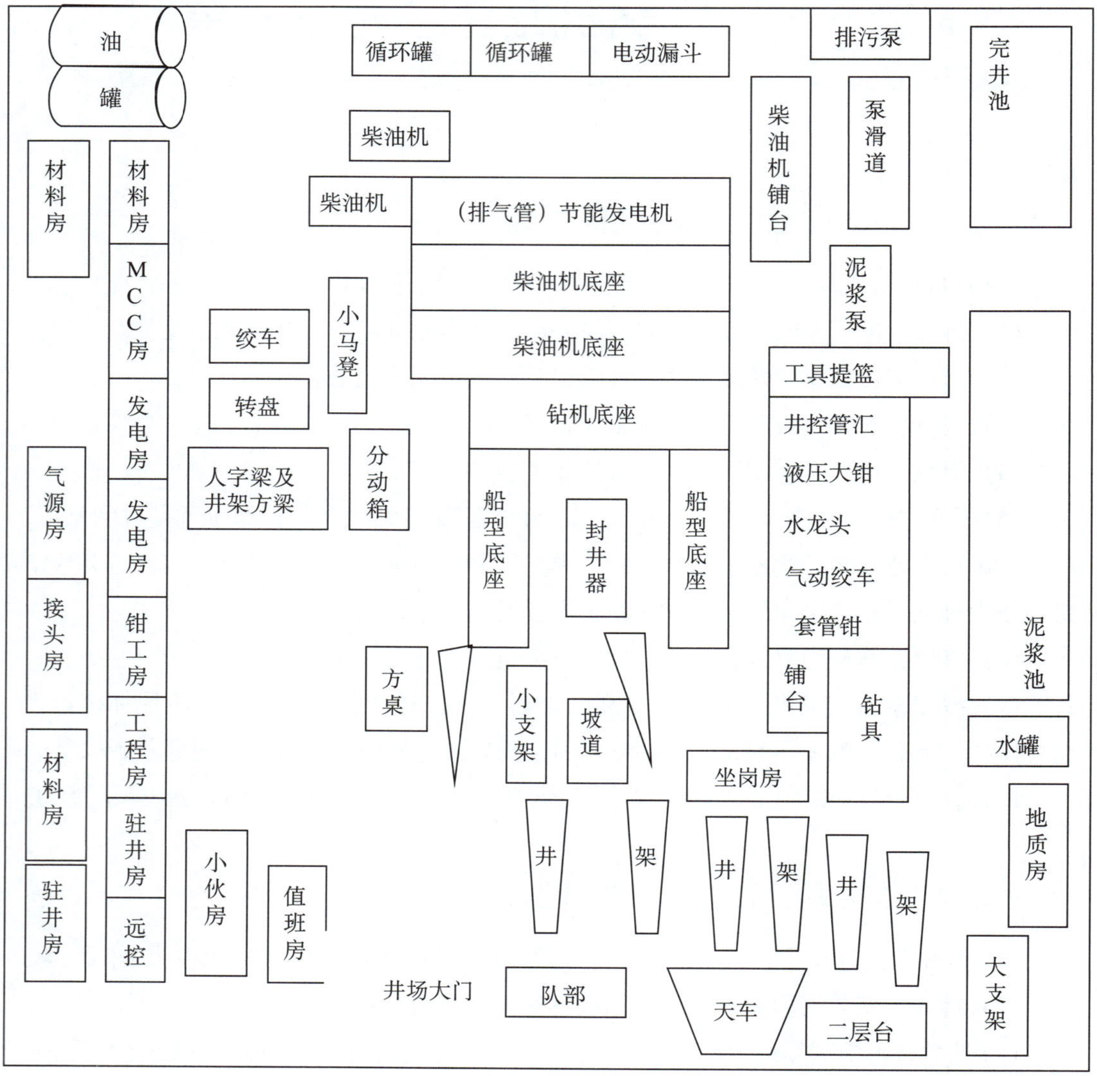

附图 1–1　30B 钻机老井拆卸定置摆放示意图

四、“30B 钻机新井卸车摆放示意图”

根据井场实际情况，绘制安装摆放示意图（如附图 1–2 所示），对待安装设备的放置位置进行明确，对井场尺寸、安全距离进行标定。

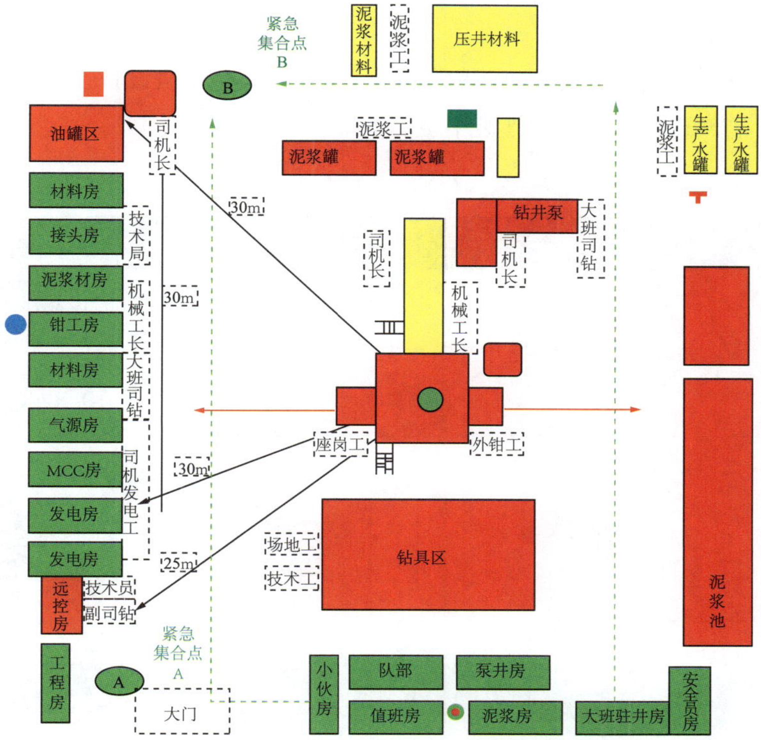

(a) 井场

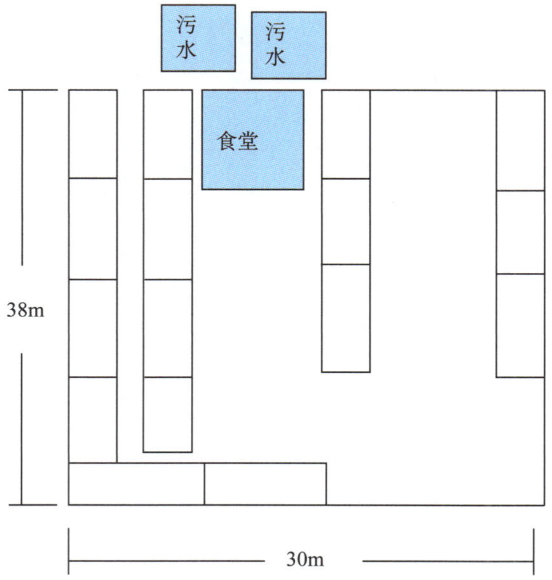

(b) 营地

附图 1–2　30B 钻机新井卸车摆放示意图

五、搬迁清单

“30B钻机拆卸设备定置摆放清单”见附表1–1。“30B钻机设备设施捆绑组合清单”见附表1–2，“30B钻机设备设施装车组合清单”见附表1–3。

附表1–1　30B钻机拆卸设备定置摆放清单

类型	设备名称	放置位置	图例
散件	井口工具、吊环、提升短节	钻具托盘内	
小件	液气大钳	远控房处	
小件	水龙头	钻台右侧泥浆池边	
散件	方钻杆	钻具区	
小件	转盘	钻台右侧	
小件	梯子	井架上	
小件	逃生滑道	井架上	

续表

类型	设备名称	放置位置	图例
小件	气动绞车	钻台右侧	
散件	铺台	钻台右侧	
小件	钻机底座	钻台右侧	
小件	转盘大梁	钻台左侧	
大件	船型底座	原位置	
小件	二层台	地质房前	
小件	大支架	地质房前或井架旁	
整件	钻机	钳工房前面	

续表

类型	设备名称	放置位置	图例
小件	抽绳器	井架左侧	
小件	小马甲	井架左侧	
大件	大马甲	钻台前方	
整件	天车头	井场前方	
整件	游车	大门坡道上	
整件	井架	井架一侧	
小件	井架方梁	钻台正前方	
整件	柴油机	机房左侧	

续表

类型	设备名称	放置位置	图例
整件	分动箱	机房后侧	
散件	排气管	船型底座一侧	
散件	节能发电机	机房加宽台一侧	
整件	机房底座	机房后方或左侧	
小件	机房梯子	机房底座上方	
散件	铺台拉筋	机房底座	
散件	护罩	机房底座	
整件	轨道	原位置	

续表

类型	设备名称	放置位置	图例
散件	滑道拉筋	轨道上	
整件	钻井泵	循环罐前	
整件	循环罐	原位置	
小件	射流漏斗	原位置	
整件	电磁刹车	钻机上带着	
整件	振动筛	井架右侧场地	
散件	封井器	钻台右侧	
小件	液压站、压井管汇	钻台左侧房前	

续表

类型	设备名称	放置位置	图例
小件	节流管汇	钻台右侧	
散件	水管线、螺纹管、线性管线等	专用管材物件提篮内	
整件	强力泵支架	泥浆池边	
小件	消防泵	生产水罐配电房内	
散件	防洪防汛物资	材料房内	
散件	井场口处牌子	材料房或值班房内	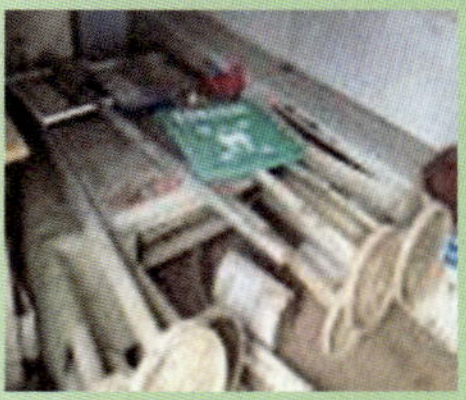
小件	油桶提篮	井场后场	

续表

类型	设备名称	放置位置	图例
整件	外围设备	原地不动	

附表 1–2　30B 钻机设备设施捆绑组合清单

序号	组合	组合位置	图例
1	井架大腿 + 小支架起架大绳	人字梁	
2	第三节井架 + 钻台梯子逃生滑道	圆梁	
3	第四节井架 + 钻台梯子	机房梯子	
4	滑道 + 封井器 + 方拉筋 + 液压千斤	井控管汇	

续表

序号	组合	组合位置	图例
5	泵滑道 + 阀门组 + 地面管线 + 工作台	柴油机	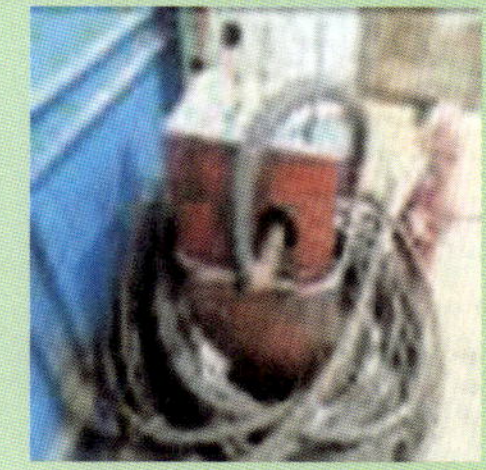
6	节能底座 + 排气管	机房底座	
7	分动箱 + 泵护罩	并车厢	
8	柴油机底座 + 机房小铺台	机房底座	
9	井架方梁 + 圆梁 + 人字梁	人字梁	
10	大门坡道 + 游车 + 钻台小铺台	游车	
11	第二节井架 + 水龙带	生产水罐	

续表

序号	组合	组合位置	图例
12	船型底座 + 绞车加宽台	船型底座	
13	循环罐 + 过桥板 + 栏杆 + 软管线	循环罐	
14	绞车底座 + 水柜铺台	绞车底座	
15	前台方桌 + 转盘	前台方桌	
16	猫头 + 小马镫	小马镫	
17	二层台 + 大支架	二层台	
18	第五节井架 + 天车头 + 井架悬吊钢丝绳	井架	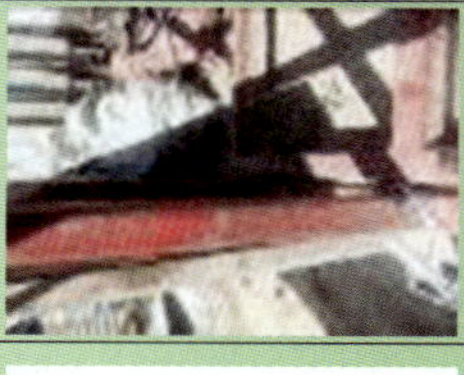
19	加重漏斗及连接管线 + 强力泵 + 过桥 + 水泥墩	加重漏斗	

续表

序号	组合	组合位置	图例
20	油罐＋高架罐	油罐	
21	厕所＋油桶架	厕所	
22	加重材料＋井架	加重材料	
23	化工房＋坐岗房	化工房	
24	远控房＋钻台铺台＋抽绳器	远控房	
25	接头房	接头房	
26	驻井房	驻井房	
27	生产水罐	生产水罐	

续表

序号	组合	组合位置	图例
28	绞车	绞车	
29	柴油机	柴油机	
30	钻井泵	钻井泵	
31	发电房	发电房	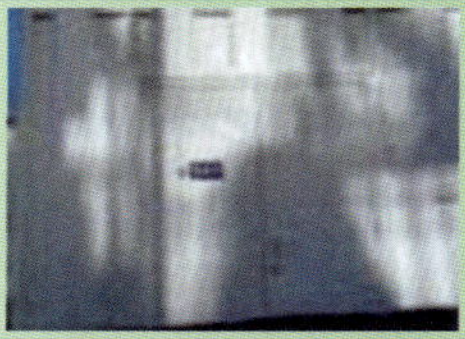
32	气源房	气源房	
33	MCC 房 + 电缆线盒	MCC 房 + 电缆线盒	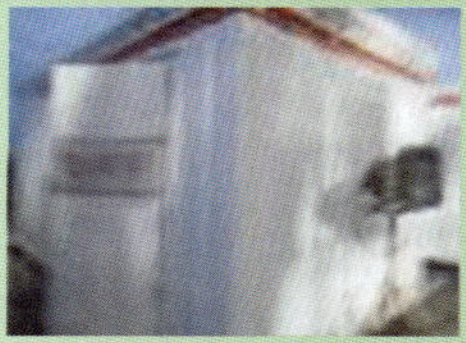
34	钳工房	钳工房	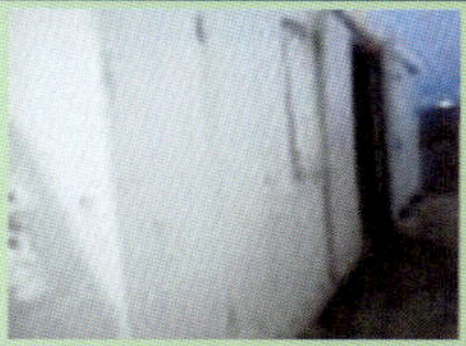
35	材料房	材料房	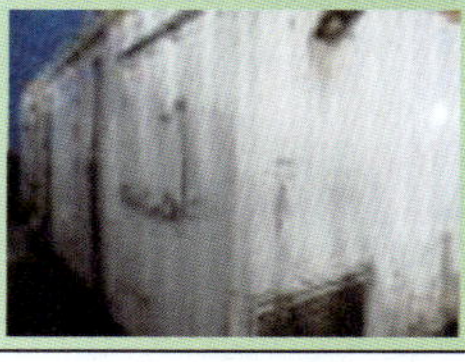

附表 1–3 30B 钻机设备设施装车组合清单

类型	名称	绳套	挂位及吊装要求	装车要求	捆绑要求	附件要求	责任人
整件	滑道	19mm × 8m × 4 根	分挂四个吊耳平稳起吊	车厢立柱插好	上下两次滑道用铁丝 8 股四角绞紧，下层滑道与车厢用铁丝 8 股四角绞紧	轨道拉筋用铁丝两头绞紧固定牢靠	副队长
整件	营房	10t 吊带 × 10m × 4 根	分挂四个吊耳平稳起吊	左右等宽前后适当	四角固定	大门或小水罐装在车前靠龙门架，固定牢靠	副队长
整件	材料房	10t 吊带 × 10m × 4 根	分挂四个吊耳平稳起吊	左右等宽前后适当	四角固定		副队长
整件	发电房	10t 吊带 × 10m × 4 根	分挂四个吊耳平稳起吊	左右等宽前后适当	四角固定	油桶架子放在车前靠龙门架，固定牢靠	司机长
整件	MCC 房	10t 吊带 × 10m × 4 根	分挂四个吊耳平稳起吊	左右等宽前后适当	四角固定	无	司机长
整件	机房底座 2 车	22mm × 8m × 4 根	分挂四个吊耳平稳起吊	左右等宽前后适当	四角固定	无	司机长
整件	船型底座 2 车	22mm × 8m × 4 根	分挂四个吊耳平稳起吊	左右等宽前后适当	四角固定	无	机械工长
整件	柴油机 1 车	22mm × 8m × 4 根	分挂四个吊耳平稳起吊	车厢打起，水箱放在中间	四角固定	无	司机长
整件	油罐 2 车	22mm × 8m × 4 根	分挂四个吊耳平稳起吊	车厢打起	四角固定	无	司机长
整件	钻井泵	26mm × 8m × 4 根	分挂四个吊耳平稳起吊	左右等宽前后适当	四角固定	无	机械工长
整件	绞车	26mm × 8m × 4 根	分挂四个吊耳平稳起吊	左右等宽前后适当	不捆绑	无	机械工长
整件	大马架 + 转盘	26mm × 8m × 4 根	分挂四个吊耳平稳起吊	左右等宽前后适当，转盘装在大马架下中间位置	四角固定	无	机械工长

续表

类型	名称	绳套	挂位及吊装要求	装车要求	捆绑要求	附件要求	责任人
整件	生产水罐	22mm × 8m × 4 根	分挂四个吊耳平稳起吊	左右等宽前后适当，阀门关死，包扎	四角固定	无	泥浆工
整件	循环罐	22mm × 8m × 4 根	分挂四个吊耳平稳起吊	左右等宽前后适当，阀门关死，包扎	四角固定	无	泥浆工
整件	小马架 1 车	19mm × 8m × 4 根	分挂四个吊耳平稳起吊	左右等宽前后适当	四角固定	无	机械工长
整件	井架 9 车	19mm × 8m × 4 根	分挂四个吊耳平稳起吊	左右等宽前后适当	四角固定	无	副队长
小件	二层台 + 大支架 + 套管钳 1 车	19mm × 8m × 1 根	二层台从猴台挂点平衡吊起，大支架落下后从中心挂点挂起	二层台装在车前，大支架装在车尾	四角固定	无	副队长
小件	转盘电机 + 司控房	22mm × 8m × 4 根	分挂四个吊耳平稳起吊	司控房装在车前，玻璃靠龙门架一侧，车厢前段打起，转盘电机装在车后	四角固定	无	机械工长
整件	分动箱 1 车	25mm × 8m × 4 根	分挂四个吊耳平稳起吊	左右等宽前后适当	四角固定	无	机械工长
整件	循环罐 2 车	22mm × 8m × 4 根	分挂四个吊耳平稳起吊	左右等宽前后适当，阀门关死，包扎	四角固定	无	大班司钻

附录二　30DB 钻机搬迁“两图三单”

一、拆卸、搬迁、安装准备工作

严格执行“11222233”拆卸、搬迁、安装作业安全管理模式 。

（1）拆卸、搬迁、安装前，编制“钻井队搬迁作业计划书”并审批、交底。

（2）组织员工分享“两点一线”踏勘视频，进行风险交底。

（3）进行新老井人员分工、明确工作责任。

（4）组织全员学习拆卸、搬迁、安装相关课件。

（5）拆卸、搬迁前进行“两图三单”交底，两图是“30DB 钻机老井拆卸定置摆放示意图”和“30DB 钻机新井卸车摆放示意图”；三单是“30DB 钻机拆卸定置摆放清单”、“30DB 钻机设备设施捆绑组合清单”和“30DB 钻机设备设施装车组合清单”。

（6）将设备划分为整件、小件、散件三种类型，分类管理。

（7）按要求拆安防坠落装置、登高助力器、监控视频等设施，做好防损坏措施，防止防护解除带来的安全风险；对消防器材、接地线等按照安全规定择时回收或安装。

（8）对组合后的物件，重新明确吊点、吊索具和吊挂方式；评估提篮（托盘）承载能力。

二、设备拆卸、搬迁、安装流程

（1）井队搬迁前预留 2d 拆卸时间，让井队在搬迁前有充足的准备时间，尽量避免边拆边搬的现象。

（2）机房、钻台的拆卸，一般是甩开设备，先将滑道装车，在滑道充足的情况下，可以不甩设备，直接将柴油机、底座等设备进行装车，避免二次重复吊装；井架推荐采用叠放运输方式。

（3）在拆安时井队根据情况可以进行变化，但必须遵循以安全、实用为主导。

（4）流程发生变化时，钻井队应向生产、安全办公室汇报，在现场监管人员监督下实施。

三、“30DB 钻机老井拆卸定置摆放示意图”

根据 30DB 钻机特点，绘制拆卸摆放示意图（如附图 2–1 所示），对机房、钻台、泵房设备附件拆卸后的放置位置进行明确。

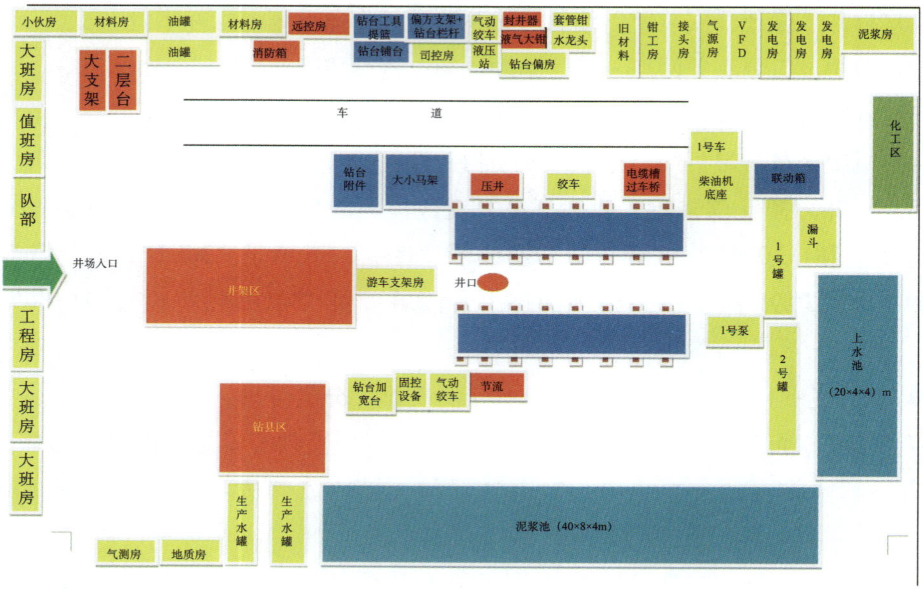

附图 2–1　30DB 钻机老井拆卸定置摆放示意图

四、“30DB 钻机新井卸车摆放示意图”

根据井场实际情况，绘制安装摆放示意图（如附图 2–2 所示），对待安装设备的放置。

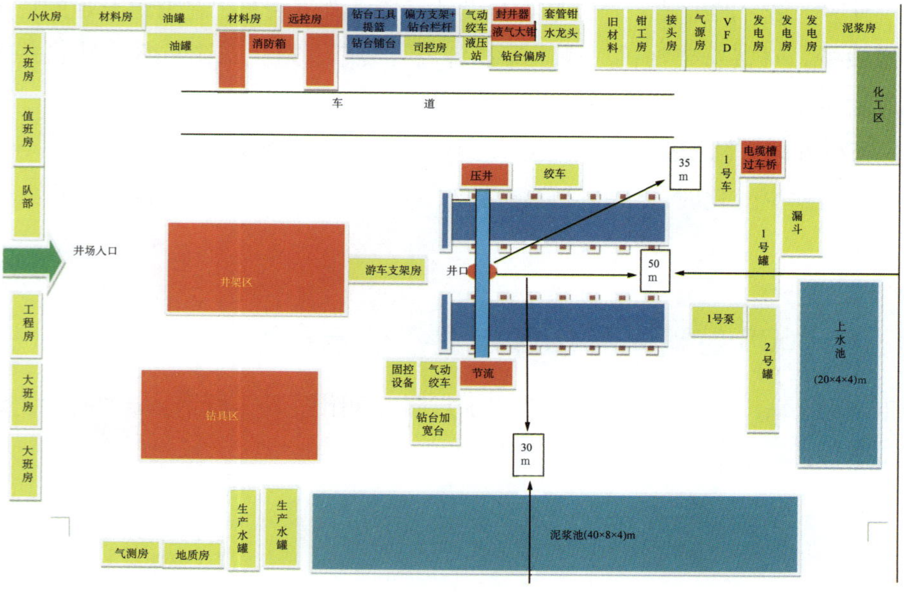

附图 2–2　30DB 钻机新井卸车摆放示意图

五、搬迁清单

“30DB 钻机拆卸设备定置摆放清单”见附表 2–1。“30DB 钻机设备设施捆绑组合清单”见附表 2–2，“30DB 钻机设备设施装车组合清单”见附表 2–3。

附表 2–1 30DB 钻机拆卸设备定置摆放清单

设备名称	类型	放置位置	备注
井口工具	散件	接头房内	
钻具	散件	钻具打捆，放置在泥浆池边	
大小鼠洞	散件		
1#、2# 循环罐连接管线	散件		水平井
钻井液出口管	散件		水平井
方钻杆	散件		
吊环		放置于工具提篮	
吊钳			
水龙头			放置在钻台右侧
液压猫头			
滚子方补心			
气动绞车			
大门坡道	小件	游车大钩和起井架大绳放置在大门坡道上，用铁丝绑好	
游车大钩	小件		
起井架大绳	小件		
梯子	小件	井架上	
逃生滑道	小件	井架上	
水龙带	小件	井架上	
钻台铺台	小件	打捆后放置在钻台右侧	
液气大钳	小件	放置在钻台右侧	
套管钳	小件	放置在钻台右侧	
悬吊系统、防坠落装置及登高助力器。登高助力器、气动绞车钢丝绳、液气大钳吊绳、吊钳钢丝绳	散件	材料房或值班房内	

续表

<table>
<tr><th>设备名称</th><th>类型</th><th>放置位置</th><th>备注</th></tr>
<tr><td>二层台</td><td>小件</td><td>地质房前</td><td></td></tr>
<tr><td>大支架</td><td>小件</td><td>地质房前</td><td></td></tr>
<tr><td>绞车</td><td>整件</td><td>钳工房前面</td><td></td></tr>
<tr><td>电磁刹车</td><td>整件</td><td>井场右侧钻具前</td><td>无此设备</td></tr>
<tr><td>偏房</td><td>整件</td><td>远控房前面</td><td></td></tr>
<tr><td>司控房</td><td>整件</td><td>偏房附近</td><td></td></tr>
<tr><td>远控房</td><td>整件</td><td>原位置不动</td><td></td></tr>
<tr><td>天车头</td><td>整件</td><td>井场前方</td><td></td></tr>
<tr><td>井架一节</td><td>整件</td><td>两片井架捆绑后放置在井架一侧</td><td></td></tr>
<tr><td>井架二节</td><td>整件</td><td>两片井架捆绑后放置在井架一侧</td><td></td></tr>
<tr><td>井架三节</td><td>整件</td><td>两片井架捆绑后放置在井架一侧</td><td></td></tr>
<tr><td>井架大腿</td><td>整件</td><td>井架一侧</td><td></td></tr>
<tr><td>井架大腿</td><td>整件</td><td>井架一侧</td><td></td></tr>
<tr><td>圆梁</td><td>小件</td><td rowspan="3">圆梁和两个人字梁放在方梁内，然后放在钻台前场地</td><td></td></tr>
<tr><td>方梁</td><td>小件</td><td>放置在游车大钩上</td></tr>
<tr><td>人字梁</td><td>小件</td><td></td></tr>
<tr><td>柴油机 1</td><td>整件</td><td>机房左侧</td><td></td></tr>
<tr><td>联动机 1</td><td>整件</td><td>机房左侧</td><td></td></tr>
<tr><td>柴油机 2</td><td>整件</td><td>原位置不动</td><td>水平井</td></tr>
<tr><td>联动机 2</td><td>整件</td><td>原位置不动</td><td>水平井</td></tr>
<tr><td>排气管</td><td>散件</td><td>柴油机底座上</td><td></td></tr>
<tr><td>机房底座</td><td>整件</td><td>机房后方</td><td></td></tr>
<tr><td>机房梯子</td><td>小件</td><td>放置整齐，绑好，放在机房底座</td><td></td></tr>
<tr><td>铺台拉筋</td><td>散件</td><td>机房底座</td><td></td></tr>
<tr><td>护罩</td><td>散件</td><td>机房底座</td><td></td></tr>
<tr><td>轨道</td><td>整件</td><td>三块放置摞在一起，两层绑好</td><td></td></tr>
</table>

续表

设备名称	类型	放置位置	备注
滑道拉筋	散件	轨道上	
钻井泵 1#	整件	机房靠泥浆池边	
钻井泵 2#	整件	循环罐前，原位置不动	水平井
循环罐 1#	整件	原位置不动	水平井
循环罐 2#	整件	原位置不动	水平井
循环罐 3#	整件	原位置不动	水平井
振动筛 1#	整件	原位置不动	水平井
振动筛 2#	整件	原位置不动	水平井
一体机	整件	原位置不动	水平井
离心机	整件	原位置不动	水平井
循环罐 4#	整件	原位置不动	
循环罐 5#	整件	原位置不动	
振动筛	整件	原位置不动	
射流漏斗	小件	原位置	
泵房高压阀门组	小件	1# 钻井泵底座	
地面高压管汇	小件	柴油机底座上	
封井器	散件	井场右侧钻具前	
提升短节	散件	提升短节专用提篮内	
水管线、螺纹管、线性管线等	散件	专用线性物件提篮内	
强力泵支架	整件	泥浆池边	
强力泵、排污泵	小件		
化工提篮	整件	原位置（井场后侧）	
水罐	整件	原位置（井场前侧）	
消防泵	小件	消防室	
防洪防汛物资	散件	材料房	
大门及井场口处牌子	散件	材料房或值班房内	

续表

设备名称	类型	放置位置	备注
抽绳器	整件	远控房附近	
工具提篮	小件	井场右侧钻具前	
外围设备	整件	原地不动	

附表 2–2　30DB 钻机设备设施捆绑组合清单

序号	组合	图例
1	单独井架大腿 +10 包吨袋化工	
2	第一节井架两片中间垫方木八字捆绑 + 拉筋	
3	第二节井架两片中间垫方木八字捆绑 + 拉筋	
4	第三节井架两片中间垫方木八字捆绑 + 拉筋 + 水龙带	
5	第四节井架两片中间垫方木八字捆绑 + 拉筋 + 方梁	
6	大门坡道 + 游动滑车 + 井架方梁	

续表

序号	组合	图例
7	1 号循环罐 + 栏杆 + 梯子 + 管线	
8	底座 + 柴油机排气管 + 铺台	
9	对铺台合理打捆 + 不规则物件 + 电磁刹车	
10	双层滑轨 + 钻台底座	
11	机房滑道 + 栏杆 + 地面管汇 + 上水胶管	
12	机房 1 号水柜 +3 号底座 + 梯子 + 加栏杆	
13	泵房滑轨 + 地面管汇 + 推移千斤 + 上水胶管	

续表

序号	组合	图例
14	机房 2 号底座 +4 号底座	
15	2 号循环罐 + 护栏 + 梯子 + 管线	
16	2 号循环罐 + 梯子 + 栏杆 + 胶管	

附表 2–3　30DB 钻机设备设施装车组合清单

车次	类型	名称	绳套	挂位及吊装要求	装车要求	捆绑要求	附件要求	责任人
1	整件	机房滑道 + 柴油机排气管	19mm × 8m × 4 根	分挂四个吊耳平稳起吊	将车厢立柱插好	上下两层滑道四角用 8# 铁丝 8 股绞紧。下层滑道与车厢 8 股铁丝正八字或倒八字绞紧	轨道拉筋用铁丝两头绞紧固定牢靠	副队长
2	整件	前站营房	16mm × 8m × 4 根	分挂四个吊耳平稳起吊	左右等宽前后适当	四角固定同为正八字或倒八字	无	副队长
3	整件	发电房，小生活水罐	16mm × 8m × 4 根	分挂四个吊耳平稳起吊	生活水罐在前，发电房在后	四角固定同为正八字或倒八字	无	副队长
4	整件	小伙房	16mm × 8m × 4 根	分挂四个吊耳平稳起吊	灶内无火，烟囱放倒固定	四角固定同为正八字或倒八字	无	副队长

续表

车次	类型	名称	绳套	挂位及吊装要求	装车要求	捆绑要求	附件要求	责任人
5	整件	机房底座	16mm × 8m × 4 根	分挂四个吊耳平稳起吊	水柜无水，阀门关紧避免泄漏	四角固定同为正八字或倒八字	底座内杂物用铁丝捆扎，固定牢靠	司机长
6	整件	机房底座	16mm × 8m × 4 根	分挂四个吊耳平稳起吊	水柜无水，阀门关紧避免泄漏	四角固定同为正八字或倒八字	底座内杂物用铁丝捆扎，固定牢靠	司机长
7	整件	1# 柴油机 + 变速箱	19mm × 8m × 4 根	分挂四个吊耳平稳起吊	柴油在前，联动机在后，后部车厢打起	四角固定同为正八字或倒八字	无万向轴、过桥梯子，用铁丝固定绞紧	司机长
8	整件	钻台底座滑道	19mm × 8m × 4 根	分挂四个吊耳平稳起吊	将车厢立柱插好	上下两层滑道四角用 8# 铁丝 8 股绞紧。下层滑道与车厢 8 股铁丝正八字或倒八字绞紧	轨道拉筋用铁丝两头绞紧固定牢靠	大班司钻
9	整件	外钳侧船型底座	19mm × 8m × 4 根	分挂四个吊耳平稳起吊	较重一端装在前端	四角固定同为正八字或倒八字	内控管线、十字拉筋、重锤用铁丝固定牢固	大班司钻
10	整件	内钳侧船型底座	19mm × 8m × 4 根	分挂四个吊耳平稳起吊	较重一端装在前端	四角固定同为正八字或倒八字	内控管线、十字拉筋、重锤用铁丝固定牢固	大班司钻
11	整件	小马夹 2 个	16mm × 8m × 4 根	分挂四个吊耳平稳起吊	一反一正，防止偏重	四角固定同为正八字或倒八字	无	大班司钻
12	整件	装大马夹 + 转盘	16mm × 8m × 4 根	分挂四个吊耳平稳起吊	一反一正，防止偏重	四角固定同为正八字或倒八字	无	大班司钻

续表

车次	类型	名称	绳套	挂位及吊装要求	装车要求	捆绑要求	附件要求	责任人
13	小件	钻台铺台+两侧气动动小绞车底座	16mm×8m×4根	分挂四个吊耳平稳起吊	气动小绞车底座靠前马槽靠立	铺台之间用铁丝连接	无	大班司钻
14	小件	钻台加宽台	16mm×8m×4根	分挂四个吊耳平稳起吊	装平整	偏房支架提前绑在一起，铺台之间用铁丝连接	无	大班司钻
15	整件	绞车+盘刹液压站	22mm×8m×4根	分挂四个吊耳平稳起吊四根引绳牵引	注意装车重心居中	刹把固定好	无	大班司钻副队长
16	整件	偏房+液压泵站+司控房	19mm×8m×4根	分挂四个吊耳平稳起吊	液压泵站装在前面，偏房门锁好	四角固定同为正八字或倒八字	无	大班司钻
17	整件	外钳侧井架大腿+小支架	16mm×8m×4根	分挂四个吊耳平稳起吊	用1块枕木配合装平整	在前面两个吊耳及后面一销孔中用铁丝倒八字	无	副队长
18	整件	内钳侧井架大腿+小支架	16mm×8m×4根	分挂四个吊耳平稳起吊	用1块枕木配合装平整	在前面两个吊耳及后面一销孔中用铁丝倒八字	无	副队长
19	整件	方梁+圆梁+人字梁	16mm×8m×4根	分挂方梁四个吊耳平稳起吊	注意装车重心居中	四角固定为倒八字	无	副队长
20	整件	井架第一节两片+水龙带梯子+拉筋	16mm×8m×4根	分挂井架四个吊耳平稳起吊	注意水龙带捆绑牢靠	四角固定为倒八字	梯子内两头气动绞车，中间液压猫头	副队长
21	整件	井架第二节两节	16mm×8m×4根	分挂井架四个吊耳平稳起吊	注意两片捆绑牢靠	四角固定为倒八字	无	副队长
22	整件	井架第三节2片	16mm×8m×4根	分挂井架四个吊耳平稳起吊	注意拉筋等附件提前捆绑牢靠	四角固定为倒八字	拉筋等附件	副队长
23	整件	井架第四节2片	16mm×8m×4根	分挂井架四个吊耳平稳起吊	注意拉筋等附件提前捆绑牢靠	四角固定为倒八字	拉筋等附件	副队长

续表

车次	类型	名称	绳套	挂位及吊装要求	装车要求	捆绑要求	附件要求	责任人
24	整件	天车头＋井架销子工具箱	26mm × 6m × 2 根	分挂井架四个吊耳平稳起吊	水罐装前面	四角固定为倒八字	拉筋等附件	副队长
25	整件	大支架＋偏房支架＋小发电机	16mm × 8m × 4 根	分挂二层台两侧吊耳平稳起吊	二层台装前面，偏方支架捆绑牢固	四角固定为倒八字	无	副队长
26	散件	震动筛＋抽绳器	16mm × 8m × 4 根	分挂四个吊耳平稳起吊，封井器吊挂点选择在全封缸护套上	将车厢立柱插好	四角固定为倒八字	无	副队长
27	散件	大门坡道＋游车大钩＋水龙头	16mm × 8m × 4 根	分挂在大门坡道四个吊耳上平稳起吊	将车厢马槽扣合	无	无	副队长
28	整件	化工提篮 1	19mm × 8m × 4 根	分挂提篮四个吊耳平稳起吊	注意化工覆盖好	四角固定为倒八字	无	泥浆大班
29	整件	化工提篮 2	19mm × 8m × 4 根	分挂提篮四个吊耳平稳起吊	注意化工覆盖好	四角固定为倒八字	无	泥浆大班
30	整件	6# 循环罐	16mm × 8m × 4 根	分挂循环罐四个吊耳平稳起吊	提前包扎好泥浆罐各管线口	四角固定为倒八字	无	泥浆大班
31	整件	5# 循环罐	16mm × 8m × 4 根	分挂循环罐四个吊耳平稳起吊	提前包扎好泥浆罐各管线口	四角固定为倒八字	无	泥浆大班
32	整件	4# 循环罐	16mm × 8m × 4 根	分挂循环罐四个吊耳平稳起吊	提前包扎好泥浆罐各管线口	四角固定为倒八字	无	泥浆大班
33	整件	2# 钻井泵	22mm × 8m × 4 根	分挂四个吊耳平稳起吊，四根引绳牵引	注意装车重心居中	无	无	泥浆大班

续表

车次	类型	名称	绳套	挂位及吊装要求	装车要求	捆绑要求	附件要求	责任人
34	散件	2# 钻井泵底座 + 泵护罩等	16mm × 8m × 4 根	分挂循环罐四个吊耳平稳起吊	提前包扎好泥浆罐各管线口	四角固定为倒八字	无	泥浆大班
35	整件	1# 钻井泵	22mm × 8m × 4 根	分挂四个吊耳平稳起吊，四根引绳牵引	注意装车重心居中	无	无	副队长
36	散件	1# 钻井泵底座 + 泵护罩等	16mm × 8m × 4 根	分挂循环罐四个吊耳平稳起吊	提前包扎好泥浆罐各管线口	四角固定为倒八字	无	副队长
37	散件	排污泵支架 +4 寸螺纹管线 + 高压阀门组	16mm × 8m × 4 根	分挂四个吊耳平稳起吊	高压阀门组放在滑道上	两层滑道连接好后，四角固定为倒八字	无	副队长
38	散件	散件化工 + 水泥基墩等	16mm × 8m × 4 根	分挂四个吊耳平稳起吊	马槽扣合	马槽扣合	无	泥浆大班
39	整件	2# 循环罐	16mm × 8m × 4 根	分挂循环罐四个吊耳平稳起吊	提前包扎好泥浆罐各管线口	四角固定为倒八字	无	泥浆大班
40	整件	1# 循环罐	16mm × 8m × 4 根	分挂循环罐四个吊耳平稳起吊	提前包扎好泥浆罐各管线口	四角固定为倒八字	无	泥浆大班
41	整件	化工材料房	19mm × 8m × 4 根	分挂房子四个吊耳平稳起吊	注意较重一端装在前面	四角固定为倒八字	无	泥浆大班
42	整件	$40m^3$ 油罐	19mm × 8m × 4 根	分挂房子四个吊耳平稳起吊	注意较重一端装在前面	四角固定为倒八字	无	司机长
43	整件	$20\ m^3$ 油罐 + 油桶提篮	19mm × 8m × 4 根	分挂房子四个吊耳平稳起吊	注意较重一端装在前面	四角固定为倒八字	无	司机长
44	整件	卡特发电机 1	16mm × 8m × 4 根	分挂房子四个吊耳平稳起吊	注意较重一端装在前面	四角固定为倒八字	无	司机长

续表

车次	类型	名称	绳套	挂位及吊装要求	装车要求	捆绑要求	附件要求	责任人
45	整件	卡特发电机 2	16mm × 8m × 4 根	分挂房子四个吊耳平稳起吊	注意较重一端装在前面	四角固定为倒八字	无	司机长
46	整件	卡特发电机 3	16mm × 8m × 4 根	分挂房子四个吊耳平稳起吊	注意较重一端装在前面	四角固定为倒八字	无	司机长
47	整件	VFD 房	16mm × 8m × 4 根	分挂房子四个吊耳平稳起吊	注意较重一端装在前面	四角固定为倒八字	无	司机长
48	整件	气源房	16mm × 8m × 4 根	分挂房子四个吊耳平稳起吊	注意较重一端装在前面（压风机头）	四角固定为倒八字	无	副队长
49	整件	钳工房	16mm × 8m × 4 根	分挂房子四个吊耳平稳起吊	注意较重一端装在前面	四角固定为倒八字	无	副队长
50	整件	远控房 + 二层台	16mm × 8m × 4 根	分挂房子四个吊耳平稳起吊	注意较重一端装在前面	四角固定为倒八字	无	副队长
51	整件	接头房	19mm × 8m × 4 根	分挂房子四个吊耳平稳起吊	注意较重一端装在前面	四角固定为倒八字	无	副队长
52	整件	材料房	19mm × 8m × 4 根	分挂房子四个吊耳平稳起吊	注意较重一端装在前面	四角固定为倒八字	无	副队长
53	整件	生产水罐 1	19mm × 8m × 4 根	分挂房子四个吊耳平稳起吊	注意较重一端装在前面	四角固定为倒八字	无	泥浆大班
54	整件	生产水罐 2	19mm × 8m × 4 根	分挂房子四个吊耳平稳起吊	注意较重一端装在前面	四角固定为倒八字	无	泥浆大班
55	整件	生产水罐 3+ 防洪防汛物资提篮	19mm × 8m × 4 根	分挂房子四个吊耳平稳起吊	注意较重一端装在前面	四角固定为倒八字	无	泥浆大班
56	整件	工程技术房	16mm × 8m × 4 根	分挂房子四个吊耳平稳起吊	注意较重一端装在前面	四角固定为倒八字	无	副队长
57	整件	值班房	16mm × 8m × 4 根	分挂房子四个吊耳平稳起吊	注意较重一端装在前面	四角固定为倒八字	无	副队长

续表

车次	类型	名称	绳套	挂位及吊装要求	装车要求	捆绑要求	附件要求	责任人
58	整件	器材材料房	16mm × 8m × 4 根	分挂房子四个吊耳平稳起吊	注意较重一端装在前面	四角固定为倒八字	无	副队长
59	整件	泥浆人员房	16mm × 8m × 4 根	分挂房子四个吊耳平稳起吊	注意较重一端装在前面	四角固定为倒八字	无	副队长
60	整件	队部	16mm × 8m × 4 根	分挂房子四个吊耳平稳起吊	注意较重一端装在前面	四角固定为倒八字	无	副队长
61	整件	餐厅 1	16mm × 8m × 4 根	分挂房子四个吊耳平稳起吊	注意较重一端装在前面	四角固定为倒八字	无	党支部书记
62	整件	餐厅 2	16mm × 8m × 4 根	分挂房子四个吊耳平稳起吊	注意较重一端装在前面	四角固定为倒八字	无	党支部书记
63	整件	操作间	16mm × 8m × 4 根	分挂房子四个吊耳平稳起吊	注意较重一端装在前面	四角固定为倒八字	无	党支部书记
64	整件	生活水罐	16mm × 8m × 4 根	分挂房子四个吊耳平稳起吊	注意较重一端装在前面	四角固定为倒八字	无	党支部书记
65	整件	阅览室	16mm × 8m × 4 根	分挂房子四个吊耳平稳起吊	无	四角固定为倒八字	无	党支部书记
66	整件	淋浴房	16mm × 8m × 4 根	分挂房子四个吊耳平稳起吊	无	四角固定为倒八字	无	党支部书记
67	整件	生活库房	16mm × 8m × 4 根	分挂房子四个吊耳平稳起吊	无	四角固定为倒八字	无	党支部书记
68	整件	厕所	16mm × 8m × 4 根	分挂房子四个吊耳平稳起吊	无	四角固定为倒八字	无	党支部书记
69	整件	驻地住人房 8 ~ 10 顶	16mm × 8m × 4 根	分挂房子四个吊耳平稳起吊	无	四角固定为倒八字	无	党支部书记
70	小件	杂物 2 车	3t 吊带 × 1 根		马槽扣合		无	副队长
71	散件	钻具 5 ~ 6 车			铲车装车	用辆车自带紧绳器绑紧	无	技术员

续表

车次	类型	名称	绳套	挂位及吊装要求	装车要求	捆绑要求	附件要求	责任人
72	整件	铲车	19mm × 8m × 4 根	分挂在铲车四个专用吊耳平稳起吊	铲车轮胎气放掉，用四个小枕木	四角固定为倒八字	无	铲车司机
73	散件	基础 1 车	13mm × 6m × 4 根带钩	分挂基础四个吊耳平稳起吊	马槽扣合	无	无	副队长
74	散件	节流压井管汇 + 套管钳	16mm × 8m × 4 根	分挂四个吊耳平稳起吊，封井器吊挂点选择在全封缸护套上	将车厢立柱插好	四角固定为倒八字	无	副队长

附录三　30LDB 钻机搬迁“两图三单”

一、拆卸、搬迁、安装准备工作

严格执行“11222233”拆卸、搬迁、安装作业安全管理模式。

（1）拆卸、搬迁、安装前，编制“钻井队搬迁作业计划书”并审批、交底。

（2）组织员工分享“两点一线”踏勘视频，进行风险交底。

（3）进行新老井人员分工、明确工作责任。

（4）组织全员学习拆卸、搬迁、安装相关课件。

（5）拆卸、搬迁前进行“两图三单”交底，两图是“30LDB 钻机老井拆卸定置摆放示意图”和“30LDB 钻机新井卸车摆放示意图”；三单是“30LDB 钻机拆卸定置摆放清单”、“30LDB 钻机设备设施捆绑组合清单”和“30LDB 钻机设备设施装车组合清单”。

（6）将设备划分为整件、小件、散件三种类型，分类管理。

（7）按要求拆安防坠落装置、登高助力器、监控视频等设施，做好防损坏措施，防止防护解除带来的安全风险；对消防器材、接地线等按照安全规定择时回收或安装。

（8）对组合后的物件，重新明确吊点、吊索具和吊挂方式；评估提篮（托盘）承载能力。

二、设备拆卸、搬迁、安装流程

（1）井队搬迁前预留 2d 的拆卸时间，让井队在搬迁前有充足的准备时间，尽量避免边拆边搬的现象。

（2）机房、钻台的拆卸，一般是甩开设备，先将滑道装车，在滑道充足的情况下，可以不甩设备，直接将柴油机、底座等设备进行装车，避免二次重复吊装；井架推荐采用叠放运输方式。

（3）在拆安时井队根据情况可以进行变化，但必须遵循以安全、实用为主导。

（4）流程发生变化时，钻井队应向生产、安全办公室汇报，在现场监管人员监督下实施。

三、“30LDB钻机老井拆卸定置摆放示意图”

根据30LDB钻机特点，绘制拆卸摆放示意图（如附图3–1所示），对机房、钻台、泵房设备附件拆卸后的放置位置进行明确。

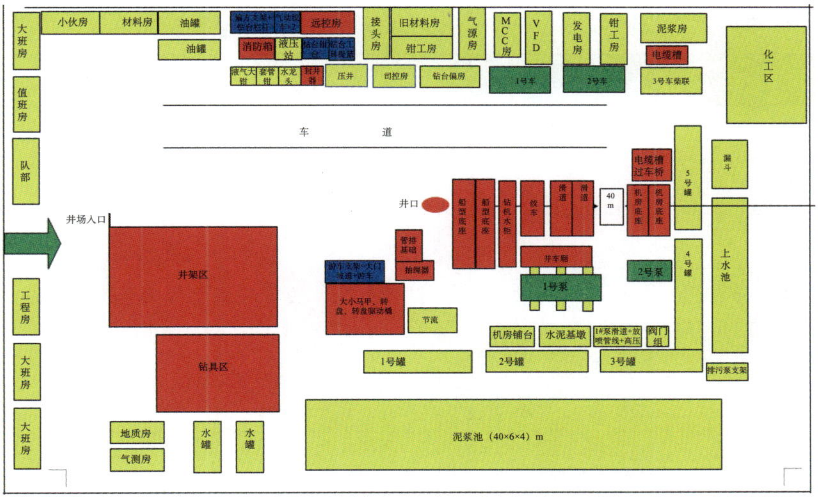

附图3–1　30LDB钻机老井拆卸定置摆放示意图

四、“30LDB钻机新井卸车摆放示意图”

根据井场实际情况，绘制安装摆放示意图（如附图3–2所示），对待安装设备的放置位置进行明确。

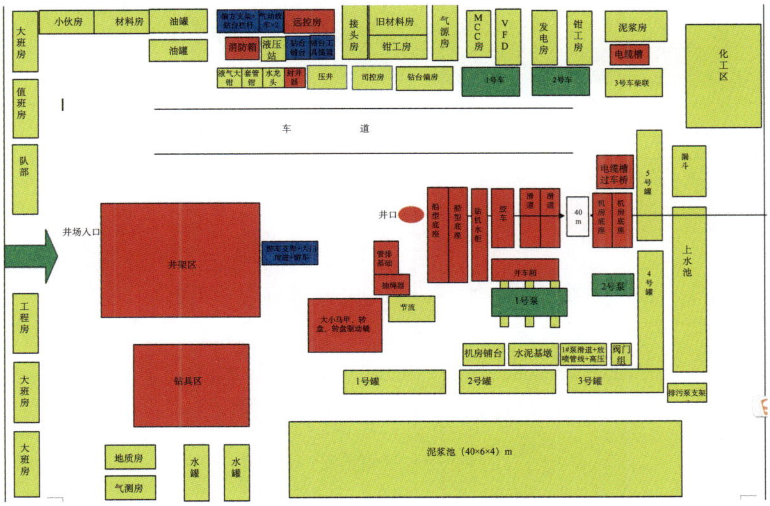

附图3–2　30LDB钻机新井卸车摆放示意图

五、搬迁清单

“30LDB 钻机拆卸设备定置摆放清单”见附表 3–1。“30LDB 钻机设备设施捆绑组合清单”见附表 3–2，“30LDB 钻机设备设施装车组合清单”见附表 3–3。

附表 3–1　30LDB 钻机拆卸设备定置摆放清单

设备名称	类型	放置位置	备注
井口工具	散件	接头房内	
钻具	散件	钻具打捆，放置在泥浆池边	
大小鼠洞	散件		
1#，2# 循环罐连接管线	散件		水平井
钻井液出口管	散件		水平井
方钻杆	散件		
吊环		放置于工具提篮	
吊钳			
液压猫头			
滚子方补心			
气动绞车			
大门坡道	小件	游车大钩和起井架大绳放置在大门坡道上，用铁丝绑好	
游车大钩	小件		
起井架大绳	小件		
梯子	小件	井架上	
逃生滑道	小件	井架上	
水龙带	小件	井架上	
钻台铺台	小件	打捆后放置在钻台右侧	
液气大钳	小件	放置在钻台右侧	
综合液压站	小件	放置在钻台右侧	
水龙头	小件	放置在钻台右侧	
套管钳	小件	放置在钻台右侧	

续表

设备名称	类型	放置位置	备注
悬吊系统、防坠落装置及登高助力器。登高助力器、气动绞车钢丝绳、液气大钳吊绳、吊钳钢丝绳	散件	材料房或钳工房内	
二层台	小件	地质房前	
大支架	小件	地质房前	
绞车 + 电磁刹车	整件	提下后原地放置	
偏房	整件	钳工房前面	
司控房	整件	偏房附近	
远控房	整件	原位置不动	
天车头	整件	井场前方	
井架一节	整件	两片井架捆绑后紧挨钻具放置	
井架二节	整件	两片井架捆绑后紧挨钻具放置	
井架三节	整件	两片井架捆绑后紧挨钻具放置	
井架大腿	整件	紧挨钻具放置	
井架大腿	整件	紧挨钻具放置	
圆梁	小件	圆梁和两个人字梁放在方梁内，然后放在钻台前场地	
方梁	小件		
人字梁	小件		
柴油机 1+ 耦合器 + 万向轴过桥	整件	VFD 房前	
柴油机 2+ 耦合器 + 万向轴过桥	整件	发电房前	
整体并车厢 + 节能发电机	整件	提下后原地放置	
柴油机 3+ 联动机	整件	化工区前方	水平井
排气管	散件	船型底座上	
机房底座	整件	机房后方	
机房梯子	小件	放置整齐，绑好，放在机房底座	
铺台拉筋	散件	机房底座	
机房栏杆	散件	机房底座	

续表

设备名称	类型	放置位置	备注
轨道	整件	三块放置摞在一起，两层绑好	
滑道拉筋	散件	轨道上	
钻井泵 1#	整件	机房靠泥浆池边	
钻井泵 2#	整件	循环罐前，原位置不动	水平井
循环罐 1#	整件	原位置不动	水平井
循环罐 2#	整件	原位置不动	水平井
循环罐 3#	整件	原位置不动	水平井
振动筛 1#	整件	原位置不动	水平井
振动筛 2#	整件	原位置不动	水平井
一体机	整件	原位置不动	水平井
离心机	整件	原位置不动	水平井
循环罐 4#	整件	原位置不动	
循环罐 5#	整件	原位置不动	
振动筛	整件	原位置不动	
射流漏斗	小件	原位置	
泵房高压阀门组	小件	3# 循环罐旁	
地面高压管汇	小件	钻井泵滑道内	
封井器	散件	远控房附近	
提升短节	散件	提升短节专用提篮内	
水管线、螺纹管、线性管线等	散件	4#、5# 循环罐上及水罐内	
强力泵支架	整件	泥浆池边	
强力泵、排污泵	小件	在用材料房内	
化工提篮	整件	原位置（井场后侧）	
水罐	整件	原位置（井场前侧）	
消防泵	小件	生产水罐配电房内	
防洪防汛物资	散件	游车支架房	
大门及井场口处牌子	散件	大门捆绑至井架上、牌子在值班房内	

续表

设备名称	类型	放置位置	备注
抽绳器	整件	节流管汇附近	
工具提篮	小件	远控房附近	
外围设备	整件	原地不动	
游车支架房	整件	远控房附近	
气动绞车	小件	远控房附近	
偏方支架 + 钻台栏杆	散件	远控房附近	
消防箱	小件	油罐附近	
大马甲	整件	井架附近	
小马甲	整件	井架附近	
转盘	整件	井架附近	
转盘驱动橇	整件	井架附近	

附表 3–2　30LDB 钻机设备设施捆绑组合清单

序号	组合	图例
1	井架大腿 + 小支架 +8 袋吨包装重晶石	
2	第二节井架 ×2+ 水龙带	

续表

序号	组合	图例
3	第三节井架＋井架横拉筋＋井架方梁	
4	第四节井架×2+ 钻台梯子	
5	滑道＋滑道拉筋	
6	泵滑道＋地面高压管线＋上水胶管	
7	船槽（死绳器端）＋钻台梯子	

续表

序号	组合	图例
8	船槽＋柴油机排气管	
9	4#5# 循环管＋管线＋梯子	
10	1#2#3# 循环罐＋过桥板＋加宽铺台	
11	柴油机底座＋加宽台＋栏杆＋梯子	
12	偏方支架＋钻台栏杆	

续表

序号	组合	图例
13	井架方梁＋圆梁＋人字梁	
14	柴油机底座叠放＋梯子＝栏杆	
15	机房加宽台＋机房底座	
16	机房滑道＋逃生滑道	
17	机房水柜＋加宽台	

附表 3–3 30LDB 钻机设备设施装车组合清单

车次	类型	名称	绳套	挂位及吊装要求	装车要求	捆绑要求	附件要求	责任人
1	整件	船型底座+柴油机排气管	19mm×8m×4根	分挂四个吊耳平稳起吊	将车厢立柱插好	与车厢8股铁丝正八字或倒八字绞紧	排气管用铁丝两头绞紧固定牢靠	副队长
2	整件	前站营房	16mm×8m×4根	分挂四个吊耳平稳起吊	左右等宽前后适当	四角固定同为正八字或倒八字	无	副队长
3	整件	发电房，小生活水罐	16mm×8m×4根	分挂四个吊耳平稳起吊	生活水罐在前，发电房在后	四角固定同为正八字或倒八字	无	副队长
4	整件	小伙房	19mm×8m×4根	分挂四个吊耳平稳起吊	灶内无火，烟囱放倒固定	四角固定同为正八字或倒八字	无	副队长
5	整件	机房底座 ×2+机房铺台	19mm×8m×4根	分挂四个吊耳平稳起吊	注意装车重心	上下底座用铁丝绞紧，四角固定同为正八字或倒八字	底座内附件用铁丝捆扎，固定牢靠	司机长
6	整件	机房底座 ×2	19mm×8m×4根	分挂四个吊耳平稳起吊	水柜无水，阀门关紧避免泄漏	上下底座用铁丝绞紧，四角固定同为正八字或倒八字	底座内杂物用铁丝捆扎，固定牢靠	司机长
7	整件	并车箱	25mm×6m×4根	分挂四个吊耳平稳起吊	节能发电机装在卡车最前端	车厢马槽扣合	加宽台下大上小依次码好，用4股铁丝逐块连接绞紧	司机长
8	整件	1# 柴油机	22mm×8m×4根	分挂四个吊耳平稳起吊	柴油在前，联动机在后，后部车厢打起	四角固定同为正八字或倒八字	无万向轴、过桥梯子，用铁丝固定绞紧	司机长

续表

车次	类型	名称	绳套	挂位及吊装要求	装车要求	捆绑要求	附件要求	责任人
9	整件	2# 柴油机	22mm × 8m × 4 根	分挂四个吊耳平稳起吊	柴油在前，联动机在后，后部车厢打起	四角固定同为正八字或倒八字	无万向轴、过桥梯子，用铁丝固定绞紧	司机长
10	整件	3# 柴油机	22mm × 8m × 4 根	分挂四个吊耳平稳起吊	柴油在前，联动机在后，后部车厢打起	四角固定同为正八字或倒八字	无万向轴、过桥梯子，用铁丝固定绞紧	司机长
11	整件	钻台底座滑道 × 2	19mm × 8m × 4 根	分挂四个吊耳平稳起吊	将车厢立柱插好	上下两层滑道四角用 8# 铁丝 8 股绞紧；下层滑道与车厢 8 股铁丝正八字或倒八字绞紧	轨道拉筋用铁丝两头绞紧固定牢靠	大班司钻
12	整件	外钳侧船型底座	19mm × 8m × 4 根	分挂四个吊耳平稳起吊	较重一端装在前端	四角固定同为正八字或倒八字	内控管线、十字拉筋、重锤用铁丝固定牢固	大班司钻
13	整件	内钳侧船型底座	19mm × 8m × 4 根	分挂四个吊耳平稳起吊	较重一端装在前端	四角固定同为正八字或倒八字	内控管线、十字拉筋、重锤用铁丝固定牢固	大班司钻
14	整件	小马夹 2 个	16mm × 8m × 4 根	分挂四个吊耳平稳起吊	一反一正，防止偏重	四角固定同为正八字或倒八字	无	大班司钻
15	整件	装大马夹 + 转盘 + 封井器	19mm × 8m × 4 根	分挂四个吊耳平稳起吊	封井器在前，转盘在大马甲下	四角固定同为正八字或倒八字	无	大班司钻
16	小件	钻台铺台 + 两侧气动动小绞车底座	16mm × 8m × 4 根	分挂四个吊耳平稳起吊	气动小绞车底座靠前马槽靠立	铺台之间用铁丝连接	无	大班司钻

续表

车次	类型	名称	绳套	挂位及吊装要求	装车要求	捆绑要求	附件要求	责任人
17	小件	钻台加宽台 + 偏房支架 + 钻台栏杆 + 捆绑后的钻台铺台	16mm × 8m × 4 根	分挂四个吊耳平稳起吊	装平整	偏房支架、栏杆提前绑在一起，铺台之间用铁丝连接	附件固定牢靠	大班司钻
18	整件	绞车	25mm × 8m × 4 根	分挂四个吊耳平稳起吊四根引绳牵引	注意装车重心居中		无	大班司钻副队长
19	整件	偏房 + 液压泵站	19mm × 8m × 4 根	分挂四个吊耳平稳起吊	液压泵站装在前面，偏房门锁好	四角固定同为正八字或倒八字	无	大班司钻
20	整件	外钳侧井架大腿 + 小支架 +8 袋吨装重晶石	19mm × 8m × 4 根	分挂四个吊耳平稳起吊	重晶石在下平均分配	在前面两个吊耳及后面一销孔中用铁丝倒八字	附件固定牢靠	副队长
21	整件	内钳侧井架大腿 + 小支架 +8 袋吨装重晶石	19mm × 8m × 4 根	分挂四个吊耳平稳起吊	重晶石在下平均分配	在前面两个吊耳及后面一销孔中用铁丝倒八字	附件固定牢靠	副队长
22	整件	方梁 + 圆梁 + 人字梁	19mm × 8m × 4 根	分挂方梁四个吊耳平稳起吊	注意装车重心居中	四角固定为倒八字	无	副队长
23	整件	井架第一节 ×2+ 水龙带	19mm × 8m × 4 根	分挂井架四个吊耳平稳起吊	上下两片井架用方木隔开，用手拉葫芦拉紧，水龙带提前捆绑牢靠	四角固定为倒八字	附件固定牢靠	副队长
24	整件	井架第二节 2 片 + 钻台逃生滑道	19mm × 8m × 4 根	分挂井架四个吊耳平稳起吊	上下两片井架用方木隔开，用手拉葫芦拉紧	四角固定为倒八字	附件固定牢靠	副队长
25	整件	井架第三节 2 片	19mm × 8m × 4 根	分挂井架四个吊耳平稳起吊	上下两片井架用方木隔开，用手拉葫芦拉紧	四角固定为倒八字	附件固定牢靠	副队长

续表

车次	类型	名称	绳套	挂位及吊装要求	装车要求	捆绑要求	附件要求	责任人
26	整件	井架第四节 2 片	19mm × 8m × 4 根	分挂井架四个吊耳平稳起吊	上下两片井架用方木隔开，用手拉葫芦拉紧	四角固定为倒八字	附件固定牢靠	副队长
27	整件	天车头 + 井架销子工具箱	26mm × 6m × 2 根	分挂井架四个吊耳平稳起吊	水罐装前面	四角固定为倒八字	拉筋等附件	副队长
28	整件	二层台 + 大支架	16mm × 8m × 4 根	分挂二层台两侧吊耳平稳起吊	二层台装前面	四角固定为倒八字	附件固定牢靠	副队长
29	散件	震动筛 × 2+ 坐岗房	16mm × 8m × 4 根	分挂四个吊耳平稳起吊	将车厢立柱插好	四角固定为倒八字	无	副队长
30	散件	大门坡道 + 游车大钩 + 水龙头 + 套管钳	19mm × 8m × 4 根	分挂在大门坡道四个吊耳上平稳起吊	将车厢马槽扣合	无	无	副队长
31	整件	化工提篮 1	19mm × 8m × 4 根	分挂提篮四个吊耳平稳起吊	注意化工覆盖好	四角固定为倒八字	无	泥浆大班
32	整件	化工提篮 2	19mm × 8m × 4 根	分挂提篮四个吊耳平稳起吊	注意化工覆盖好	四角固定为倒八字	无	泥浆大班
33	散件	强力泵支架 + 电动漏斗 + 射流漏斗	16mm × 8m × 4 根	分挂在强力泵配重罐四个吊耳上平稳起吊	将车厢马槽扣合，两个支架提前固定死	四角固定为倒八字	无	泥浆大班
34	整件	5# 循环罐	19mm × 8m × 4 根	分挂循环罐四个吊耳平稳起吊	提前包扎好泥浆罐各管线口	四角固定为倒八字	无	泥浆大班
35	整件	4# 循环罐 + 螺纹管线	19mm × 8m × 4 根	分挂循环罐四个吊耳平稳起吊	提前包扎好泥浆罐各管线口	螺纹管绞紧，四角固定为倒八字	附件固定牢靠	泥浆大班
36	整件	2# 钻井泵	25mm × 8m × 4 根	分挂四个吊耳平稳起吊，四根引绳牵引	注意装车重心居中，提前包扎好泥浆罐各管线口	无	无	泥浆大班

续表

车次	类型	名称	绳套	挂位及吊装要求	装车要求	捆绑要求	附件要求	责任人
37	散件	2# 钻井泵滑道 + 泵护罩等 + 推移井架千斤	16mm × 8m × 4 根	分挂循环罐四个吊耳平稳起吊	提前包扎好泥浆罐各管线口	附件固定牢靠，四角固定为倒八字	附件固定牢靠	泥浆大班
38	整件	1# 钻井泵	25mm × 8m × 4 根	分挂四个吊耳平稳起吊，四根引绳牵引	注意装车重心居中，提前包扎好泥浆罐各管线口	无	无	副队长
39	散件	1# 钻井泵底座 + 泵护罩等	16mm × 8m × 4 根	分挂循环罐四个吊耳平稳起吊	提前包扎好泥浆罐各管线口	四角固定为倒八字	无	副队长
40	散件	泵滑道 + 放喷管线 + 地面管线	19mm × 8m × 4 根	分挂四个吊耳平稳起吊	高压阀门组放在滑道上	两层滑道连接好后，四角固定为倒八字	附件固定牢靠	副队长
41	散件	一体机 + 离心机 + 药品罐	16mm × 8m × 4 根	分挂四个吊耳平稳起吊	马槽扣合	马槽扣合	无	泥浆大班
42	整件	3# 循环罐	19mm × 8m × 4 根	分挂循环罐四个吊耳平稳起吊	提前包扎好泥浆罐各管线口	四角固定为倒八字	无	泥浆大班
43	整件	2# 循环罐	19mm × 8m × 4 根	分挂循环罐四个吊耳平稳起吊	提前包扎好泥浆罐各管线口	四角固定为倒八字	无	泥浆大班
44	整件	1# 循环罐	19mm × 8m × 4 根	分挂循环罐四个吊耳平稳起吊	提前包扎好泥浆罐各管线口	四角固定为倒八字	无	泥浆大班
45	整件	化工材料房	22mm × 8m × 4 根	分挂房子四个吊耳平稳起吊	注意较重一端装在前面	四角固定为倒八字	无	泥浆大班
46	整件	$20m^3$ 油罐	22mm × 8m × 4 根	分挂房子四个吊耳平稳起吊	提前包扎好各管线口，注意较重一端装在前面	四角固定为倒八字	无	司机长
47	整件	$15\ m^3$ 油罐 + 高架油罐	22mm × 8m × 4 根	分挂房子四个吊耳平稳起吊	提前包扎好各管线口，注意较重一端装在前面，高架罐在后	四角固定为倒八字	无	司机长

续表

车次	类型	名称	绳套	挂位及吊装要求	装车要求	捆绑要求	附件要求	责任人
48	整件	沃尔沃发电机 1	19mm × 8m × 4 根	分挂房子四个吊耳平稳起吊	注意较重一端装在前面	四角固定为倒八字	无	司机长
49	整件	MCC 房	22mm × 8m × 4 根	分挂房子四个吊耳平稳起吊	注意较重一端装在前面	四角固定为倒八字	无	司机长
50	整件	气源房	19mm × 8m × 4 根	分挂房子四个吊耳平稳起吊	注意较重一端装在前面	四角固定为倒八字	无	副队长
51	整件	钳工房	16mm × 8m × 4 根	分挂房子四个吊耳平稳起吊	注意较重一端装在前面	四角固定为倒八字	无	副队长
52	整件	远控房 + 抽绳器	16mm × 8m × 4 根	分挂房子四个吊耳平稳起吊	注意较重一端装在前面	四角固定为倒八字	无	副队长
53	整件	接头房	19mm × 8m × 4 根	分挂房子四个吊耳平稳起吊	注意较重一端装在前面	四角固定为倒八字	无	副队长
54	整件	材料房	19mm × 8m × 4 根	分挂房子四个吊耳平稳起吊	注意较重一端装在前面	四角固定为倒八字	无	副队长
55	整件	生产水罐 1	19mm × 8m × 4 根	分挂房子四个吊耳平稳起吊	提前包扎好各管线口，注意较重一端装在前面	四角固定为倒八字	无	泥浆大班
56	整件	生产水罐 2	19mm × 8m × 4 根	分挂房子四个吊耳平稳起吊	提前包扎好各管线口，注意较重一端装在前面	四角固定为倒八字	附件固定牢靠	泥浆大班
57	整件	生产水罐 3	19mm × 8m × 4 根	分挂房子四个吊耳平稳起吊	提前包扎好各管线口，注意较重一端装在前面	四角固定为倒八字	附件固定牢靠	泥浆大班
58	整件	工程技术房	19mm × 8m × 4 根	分挂房子四个吊耳平稳起吊	注意较重一端装在前面	四角固定为倒八字	无	副队长
59	整件	值班房	19mm × 8m × 4 根	分挂房子四个吊耳平稳起吊	注意较重一端装在前面	四角固定为倒八字	无	副队长

续表

车次	类型	名称	绳套	挂位及吊装要求	装车要求	捆绑要求	附件要求	责任人
60	整件	器材材料房	19mm×8m×4根	分挂房子四个吊耳平稳起吊	注意较重一端装在前面	四角固定为倒八字	无	副队长
61	整件	泥浆房	22mm×8m×4根	分挂房子四个吊耳平稳起吊	注意较重一端装在前面	四角固定为倒八字	无	副队长
62	整件	队部	19mm×8m×4根	分挂房子四个吊耳平稳起吊	注意较重一端装在前面	四角固定为倒八字	无	副队长
63	整件	餐厅1	19mm×8m×4根	分挂房子四个吊耳平稳起吊	注意较重一端装在前面	四角固定为倒八字	无	党支部书记
64	整件	餐厅2	19mm×8m×4根	分挂房子四个吊耳平稳起吊	注意较重一端装在前面	四角固定为倒八字	无	党支部书记
65	整件	操作间	19mm×8m×4根	分挂房子四个吊耳平稳起吊	注意较重一端装在前面	四角固定为倒八字	无	党支部书记
66	整件	生活水罐	16mm×8m×4根	分挂房子四个吊耳平稳起吊	注意较重一端装在前面	四角固定为倒八字	无	党支部书记
67	整件	生活库房	19mm×8m×4根	分挂房子四个吊耳平稳起吊	无	四角固定为倒八字	无	党支部书记
68	整件	厕所	19mm×8m×4根	分挂房子四个吊耳平稳起吊	无	四角固定为倒八字	无	党支部书记
69	整件	驻地住人房8～10顶	19mm×8m×4根	分挂房子四个吊耳平稳起吊	无	四角固定为倒八字	无	党支部书记
70	小件	杂物4车	13mm×6m×4根带钩		马槽扣合		无	副队长
71	散件	钻具5～6车	19mm×8m×2根带钩			用辆车自带紧绳器绑紧	无	技术员
72	散件	基础2车	13mm×6m×4根带钩	分挂基础四个吊耳平稳起吊	马槽扣合	无	无	副队长
73	散件	化工	13mm×6m×4根带钩	分挂吨包带	马槽扣合	无	无	副队长

附录四　40V 钻机搬迁“两图三单”

一、拆卸、搬迁、安装准备工作

严格执行“11222233”拆卸、搬迁、安装作业安全管理模式。

（1）拆卸、搬迁、安装前，编制“钻井队搬迁作业计划书”并审批、交底。

（2）组织员工分享“两点一线”踏勘视频，进行风险交底。

（3）进行新老井人员分工、明确工作责任。

（4）组织全员学习拆卸、搬迁、安装相关课件。

（5）拆卸、搬迁前进行“两图三单”交底，两图是“40V 钻机老井拆卸定置摆放示意图”和“40V 钻机新井卸车摆放示意图”；三单是“40V 钻机拆卸定置摆放清单”、“40V 钻机设备设施捆绑组合清单”和“40V 钻机设备设施装车组合清单”。

（6）将设备划分为整件、小件、散件三种类型，分类管理。

（7）按要求拆安防坠落装置、登高助力器、监控视频等设施，做好防损坏措施，防止防护解除带来的安全风险；对消防器材、接地线等按照安全规定择时回收或安装。

（8）对组合后的物件，重新明确吊点、吊索具和吊挂方式；评估提篮（托盘）承载能力。

二、设备拆卸、搬迁、安装流程

（1）井队搬迁前预留 2d 的拆卸时间，让井队在搬迁前有充足的准备时间，尽量避免边拆边搬的现象。

（2）机房、钻台的拆卸，一般是甩开设备，先将滑道装车，在滑道充足的情况下，可以不甩设备，直接将柴油机、底座等设备进行装车，避免二次重复吊装；井架推荐采用叠放运输方式。

（3）在拆安时井队根据情况可以进行变化，但必须遵循以安全、实用为主导。

（4）流程发生变化时，钻井队应向生产、安全办公室汇报，在现场监管人员监督下实施。

三、"40V 钻机老井拆卸定置摆放示意图"

根据 40V 钻机特点，绘制拆卸摆放示意图（如附图 4–1 所示），对机房、钻台、泵房设备附件拆卸后的放置位置进行明确。

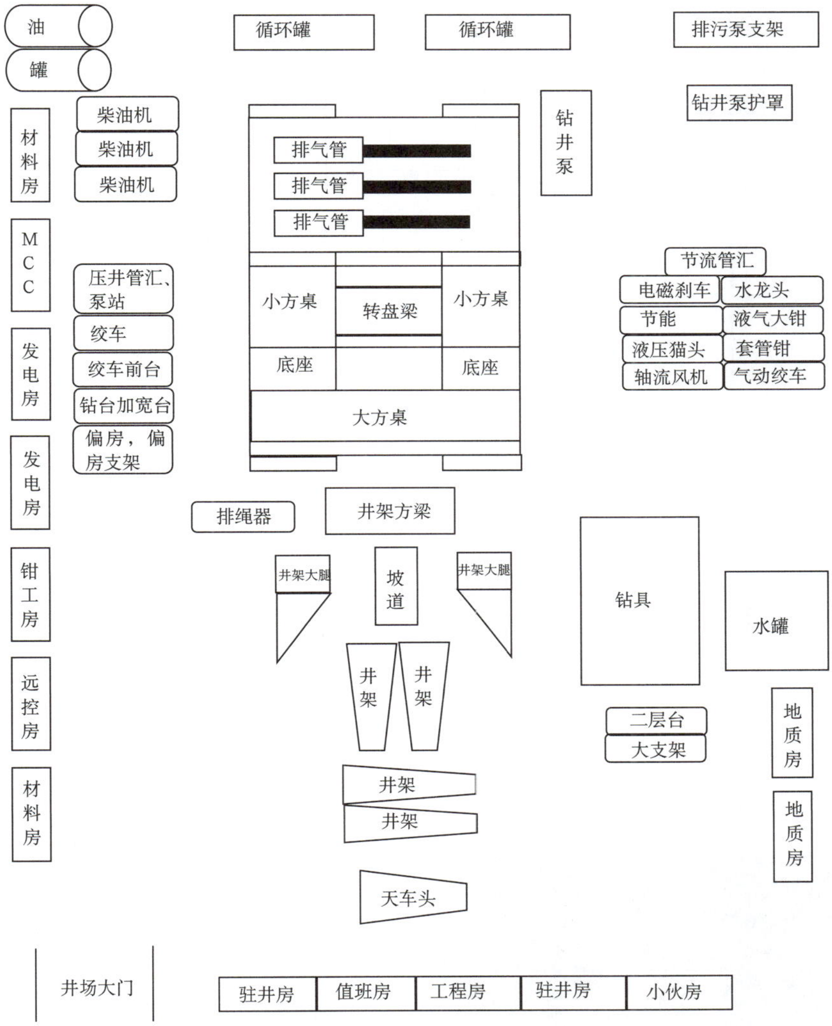

附图 4–1 40V 钻机老井拆卸定置摆放示意图

四、"40V 钻机新井卸车摆放示意图"

根据井场实际情况，绘制安装摆放示意图（如附图 4–2 所示），对待安装设备的放置位置进行明确，井场尺寸、安全距离进行标定。

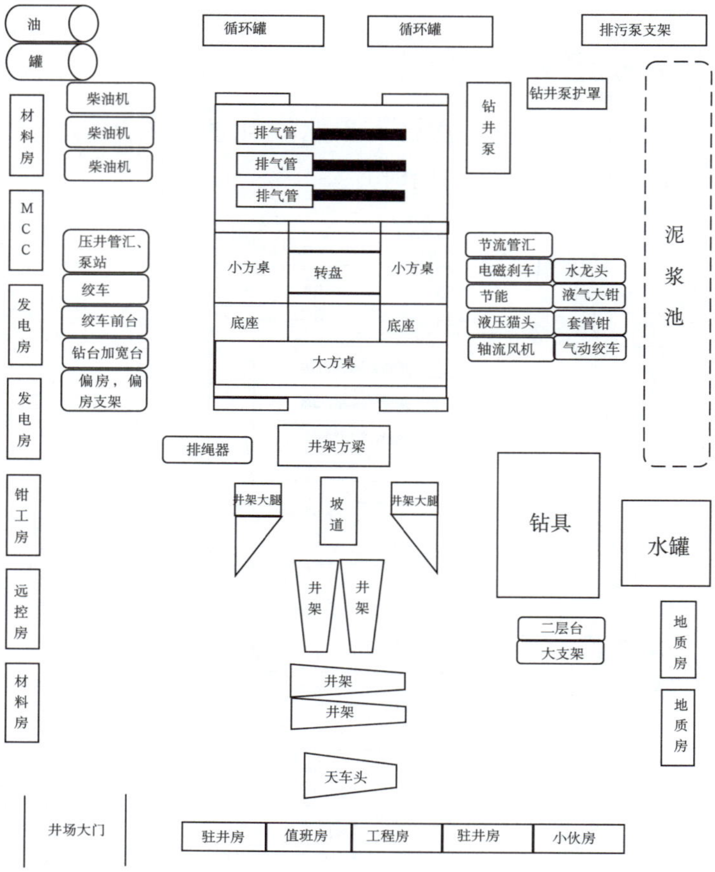

（a）平面图

（b）现场实际摆放图

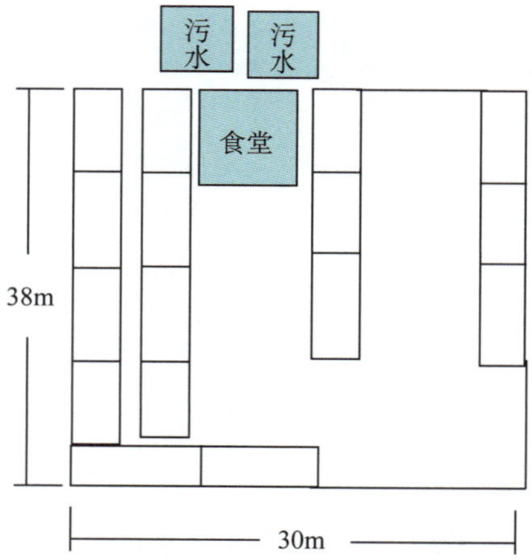

（c）营地

附图 4–2　40V 钻机新井卸车摆放示意图

五、搬迁清单

“40V 钻机拆卸设备定置摆放清单”见附表 4–1。“40V 钻机设备设施捆绑组合清单”见附表 4–2，“40V 钻机设备设施装车组合清单”见附表 4–3。

附表 4–1　40V 钻机拆卸设备定置摆放清单

类型	设备名称	放置位置	图例
散件	井口工具	偏房内	
小件	液气大钳	钳工房处	
小件	水龙头	钻台右侧泥浆池边	
散件	方钻杆	钻具区	

续表

类型	设备名称	放置位置	图例
散件	吊环	钻台右侧钻具前	
散件	液压猫头	钻台右侧钻具前	
小件	大门坡道	钻台正前方	
小件	转盘	钻台右侧	

续表

类型	设备名称	放置位置	图例
小件	梯子	井架上	
小件	逃生滑道	井架上	
小件	气动绞车	钻台右侧	
散件	铺台	钻台右侧	

续表

类型	设备名称	放置位置	图例
小件	偏房支架	钻台左侧	
小件	钻机大梁	钻台右侧	
小件	转盘大梁	钻台左侧	
大件	船型底座	原位置	

续表

类型	设备名称	放置位置	图例
小件	二层台	地质房前	
小件	大支架	地质房前或井架旁	
整件	绞车	钳工房前面	
小件	电磁刹车	钻台右侧	

续表

类型	设备名称	放置位置	图例
整件	偏房	远控房前面	
小件	抽绳器	井架左侧	
小件	小马甲	井架左侧	
大件	大马甲	钻台前方	

续表

类型	设备名称	放置位置	图例
整件	天车头	井场前方	
整件	游车	大门坡道上	
整件	井架	井架一侧	
小件	井架方梁	钻台正前方	

续表

类型	设备名称	放置位置	图例
整件	柴油机	机房左侧	
整件	联动机	机房后侧	
散件	排气管	船型底座一侧	
散件	节能发电机	机房加宽台一侧	

续表

类型	设备名称	放置位置	图例
整件	机房底座	机房后方或左侧	
小件	机房梯子	机房底座上方	
散件	铺台拉筋	机房底座	
散件	爬坡链条	爬坡链轮	

续表

类型	设备名称	放置位置	图例
散件	护罩	机房底座	
整件	轨道	原位置	
散件	滑道拉筋	轨道上	
整件	钻井泵	循环罐前	

续表

类型	设备名称	放置位置	图例
整件	循环罐	原位置	
小件	射流漏斗	原位置	
整件	电磁刹车	钻台右侧	
整件	固控设备	循环罐侧面	

续表

类型	设备名称	放置位置	图例
散件	封井器	钻台右侧	
小件	液压站、压井管汇	钻台左侧房前	
小件	节流管汇	钻台右侧	
散件	提升短节	提升短节专用提篮内	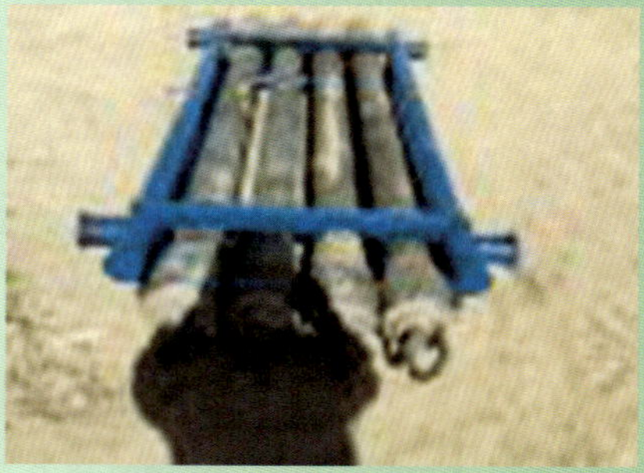

续表

类型	设备名称	放置位置	图例
散件	水管线、螺纹管、线性管线等	专用管材物件提篮内	
整件	强力泵支架	泥浆池边	
整件	化工提篮	原位置（井场后侧）	
小件	消防泵	生产水罐配电房内	

续表

类型	设备名称	放置位置	图例
散件	防洪防汛物资	防洪防汛专用提篮内	
散件	大门及井场口处牌子	材料房或值班房内	
小件	油桶提篮	井场后场	
整件	外围设备	原地不动	

附表 4–2　40V 钻机设备设施捆绑组合清单

序号	组合	组合位置	图例
1	井架大腿 + 小支架	导向滑轮处	
2	第二节井架 + 水龙带	盘在井架上	
3	第三节井架 1+ 钻台侧梯（梯子内两头气动绞车，中间液压猫头	井架笼梯旁边	
4	第三节井架 2 + 逃生滑道	井架笼梯旁边	

续表

序号	组合	组合位置	图例
5	第四节井架 + 钻台剩余 2 梯子	井架笼梯旁边	
6	井架方梁 + 圆梁 + 人字梁	在方梁内	
7	船槽 + 柴油机排气管	船槽上面	
8	泵滑道 + 阀门组 + 地面高压管线	滑道内	

续表

序号	组合	组合位置	图例
9	船槽（死绳器端）+ 船槽十字拉筋	套在死绳固定器上	
10	船槽 + 船槽横拉筋	船槽上方	
11	4#5# 循环管 + 强排 + 管线 + 梯子	搅拌器旁边	
12	1#2#3# 循环罐 + 过桥板 + 加宽铺台	搅拌器旁边	

续表

序号	组合	组合位置	图例
13	柴油机底座＋加宽台	底座空心处绑牢	
14	2# 泵加宽台＋机房栏杆＋工具箱＋推移井架操作箱	放置在台面上绑牢	
15	井架方梁＋圆梁＋人字梁	圆梁人字梁放入方梁内	
16	柴油机万向轴＋联动机	固定在联动机减速箱处	

续表

序号	组合	组合位置	图例
17	机房加宽台 + 机房底座	叠加在一起捆绑	
18	机房底座 + 护栏	护栏捆绑牢固放置在加宽台上面绑牢	
19	1# 联动箱 + 传动链条	放置在链轮上捆绑	
20	轨道 + 井架推移千斤	放置在轨道内	

续表

序号	组合	组合位置	图例
21	转盘 + 滚子方补心 +B 型吊钳	放置在转盘面上	
22	泵房高压阀门组 +1# 钻井泵底座	钻井泵底座内	
23	节流管汇 + 液控箱 + 工具箱	钻井泵滑道内	

附表 4–3　40V 钻机设备设施装车组合清单

车次	类型	名称	绳套	挂位及吊装要求	装车要求	捆绑要求	附件要求	责任人
1	整件	机房滑道	19mm×8m×4 根	分挂四个吊耳平稳起吊	将车厢立柱插好	上下两层滑道四角用 8# 铁丝 8 股绞紧。下层滑道与车厢 8 股铁丝正八字或倒八字绞紧	轨道拉筋用铁丝两头绞紧固定牢靠	副队长
2	整件	前站营房	16mm×8m×4 根	分挂四个吊耳平稳起吊	左右等宽前后适当	四角固定同为正八字或倒八字	无	副队长
3	整件	发电房，小生活水罐	16mm×8m×4 根	分挂四个吊耳平稳起吊	生活水罐在前，发电房在后	四角固定同为正八字或倒八字	无	副队长
4	整件	小伙房	16mm×8m×4 根	分挂四个吊耳平稳起吊	灶内无火，烟囱放倒固定	四角固定同为正八字或倒八字	无	副队长
5	整件	机房底座	16mm×8m×4 根	分挂四个吊耳平稳起吊	水柜无水，阀门关紧避免泄漏	四角固定同为正八字或倒八字	底座内杂物用铁丝捆扎，固定牢靠	司机长
6	整件	机房底座	16mm×8m×4 根	分挂四个吊耳平稳起吊	水柜无水，阀门关紧避免泄漏	四角固定同为正八字或倒八字	底座内杂物用铁丝捆扎，固定牢靠	司机长
7	整件	机房底座	16mm×8m×4 根	分挂四个吊耳平稳起吊	水柜无水，阀门关紧避免泄漏	四角固定同为正八字或倒八字	底座内杂物用铁丝捆扎，固定牢靠	司机长
8	小件	机房加宽台、节能发电机	13mm×6m×4 根	分挂四个吊耳平稳起吊	节能发电机装在卡车最前端	车厢马槽扣合	加宽台下大上小依次码好，用 4 股铁丝逐块连接绞紧	司机长

续表

车次	类型	名称	绳套	挂位及吊装要求	装车要求	捆绑要求	附件要求	责任人
9	整件	1# 柴油机 +1# 联动机	19mm × 8m × 4 根	分挂四个吊耳平稳起吊	柴油在前，联动机在后，后部车厢打起	四角固定同为正八字或倒八字	无万向轴、过桥梯子，用铁丝固定绞紧	司机长
10	整件	2# 柴油机 +2# 联动机	19mm × 8m × 4 根	分挂四个吊耳平稳起吊	柴油在前，联动机在后，后部车厢打起	四角固定同为正八字或倒八字	无万向轴、过桥梯子，用铁丝固定绞紧	司机长
11	整件	3# 柴油机 +3# 联动机	19mm × 8m × 4 根	分挂四个吊耳平稳起吊	柴油在前，联动机在后，后部车厢打起	四角固定同为正八字或倒八字	无万向轴、过桥梯子，用铁丝固定绞紧	司机长
12	整件	钻台底座滑道	19mm × 8m × 4 根	分挂四个吊耳平稳起吊	将车厢立柱插好	上下两层滑道四角用 8# 铁丝 8 股绞紧。下层滑道与车厢 8 股铁丝正八字或倒八字绞紧	轨道拉筋用铁丝两头绞紧固定牢靠	大班司钻
13	整件	外钳侧船型底座	19mm × 8m × 4 根	分挂四个吊耳平稳起吊	较重一端装在前端	四角固定同为正八字或倒八字	内控管线、十字拉筋、重锤用铁丝固定牢固	大班司钻
14	整件	内钳侧船型底座	19mm × 8m × 4 根	分挂四个吊耳平稳起吊	较重一端装在前端	四角固定同为正八字或倒八字	内控管线、十字拉筋、重锤用铁丝固定牢固	大班司钻
15	整件	小马夹 2 个	16mm × 8m × 4 根	分挂四个吊耳平稳起吊	一反一正，防止偏重	四角固定同为正八字或倒八字	无	大班司钻

续表

车次	类型	名称	绳套	挂位及吊装要求	装车要求	捆绑要求	附件要求	责任人
16	整件	装大马夹+转盘	16mm×8m×4根	分挂四个吊耳平稳起吊	一反一正，防止偏重	四角固定同为正八字或倒八字	无	大班司钻
17	小件	钻台铺台+两侧气动动小绞车底座	16mm×8m×4根	分挂四个吊耳平稳起吊	气动小绞车底座靠前马槽靠立	铺台之间用铁丝连接	无	大班司钻
18	小件	钻台加宽台+偏房支架	16mm×8m×4根	分挂四个吊耳平稳起吊	装平整	偏房支架提前绑在一起，铺台之间用铁丝连接	无	大班司钻
19	整件	绞车	25.4mm×8m×4根	分挂四个吊耳平稳起吊四根引绳牵引	注意装车重心居中	刹把固定好	无	大班司钻副队长
20	整件	偏房+液压泵站	19mm×8m×4根	分挂四个吊耳平稳起吊	液压泵站装在前面，偏房门锁好	四角固定同为正八字或倒八字	无	大班司钻
21	整件	外钳侧井架大腿+小支架	16mm×8m×4根	分挂四个吊耳平稳起吊	用1块枕木配合装平整	在前面两个吊耳及后面一销孔中用铁丝倒八字	无	副队长
22	整件	内钳侧井架大腿+小支架	16mm×8m×4根	分挂四个吊耳平稳起吊	用1块枕木配合装平整	在前面两个吊耳及后面一销孔中用铁丝倒八字	无	副队长
23	整件	方梁+圆梁+人字梁	16mm×8m×4根	分挂方梁四个吊耳平稳起吊	装车重心居中	四角固定为倒八字	无	副队长
24	整件	井架左侧第一节+钻台梯子	16mm×8m×4根	分挂井架四个吊耳平稳起吊	梯子提前捆绑牢靠	四角固定为倒八字	梯子内两头气动绞车，中间液压猫头	副队长
25	整件	井架右侧侧第一节+水龙带	16mm×8m×4根	分挂井架四个吊耳平稳起吊	水龙带捆绑牢靠	四角固定为倒八字	梯子内两头气动绞车，中间液压猫头	副队长

续表

车次	类型	名称	绳套	挂位及吊装要求	装车要求	捆绑要求	附件要求	责任人
26	整件	井架左侧第二节＋钻台逃生滑道	16mm×8m×4根	分挂井架四个吊耳平稳起吊	逃生滑道提前捆绑牢靠	四角固定为倒八字	无	副队长
27	整件	井架右侧第二节＋钻台梯子	16mm×8m×4根	分挂井架四个吊耳平稳起吊	意梯子提前捆绑牢靠	四角固定为倒八字	无	副队长
28	整件	井架第三节2片	16mm×8m×4根	分挂井架四个吊耳平稳起吊	拉筋等附件提前捆绑牢靠	四角固定为倒八字	拉筋等附件	副队长
29	整件	井架第四节2片	16mm×8m×4根	分挂井架四个吊耳平稳起吊	拉筋等附件提前捆绑牢靠	四角固定为倒八字	拉筋等附件	副队长
30	整件	天车头＋井架销子工具箱	26mm×6m×2根	分挂井架四个吊耳平稳起吊	水罐装前面	四角固定为倒八字	拉筋等附件	副队长
31	整件	二层台＋大支架	16mm×8m×4根	分挂二层台两侧吊耳平稳起吊	二层台装前面	四角固定为倒八字	无	副队长
32	散件	电磁刹车＋封井器＋震动筛	16mm×8m×4根	分挂四个吊耳平稳起吊封井器吊挂点选择在全封缸护套上	将车厢立柱插好	四角固定为倒八字	无	副队长
33	散件	大门坡道＋游车大钩＋水龙头	16mm×8m×4根	分挂在大门坡道四个吊耳上平稳起吊	将车厢马槽扣合	无	无	副队长
34	整件	化工提篮1	19mm×8m×4根	分挂提篮四个吊耳平稳起吊	化工覆盖好	四角固定为倒八字	无	泥浆大班
35	整件	化工提篮2	19mm×8m×4根	分挂提篮四个吊耳平稳起吊	化工覆盖好	四角固定为倒八字	无	泥浆大班

续表

车次	类型	名称	绳套	挂位及吊装要求	装车要求	捆绑要求	附件要求	责任人
36	散件	强力泵支架＋电动漏斗＋射流漏斗	16mm × 8m × 4 根	分挂在强力泵配重罐四个吊耳上平稳起吊	将车厢马槽扣合，两个支架提前固定死	四角固定为倒八字	无	泥浆大班
37	整件	6# 循环罐	19mm × 8m × 4 根	分挂循环罐四个吊耳平稳起吊	提前包扎好泥浆罐各管线口	四角固定为倒八字	无	泥浆大班
38	整件	5# 循环罐	19mm × 8m × 4 根	分挂循环罐四个吊耳平稳起吊	提前包扎好泥浆罐各管线口	四角固定为倒八字	无	泥浆大班
39	整件	4# 循环罐	19mm × 8m × 4 根	分挂循环罐四个吊耳平稳起吊	提前包扎好泥浆罐各管线口	四角固定为倒八字	无	泥浆大班
40	整件	2# 钻井泵	22mm × 8m × 4 根	分挂四个吊耳平稳起吊四根引绳牵引	装车重心居中	四角固定为倒八字	无	泥浆大班
41	散件	2# 钻井泵底座＋泵护罩等	16mm × 8m × 4 根	分挂循环罐四个吊耳平稳起吊	提前包扎好泥浆罐各管线口	四角固定为倒八字	无	泥浆大班
42	整件	1# 钻井泵	22mm × 8m × 4 根	分挂四个吊耳平稳起吊四根引绳牵引	装车重心居中	四角固定为倒八字	无	副队长
43	散件	1# 钻井泵底座＋泵护罩等	16mm × 8m × 4 根	分挂循环罐四个吊耳平稳起吊	提前包扎好泥浆罐各管线口	四角固定为倒八字	无	副队长
44	散件	泵滑道＋高压阀门组	16mm × 8m × 4 根	分挂四个吊耳平稳起吊	高压阀门组放在滑道上	两层滑道连接好后，四角固定为倒八字	无	副队长
45	散件	坐岗房＋离心机＋药品罐	16mm × 8m × 4 根	分挂四个吊耳平稳起吊	马槽扣合	马槽扣合	无	泥浆大班
46	整件	3# 循环罐	19mm × 8m × 4 根	分挂循环罐四个吊耳平稳起吊	提前包扎好泥浆罐各管线口	四角固定为倒八字	无	泥浆大班

续表

车次	类型	名称	绳套	挂位及吊装要求	装车要求	捆绑要求	附件要求	责任人
47	散件	一体机＋除气器＋缓冲罐＋水泥基敦等	16mm × 8m × 4 根	分挂四个吊耳平稳起吊	马槽扣合	马槽扣合	无	泥浆大班
48	整件	2# 循环罐	19mm × 8m × 4 根	分挂循环罐四个吊耳平稳起吊	提前包扎好泥浆罐各管线口	四角固定为倒八字	无	泥浆大班
49	整件	1# 循环罐	19mm × 8m × 4 根	分挂循环罐四个吊耳平稳起吊	提前包扎好泥浆罐各管线口	四角固定为倒八字	无	泥浆大班
50	整件	化工材料房	19mm × 8m × 4 根	分挂房子四个吊耳平稳起吊	无	四角固定为倒八字	无	泥浆大班
51	整件	40 方油罐	19mm × 8m × 4 根	分挂房子四个吊耳平稳起吊	阀门关死无泄露	四角固定为倒八字	无	司机长
52	整件	20 方油罐＋油桶提篮	19mm × 8m × 4 根	分挂房子四个吊耳平稳起吊	油桶提篮在前端	四角固定为倒八字	无	司机长
53	整件	沃尔沃发电机 1	16mm × 8m × 4 根	分挂房子四个吊耳平稳起吊	无	四角固定为倒八字	无	司机长
54	整件	沃尔沃发电机 2	16mm × 8m × 4 根	分挂房子四个吊耳平稳起吊	无	四角固定为倒八字	无	司机长
55	整件	MCC 房	19mm × 8m × 4 根	分挂房子四个吊耳平稳起吊	无	四角固定为倒八字	无	司机长
56	整件	气源房	19mm × 8m × 4 根	分挂房子四个吊耳平稳起吊	无	四角固定为倒八字	无	副队长
57	整件	钳工房	19mm × 8m × 4 根	分挂房子四个吊耳平稳起吊	无	四角固定为倒八字	无	副队长
58	整件	远控房＋抽绳器	16mm × 8m × 4 根	分挂房子四个吊耳平稳起吊	远控房在前端	四角固定为倒八字	无	副队长

续表

车次	类型	名称	绳套	挂位及吊装要求	装车要求	捆绑要求	附件要求	责任人
59	整件	接头房	19mm × 8m × 4 根	分挂房子四个吊耳平稳起吊	无	四角固定为倒八字	无	副队长
60	整件	材料房	19mm × 8m × 4 根	分挂房子四个吊耳平稳起吊	贵重一端装在前面	四角固定为倒八字	无	副队长
61	整件	生产水罐 1	19mm × 8m × 4 根	分挂房子四个吊耳平稳起吊	阀门关死防止泄露	四角固定为倒八字	无	泥浆大班
62	整件	生产水罐 2	19mm × 8m × 4 根	分挂房子四个吊耳平稳起吊	阀门关死防止泄露	四角固定为倒八字	无	泥浆大班
63	整件	生产水罐 3+防洪防汛物资提篮	19mm × 8m × 4 根	分挂房子四个吊耳平稳起吊	阀门关死防止泄露	四角固定为倒八字	无	泥浆大班
64	整件	工程技术房	16mm × 8m × 4 根	分挂房子四个吊耳平稳起吊	无	四角固定为倒八字	无	副队长
65	整件	值班房	16mm × 8m × 4 根	分挂房子四个吊耳平稳起吊	无	四角固定为倒八字	无	副队长
66	整件	器材材料房	19mm × 8m × 4 根	分挂房子四个吊耳平稳起吊	无	四角固定为倒八字	无	副队长
67	整件	泥浆大班房	16mm × 8m × 4 根	分挂房子四个吊耳平稳起吊	无	四角固定为倒八字	无	副队长
68	整件	队部	16mm × 8m × 4 根	分挂房子四个吊耳平稳起吊	无	四角固定为倒八字	无	副队长
69	整件	餐厅 1	16mm × 8m × 4 根	分挂房子四个吊耳平稳起吊	无	四角固定为倒八字	无	支部书记
70	整件	餐厅 2	16mm × 8m × 4 根	分挂房子四个吊耳平稳起吊	无	四角固定为倒八字	无	支部书记

续表

车次	类型	名称	绳套	挂位及吊装要求	装车要求	捆绑要求	附件要求	责任人
71	整件	操作间	16mm × 8m × 4 根	分挂房子四个吊耳平稳起吊	锅灶端装在前端	四角固定为倒八字	无	支部书记
72	整件	生活水罐	16mm × 8m × 4 根	分挂房子四个吊耳平稳起吊	阀门关死防止泄露	四角固定为倒八字	无	支部书记
73	整件	阅览室	16mm × 8m × 4 根	分挂房子四个吊耳平稳起吊	无	四角固定为倒八字	无	支部书记
74	整件	淋浴房	16mm × 8m × 4 根	分挂房子四个吊耳平稳起吊	无	四角固定为倒八字	无	支部书记
75	整件	生活库房	16mm × 8m × 4 根	分挂房子四个吊耳平稳起吊	无	四角固定为倒八字	无	支部书记
76	整件	厕所	16mm × 8m × 4 根	分挂房子四个吊耳平稳起吊	无	四角固定为倒八字	无	支部书记
77	整件	驻地住人房 8 ~ 10 顶	16mm × 8m × 4 根	分挂房子四个吊耳平稳起吊	无	四角固定为倒八字	无	支部书记
78	小件	杂物 2 车	12mm × 6m	管类用两根绳套吊装，所有物件必须捆绑牢固再吊装	将马槽关起		无	副队长
79	散件	钻具 5 ~ 6 车	使用装载机吊装	使用吊车必须向项目部主管领导审批	铲车装车	用辆车自带紧绳器绑紧	无	技术员
80	散件	基础 2 车	13mm × 6m × 4 根带钩	分挂基础四个吊耳平稳起吊	将马槽关起	无	无	副队长

附录五 40LDB钻机搬迁“两图三单”

一、拆卸、搬迁、安装准备工作

严格执行“11222233”拆卸、搬迁、安装作业安全管理模式。

(1) 拆卸、搬迁、安装前，编制“钻井队搬迁作业计划书”并审批、交底。

(2) 组织员工分享“两点一线”踏勘视频，进行风险交底。

(3) 进行新老井人员分工、明确工作责任。

(4) 组织全员学习拆卸、搬迁、安装相关课件。

(5) 拆卸、搬迁前进行“两图三单”交底，两图是“40LDB钻机老井拆卸定置摆放示意图”和“40LDB钻机新井卸车摆放示意图”；三单是“40LDB钻机拆卸定置摆放清单”、“40LDB钻机设备设施捆绑组合清单”和“40LDB钻机设备设施装车组合清单”。

(6) 将设备划分为整件、小件、散件三种类型，分类管理。

(7) 按要求拆安防坠落装置、登高助力器、监控视频等设施，做好防损坏措施，防止防护解除带来的安全风险；对消防器材、接地线等按照安全规定择时回收或安装。

(8)对组合后的物件，重新明确吊点、吊索具和吊挂方式；评估提篮(托盘)承载能力。

二、设备拆卸、搬迁、安装流程

(1) 井队搬迁前预留2d的拆卸时间，让井队在搬迁前有充足的准备时间，尽量避免边拆边搬的现象。

(2) 机房、钻台的拆卸，一般是甩开设备，先将滑道装车，在滑道充足的情况下，可以不甩设备，直接将柴油机、底座等设备进行装车，避免二次重复吊装；井架推荐采用叠放运输方式。

(3) 在拆安时井队根据情况可以进行变化，但必须遵循以安全、实用为主导。

(4) 流程发生变化时，钻井队应向生产、安全办公室汇报，在现场监管人员监督下实施。

三、“钻机老井拆卸定置摆放示意图”

根据 40LDB 钻机特点，绘制拆卸摆放示意图（如附图 5–1 所示），对机房、钻台、泵房设备附件拆卸后的放置位置进行明确。

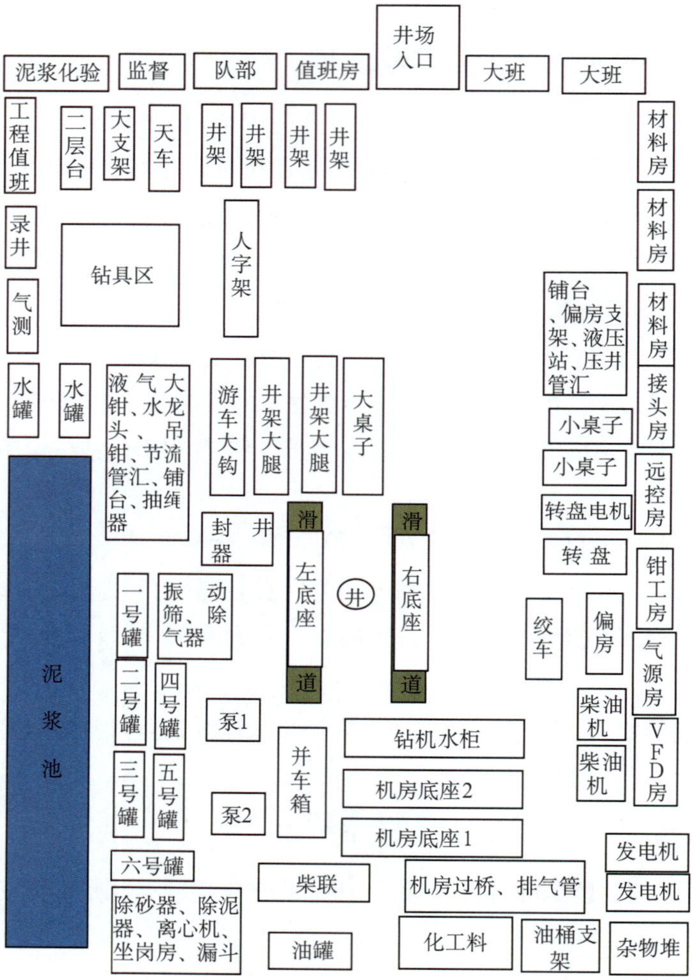

附图 5–1　40LDB 钻机老井拆卸定置摆放示意图

四、“钻机新井卸车摆放示意图”

根据井场实际情况，绘制安装摆放示意图（如附图 5–2 所示），对待安装设备的放置位置进行明确。井场尺寸、安全距离进行标定。

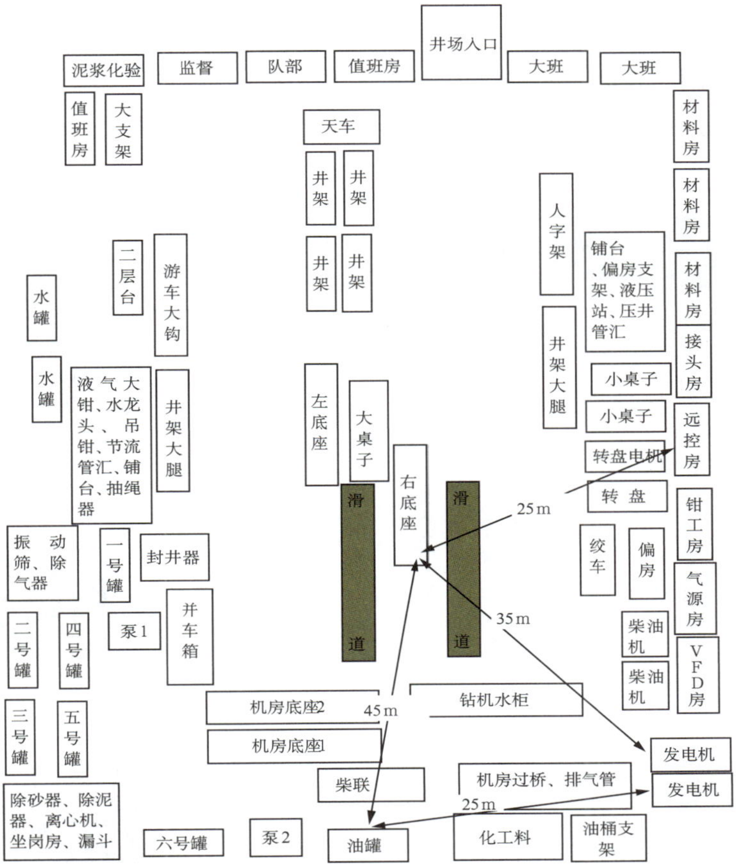

（a）平面图

（b）现场实际摆放图

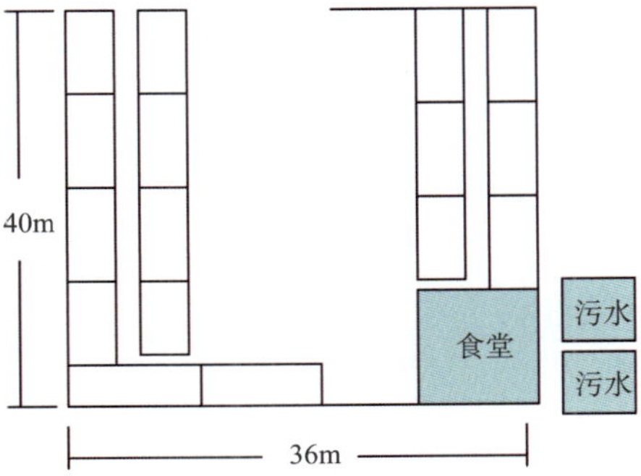

（c）营地

附图 5-2　40LDB 钻机新井卸车摆放示意图

五、搬迁清单

“40LDB 钻机拆卸设备定置摆放清单”见附表 5–1。“40LDB 钻机设备设施捆绑组合清单”见附表 5–2，“40LDB 钻机设备设施装车组合清单”见附表 5–3。

附表 5–1　40LDB 钻机拆卸设备定置摆放清单

类型	设备名称	放置位置	图例
散件	井口工具	偏房内	
小件	液气大钳	钳工房处	
小件	水龙头	钻台右侧泥浆池边	
散件	方钻杆	钻具区	
散件	吊环	钻台右侧钻具前	
散件	液压猫头	钻台右侧钻具前	

续表

类型	设备名称	放置位置	图例
小件	大门坡道	钻台正前方	
小件	转盘	钻台右侧	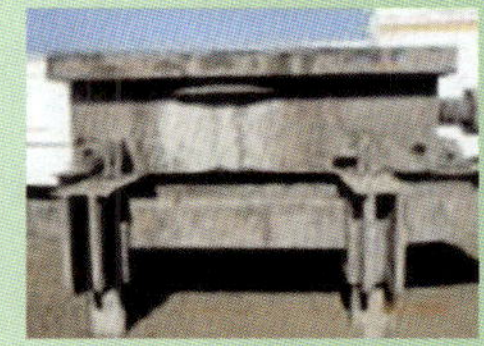
小件	梯子	井架上	
小件	逃生滑道	井架上	
小件	气动绞车	钻台右侧	
散件	铺台	钻台右侧	
小件	偏房支架	钻台左侧	

续表

类型	设备名称	放置位置	图例
小件	转盘电机	钻台左侧	
大件	船型底座	原位置	
小件	二层台	地质房前	
小件	大支架	地质房前或井架旁	
整件	小方桌	钳工房前面	
小件	电磁刹车	钻台右侧	
整件	偏房	远控房前面	

续表

类型	设备名称	放置位置	图例
小件	司控房	井架左侧	
大件	大桌子	钻台前方	
整件	天车头	井场前方	
整件	游车	大门坡道上	
整件	井架	井架一侧	
小件	井架方梁	钻台正前方	
整件	柴油机	机房左侧	

续表

类型	设备名称	放置位置	图例
整件	并车箱	原位置	
散件	排气管	船型底座一侧	
散件	节能发电机	机房加宽台一侧	
整件	机房底座	机房后方或左侧	
小件	机房梯子	机房底座上方	
散件	铺台拉筋	机房底座	
散件	爬坡链条	爬坡链轮	

续表

类型	设备名称	放置位置	图例
散件	护罩	机房底座	
整件	轨道	原位置	
散件	滑道拉筋	轨道上	
整件	钻井泵	循环罐前	
整件	循环罐	原位置	
小件	射流漏斗	原位置	
整件	电磁刹车	钻台右侧	

续表

类型	设备名称	放置位置	图例
整件	固控设备	循环罐侧面	
散件	封井器	钻台右侧	
小件	液压站、压井管汇	钻台左侧房前	
小件	节流管汇	钻台右侧	
散件	提升短节	提升短节专用提篮内	
散件	水管线、螺纹管、线性管线等	专用管材物件提篮内	

续表

类型	设备名称	放置位置	图例
整件	强力泵支架	泥浆池边	
整件	化工提篮	原位置（井场后侧）	
小件	消防泵	生产水罐配电房内	
散件	防洪防汛物资	防洪防汛专用提篮内	
散件	大门及井场口处牌子	材料房或值班房内	
小件	油桶提篮	井场后场	

续表

类型	设备名称	放置位置	图例
整件	外围设备	原地不动	

附表 5-2　40LDB 钻机设备设施捆绑组合清单

序号	组合	组合位置	图例
1	井架大腿＋小支架	导向滑轮处	
2	第二节井架＋水龙带	盘在井架上	
3	第三节井架 1+ 钻台侧梯（梯子内两头气动绞车，中间液压猫头）	井架笼梯旁边	
4	第三节井架 2+ 逃生滑道	井架笼梯旁边	

续表

序号	组合	组合位置	图例
5	第四节井架＋钻台剩余2梯子	井架笼梯旁边	
6	井架方梁＋圆梁＋人字梁	在方梁内	
7	船槽＋柴油机排气管	船槽上面	
8	泵滑道＋阀门组＋地面高压管线	滑道内	
9	船槽（死绳器端）＋船槽十字拉筋	套在死绳固定器上	
10	船槽＋船槽横拉筋	船槽上方	

续表

序号	组合	组合位置	图例
11	4#5# 循环管 + 强排 + 管线 + 梯子	搅拌器旁边	
12	1#2#3# 循环罐 + 过桥板 + 加宽铺台	搅拌器旁边	
13	柴油机底座 + 加宽台	底座空心处绑牢	
14	2# 泵加宽台 + 机房栏杆 + 工具箱 + 推移井架操作箱	放置在台面上绑牢	
15	井架方梁 + 圆梁 + 人字梁	圆梁人字梁放入方梁内	
16	柴油机万向轴 + 联动机	固定在联动机减速箱处	
17	机房加宽台 + 机房底座	叠加在一起捆绑	

续表

序号	组合	组合位置	图例
18	机房底座 + 护栏	护栏捆绑牢固放置在加宽台上面绑牢	
19	1# 联动箱 + 传动链条	放置在链轮上捆绑	
20	轨道 + 井架推移千斤	放置在轨道内	
21	转盘 + 滚子方补心 +B 型吊钳	放置在转盘面上	
22	泵房高压阀门组 +1 号钻井泵底座	钻井泵底座内	
23	节流管汇 + 液控箱 + 工具箱	钻井泵滑道内	

附表 5–3　40LDB 钻机设备设施装车组合清单

车次	类型	名称	绳套	挂位及吊装要求	装车要求	捆绑要求	附件要求	责任人
1	整件	机房滑道	19mm × 8m × 4 根	分挂四个吊耳平稳起吊	将车厢立柱插好	上下两层滑道四角用 8# 铁丝 8 股绞紧。下层滑道与车厢 8 股铁丝正八字或倒八字绞紧	轨道拉筋用铁丝两头绞紧固定牢靠	副队长
2	整件	前站营房	16mm × 8m × 4 根	分挂四个吊耳平稳起吊	左右等宽前后适当	四角固定同为正八字或倒八字	无	副队长
3	整件	发电房，小生活水罐	16mm × 8m × 4 根	分挂四个吊耳平稳起吊	生活水罐在前，发电房在后	四角固定同为正八字或倒八字	无	副队长
4	整件	小伙房	16mm × 8m × 4 根	分挂四个吊耳平稳起吊	灶内无火，烟囱放倒固定	四角固定同为正八字或倒八字	无	副队长
5	整件	机房底座	16mm × 8m × 4 根	分挂四个吊耳平稳起吊	水柜无水，阀门关紧避免泄漏	四角固定同为正八字或倒八字	底座内杂物用铁丝捆扎，固定牢靠	司机长
6	整件	机房底座	16mm × 8m × 4 根	分挂四个吊耳平稳起吊	水柜无水，阀门关紧避免泄漏	四角固定同为正八字或倒八字	底座内杂物用铁丝捆扎，固定牢靠	司机长
7	整件	机房底座	16mm × 8m × 4 根	分挂四个吊耳平稳起吊	水柜无水，阀门关紧避免泄漏	四角固定同为正八字或倒八字	底座内杂物用铁丝捆扎，固定牢靠	司机长
8	小件	机房加宽台、节能发电机	13mm × 6m × 4 根	分挂四个吊耳平稳起吊	节能发电机装在卡车最前端	车厢马槽扣合	加宽台下大上小依次码好，用 4 股铁丝逐块连接绞紧	司机长
9	整件	1# 柴油机 +1# 联动机	19mm × 8m × 4 根	分挂四个吊耳平稳起吊	柴油在前，联动机在后，后部车厢打起	四角固定同为正八字或倒八字	无万向轴、过桥梯子，用铁丝固定绞紧	司机长
10	整件	2# 柴油机 +2# 联动机	19mm × 8m × 4 根	分挂四个吊耳平稳起吊	柴油在前，联动机在后，后部车厢打起	四角固定同为正八字或倒八字	无万向轴、过桥梯子，用铁丝固定绞紧	司机长

续表

车次	类型	名称	绳套	挂位及吊装要求	装车要求	捆绑要求	附件要求	责任人
11	整件	3# 柴油机 +3# 联动机	19mm × 8m × 4 根	分挂四个吊耳平稳起吊	柴油在前，联动机在后，后部车厢打起	四角固定同为正八字或倒八字	无万向轴、过桥梯子，用铁丝固定绞紧	司机长
12	整件	钻台底座滑道	19mm × 8m × 4 根	分挂四个吊耳平稳起吊	将车厢立柱插好	上下两层滑道四角用 8# 铁丝 8 股绞紧。下层滑道与车厢 8 股铁丝正八字或倒八字绞紧	轨道拉筋用铁丝两头绞紧固定牢靠	大班司钻
13	整件	外钳侧船型底座	19mm × 8m × 4 根	分挂四个吊耳平稳起吊	较重一端装在前端	四角固定同为正八字或倒八字	内控管线、十字拉筋、重锤用铁丝固定牢固	大班司钻
14	整件	内钳侧船型底座	19mm × 8m × 4 根	分挂四个吊耳平稳起吊	较重一端装在前端	四角固定同为正八字或倒八字	内控管线、十字拉筋、重锤用铁丝固定牢固	大班司钻
15	整件	小马夹 2 个	16mm × 8m × 4 根	分挂四个吊耳平稳起吊	一反一正，防止偏重	四角固定同为正八字或倒八字	无	大班司钻
16	整件	装大马夹 + 转盘	16mm × 8m × 4 根	分挂四个吊耳平稳起吊	一反一正，防止偏重	四角固定同为正八字或倒八字	无	大班司钻
17	小件	钻台铺台 + 两侧气动动小绞车底座	16mm × 8m × 4 根	分挂四个吊耳平稳起吊	气动小绞车底座靠前马槽靠立	铺台之间用铁丝连接	无	大班司钻
18	小件	钻台加宽台 + 偏房支架	16mm × 8m × 4 根	分挂四个吊耳平稳起吊	装平整	偏房支架提前绑在一起，铺台之间用铁丝连接	无	大班司钻
19	整件	绞车	25.4mm × 8m × 4 根	分挂四个吊耳平稳起吊四根引绳牵引	注意装车重心居中	刹把固定好	无	大班司钻副队长

续表

车次	类型	名称	绳套	挂位及吊装要求	装车要求	捆绑要求	附件要求	责任人
20	整件	偏房＋液压泵站	19mm×8m×4 根	分挂四个吊耳平稳起吊	液压泵站装在前面，偏房门锁好	四角固定同为正八字或倒八字	无	大班司钻
21	整件	外钳侧井架大腿＋小支架	16mm×8m×4 根	分挂四个吊耳平稳起吊	用 1 块枕木配合装平整	在前面两个吊耳及后面一销孔中用铁丝倒八字	无	副队长
22	整件	内钳侧井架大腿＋小支架	16mm×8m×4 根	分挂四个吊耳平稳起吊	用 1 块枕木配合装平整	在前面两个吊耳及后面一销孔中用铁丝倒八字	无	副队长
23	整件	方梁＋圆梁＋人字梁	16mm×8m×4 根	分挂方梁四个吊耳平稳起吊	装车重心居中	四角固定为倒八字	无	副队长
24	整件	井架左侧第一节＋钻台梯子	16mm×8m×4 根	分挂井架四个吊耳平稳起吊	梯子提前捆绑牢靠	四角固定为倒八字	梯子内两头气动绞车，中间液压猫头	副队长
25	整件	井架右侧侧第一节＋水龙带	16mm×8m×4 根	分挂井架四个吊耳平稳起吊	水龙带捆绑牢靠	四角固定为倒八字	梯子内两头气动绞车，中间液压猫头	副队长
26	整件	井架左侧第二节＋钻台逃生滑道	16mm×8m×4 根	分挂井架四个吊耳平稳起吊	逃生滑道提前捆绑牢靠	四角固定为倒八字	无	副队长
27	整件	井架右侧第二节＋钻台梯子	16mm×8m×4 根	分挂井架四个吊耳平稳起吊	意梯子提前捆绑牢靠	四角固定为倒八字	无	副队长
28	整件	井架第三节2 片	16mm×8m×4 根	分挂井架四个吊耳平稳起吊	拉筋等附件提前捆绑牢靠	四角固定为倒八字	拉筋等附件	副队长
29	整件	井架第四节2 片	16mm×8m×4 根	分挂井架四个吊耳平稳起吊	拉筋等附件提前捆绑牢靠	四角固定为倒八字	拉筋等附件	副队长

续表

车次	类型	名称	绳套	挂位及吊装要求	装车要求	捆绑要求	附件要求	责任人
30	整件	天车头+井架销子工具箱	26mm×6m×2根	分挂井架四个吊耳平稳起吊	水罐装前面	四角固定为倒八字	拉筋等附件	副队长
31	整件	二层台+大支架	16mm×8m×4根	分挂二层台两侧吊耳平稳起吊	二层台装前面	四角固定为倒八字	无	副队长
32	散件	电磁刹车+封井器+震动筛	16mm×8m×4根	分挂四个吊耳平稳起吊封井器吊挂点选择在全封缸护套上	将车厢立柱插好	四角固定为倒八字	无	副队长
33	散件	大门坡道+游车大钩+水龙头	16mm×8m×4根	分挂在大门坡道四个吊耳上平稳起吊	将车厢马槽扣合	无	无	副队长
34	整件	化工提篮1	19mm×8m×4根	分挂提篮四个吊耳平稳起吊	化工覆盖好	四角固定为倒八字	无	泥浆大班
35	整件	化工提篮2	19mm×8m×4根	分挂提篮四个吊耳平稳起吊	化工覆盖好	四角固定为倒八字	无	泥浆大班
36	散件	强力泵支架+电动漏斗+射流漏斗	16mm×8m×4根	分挂在强力泵配重罐四个吊耳上平稳起吊	将车厢马槽扣合，两个支架提前固定死	四角固定为倒八字	无	泥浆大班
37	整件	6# 循环罐	19mm×8m×4根	分挂循环罐四个吊耳平稳起吊	提前包扎好泥浆罐各管线口	四角固定为倒八字	无	泥浆大班
38	整件	5# 循环罐	19mm×8m×4根	分挂循环罐四个吊耳平稳起吊	提前包扎好泥浆罐各管线口	四角固定为倒八字	无	泥浆大班

续表

车次	类型	名称	绳套	挂位及吊装要求	装车要求	捆绑要求	附件要求	责任人
39	整件	4# 循环罐	19mm × 8m × 4 根	分挂循环罐四个吊耳平稳起吊	提前包扎好泥浆罐各管线口	四角固定为倒八字	无	泥浆大班
40	整件	2# 钻井泵	22mm × 8m × 4 根	分挂四个吊耳平稳起吊四根引绳牵引	装车重心居中	四角固定为倒八字	无	泥浆大班
41	散件	2# 钻井泵底座 + 泵护罩等	16mm × 8m × 4 根	分挂循环罐四个吊耳平稳起吊	提前包扎好泥浆罐各管线口	四角固定为倒八字	无	泥浆大班
42	整件	1# 钻井泵	22mm × 8m × 4 根	分挂四个吊耳平稳起吊四根引绳牵引	装车重心居中	四角固定为倒八字	无	副队长
43	散件	1# 钻井泵底座 + 泵护罩等	16mm × 8m × 4 根	分挂循环罐四个吊耳平稳起吊	提前包扎好泥浆罐各管线口	四角固定为倒八字	无	副队长
44	散件	泵滑道 + 高压阀门组	16mm × 8m × 4 根	分挂四个吊耳平稳起吊	高压阀门组放在滑道上	两层滑道连接好后，四角固定为倒八字	无	副队长
45	散件	坐岗房 + 离心机 + 药品罐	16mm × 8m × 4 根	分挂四个吊耳平稳起吊	马槽扣合	马槽扣合	无	泥浆大班
46	整件	3# 循环罐	19mm × 8m × 4 根	分挂循环罐四个吊耳平稳起吊	提前包扎好泥浆罐各管线口	四角固定为倒八字	无	泥浆大班
47	散件	一体机 + 除气器 + 缓冲罐 + 水泥基墩等	16mm × 8m × 4 根	分挂四个吊耳平稳起吊	马槽扣合	马槽扣合	无	泥浆大班

续表

车次	类型	名称	绳套	挂位及吊装要求	装车要求	捆绑要求	附件要求	责任人
48	整件	2# 循环罐	19mm×8m×4 根	分挂循环罐四个吊耳平稳起吊	提前包扎好泥浆罐各管线口	四角固定为倒八字	无	泥浆大班
49	整件	1# 循环罐	19mm×8m×4 根	分挂循环罐四个吊耳平稳起吊	提前包扎好泥浆罐各管线口	四角固定为倒八字	无	泥浆大班
50	整件	化工材料房	19mm×8m×4 根	分挂房子四个吊耳平稳起吊	无	四角固定为倒八字	无	泥浆大班
51	整件	$40m^3$ 油罐	19mm×8m×4 根	分挂房子四个吊耳平稳起吊	阀门关死无泄露	四角固定为倒八字	无	司机长
52	整件	$20m^3$ 油罐+油桶提篮	19mm×8m×4 根	分挂房子四个吊耳平稳起吊	油桶提篮在前端	四角固定为倒八字	无	司机长
53	整件	沃尔沃发电机 1	16mm×8m×4 根	分挂房子四个吊耳平稳起吊	无	四角固定为倒八字	无	司机长
54	整件	沃尔沃发电机 2	16mm×8m×4 根	分挂房子四个吊耳平稳起吊	无	四角固定为倒八字	无	司机长
55	整件	MCC 房	19mm×8m×4 根	分挂房子四个吊耳平稳起吊	无	四角固定为倒八字	无	司机长
56	整件	气源房	19mm×8m×4 根	分挂房子四个吊耳平稳起吊	无	四角固定为倒八字	无	副队长
57	整件	钳工房	19mm×8m×4 根	分挂房子四个吊耳平稳起吊	无	四角固定为倒八字	无	副队长
58	整件	远控房+抽绳器	16mm×8m×4 根	分挂房子四个吊耳平稳起吊	远控房在前端	四角固定为倒八字	无	副队长

续表

车次	类型	名称	绳套	挂位及吊装要求	装车要求	捆绑要求	附件要求	责任人
59	整件	接头房	19mm × 8m × 4 根	分挂房子四个吊耳平稳起吊	无	四角固定为倒八字	无	副队长
60	整件	材料房	19mm × 8m × 4 根	分挂房子四个吊耳平稳起吊	贵重一端装在前面	四角固定为倒八字	无	副队长
61	整件	生产水罐 1	19mm × 8m × 4 根	分挂房子四个吊耳平稳起吊	阀门关死防止泄露	四角固定为倒八字	无	泥浆大班
62	整件	生产水罐 2	19mm × 8m × 4 根	分挂房子四个吊耳平稳起吊	阀门关死防止泄露	四角固定为倒八字	无	泥浆大班
63	整件	生产水罐 3+防洪防汛物资提篮	19mm × 8m × 4 根	分挂房子四个吊耳平稳起吊	阀门关死防止泄露	四角固定为倒八字	无	泥浆大班
64	整件	工程技术房	16mm × 8m × 4 根	分挂房子四个吊耳平稳起吊	无	四角固定为倒八字	无	副队长
65	整件	值班房	16mm × 8m × 4 根	分挂房子四个吊耳平稳起吊	无	四角固定为倒八字	无	副队长
66	整件	器材材料房	19mm × 8m × 4 根	分挂房子四个吊耳平稳起吊	无	四角固定为倒八字	无	副队长
67	整件	泥浆大班房	16mm × 8m × 4 根	分挂房子四个吊耳平稳起吊	无	四角固定为倒八字	无	副队长
68	整件	队部	16mm × 8m × 4 根	分挂房子四个吊耳平稳起吊	无	四角固定为倒八字	无	副队长
69	整件	餐厅 1	16mm × 8m × 4 根	分挂房子四个吊耳平稳起吊	无	四角固定为倒八字	无	支部书记

续表

车次	类型	名称	绳套	挂位及吊装要求	装车要求	捆绑要求	附件要求	责任人
70	整件	餐厅 2	16mm × 8m × 4 根	分挂房子四个吊耳平稳起吊	无	四角固定为倒八字	无	支部书记
71	整件	操作间	16mm × 8m × 4 根	分挂房子四个吊耳平稳起吊	锅灶端装在前端	四角固定为倒八字	无	支部书记
72	整件	生活水罐	16mm × 8m × 4 根	分挂房子四个吊耳平稳起吊	阀门关死防止泄露	四角固定为倒八字	无	支部书记
73	整件	阅览室	16mm × 8m × 4 根	分挂房子四个吊耳平稳起吊	无	四角固定为倒八字	无	支部书记
74	整件	淋浴房	16mm × 8m × 4 根	分挂房子四个吊耳平稳起吊	无	四角固定为倒八字	无	支部书记
75	整件	生活库房	16mm × 8m × 4 根	分挂房子四个吊耳平稳起吊	无	四角固定为倒八字	无	支部书记
76	整件	厕所	16mm × 8m × 4 根	分挂房子四个吊耳平稳起吊	无	四角固定为倒八字	无	支部书记
77	整件	驻地住人房 8 ~ 10 顶	16mm × 8m × 4 根	分挂房子四个吊耳平稳起吊	无	四角固定为倒八字	无	支部书记
78	小件	杂物 2 车	12mm × 6m	管类用两根绳套吊装，所有物件必须捆绑牢固再吊装	将马槽关起		无	副队长
79	散件	钻具 5 ~ 6 车	使用装载机吊装	使用吊车必须向项目部主管领导审批	铲车装车	用辆车自带紧绳器绑紧	无	技术员
80	散件	基础 2 车	13mm × 6m × 4 根带钩	分挂基础四个吊耳平稳起吊	将马槽关起	无	无	副队长

附录六　50DB 钻机搬迁“两图三单”

一、拆卸、搬迁、安装准备工作

严格执行“11222233”拆卸、搬迁、安装作业安全管理模式。

(1) 拆卸、搬迁、安装前，编制“钻井队搬迁作业计划书”并审批、交底。

(2) 组织员工分享“两点一线”踏勘视频，进行风险交底。

(3) 进行新老井人员分工、明确工作责任。

(4) 组织全员学习拆卸、搬迁、安装相关课件。

(5) 拆卸、搬迁前进行“两图三单”交底，两图是“50DB 钻机老井拆卸定置摆放示意图”和“50DB 钻机新井卸车摆放示意图”；三单是“50DB 钻机拆卸定置摆放清单”、“50DB 钻机设备设施捆绑组合清单”和“50DB 钻机设备设施装车组合清单”。

(6) 将设备划分为整件、小件、散件三种类型，分类管理。

(7) 按要求拆安防坠落装置、登高助力器、监控视频等设施，做好防损坏措施，防止防护解除带来的安全风险；对消防器材、接地线等按照安全规定择时回收或安装。

(8) 对组合后的物件，重新明确吊点、吊索具和吊挂方式；评估提篮（托盘）承载能力。

二、设备拆卸、搬迁、安装流程

(1) 井队搬迁前预留 2d 拆卸时间，让井队在搬迁前有充足的准备时间，尽量避免边拆边搬的现象。

(2) 机房、钻台的拆卸，一般是甩开设备，先将滑道装车，在滑道充足的情况下，可以不甩设备，直接将柴油机、底座等设备进行装车，避免二次重复吊装；井架推荐采用叠放运输方式。

(3) 在拆安时井队根据情况可以进行变化，但必须遵循以安全、实用为主导。

(4) 流程发生变化时，钻井队应向生产、安全办公室汇报，在现场监管人员监督下实施。

三、"50DB 钻机老井拆卸定置摆放示意图"

根据 50DB 钻机特点，绘制拆卸摆放示意图（如附图 6–1 所示），对机房、钻台、泵房设备附件拆卸后的放置位置进行明确。

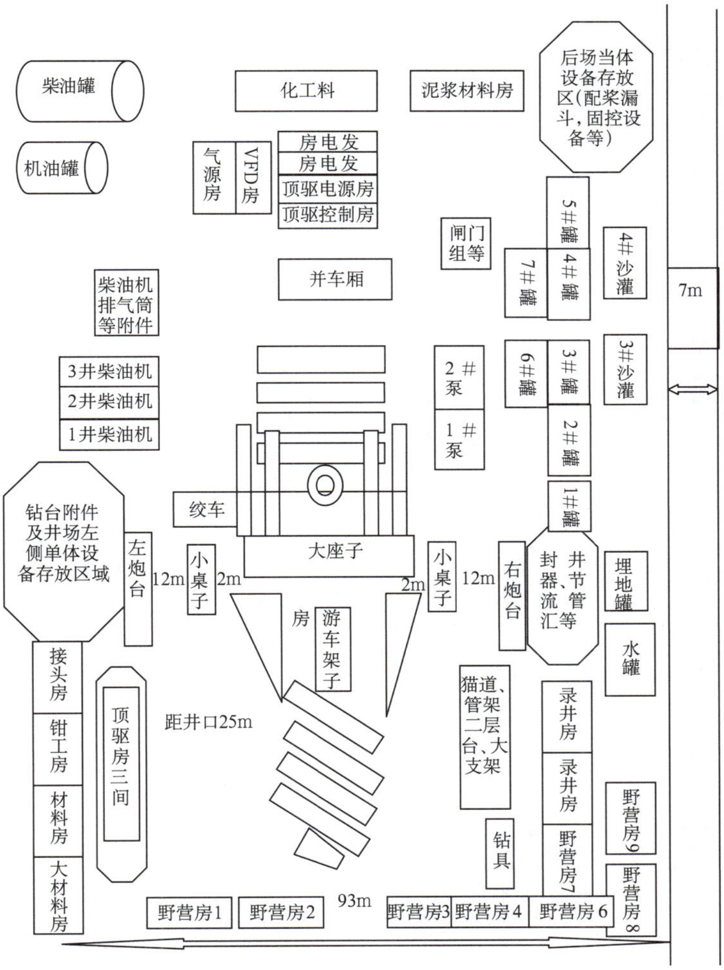

附图 6–1　50DB 钻机老井拆卸定置摆放示意图

四、"50DB 钻机新井卸车摆放示意图"

根据井场实际情况，绘制安装摆放示意图（如附图 6–2 所示），对待安装设备的放置位置进行明确。井场尺寸、安全距离进行标定。

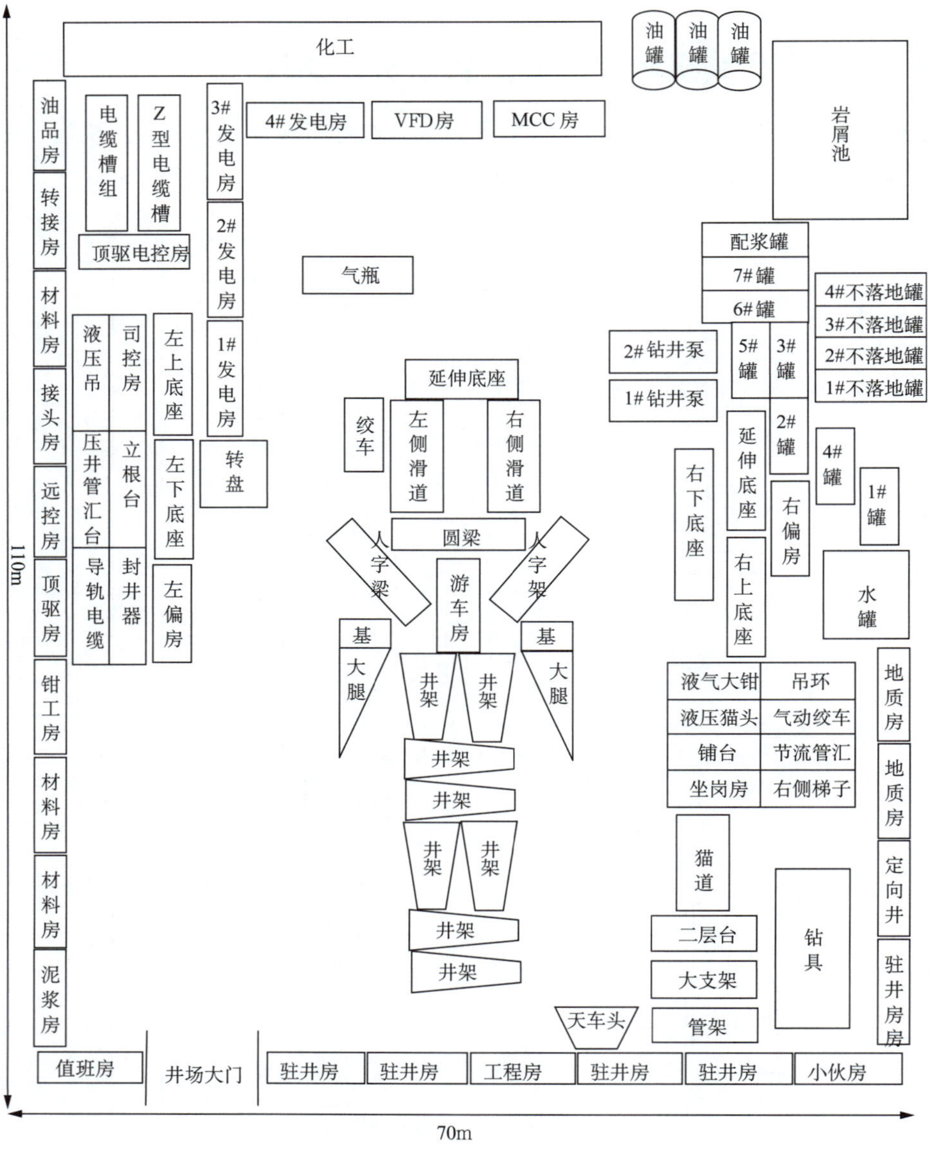

附图 6–2　50DB 钻机新井卸车摆放示意图

五、搬迁清单

“50DB 钻机拆卸设备定置摆放清单”见附表 6–1。“50DB 钻机设备设施捆绑组合清单”见附表 6–2，“50DB 钻机设备设施装车组合清单”见附表 6–3。

附表 6-1 50DB 钻机拆卸设备定置摆放清单

区域	设备名称	放置位置	图例
井场左前方钻具—循环罐区域	天车头	井场前方	
	猫道	靠近天车头与钻具	
	滑道	叠起靠近底座摆放	
	二层台	井场左方钻具前	
	大支架	靠近二层台	
	管架	靠近大支架与钻具处	
	节流管汇	靠近抽绳器	

续表

区域	设备名称	放置位置	图例
井场右前方—远控房区域	右侧钻台梯子	靠近材料房并排放置	
	逃生滑道	并排梯子放置	
	工具托盘	靠近逃生滑道放置	
	顶驱房	放置于逃生滑道后	
	顶驱滑轨	钳工房处	
井场右前方—远控房区域	导轨电缆	靠近梯子及钳工房放置	
	右偏房	并排导轨电缆放置	
	封井器	靠经远控房及顶驱房	

续表

区域	设备名称	放置位置	图例
钻台区域	井架	井场左侧依次摆放	
	游车房	井口正前方（约6m）	
	左右底座支架	左右轨道前靠近井架大腿	
钻台区域	左上底座	左偏房前靠近延伸底座	
	右上底座	顺着船型底座放置	

续表

区域	设备名称	放置位置	图例
接头房—后场右侧	左侧滑道	顺着钻台底座叠放	
	电缆槽	放置于发电房旁或顶驱电控房旁	 
	排气管	发电房旁	
泵房区	1# 罐	地埋罐前方	

附表 6–2　50DB 钻机设备设施捆绑组合清单

序号	组合	放置位置	图例
1	井架大腿 + 小支架 + 井架工具箱	小支架、工具箱放在井架上	

续表

序号	组合	放置位置	图例
2	井架方梁＋管线＋喇叭口	管线及喇叭口提前固定在方梁上	
3	大门坡道＋游车	游车捆绑固定在大门坡道内	
4	第二节井架两片叠放＋钻台侧梯＋逃生滑道	侧梯内放置气动绞车及液压猫头	
5	第三节井架叠放＋井架横拉筋＋水龙带	拉筋靠笼梯两端捆绑，水龙带盘在井架上，两端和中间分别捆绑。	 

续表

序号	组合	放置位置	图例
6	第四节井架 + 井架横拉筋	放置在紧靠笼梯侧	 
7	大支架 + 大门 + 过桥	大支架拆分开捆绑在一起	
8	猫道 + 场地气动小绞车	气动小绞车提前固定在猫道一端	
9	滑道 + 井架推移千斤 + 井口防护网 + 内控管线 + 龙门吊滑轨	内控管线两头固定在滑道上，千斤固定在滑道内	
10	4#5# 循环罐 + 管线 + 梯子 + 泵上水管线 + 泄压管线	小件捆绑在相应的循环罐上	

续表

序号	组合	放置位置	图例
11	1#2#3# 循环罐＋过桥板＋加宽铺台＋栏杆	小件捆绑在相应的循环罐上	
12	沉沙罐＋强力泵＋管线＋栏杆＋梯子＋铺台	小件捆绑在相应的沉沙罐上	
13	钻井泵＋泵房工具箱等	工具箱固定在钻井泵上	
14	配浆平台＋射流漏斗＋管线	射流漏斗捆绑在配浆平台上	
15	绞车方梁＋节能发电机	大电机靠前装车，附件提前捆绑好	
16	再用料	摆放在架子内，并捆扎好	

附表 6–3　50DB 钻机设备设施装车组合清单

类型	名称	组合	重量(t)	车次合计	绳套	挂位及吊装要求	装车要求	附件要求	负责人
整件	基础与滑道	基础 76 块(25 块一车)	38	6	19mm × 8m × 4 根	分挂四个吊耳平稳起吊	四角固定同为正八字或倒八字或用倒链前后捆绑		副队长
		轨道 16（8 块一组）	48						
小件	井控设备	远控房 + 压井管汇 + 司控房	10	3	13mm × 6m × 4 根	分挂四个吊耳平稳起吊	不打开车厢，远控房放前，压井管汇放后，用倒链或 4 股铁丝四角捆绑		技术员
		液气大钳 + 双闸板防喷器 + 环形防喷器 +B 型钳	15		13mm × 6m × 4 根	节流管汇四个吊耳平稳起吊、闸板封井器将绳套绕成“U”型平吊、环形吊挂在“U”卡上	不打开车厢闸板，封井器放前、环形放中间，节流管汇放最后，用倒链或铁丝两边捆绑		
		抽绳器 + 工具提篮 + 节流管汇	12		13mm × 6m × 4 根				
整件	井架及附件	天车头	13	13	22mm × 8m × 2 根	绳套饶两侧吊耳处成“U”型起吊	天滑轮端在前，四角固定同为正八字或倒八字或用倒链前后捆绑	井架悬吊剩盘整齐捆绑在天车头内	井架班班长
		井架第二节、方梁、拉筋	13		19mm × 8m × 4 根	分挂四个吊耳平稳起吊	四角固定同为正八字或倒八字或用倒链前后捆绑	方梁、拉筋提前固定在井架上，方梁与井架接触点可加草袋子防滑	
		井架第三节、方梁、逃生滑道、水龙带	12				用倒链前后或用铁丝四角固定	附件捆绑牢靠	
		井架第四节、拉筋、方梁、梯子、转角梯子	9				用倒链前后或用铁丝四角固定	水龙带盘在井架一端，方梁、拉筋两端铁丝固定	

续表

类型	名称	组合	重量(t)	车次合计	绳套	挂位及吊装要求	装车要求	附件要求	负责人
整件	井架及附件	井架大腿、小支架、井架销子柜	12	13	19mm×8m×3 根	两根绳套挂于一端有吊耳处、另一端使用卸扣合起吊	插好车厢后两根立柱，人字梁装车后与大腿用 4 股铁丝连接，各角用铁丝或整体用倒链固定	小支架，销子柜、套管钳提前固定在大腿上	井架班班长
		井架大腿、井架方梁	12		19mm×8m×3 根		井架方梁装在马槽后端的大腿上，分别用铁丝或倒链固定		
		二层台、大支架	15		19mm×8m×1 根、16mm×8m×4 根		分别四角固定同为正八字或倒八字		
		人字架、圆梁	15		32mm 专用吊具		防止偏重	井架背绳缠绕后用铁丝捆绑	
整件	底座及附件	左右船型底座、龙门吊滑道、钻机大梁	23	7	19mm×8m×4 根	分挂四个吊耳平稳起吊	防止偏重	底座拉筋提前用铁丝平行捆绑在底座上	机械工长
		6 块铺台	3						
		延伸底座2+2 个液压站	15				延伸底座开口向前，防止偏重，用倒链前后或用铁丝四角固定		
		钻台底座	21						
		立根盒	18		22mm×8m×4 根	分挂四个吊耳平稳起吊			

续表

类型	名称	组合	重量(t)	车次合计	绳套	挂位及吊装要求	装车要求	附件要求	负责人
整件	绞车及钻台设施	绞车	35	7	22mm×8m×4根	分挂四个吊耳平稳起吊	防止偏重	排绳器要上紧螺帽，捆绑牢靠	大班司钻
		转盘	25		16mm×8m×4根	分挂四个吊耳平稳起吊			
		顶驱	30			分挂四个吊耳平稳起吊			
		电缆箱+顶驱导轨	8			四个吊耳使用卸扣平稳起吊、液气大钳使用小绳套悬挂于吊臂起吊			
		钻台偏房	15		19mm×8m×4根	分挂四个吊耳平稳起吊	四角固定同为正八字或倒八字或用倒链前后捆绑	锁好门窗	
		小发电房+气瓶	10		19mm×8m×4根	分挂四个吊耳平稳起吊	四角固定同为正八字或倒八字或用倒链前后捆绑		
整件	猫道及管架	钻具管架8个	4	3	19mm×8m×4根	分挂四个吊耳平稳起吊	四角固定同为正八字或倒八字或用倒链前后捆绑	管架正反叠放并用铁丝捆绑	技术员
		钻具管架8个	4						
		猫道3个、管线	8					猫道内或大门坡道上的管线要用铁丝固定	
	顶驱及电缆房	顶驱电控房+电缆箱	7	4	19mm×8m×4根	分挂四个吊耳平稳起吊	四角固定同为正八字或倒八字或用倒链前后捆绑		机房大班
		转接房	18						
		Z型电缆槽	10						

续表

类型	名称	组合	重量(t)	车次合计	绳套	挂位及吊装要求	装车要求	附件要求	负责人
整件	发电房及电控房等	发电房	27	9	19mm × 8m × 4 根	分挂四个吊耳平稳起吊分挂四个吊耳平稳起吊	四角固定同为正八字或倒八字或用倒链前后捆绑		机房大班
		MCC 房	28						
		VFD 房	28						
		油罐	7						
小件	固控设备	2 台离心机 + 除气器	7	5	16mm × 8m × 4 根	分挂四个吊耳平稳起吊	不打开车厢，四角固定同为正八字或倒八字或用倒链前后捆绑		泥浆工
		一体机 + 药品罐 + 座岗房	5			使用卸扣辅助起吊		绞轮之间用铁丝连接	
		6 个震动筛	18			分挂四个吊耳平稳起吊	不打开车厢，坐岗房靠前装车。四角固定同为正八字或倒八字或用倒链前后捆绑		
		6 个绞轮	6		16mm × 8m × 4 根	分挂四个吊耳平稳起吊	泥浆泵中心位于后轮		
整件	钻井泵及附属	1 #钻井泵（护罩）	28	3	22mm × 8m × 4 根	分挂四个吊耳平稳起吊	钻井泵中心位于后轮		大班司钻
		2 #钻井泵（护罩）	28					梯子用铁丝固定在马槽上	
整件	循环罐及水罐	循环罐及其配件	8	13	19mm × 8m × 4 根	分挂四个吊耳平稳起吊	四角固定同为正八字或倒八字或用倒链前后捆绑	循环罐上的附件收于罐体内、循环罐加宽台固定在管体上	泥浆工
		不落地循环罐	6						
	化工	加重提篮	16	7	22mm × 8m × 4 根	分挂四个吊耳平稳起吊	四角固定同为正八字或倒八字或用倒链前后捆绑		
		化工							

续表

类型	名称	组合	重量（t）	车次合计	绳套	挂位及吊装要求	装车要求	附件要求	负责人
小件		水罐	10	8	19mm×8m×4根	分挂四个吊耳平稳起吊	四角固定同为正八字或倒八字或用倒链前后捆绑		副队长
		油品房、泵电机	6					电缆槽叠放在一起用铁丝捆绑结实	
		6块铺台	3		19mm×8m×4根	分挂四个吊耳平稳起吊			
		剩余管具、大小鼠洞及杂物	12		16mm×8m×4根				
		放喷管线、高压管汇、出口管	8		19mm吊钩×2根	使用吊钩在重心前后缠绕起吊	使用带“U”管架的卡车拉运		
		喇叭口、出口管支架、挡泥伞，工具架，泥浆回收管线	6						
整件	井场与驻地设备设施	驻地、井场住人房、材料房、接头房等	14	37	19mm吊钩×2根	分挂四个吊耳平稳起吊	四角固定同为正八字或倒八字或用倒链前后捆绑		副队长

附录七 50LDB 钻机搬迁“两图三单”

一、拆卸、搬迁、安装准备工作

严格执行“11222233”拆卸、搬迁、安装作业安全管理模式。

(1)拆卸、搬迁、安装前，编制“钻井队搬迁作业计划书”并审批、交底。

(2)组织员工分享“两点一线”踏勘视频，进行风险交底。

(3)进行新老井人员分工、明确工作责任。

(4)组织全员学习拆卸、搬迁、安装相关课件。

(5)拆卸、搬迁前进行“两图三单”交底，两图是“50LDB 钻机老井拆卸定置摆放示意图”和“50LDB 钻机新井卸车摆放示意图”；三单是“50LDB 钻机拆卸定置摆放清单”“50LDB 钻机设备设施捆绑组合清单”和“50LDB 钻机设备设施装车组合清单”。

(6)将设备划分为整件、小件、散件三种类型，分类管理。

(7)按要求拆安防坠落装置、登高助力器、监控视频等设施，做好防损坏措施，防止防护解除带来的安全风险；对消防器材、接地线等按照安全规定择时回收或安装。

(8)对组合后的物件，重新明确吊点、吊索具和吊挂方式；评估提篮(托盘)承载能力。

二、设备拆卸、搬迁、安装流程

(1)井队搬迁前预留 2d 的拆卸时间，让井队在搬迁前有充足的准备时间，尽量避免边拆边搬的现象。

(2)机房、钻台的拆卸，一般是甩开设备，先将滑道装车，在滑道充足的情况下，可以不甩设备，直接将柴油机、底座等设备进行装车，避免二次重复吊装；井架推荐采用叠放运输方式。

(3)在拆安时井队根据情况可以进行变化，但必须遵循以安全、实用为主导。

(4)流程发生变化钻井队向生产、安全办公室汇报，在现场监管人员监督下实施。

三、“50LDB 钻机老井拆卸定置摆放示意图”

根据 50LDB 钻机特点，绘制拆卸摆放示意图（如附图 7–1 所示），对机房、钻台、泵房设备附件拆卸后的放置位置进行明确。

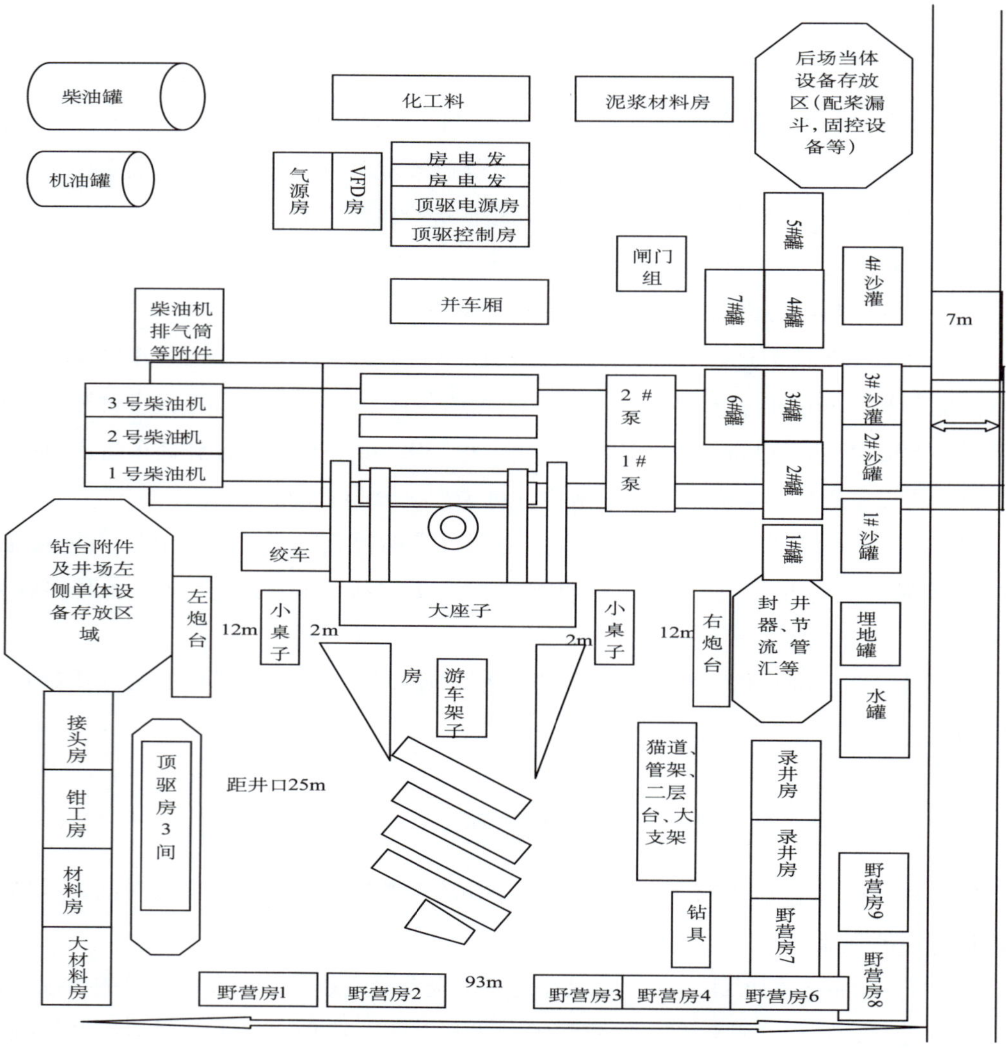

附图 7–1　50LDB 钻机老井拆卸定置摆放示意图

四、“50LDB 钻机新井卸车摆放示意图”

根据井场实际情况，绘制安装摆放示意图（如附图 7–2 所示），对待安装设备的放置位置进行明确。井场尺寸、安全距离进行标定。

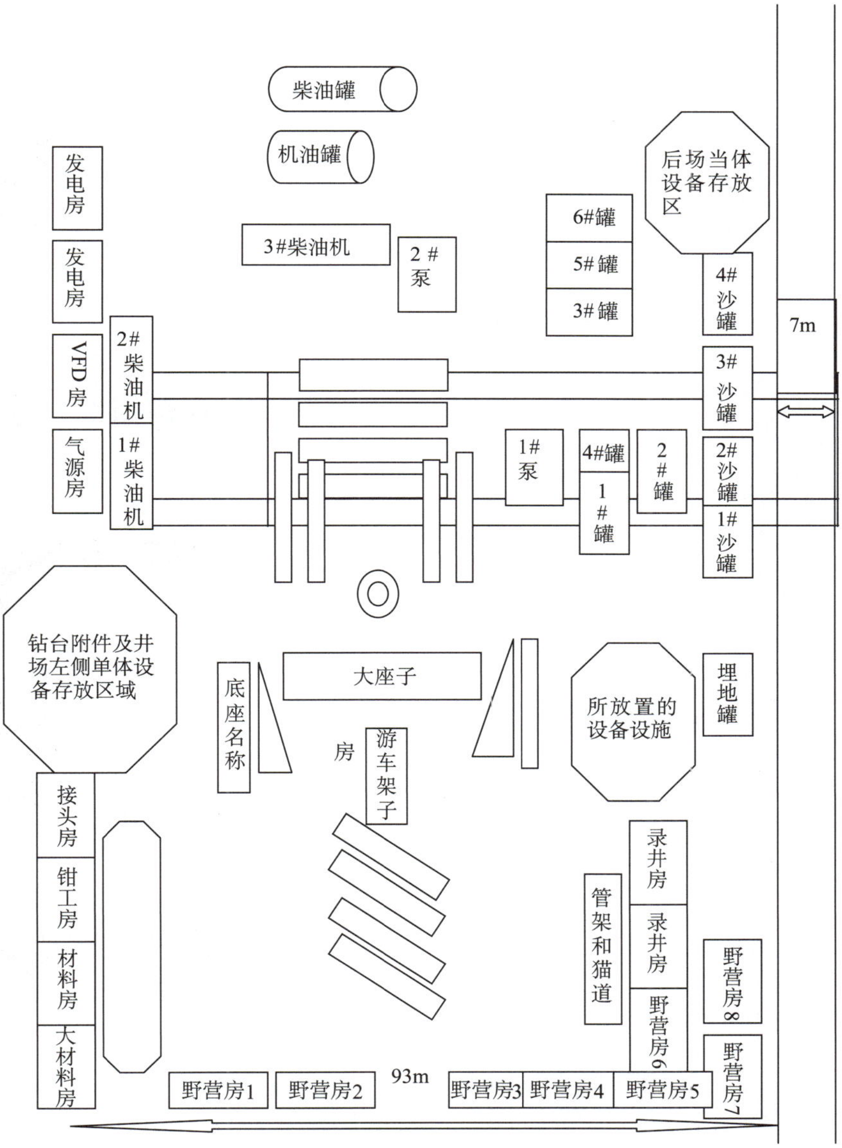

附图 7–2　50LDB 钻机新井卸车摆放示意图

五、搬迁清单

“50LDB 钻机拆卸设备定置摆放清单”见附表 7–1。“50LDB 钻机设备设施捆绑组合清单”见附表 7–2，“50LDB 钻机设备设施装车组合清单”见附表 7–3。

附表 7–1　50LDB 钻机拆卸设备定置摆放清单

类型	设备名称	放置位置	图例
散件	井口工具	偏房内	
散件	吊钳	钻台铺台上	
小件	液气大钳	管架旁场地上	
小件	水龙头	右侧顶驱房或偏房前	
散件	管架	井场左前方 靠近大班房	
小件	封井器	井场右侧 材料房或前或远控房旁	
散件	梯子、逃生滑道	井场前方右侧 靠近材料房	

续表

类型	设备名称	放置位置	图例
散件	梯子、逃生滑道	井场前方右侧 靠近材料房	
散件	偏房支架及钻台护栏	右侧井场外围 靠近远控房	
散件	吊环	提篮内	
散件	液压猫头	钻台铺台上	
小件	大门坡道	钻台左前方 靠近管架	
小件	梯子	井架上	
小件	钻台铺台 司控房	井场右前方	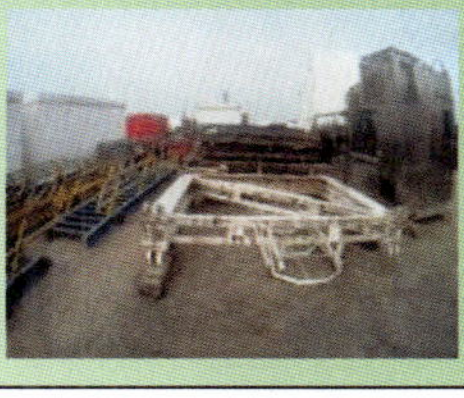

续表

类型	设备名称	放置位置	图例
小件	气动绞车	钻台铺台上	
散件	铺台	井场右侧	
小件	二层台	井场左前方 靠近录井房	
小件	大支架	材料房前	
整件	天车头	井场正前方 靠近队部	
整件	井架	井场左侧及中间依次 摆放	

续表

类型	设备名称	放置位置	图例
小件	圆梁	提篮内	
小件	人字梁	提篮内	
整件	柴油机	井场右侧 靠近气源房	
散件	排气管	接头房旁	
小件	节能发电机	机房铺台上	
小件	机房底座	机房左前方	
小件	机房梯子	机房铺台上	

续表

类型	设备名称	放置位置	图例
小件	电缆槽	后场 发电房前	
散件	铺台拉筋	机房铺台上	
散件	护罩	机房底座右侧	
整件	滑道	井口周围	
小件	基础	井口周围	
散件	滑道拉筋	提篮内	
散件	转盘及转盘大梁	右侧场地	

续表

类型	设备名称	放置位置	图例
散件	柴油机过桥护罩	右侧井场边	
整件	柴油机、联动机	不往下甩，直接装车	
整件	机房底座	只砸连接销，直接装车	
整件	钻机	只拆除固定，下钻机直接装车，需要抽基础和滑道时可靠后场依次拆卸摆放	 
整件	电磁刹车	底座侧前方	
整件	偏房	就近外围旁边或者底座旁边	

附表 7-2　50LDB 钻机设备设施捆绑组合清单

序号	组合	放置位置	图例
1	井架大腿＋小支架＋套管钳	小支架放与套管钳在井架大腿两侧分别固定	
2	第二节井架两片叠放＋水龙带＋井架拉筋	水龙带盘在井架上，分两端和中间分别捆绑	
3	第三节井架叠放＋钻台侧梯＋逃生滑道	靠近笼梯两端捆绑	 
4	第四节井架叠放＋井架横拉筋	放置在紧靠笼梯两端固定	
5	管架	管架正反叠放，两端和中间分别用铁丝捆扎	
6	轨道	轨道直接加草袋子防滑	

续表

序号	组合	放置位置	图例
7	机房铺台＋排气管＋护栏	护栏、排气管放在铺台上两端捆绑	
8	泵滑道＋阀门组＋地面高压管线	阀门组＋地面高压管放在泵滑道内线	
9	托盘＋液压管线	液压管线盘起后固定在托盘内	
10	船槽（死绳器端）＋船槽十字拉筋	船槽十字拉筋套在死绳固定器上	
11	船槽＋船槽横拉筋	船槽横拉筋放在船槽上	
12	钻台底座＋起井架大绳	器架大绳盘起后捆绑在底座上	
13	炮台＋井架背绳	井架背绳缠绕在炮台上并捆绑	

续表

序号	组合	放置位置	图例
14	底座三角支架	底座支架折叠，两端销孔铁丝固定放置于延伸底座	
15	钻台底座＋绞车加宽台	加宽台四角固定在底座上	
16	机房底座＋机房小梯子	小梯子四角固定在底座上	
17	1#2#3# 循环罐＋过桥板＋加宽铺台	过桥板放在锥形管，加宽铺台下垂捆绑	
18	柴油机底座＋加宽台	加宽台放在机房铺台上	
19	猫道＋大门坡道	大门坡道叠放在猫道上，在吊耳处进行捆绑	
20	柴油机万向轴＋柴油机底座	万向轴捆绑在底座上	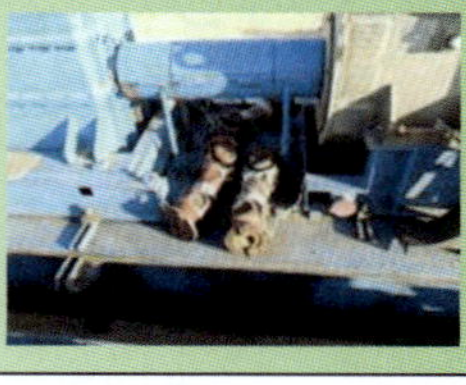

附表 7–3 50LDB 钻机设备设施装车组合清单

<table>
<tr><th>类型</th><th>名称</th><th>组合</th><th>车次合计</th><th>绳套</th><th>挂位及吊装要求</th><th>装车要求</th><th>附件要求</th><th>负责人</th></tr>
<tr><td rowspan="2">整件</td><td rowspan="2">基础与滑道</td><td>基础 62 块（31 块一车）</td><td rowspan="2">6</td><td rowspan="2">19mm×8m×4 根</td><td rowspan="2">分挂四个吊耳平稳起吊</td><td rowspan="2">四角固定同为正八字或倒八字或用倒链前后捆绑</td><td rowspan="2">轨道拉筋用铁丝两头绞紧固定牢靠</td><td rowspan="2">副队长</td></tr>
<tr><td>轨道 24（9 块一组）</td></tr>
<tr><td rowspan="2">小件</td><td rowspan="2">井控设备</td><td>远控房、压井管汇、井口工具托盘</td><td rowspan="2">2</td><td>13mm×6m×4 根</td><td>分挂四个吊耳平稳起吊</td><td>不打开车厢，远控房放前，压井管汇放后，用倒链或 4 股铁丝四角捆绑</td><td>托盘内的附件用 2 股铁丝串在一起</td><td rowspan="2">技术员</td></tr>
<tr><td>节流管汇及控制箱、闸板封井器、环形封井器</td><td>13mm×6m×4 根</td><td>节流管汇四个吊耳平稳起吊、闸板封井器将绳套绕成“U”型平吊、环形吊挂在“U”卡上</td><td>不打开车厢闸板封井器放前、环形放中间，节流管汇放最后，用倒链或铁丝两边捆绑</td><td>节流控制箱固定在节流管汇上</td></tr>
<tr><td rowspan="4">整件</td><td rowspan="4">井架及附件</td><td>天车头</td><td rowspan="4">12</td><td>22mm×8m×2 根</td><td>绳套绕两侧吊耳处成“U”型起吊</td><td>天滑轮端在前，四角固定同为正八字或倒八字或用倒链前后捆绑</td><td>井架悬吊剩盘整齐捆绑在天车头内</td><td rowspan="4">井架班班长</td></tr>
<tr><td>井架第二节、方梁、拉筋</td><td rowspan="3">19mm×8m×4 根</td><td rowspan="3">分挂四个吊耳平稳起吊</td><td>四角固定同为正八字或倒八字或用倒链前后捆绑</td><td>方梁、拉筋提前固定在井架上，方梁与井架接触点可加草袋子防滑</td></tr>
<tr><td>井架第三节、方梁、逃生滑道、水龙带</td><td>用倒链前后或用铁丝四角固定</td><td>附件捆绑牢靠</td></tr>
<tr><td>井架第四节、拉筋、方梁、梯子、转角梯子</td><td>用倒链前后或用铁丝四角固定</td><td>水龙带盘在井架一端，方梁、拉筋两端铁丝固定</td></tr>
</table>

续表

类型	名称	组合	车次合计	绳套	挂位及吊装要求	装车要求	附件要求	负责人
整件	井架及附件	井架大腿、小支架、井架销子柜、套管钳、人字梁	12	19mm×8m×3根	两根绳套挂于一端有吊耳处、另一端使用卸扣配合起吊	插好车厢后两根立柱，人字梁装车后与大腿用4股铁丝连接，各角用铁丝或整体用倒链固定	小支架，销子柜、套管钳提前固定在大腿上	井架班班长
		井架大腿、井架方梁		19mm×8m×3根		井架方梁骑装在马槽后端的大腿上，分别用铁丝或倒链固定		
		二层台、大支架		19mm×8m×1根、16mm×8m×4根	一根绳套交叉绕在猴台上起吊、铺台和护栏使用卸扣配合起吊	分别四角固定同为正八字或倒八字		
		炮台		32mm专用吊具		防止偏重	井架背绳缠绕后用铁丝捆绑	
整件	底座及附件	左右船型底座、底座拉筋	9	19mm×8m×4根	分挂四个吊耳平稳起吊	防止偏重	底座拉筋提前用铁丝平行捆绑在底座上	机械工长
		两边底座三角支架、延伸底座				延伸底座开口向前，防止偏重，用倒链前后或用铁丝四角固定		
		钻台底座、钻台面飘台					钻台面飘台四角固定在底座上、收回液压猫头，缠绕好猫头绳	
		大桌子、液压吊及管线		22mm×8m×4根	分挂四个吊耳平稳起吊	现装液压吊，再装大桌子，分别四角固定同为正八字或倒八字或用倒链前后捆绑	提前固定好液压吊管线	

续表

类型	名称	组合	车次合计	绳套	挂位及吊装要求	装车要求	附件要求	负责人
整件	绞车及钻台设施	绞车、转盘电机风道	7	22mm×8m×4 根	分挂四个吊耳平稳起吊	防止偏重	排绳器要上紧螺帽，捆绑牢靠	大班司钻
		司控房、转盘、小绞车铺台(右侧)		16mm×8m×4 根	分挂四个吊耳平稳起吊	不打开车厢，司控房在前，小绞车在后，分别四角固定同为正八字或倒八字字		
		偏房支架、钻台铺台，立柱盒、钻台护栏（有侧）			铺台从大到小叠放在偏房支架上，并用铁丝连接	立柱盒靠前放，铺台顺着车厢放，分别四角固定或用倒链固定，车厢立柱尽可能全部插上	钻台护栏放在铺台上，与铺台捆绑为一体	
		电刹、小绞车铺台、立柱盒、液气大钳(左侧)			四个吊耳使用卸扣平稳起吊、液气大钳使用小绳套悬挂于吊臂起吊	不打开车厢，电测刹车靠前装车，所有小件分别四角固定或用倒链固定	回收液气大钳已送气缸并捆绑在吊臂上	
		钻台左偏房		19mm×8m×4 根	分挂四个吊耳平稳起吊	四角固定同为正八字或倒八字或用倒链前后捆绑	锁好门窗	
		顶驱		19mm×8m×4 根	分挂四个吊耳平稳起吊	四角固定同为正八字或倒八字或用倒链前后捆绑		
整件	猫道及管架	钻具管架 8 个	3	19mm×8m×4 根	分挂四个吊耳平稳起吊	四角固定同为正八字或倒八字或用倒链前后捆绑	管架正反叠放并用铁丝捆绑	技术员
		钻具管架 8 个						
		猫道 3 个、大门坡道、管线					猫道内或大门坡道上的管线要用铁丝固定	
	顶驱及电缆房	顶驱	4	19mm×8m×4 根	分挂四个吊耳平稳起吊	四角固定同为正八字或倒八字或用倒链前后捆绑		机房大班
		电缆房						
		配件房及变压器房						

续表

类型	名称	组合	车次合计	绳套	挂位及吊装要求	装车要求	附件要求	负责人
整件	柴油机、发电机等	柴油机、联轴器及护罩	7	19mm×8m×4根	分挂四个吊耳平稳起吊	四角固定同为正八字或倒八字或用倒链前后捆绑		机房大班
		发电机						
		VFD房						
小件	固控设备	中速离心机、高速离心机、一体机	4	16mm×8m×4根	分挂四个吊耳平稳起吊	不打开车厢，四角固定同为正八字或倒八字或用倒链前后捆绑		泥浆工
		6个绞轮1车			使用卸扣辅助起吊	不打开车厢	绞轮之间用铁丝连接	
		振动筛、抽绳器、坐岗房			分挂四个吊耳平稳起吊	不打开车厢，坐岗房靠前装车。四角固定同为正八字或倒八字或用倒链前后捆绑		
		药品罐、除气器、离心机控制柜、除泥器		16mm×8m×4根	分挂四个吊耳平稳起吊	不打开车厢，四角固定同为正八字或倒八字或用倒链前后捆绑		
整件	钻井泵及附属	1#钻井泵（围网）	3	22mm×8m×4根	分挂四个吊耳平稳起吊	钻井泵中心位于后轮		大班司钻
		2#钻井泵、万向轴、过桥梯子					梯子用铁丝固定在马槽上	
		高低压阀门组及地面管汇、泵底座、配浆漏斗、泵房工具箱，泵万向轴护罩		16mm×8m×4根	分挂四个吊耳平稳起吊	打起车厢后马槽，泵底座叠放在一起、泵护罩捆绑在底座上，用铁丝捆绑，四角固定或用倒链前后捆绑；阀门组四角固定，配浆漏斗和工具箱捆绑在阀门组上		
整件	循环罐及水罐	循环罐及其配件	13	19mm×8m×4根	分挂四个吊耳平稳起吊	四角固定同为正八字或倒八字或用倒链前后捆绑	循环罐上的附件收于罐体内、循环罐加宽台固定在管体上	泥浆工

续表

类型	名称	组合	车次合计	绳套	挂位及吊装要求	装车要求	附件要求	负责人
整件	循环罐及水罐	不落地循环罐	13	19mm×8m×4根	分挂四个吊耳平稳起吊	四角固定同为正八字或倒八字或用倒链前后捆绑		泥浆工
	化工	加重提篮	5	22mm×8m×4根	分挂四个吊耳平稳起吊	四角固定同为正八字或倒八字或用倒链前后捆绑		
		化工						
小件		水管线和橡胶管线收于水罐	7	19mm×8m×4根	分挂四个吊耳平稳起吊	四角固定同为正八字或倒八字或用倒链前后捆绑		副队长
		电缆槽					电缆槽叠放在一起用铁丝捆绑结实	
		液压千斤、绳套箱、机房工具箱、其他工具箱及杂物		16mm×8m×4根				
		放喷管线、高压管汇、出口管		19mm吊钩×2根	使用吊钩在重心前后缠绕起吊	使用带“U”管架的卡车拉运		
		喇叭口、出口管支架、挡泥伞，工具架，内控管线，钻井液回收管线				不打开车厢		
整件	井场与驻地设备设施	驻地、井场住人房、材料房、接头房等	37	19mm吊钩×2根	分挂四个吊耳平稳起吊	四角固定同为正八字或倒八字或用倒链前后捆绑		副队长

附录八 50L 钻机搬迁“两图三单”

一、拆卸、搬迁、安装准备工作

严格执行“11222233”拆卸、搬迁、安装作业安全管理模式。

（1）拆卸、搬迁、安装前，编制“钻井队搬迁作业计划书”并审批、交底。

（2）组织员工分享“两点一线”踏勘视频，进行风险交底。

（3）进行新老井人员分工、明确工作责任。

（4）组织全员学习拆卸、搬迁、安装相关课件。

（5）拆卸、搬迁前进行“两图三单”交底，两图是“50L 钻机老井拆卸定置摆放示意图”和“50L 钻机新井卸车摆放示意图”；三单是“50L 钻机拆卸定置摆放清单”、“50L 钻机设备设施捆绑组合清单”和“50L 钻机设备设施装车组合清单”。

（6）将设备划分为整件、小件、散件三种类型，分类管理。

（7）按要求拆安防坠落装置、登高助力器、监控视频等设施，做好防损坏措施，防止防护解除带来的安全风险。对消防器材、接地线等按照安全规定择时回收或安装。

（8）对组合后的物件，重新明确吊点、吊索具和吊挂方式；评估提篮（托盘）承载能力。

二、设备拆卸、搬迁、安装流程

（1）井队搬迁前预留 2d 拆卸时间，让井队在搬迁前有充足的准备时间，尽量避免边拆边搬的现象。

（2）机房、钻台的拆卸，一般是甩开设备，先将滑道装车，在滑道充足的情况下，可以不甩设备，直接将柴油机、底座等设备进行装车，避免二次重复吊装；井架推荐采用叠放运输方式。

（3）在拆安时井队根据情况可以进行变化，但必须遵循以安全、实用为主导。

（4）流程发生变化钻井队向生产、安全办公室汇报，在现场监管人员监督下实施。

三、“50L 钻机老井拆卸定置摆放示意图”

根据 50L 钻机特点，绘制拆卸摆放示意图（如附图 8-1 所示），对机房、钻台、泵房设备附件拆卸后的放置位置进行明确。

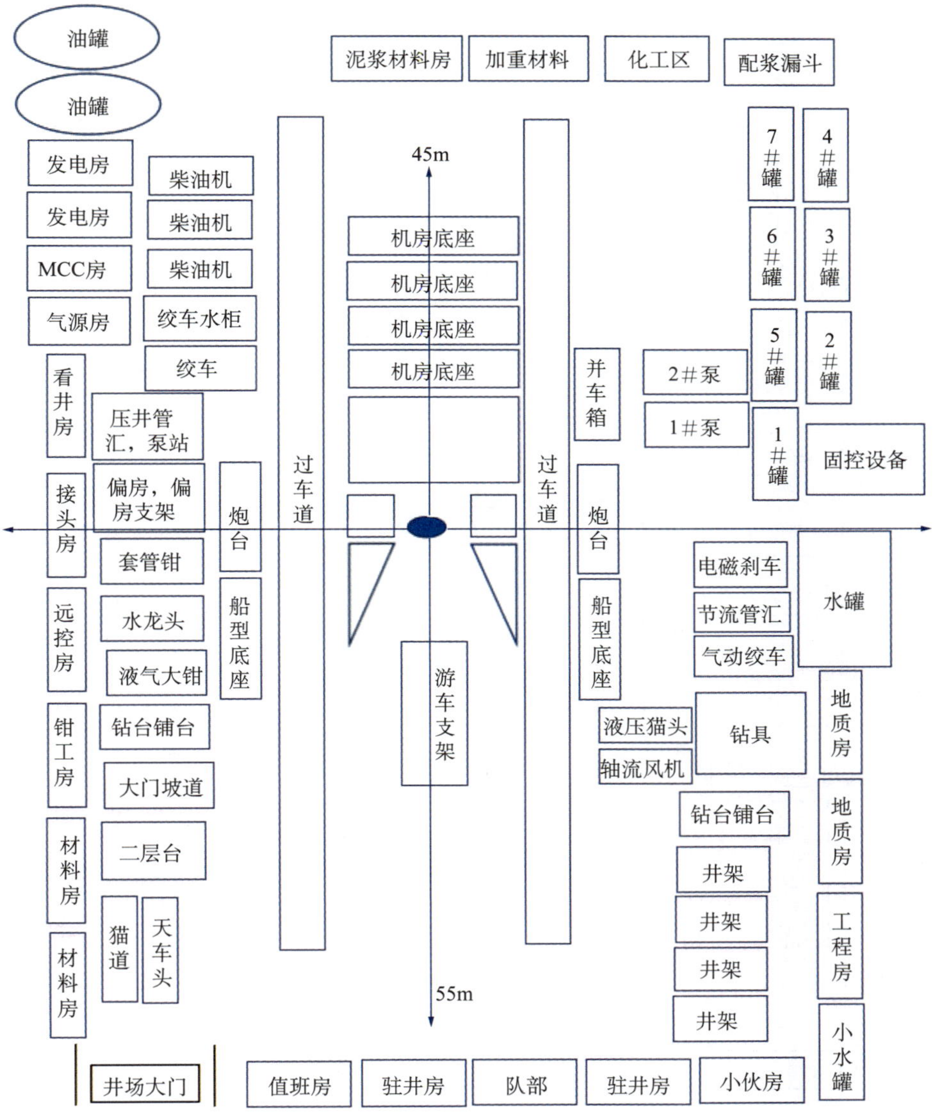

附图 8-1　50L 钻机老井拆卸定置摆放示意图

四、“50L 钻机新井卸车摆放示意图”

根据井场实际情况，绘制安装摆放示意图（如附图 8-2 所示），对待安装设备的放置位置进行明确。

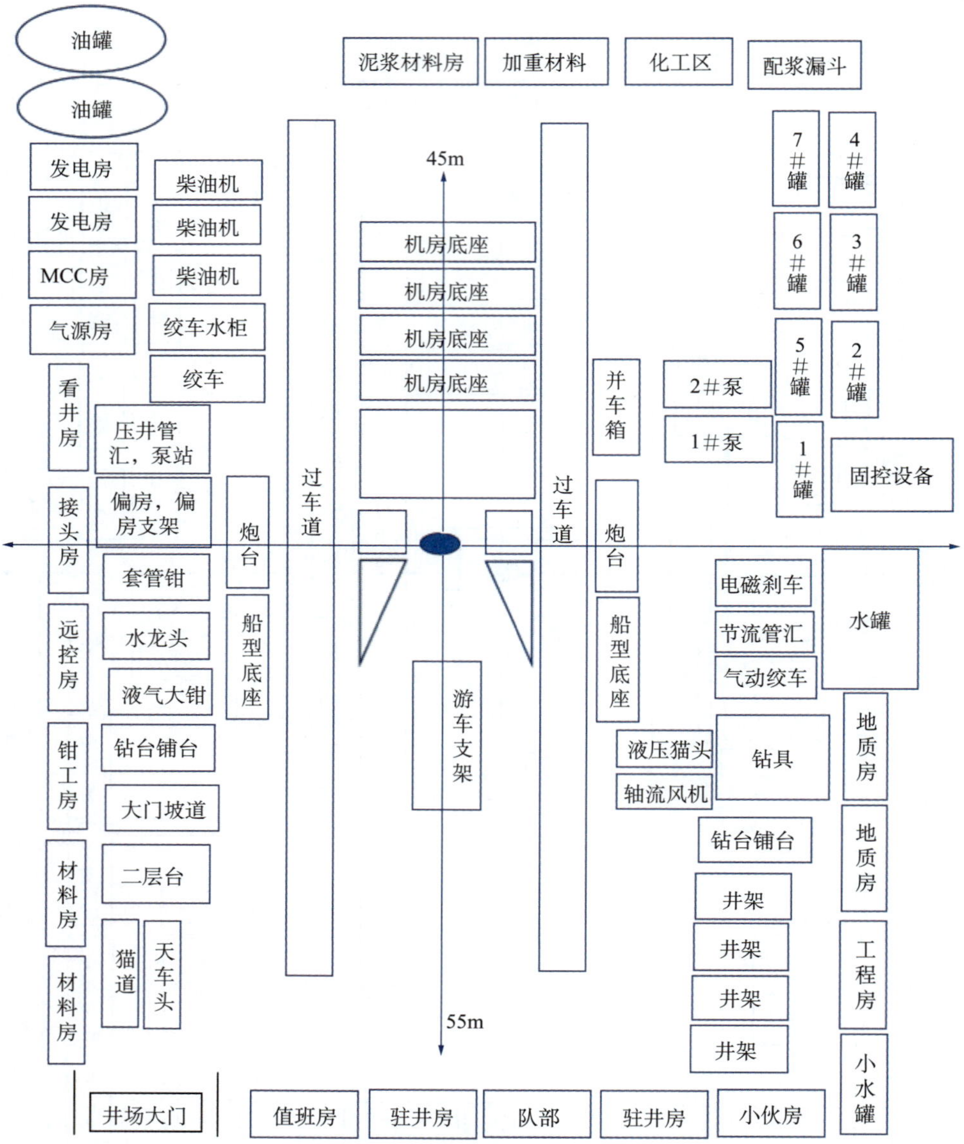

附图 8–2 50L 钻机新井卸车摆放示意图

五、搬迁清单

“钻机拆卸设备定置摆放清单”见附表 8–1。“钻机设备设施捆绑组合清单”见附表 8–2，“钻机设备设施装车组合清单”见附表 8–3。

附表 8–1　钻机拆卸设备定置摆放清单

类型	设备名称	放置位置	图例
散件	井口工具	提篮内	
散件	吊钳	提篮内	
小件	液气大钳	钳工房处	
小件	水龙头	场地右侧钻具前	
散件	方钻杆	钻具区	
散件	吊环	提篮内	
散件	液压猫头	钻台右侧钻具前	
小件	大门坡道	钳工房前面	
小件	滚子方补心	转盘上	
小件	梯子	井架上	
小件	逃生滑道	井架上	
小件	气动绞车含铺台	钻台右侧	
散件	铺台	钻台右侧	
小件	二层台	材料房前	
小件	大支架	材料房前	
整件	绞车	底座左侧	
整件	偏房	远控房前面	
整件	天车头	井场前方	

续表

类型	设备名称	放置位置	图例
整件	游车	游车支架上	
散件	悬吊系统、防坠落装置及登高助力器。登高助力器、气动绞车钢丝绳、液气大钳吊绳、吊钳钢丝绳	游车支架内	
整件	井架大腿	船型底座前	
小件	圆梁	井架上	
小件	方梁	井架上	
整件	柴油机	机房左侧	
整件	并车传动箱	泵房	
小件	排气管	船型底座一侧	
小件	75kW 发电机	机房加宽台一侧	
整件	机房底座	机房后方	
小件	机房梯子	机房底座上	
散件	铺台拉筋	机房底座上	
散件	爬坡万向轴	钻机水柜上	
散件	护罩	钻机水柜上	
整件	滑道	接头房前	
散件	滑道拉筋	滑道上	
整件	钻井泵	循环罐前	

续表

类型	设备名称	放置位置	图例
整件	泥浆罐	原位置	
小件	射流漏斗	原位置	
小件	泵房高压阀门组	1# 钻井泵底座	
小件	地面高压管汇	钻井泵滑道内	
整件	电磁刹车	井场右侧钻具前	
整件	固控设备	套装水罐旁	
散件	封井器	井场右侧钻具前	
散件	提升短节	提篮内	
散件	水管线、螺纹管	备用罐上	
整件	强力泵支架	加重材料提篮上	
整件	化工提篮	井场后侧	
小件	消防泵	生产水罐配电房内	
小件	强力泵、排污泵	泥浆材料房内	
散件	防洪防汛物资	大材料房内	
散件	大门及井场口处牌子	值班房内	
整件	抽绳器	底座右侧	
小件	工具提篮	接头房旁	
整件	外围设备	原地不动	

附表 8–2 钻机设备设施捆绑组合清单

序号	组合	图例
1	井架大腿 + 小支架 + 起架大绳	
2	第二节井架 + 水龙带 + 梯子	
3	第三节井架 1+ 钻台侧梯（梯子中间液压猫头）	
4	第三节井架 2+ 逃生滑道 + 地面高压管线	
5	第四节井架 + 钻台剩余 2 梯子	
6	滑道 + 铺台	
7	滑道 + 柴油机排气管	
8	泵滑道 + 阀门组 + 高低压软管	
9	船型底座 + 拉筋	
10	船型底座 + 井架班工具箱	
11	4#5#6#7# 循环管 + 管排 + 梯子 + 护栏 + 泄压管线	
12	1#2#3# 循环罐 + 过桥板 + 加宽铺台	
13	柴油机底座 + 加宽台	
14	2# 泵加宽台 + 机房栏杆 + 工具箱 + 推移井架操作箱	
15	钻机水柜 + 偏方支架 + 万向轴护罩	
16	井架 + 方梁 + 圆梁	
17	柴油机万向轴 + 柴油机底座	
18	机房加宽台 + 机房底座	

续表

序号	组合	图例
19	1# 联动箱 + 传动链条	
20	推移千斤 + 机房滑道	
21	水罐栏杆 + 高架罐	

附表 8–3 钻机设备设施装车组合清单

车次	类型	名称	绳套	挂位及吊装要求	装车要求	捆绑要求	附件要求	责任人
1	整件	机房滑道 + 柴油机排气管	19mm × 8m × 4 根	分挂四个吊耳平稳起吊	将车厢立柱插好	上下两层滑道四角用 8# 铁丝 8 股绞紧。下层滑道与车厢 8 股铁丝正八字或倒八字绞紧	轨道拉筋用铁丝两头绞紧固定牢靠	副队长
2	整件	前站营房	19mm × 8m × 4 根	分挂四个吊耳平稳起吊	左右等宽前后适当	四角固定同为正八字或倒八字	无	副队长
3	整件	发电房，小生活水罐	19mm × 8m × 4 根	分挂四个吊耳平稳起吊	生活水罐在前，发电房在后	四角固定同为正八字或倒八字	无	副队长
4	整件	小伙房	19mm × 8m × 4 根	分挂四个吊耳平稳起吊	灶内无火，烟囱放倒固定	四角固定同为正八字或倒八字	无	副队长
5	整件	机房底座	19mm × 8m × 4 根	分挂四个吊耳平稳起吊	将车厢立柱插好	四角固定同为正八字或倒八字	底座内杂物用铁丝捆扎，固定牢靠	司机长
6	整件	机房底座	19mm × 8m × 4 根	分挂四个吊耳平稳起吊	将车厢立柱插好	四角固定同为正八字或倒八字	底座内杂物用铁丝捆扎，固定牢靠	司机长
7	整件	机房底座	19mm × 8m × 4 根	分挂四个吊耳平稳起吊	将车厢立柱插好	四角固定同为正八字或倒八字	底座内杂物用铁丝捆扎，固定牢靠	司机长

续表

车次	类型	名称	绳套	挂位及吊装要求	装车要求	捆绑要求	附件要求	责任人
8	整件	机房加宽台	19mm×8m×4 根	分挂四个吊耳平稳起吊	将车厢立柱插好	四角固定同为正八字	加宽台内杂物用铁丝捆扎牢靠	司机长
9	整件	1# 柴油机 +1# 联动机	19mm×8m×4 根	分挂四个吊耳平稳起吊	柴油在前，联动机在后，后部车厢打起	四角固定同为正八字或倒八字	万向轴、过桥梯子，用铁丝固定绞紧	司机长
10	整件	2# 柴油机 +2# 联动机	19mm×8m×4 根	分挂四个吊耳平稳起吊	柴油在前，联动机在后，后部车厢打起	四角固定同为正八字或倒八字	万向轴、过桥梯子，用铁丝固定绞紧	司机长
11	整件	3# 柴油机 +3# 联动机	19mm×8m×4 根	分挂四个吊耳平稳起吊	柴油在前，联动机在后，后部车厢打起	四角固定同为正八字或倒八字	万向轴、过桥梯子，用铁丝固定绞紧	司机长
12	整件	钻台底座滑道	19mm×8m×4 根	分挂四个吊耳平稳起吊	将车厢立柱插好	上下两层滑道四角用 8# 铁丝 8 股绞紧。下层滑道与车厢 8 股铁丝正八字或倒八字绞紧	轨道拉筋用铁丝两头绞紧固定牢靠	大班司钻
13	整件	外钳侧船型底座	19mm×8m×4 根	分挂四个吊耳平稳起吊	较重一端装在前端	四角固定同为正八字或倒八字	内控管线、十字拉筋、用铁丝固定牢固	大班司钻
14	整件	内钳侧船型底座	19mm×8m×4 根	分挂四个吊耳平稳起吊	较重一端装在前端	四角固定同为正八字或倒八字	内控管线、十字拉筋、用铁丝固定牢固	大班司钻
15	整件	井架大腿+小支架夹 2 个	19mm×8m×4 根 +13mm×8m×2 根	分挂四个吊耳平稳起吊	一反一正，防止偏重	四角固定同为正八字或倒八字	无	大班司钻

续表

车次	类型	名称	绳套	挂位及吊装要求	装车要求	捆绑要求	附件要求	责任人
16	整件	转盘+抽绳器+电磁刹车	19mm×8m×4根+6 $\frac{1}{2}$ 吨卸扣	分挂四个吊耳平稳起吊	一反一正，防止偏重	四角固定同为正八字或倒八字	无	大班司钻
17	小件	两侧气动小绞车铺台	16mm×8m×4根	分挂四个吊耳平稳起吊	气动小绞车底座靠前马槽靠立	铺台之间用铁丝连接	无	大班司钻
18	整件	绞车水柜+偏房支架	25.4mm×8m×4根+16mm×8m×4根	分挂四个吊耳平稳起吊	装平整	偏房支架提前绑在一起，用铁丝连接	无	大班司钻
19	整件	绞车	25.4mm×8m×4根	分挂四个吊耳平稳起吊四根引绳牵引	注意装车重心居中	刹把固定好	无	大班司钻副队长
20	整件	偏房	19mm×8m×4根	分挂四个吊耳平稳起吊	偏房门锁好	四角固定同为正八字或倒八字	无	大班司钻
21	整件	外钳侧井架大腿+小支架	19mm×8m×4根	分挂四个吊耳平稳起吊	用3块枕木配合装平整	在前面两个吊耳及后面一销孔中用铁丝倒八字	无	副队长
22	整件	内钳侧井架大腿+小支架	19mm×8m×4根	分挂四个吊耳平稳起吊	用2块枕木配合装平整	在前面两个吊耳及后面一销孔中用铁丝倒八字	无	副队长
23	整件	井架+方梁+圆梁	19mm×8m×4根	分挂方梁四个吊耳平稳起吊	用2块枕木配合装平整	四角固定为倒八字	无	副队长
24	整件	井架左侧第一节+钻台梯子	19mm×8m×4根	分挂井架四个吊耳平稳起吊	注意梯子提前捆绑牢靠	四角固定为倒八字	梯子内两头气动绞车，中间液压猫头	副队长
25	整件	井架右侧第一节+水龙带+高压管汇	19mm×8m×4根	分挂井架四个吊耳平稳起吊	注意水龙带捆绑牢靠	四角固定为倒八字	梯子内两头气动绞车，中间液压猫头	副队长

续表

车次	类型	名称	绳套	挂位及吊装要求	装车要求	捆绑要求	附件要求	责任人
26	整件	井架左侧第二节＋钻台逃生滑道	19mm×8m×4 根	分挂井架四个吊耳平稳起吊	注意逃生滑道提前捆绑牢靠	四角固定为倒八字	无	副队长
27	整件	井架右侧第二节＋钻台梯子	19mm×8m×4 根	分挂井架四个吊耳平稳起吊	注意梯子提前捆绑牢靠	四角固定为倒八字	无	副队长
28	整件	井架第三节 2 片	19mm×8m×4 根	分挂井架四个吊耳平稳起吊	注意拉筋等附件提前捆绑牢靠	四角固定为倒八字	拉筋等附件	副队长
29	整件	井架第四节 2 片	19mm×8m×4 根	分挂井架四个吊耳平稳起吊	注意拉筋等附件提前捆绑牢靠	四角固定为倒八字	拉筋等附件	副队长
30	整件	天车头＋大支架	19mm×6m×2 根	分挂井架四个吊耳平稳起吊	水罐装前面	四角固定为倒八字	拉筋等附件	副队长
31	整件	二层台	16mm×8m×4 根	分挂二层台四个吊耳耳平稳起吊	二层台防居中	四角固定为倒八字	无	副队长
32	整件	震动筛	19mm×8m×4 根	分挂四个吊耳平稳起吊，封井器吊挂点选择在全封缸护套上	将车厢立柱插好	四角固定为倒八字	无	副队长
33	散件	大门坡道＋游车大钩＋水龙头	19mm×8m×4 根	分挂在大门坡道四个吊耳上平稳起吊	将车厢马槽扣合	无	无	副队长
34	整件	化工提篮＋强力泵支架	19mm×8m×4 根	分挂提篮四个吊耳平稳起吊	注意化工覆盖好	四角固定为倒八字	无	泥浆大班
35	整件	工具提篮	19mm×8m×4 根	分挂提篮四个吊耳平稳起吊	将车厢马槽扣合	四角固定为倒八字	无	工程技术员

续表

车次	类型	名称	绳套	挂位及吊装要求	装车要求	捆绑要求	附件要求	责任人
36	散件	电动漏斗+射流漏斗+化工	19mm×8m×4根	分挂在四个吊耳上平稳起吊	将车厢马槽扣合，两个支架提前固定死	四角固定为倒八字	无	泥浆大班
37	整件	7# 循环罐	19mm×8m×4根	分挂循环罐四个吊耳平稳起吊	提前包扎好泥浆罐各管线口	四角固定为倒八字	无	泥浆大班
38	整件	6# 循环罐	19mm×8m×4根	分挂循环罐四个吊耳平稳起吊	提前包扎好泥浆罐各管线口	四角固定为倒八字	无	泥浆大班
39	整件	5# 循环罐	19mm×8m×4根	分挂循环罐四个吊耳平稳起吊	提前包扎好泥浆罐各管线口	四角固定为倒八字	无	泥浆大班
40	整件	4# 循环罐	19mm×8m×4根	分挂循环罐四个吊耳平稳起吊	提前包扎好泥浆罐各管线口	四角固定为倒八字	无	泥浆大班
41	整件	3# 循环罐	19mm×8m×4根	分挂循环罐四个吊耳平稳起吊	提前包扎好泥浆罐各管线口	四角固定为倒八字	无	泥浆大班
42	整件	2# 循环罐	19mm×8m×4根	分挂循环罐四个吊耳平稳起吊	提前包扎好泥浆罐各管线口	四角固定为倒八字	无	泥浆大班
43	整件	1# 循环罐	19mm×8m×4根	分挂循环罐四个吊耳平稳起吊	提前包扎好泥浆罐各管线口	四角固定为倒八字	无	泥浆大班
44	整件	2# 钻井泵	25.4mm×8m×4根	分挂四个吊耳平稳起吊四根引绳牵引	注意装车重心居中	无	无	泥浆大班

续表

车次	类型	名称	绳套	挂位及吊装要求	装车要求	捆绑要求	附件要求	责任人
45	散件	2# 钻井泵底座 + 泵护罩等 + 高压阀门组	16mm × 8m × 4 根	分挂循环罐四个吊耳平稳起吊	提前包扎好泥浆罐各管线口	四角固定为倒八字	无	泥浆大班
46	整件	1# 钻井泵	25.4mm × 8m × 4 根	分挂四个吊耳平稳起吊四根引绳牵引	注意装车重心居中	无	无	副队长
47	散件	1# 钻井泵底座 + 泵护罩等 + 高压阀门组	16mm × 8m × 4 根	分挂循环罐四个吊耳平稳起吊	提前包扎好泥浆罐各管线口	四角固定为倒八字	无	副队长
48	整件	泵滑道	16mm × 8m × 4 根	分挂四个吊耳平稳起吊	高压阀门组放在滑道上	两层滑道连接好后，四角固定为倒八字	无	副队长
49	散件	坐岗房 + 除气器 + 药品罐	16mm × 8m × 4 根	分挂四个吊耳平稳起吊	马槽扣合	马槽扣合	无	泥浆大班
50	整件	1#2# 离心机	16mm × 8m × 4 根	分挂四个吊耳平稳起吊	提前包扎好钻井液管线出口	四角固定为倒八字	无	泥浆大班
51	散件	一体机 + 缓冲罐 + 水泥基墩等	16mm × 8m × 4 根	分挂四个吊耳平稳起吊	马槽扣合	四角固定为倒八字	无	泥浆大班
52	整件	化工材料房	19mm × 8m × 4 根	分挂房子四个吊耳平稳起吊	注意较重一端装在前面	四角固定为倒八字	无	泥浆大班
53	整件	40m^3 油罐	19mm × 8m × 4 根	分挂房子四个吊耳平稳起吊	注意较重一端装在前面	四角固定为倒八字	无	司机长
54	整件	1# 油罐	19mm × 8m × 4 根	分挂房子四个吊耳平稳起吊	注意较重一端装在前面	四角固定为倒八字	无	司机长
55	整件	2# 油罐	19mm × 8m × 4 根	分挂房子四个吊耳平稳起吊	注意较重一端装在前面	四角固定为倒八字	无	司机长

续表

车次	类型	名称	绳套	挂位及吊装要求	装车要求	捆绑要求	附件要求	责任人
56	整件	3# 油罐 + 高架油罐	19mm × 8m × 4 根	分挂房子四个吊耳平稳起吊	注意较重一端装在前面	四角固定为倒八字	无	司机长
57	整件	卡特发电机 1	19mm × 8m × 4 根	分挂房子四个吊耳平稳起吊	注意较重一端装在前面	四角固定为倒八字	无	司机长
58	整件	卡特发电机 2	19mm × 8m × 4 根	分挂房子四个吊耳平稳起吊	注意较重一端装在前面	四角固定为倒八字	无	司机长
59	整件	MCC 房	19mm × 8m × 4 根	分挂房子四个吊耳平稳起吊	注意较重一端装在前面	四角固定为倒八字	无	司机长
60	整件	气源房	16mm × 8m × 4 根	分挂房子四个吊耳平稳起吊	注意较重一端装在前面	四角固定为倒八字	无	副队长
61	整件	钳工房	19mm × 8m × 4 根	分挂房子四个吊耳平稳起吊	注意较重一端装在前面	四角固定为倒八字	无	副队长
62	整件	远控房 + 过车道	19mm × 8m × 4 根	分挂房子四个吊耳平稳起吊	注意较重一端装在前面	四角固定为倒八字	无	副队长
63	整件	接头房	19mm × 8m × 4 根	分挂房子四个吊耳平稳起吊	注意较重一端装在前面	四角固定为倒八字	无	副队长
64	整件	材料房	19mm × 8m × 4 根	分挂房子四个吊耳平稳起吊	注意较重一端装在前面	四角固定为倒八字	无	副队长
65	整件	生产水罐 1	19mm × 8m × 4 根	分挂房子四个吊耳平稳起吊	注意较重一端装在前面	四角固定为倒八字	无	泥浆大班
66	整件	生产水	19mm × 8m × 4 根	分挂房子四个吊耳平稳起吊	注意较重一端装在前面	四角固定为倒八字	无	泥浆大班
67	整件	生产水罐 3+ 防洪防汛物资提篮	19mm × 8m × 4 根	分挂房子四个吊耳平稳起吊	注意较重一端装在前面	四角固定为倒八字	无	泥浆大班

续表

车次	类型	名称	绳套	挂位及吊装要求	装车要求	捆绑要求	附件要求	责任人
68	整件	工程房	19mm×8m×4根	分挂房子四个吊耳平稳起吊	注意较重一端装在前面	四角固定为倒八字	无	副队长
69	整件	值班房	19mm×8m×4根	分挂房子四个吊耳平稳起吊	注意较重一端装在前面	四角固定为倒八字	无	副队长
70	整件	器材材料房	19mm×8m×4根	分挂房子四个吊耳平稳起吊	注意较重一端装在前面	四角固定为倒八字	无	副队长
71	整件	泥浆人员房	19mm×8m×4根	分挂房子四个吊耳平稳起吊	注意较重一端装在前面	四角固定为倒八字	无	副队长
72	整件	队部	19mm×8m×4根	分挂房子四个吊耳平稳起吊	注意较重一端装在前面	四角固定为倒八字	无	副队长
73	整件	餐厅1	19mm×8m×4根	分挂房子四个吊耳平稳起吊	注意较重一端装在前面	四角固定为倒八字	无	党支部书记
74	整件	餐厅2	19mm×8m×4根	分挂房子四个吊耳平稳起吊	注意较重一端装在前面	四角固定为倒八字	无	党支部书记
75	整件	操作间	19mm×8m×4根	分挂房子四个吊耳平稳起吊	注意较重一端装在前面	四角固定为倒八字	无	党支部书记
76	整件	生活水罐	19mm×8m×4根	分挂房子四个吊耳平稳起吊	注意较重一端装在前面	四角固定为倒八字	无	党支部书记
77	整件	阅览室	16mm×8m×4根	分挂房子四个吊耳平稳起吊	无	四角固定为倒八字	无	党支部书记
78	整件	淋浴房	16mm×8m×4根	分挂房子四个吊耳平稳起吊	无	四角固定为倒八字	无	党支部书记
79	整件	生活库房	16mm×8m×4根	分挂房子四个吊耳平稳起吊	无	四角固定为倒八字	无	党支部书记

续表

车次	类型	名称	绳套	挂位及吊装要求	装车要求	捆绑要求	附件要求	责任人
80	整件	厕所	16mm×8m×4 根	分挂房子四个吊耳平稳起吊	无	四角固定为倒八字	无	党支部书记
81	整件	驻地住人房 10 顶	16mm×8m×4 根	分挂房子四个吊耳平稳起吊	无	四角固定为倒八字	无	党支部书记
82	小件	杂物	13mm×6m×4 根带钩		马槽扣合		无	副队长
83	散件	钻具 10 车			铲车装车	车辆自带紧绳器绑紧	无	技术员
84	整件	铲车	19mm×8m×4 根	分挂在铲车四个专用吊耳平稳起吊	铲车轮胎气放掉，用四个小枕木	四角固定为倒八字	无	铲车司机
85	散件	基础 4 车	13mm×6m×4 根带钩	分挂基础四个吊耳平稳起吊	马槽扣合	无	无	副队长

附录九　70DB 钻机搬迁“两图三单”

一、拆卸、搬迁、安装准备工作

严格执行“11222233”拆卸、搬迁、安装作业安全管理模式。

（1）拆卸、搬迁、安装前，编制“钻井队搬迁作业计划书”并审批、交底。

（2）组织员工分享“两点一线”踏勘视频，进行风险交底。

（3）进行新老井人员分工、明确工作责任。

（4）组织全员学习拆卸、搬迁、安装相关课件。

（5）拆卸、搬迁前进行“两图三单”交底，两图是“70DB 钻机老井拆卸定置摆放示意图”和“70DB 钻机新井卸车摆放示意图”；三单是“70DB 钻机拆卸定置摆放清单”、“70DB 钻机设备设施捆绑组合清单”和“70DB 钻机设备设施装车组合清单”。

（6）将设备划分为整件、小件、散件三种类型，分类管理。

（7）按要求拆安防坠落装置、登高助力器、监控视频等设施，做好防损坏措施，防止防护解除带来的安全风险；对消防器材、接地线等按照安全规定择时回收或安装。

（8）对组合后的物件，重新明确吊点、吊索具和吊挂方式；评估提篮（托盘）承载能力。

二、设备拆卸、搬迁、安装流程

（1）特殊情况搬迁流程：井架基础—底座—钻台—井架—循环罐—泵房—机房—外围—水罐—驻井房—钻具。

（2）标准井场可根据现场的实际情况可以选择先过外围或者主体设备，或者区域性整体搬迁。

（3）井队搬迁前预留 3d 拆卸时间，让井队在搬迁前有充足的准备时间，尽量避免边拆边搬的现象。

（4）在拆安时井队根据情况可以进行变化，但必须遵循以安全、实用为主导。

（5）井架推荐采用叠放运输方式。

三、“70DB 钻机老井拆卸定置摆放示意图”

根据 70DB 钻机特点，绘制拆卸摆放示意图（如附图 9–1 所示），对机房、钻台、泵房设备附件拆卸后的放置位置进行明确。

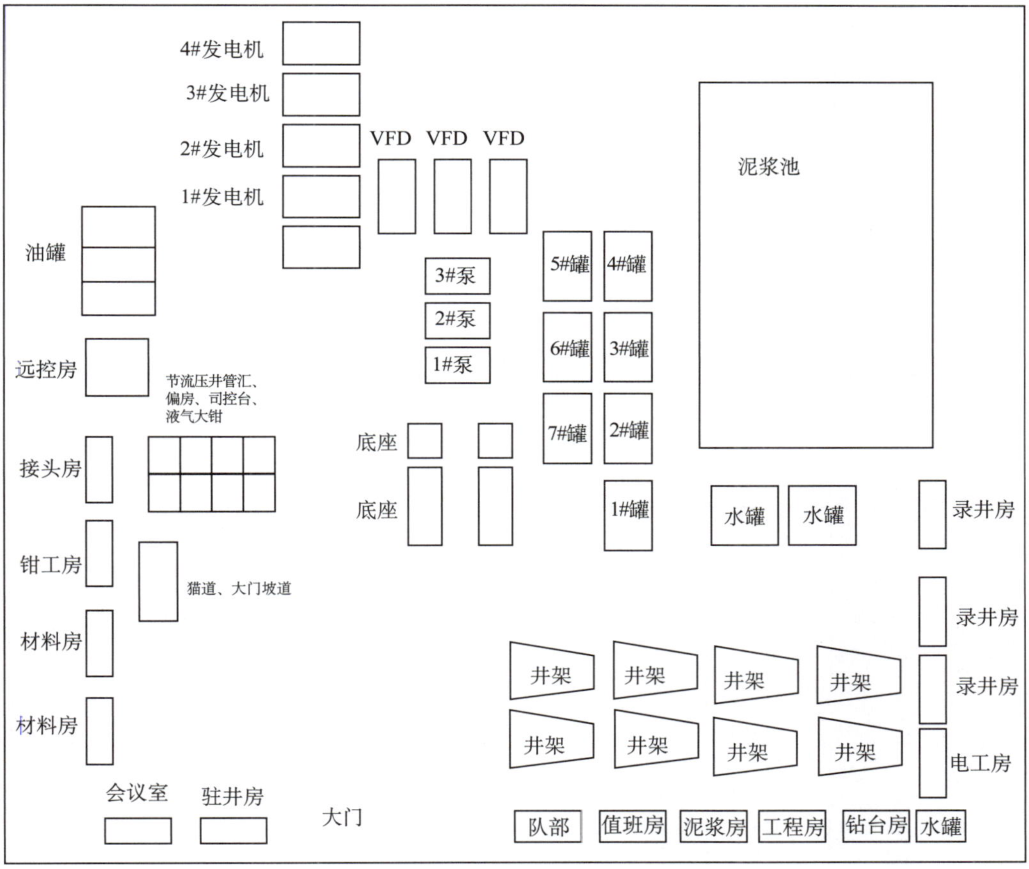

附图 9–1　70DB 钻机老井拆卸定置摆放示意图

四、“70DB 钻机新井卸车摆放示意图”

根据井场实际情况，绘制安装摆放示意图（如附图 9–2 所示），对待安装设备的放置位置进行明确。井场尺寸、安全距离进行标定。

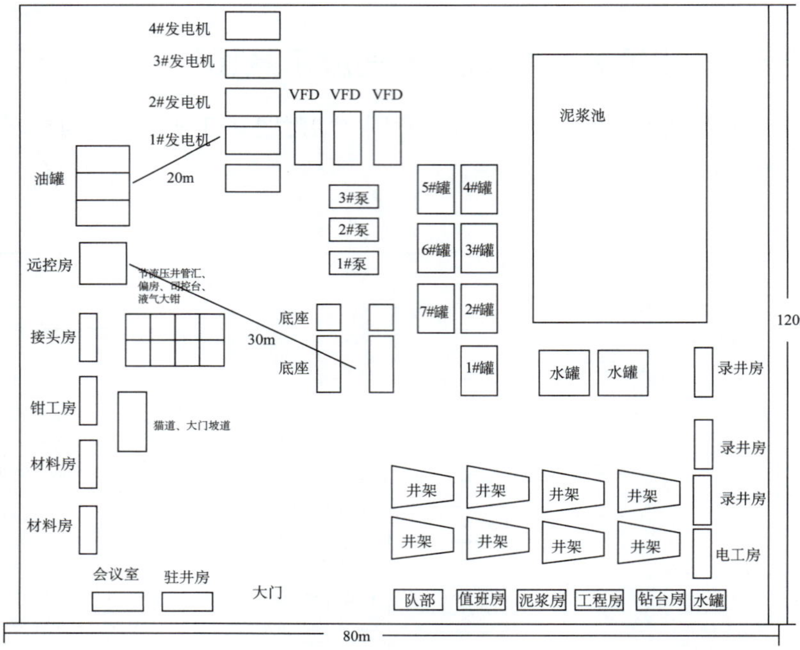

(a) 平面图

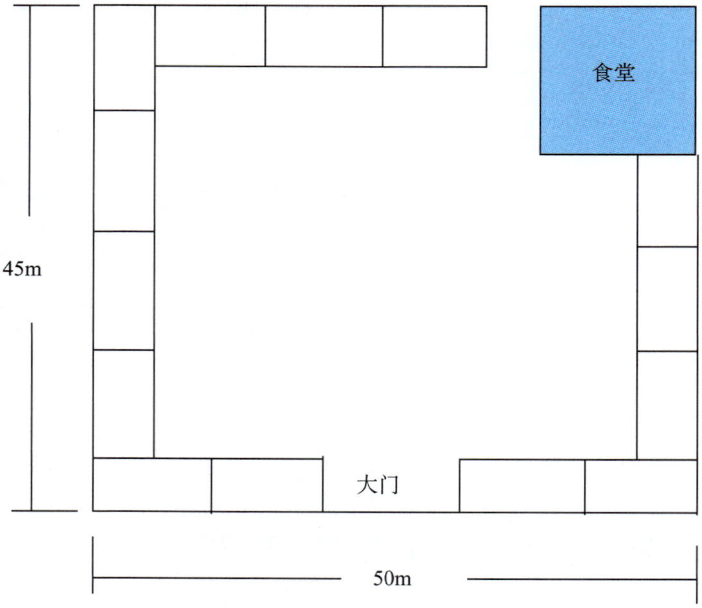

(b) 营地

附图 9–2 70DB 钻机新井卸车摆放示意图

五、搬迁清单

“钻机拆卸设备定置摆放清单”见附表 9–1。“钻机设备设施捆绑组合清单”见附表 9–2，“钻机设备设施装车组合清单”见附表 9–3。

附表 9–1 钻机拆卸设备定置摆放清单

类型	设备名称	放置位置	图例
散件	井口工具	偏房内	
小件	液气大钳	大门坡道上	
整件	顶驱	钳工房前	
散件	司控房	井场左侧	
小件	大门坡道	接头房前面	
小件	钻台梯子	井场左侧	

续表

类型	设备名称	放置位置	图例
小件	逃生滑道	井场左侧	
散件	铺台	钻台右侧	
小件	二层台	井场左侧	
整件	天车头	井场前方	
整件	井架	井场右侧	
小件	圆梁 + 方梁	井架笼梯一侧	

续表

类型	设备名称	放置位置	图例
小件	人字架	井场左右两侧	
散件	顶驱控制房	顶驱集装箱前	
散件	Z 型电缆槽	顶驱集装箱前	
散件	电缆槽	井场左侧	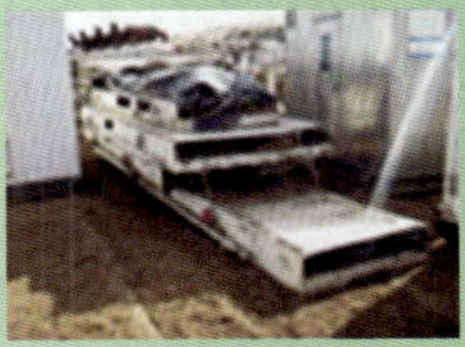
散件	管架	录井房前	
散件	顶驱滑道	捆绑在第三节猫道上	
整件	循环罐	原位置	

续表

类型	设备名称	放置位置	图例
整件	泥浆泵	三台钻井泵统一向 VFD 房移 5 ～ 6m	
散件	转盘及转盘大梁	外围旁边	
整件	游车房	井口正前方	
整件	钻机	放在 1# 泵与底坐之间	
整件	偏房	就近外围旁边或者底座旁边	
整件	游车	游车支架房旁边	
整件	气瓶	气源房旁边	

续表

类型	设备名称	放置位置	图例
散件	移动装置	井场左侧	
整件	钻杆盒子	放置在井口前方	

附表 9-2 钻机设备设施捆绑组合清单

序号	组合	组合位置	图例
1	第一节井架大腿＋起井架大绳	盘在井架上	
2	井架＋井架圆梁方梁	摆齐在井架上	
3	大门坡道＋液气大钳＋吊环＋牛头吊卡＋喇叭口＋液动死卡	大门坡道上	
4	猫道＋顶驱导轨	第三节猫道上	

续表

序号	组合	组合位置	图例
5	1# 循环罐 + 上循环罐两个梯子	循环罐面上	
6	4#，5#，6#，7# 循环罐 + 循环罐铺台 + 液面报警器	循环罐面上	
7	上钻台梯子 + 转角支坐	梯子固定在转角支座上	
8	管架	相互捆绑	
9	料台 + 排污泵管线 + 强力泵管线	料台上	
10	电缆槽	相互捆绑	
11	液气分离器与液气分离器管线	液气分离器上	

续表

序号	组合	组合位置	图例
12	钻杆盒子＋气动小绞车	钻杆盒子上	
13	井架工字梁＋圆梁	第一节井架方梁内	
14	底坐连接方梁＋底坐拉筋＋移动装置轨道	底座方拉紧内	
15	人字梁＋拉筋	人字梁上	
16	顶驱电缆提篮＋电缆	顶驱提篮内	
17	天车头＋液气大钳、气动绞车钢丝绳	天车头上	
18	铺台＋载人绞车	铺台上	

附表 9–3 钻机设备设施装车组合清单

车次	类型	名称	绳套	挂位及吊装要求	装车要求	捆绑要求	附件要求	责任人
1	小件	顶驱电缆提篮 + 中速离心机	19mm × 8m × 4 根	离心机分挂四个吊耳，提篮用四个卸扣连接平稳起吊	将车厢前马槽打好，离心机在后，电缆提篮在前	四角固定同为正八字或倒八字	电缆帆布盖好	副队长
2	小件	气瓶 + 座岗房	16mm × 8m × 4 根	分挂四个吊耳平稳起吊	座岗房在前，气瓶在后，左右等宽前后适当	四角固定同为正八字或倒八字	无	副队长
3	小件	转盘大梁 + 提升装置	19mm × 8m × 4 根	分挂四个吊耳平稳起吊	转盘大梁在前，提升装置在后	四角固定同为正八字或倒八字	无	副队长
4	整件	钻机大梁	19mm × 8m × 4 根	分挂四个吊耳平稳起吊	左右等宽前后适当	四角固定同为正八字或倒八字	无	副队长
5	散件	井架工字梁 + 圆梁	19mm × 8m × 4 根	分挂四个吊耳平稳起吊	左右等宽前后适当	四角固定同为正八字或倒八字	圆梁用铁丝捆扎，固定牢靠	副队长
6	散件	梯子 + 人字架圆梁	16mm × 8m × 4 根	卸扣连接绳套平稳起吊	梯子与圆梁分两侧放置	马槽扣合好，用倒链拉紧	梯子栏杆固定好	副队长
7	整件	内钳侧偏房	19mm × 8m × 4 根	分挂四个吊耳平稳起吊	左右等宽前后适当	四角固定同为正八字或倒八字	偏房内物件放置平稳，门关好	机械工长
8	整件	外钳侧井架大腿 + 起井架大绳	19mm × 8m × 4 根	分挂四个吊耳平稳起吊	用枕木配合装平整	四角固定同为正八字或倒八字	井架起井架大绳固定牢靠，做好防磨措施	副队长
9	整件	内钳侧井架大腿 + 起井架大绳	19mm × 8m × 4 根	分挂四个吊耳平稳起吊	用枕木配合装平整	四角固定同为正八字或倒八字	井架起井架大绳固定牢靠，做好防磨措施	副队长
10	整件	井架（6 车）	16mm × 8m × 4 根	分挂四个吊耳平稳起吊	用枕木配合装平整	四角固定同为正八字或倒八字	井架上圆梁、方梁固定牢靠	副队长

续表

车次	类型	名称	绳套	挂位及吊装要求	装车要求	捆绑要求	附件要求	责任人
11	小件	内钳侧小底座＋钻台直撑筋＋基础	19mm×8m×4 根	分挂四个吊耳平稳起吊	小底座在前，基础在后，后马槽打起	四角固定同为正八字或倒八字	直撑筋在底座上固定好	机械工长
12	小件	外钳侧小底座＋钻台直撑筋＋小发电机	19mm×8m×4 根	分挂四个吊耳平稳起吊	小底座在前，小发电机在后，后马槽打起	四角固定同为正八字或倒八字	直撑筋在底座上固定好，小底座与小发电机保持 20cm 以上距离	机械工长
13	小件	井场小水罐＋小伙房	19mm×8m×4 根	分挂四个吊耳平稳起吊	小伙房在前，小水罐在后	四角固定同为正八字或倒八字	小伙房烟筒拆倒固定牢固	副队长
14	小件	司控房＋高速离心机	16mm×8m×4 根	分挂四个吊耳平稳起吊	司控房在前，高速离心机在后	四角固定同为正八字或倒八字	司控房门关好	大班司钻
15	散件	管架	16mm×8m×4 根	卸扣连接绳套平稳起吊	装车重心居中	四角固定同为正八字或倒八字	无	副队长
16	小件	转盘＋游车	19mm×8m×4 根	卸扣连接平稳起吊	前马槽打好，游车在前，转盘在后	四角固定同为正八字或倒八字	无	大班司钻
17	小件	节流、压井管汇＋环形防喷器＋节流液控箱	16mm×8m×4 根	管汇分挂四个吊耳平稳起吊，环形防喷器用卸扣连接替提环起吊	环形防喷器在前，节流管汇居中，压井管汇在后	四角固定同为正八字或倒八字	节流液控箱固定牢靠	大班司钻
18	整件	天车头	26mm×6m×2 根	双股绳套分掉两侧平稳起吊	装车重心居中	四角固定同为正八字或倒八字	悬吊生索固定牢靠	机械工长
19	整件	绞车	25.4mm×8m×4 根	两吊车抬各挂两个吊耳平稳起吊	装车重心居中	无	无	大班司钻副队长

续表

车次	类型	名称	绳套	挂位及吊装要求	装车要求	捆绑要求	附件要求	责任人
20	整件	游车房	19mm×8m×4根	分挂四个吊耳平稳起吊	装车重心居中	四角固定同为正八字或倒八字	游车内物件放置平稳，门关好	大班司钻
21	整件	外钳侧偏房＋司控台＋综合液压站＋盘刹液压站	19mm×8m×4根	分挂四个吊耳平稳起吊	左右等宽前后适当	四角固定同为正八字或倒八字	偏房内物件放置平稳，门关好	机械工长
22	小件	井架小支架两个＋小支架	16mm×8m×2根	分挂两个吊耳平稳起吊	支架相互依靠放置平稳	四角固定同为正八字或倒八字	支架相互之间捆绑牢固	副队长
23	小件	逃生滑道＋钻台梯子＋气动卡瓦	16mm×8m×4根	逃生滑道分挂四个吊耳平稳起吊，钻台梯子用卸扣连接	逃生滑道与梯子分别放置两侧，气动卡瓦在后	四角固定同为正八字或倒八字	梯子上栏杆固定牢固	副队长
24	小件	振动筛＋除气器	19mm×8m×4根	振动筛分挂四个吊耳，除气器用四个卸扣连接平稳起吊	前车马槽打起，除气器在前，振动筛在后	四角固定同为正八字或倒八字	振动筛筛布支架用压板压好	泥浆大班
25	整件	二层台	19mm×8m×4根	用卸扣连接分挂两个吊耳平稳起吊	装车重心居中	四角固定同为正八字或倒八字	二层台内小平台、栏杆固定牢靠	副队长
26	散件	大门坡道＋液气大钳＋吊环＋牛头吊卡＋喇叭口＋液动死卡	19mm×8m×4根	分挂井架四个吊耳平稳起吊	装车重心居中	四角固定同为正八字或倒八字	喇叭口、液气大钳、牛头吊卡等固定牢固	副队长
27	散件	液压猫头＋钻台铺台＋烧碱罐	16mm×8m×4根	用卸扣连接绳套平稳起吊	将前车厢马槽扣合，烧碱罐与液压猫头在前，铺台在后	铺台四角固定同为正八字或倒八字	铺台相互捆绑牢固	副队长

续表

车次	类型	名称	绳套	挂位及吊装要求	装车要求	捆绑要求	附件要求	责任人
28	散件	单闸板封井器 +1 号罐钻台梯子支架 + 井架小支架两个	19mm × 8m × 4 根	用卸扣连接绳套平稳起吊	将车后面马槽扣合好，梯子支架在后，封井器在中间，支架在前	封井器与支架四角固定为正八字或倒八字	支架相互之间捆绑牢固	副队长
29	整件	外钳侧偏房	19mm × 8m × 4 根	分挂四个吊耳平稳起吊	左右等宽前后适当	四角固定同为正八字或倒八字	偏房内物件放置平稳，门关好	机械工长
30	小件	一体机 + 抽绳器	16mm × 8m × 4 根	抽绳器分挂四个吊耳，一体机用四个卸扣平稳起吊	一体机在前，抽绳器在后	四角固定为正八字或倒八字	大绳绳头用铁丝固定	副队长
31	散件	顶驱控制房 + 清洗机水箱 + 泵房工具箱	19mm × 8m × 4 根	分挂四个吊耳平稳起吊	车前马槽扣合好，清洗机水箱与泵房工具箱在前，顶驱控制房在后	顶驱控制房四角固定为正八字或倒八字	无	副队长
32	整件	远控房 + 双闸板封井器	19mm × 8m × 4 根	远控房分挂四个吊耳平稳起吊，封井器吊挂点选择在全封缸护套上	将车厢后马槽扣合好，远控房在前，双闸板封井器在后	远控房四角固定为正八字或倒八字	无	副队长
33	整件	内钳大底座 + 起底座大绳	19mm × 8m × 4 根	两吊车抬各挂两个吊耳平稳起吊	装车重心居中	无	大绳固定牢固	副队长
34	整件	外钳大底座 + 起底座大绳	19mm × 8m × 4 根	两吊车抬各挂两个吊耳平稳起吊	装车重心居中	无	大绳固定牢固	副队长

续表

车次	类型	名称	绳套	挂位及吊装要求	装车要求	捆绑要求	附件要求	责任人
35	整件	人字梁＋液控管线过桥（2车）	19mm×8m×4根	卸扣连接平稳起吊	马槽扣合好	无	人字梁上连接拉筋固定牢靠	机械工长
36	散件	大电缆槽	16mm×8m×4根	分挂电缆槽四个吊耳上平稳起吊	将车厢马槽扣合好	无	电缆提前捆绑好，电缆槽相互捆绑	泥浆大班
37	散件	小电缆槽＋泵房过桥	16mm×8m×4根	分挂电缆槽四个吊耳、过桥用卸扣连接平稳起吊	将车厢马槽扣合好	无	过桥梯子摆放平稳捆绑牢固	副队长
38	整件	7# 循环罐	19mm×8m×4根	分挂循环罐四个吊耳平稳起吊	提前包扎好泥浆罐各管线口	四角固定为正八字或倒八字	连接管线、铺台捆绑牢靠	泥浆大班
39	整件	6# 循环罐	19mm×8m×4根	分挂循环罐四个吊耳平稳起吊	提前包扎好泥浆罐各管线口	四角固定为正八字或倒八字	连接管线、铺台捆绑牢靠	泥浆大班
40	整件	5# 循环罐	19mm×8m×4根	分挂循环罐四个吊耳平稳起吊	提前包扎好泥浆罐各管线口	四角固定为正八字或倒八字	连接管线、铺台捆绑牢靠	泥浆大班
41	整件	4# 循环罐	19mm×8m×4根	分挂循环罐四个吊耳平稳起吊	提前包扎好泥浆罐各管线口	四角固定为正八字或倒八字	连接管线、铺台捆绑牢靠	泥浆大班
42	整件	3# 循环罐	19mm×8m×4根	分挂循环罐四个吊耳平稳起吊	提前包扎好泥浆罐各管线口	四角固定为正八字或倒八字	连接管线、铺台捆绑牢靠	泥浆大班
43	整件	2# 循环罐	19mm×8m×4根	分挂循环罐四个吊耳平稳起吊	提前包扎好泥浆罐各管线口	四角固定为正八字或倒八字	连接管线、铺台捆绑牢靠	泥浆大班

续表

车次	类型	名称	绳套	挂位及吊装要求	装车要求	捆绑要求	附件要求	责任人
44	整件	1# 循环罐	19mm × 8m × 4 根	分挂循环罐四个吊耳平稳起吊	提前包扎好泥浆罐各管线口	四角固定为正八字或倒八字	连接管线、铺台捆绑牢靠	泥浆大班
45	整件	配浆台 + 排污泵 + 强力泵	19mm × 8m × 4 根	分挂循环罐四个吊耳平稳起吊	提前包扎好泥浆罐各管线口	四角固定为正八字或倒八字	排污泵、强力泵等捆绑牢固	泥浆大班
46	整件	1# 钻井泵	22mm × 8m × 4 根	两台吊车抬分挂四个吊耳平稳起吊	装车重心居中	无	无	副队长
47	整件	2# 钻井泵	22mm × 8m × 4 根	两台吊车抬分挂四个吊耳平稳起吊	装车重心居中	无	无	副队长
48	整件	3# 钻井泵	22mm × 8m × 4 根	两台吊车抬分挂四个吊耳平稳起吊	装车重心居中	无	无	副队长
49	整件	液气分离器 + 点火装置	19mm × 8m × 4 根	用卸扣平稳起吊	马槽扣合	用倒链拉紧固定	管线、点火装置提前捆绑牢固	技术员
50	整件	顶驱折叠电缆槽	19mm × 8m × 4 根	分挂折叠槽四个吊耳平稳起吊	马槽扣合好	用倒链拉紧固定	电缆提前固定牢固	泥浆大班
51	整件	电缆转接房	19mm × 8m × 4 根	分挂四个吊耳平稳起吊	装车重心居中	四角固定为正八字或倒八字	转接房门关好	大班电工
52	整件	钻杆盒子 + 气动小绞车	19mm × 8m × 4 根	分挂钻杆盒子四个吊耳平稳起吊	装车重心居中	四角固定为正八字或倒八字	气动小绞车固定牢固提前	机械工长
53	整件	顶驱集装箱	19mm × 8m × 4 根	分挂四个吊耳平稳起吊	装车重心居中	四角固定为正八字或倒八字	无	机械工长

续表

车次	类型	名称	绳套	挂位及吊装要求	装车要求	捆绑要求	附件要求	责任人
54	整件	顶驱集装箱	19mm × 8m × 4 根	分挂四个吊耳平稳起吊	装车重心居中	四角固定为正八字或倒八字	无	机械工长
55	整件	化工材料房	19mm × 8m × 4 根	分挂房子四个吊耳平稳起吊	装车重心居中	四角固定为倒八字	无	泥浆大班
56	散件	转盘启动器 + 高速离心机电控箱 + 泥浆泵灌注泵	19mm × 8m × 4 根	用卸扣连接平稳起吊	将马槽扣合好	无	无	副队长
57	整件	发电机 1	16mm × 8m × 4 根	分挂房子四个吊耳平稳起吊	装车重心居中	四角固定为倒八字	门窗关好	司机长
58	整件	发电机 2	16mm × 8m × 4 根	分挂房子四个吊耳平稳起吊	装车重心居中无	四角固定为倒八字	门窗关好	司机长
59	整件	发电机 3	16mm × 8m × 4 根	分挂房子四个吊耳平稳起吊	装车重心居中	四角固定为倒八字	门窗关好	司机长
60	整件	发电机 4	16mm × 8m × 4 根	分挂房子四个吊耳平稳起吊	装车重心居中无	四角固定为倒八字	门窗关好	司机长
61	整件	发电机 5	16mm × 8m × 4 根	分挂房子四个吊耳平稳起吊	装车重心居中	四角固定为倒八字	门窗关好	司机长
62	整件	MCC 房	19mm × 8m × 4 根	分挂房子四个吊耳平稳起吊	装车重心居中无	四角固定为倒八字	门窗关好	司机长
63	整件	VFD 房 1	19mm × 8m × 4 根	分挂房子四个吊耳平稳起吊	装车重心居中	四角固定为倒八字	门窗关好	司机长
64	整件	VFD 房 2	19mm × 8m × 4 根	分挂房子四个吊耳平稳起吊	装车重心居中无	四角固定为倒八字	门窗关好	司机长
65	整件	气源房	19mm × 8m × 4 根	分挂房子四个吊耳平稳起吊	装车重心居中	四角固定为倒八字	门窗关好	副队长

续表

车次	类型	名称	绳套	挂位及吊装要求	装车要求	捆绑要求	附件要求	责任人
66	整件	钳工房	19mm×8m×4 根	分挂房子四个吊耳平稳起吊	装车重心居中	四角固定为倒八字	门窗关好	副队长
67	整件	接头房	19mm×8m×4 根	分挂房子四个吊耳平稳起吊	装车重心居中	四角固定为倒八字	无	副队长
68	整件	大材料房	19mm×8m×4 根	分挂房子四个吊耳平稳起吊	贵重一端装在前面	四角固定为倒八字	无	副队长
69	整件	生产水罐 1	19mm×8m×4 根	分挂房子四个吊耳平稳起吊	阀门关死防止泄露	四角固定为倒八字	无	泥浆大班
70	整件	生产水罐 2	19mm×8m×4 根	分挂房子四个吊耳平稳起吊	阀门关死防止泄露	四角固定为倒八字	无	泥浆大班
71	整件	生产水罐 3+ 防洪防汛物资提篮	19mm×8m×4 根	分挂房子四个吊耳平稳起吊	阀门关死防止泄露	四角固定为倒八字	无	泥浆大班
72	整件	工程技术房	16mm×8m×4 根	分挂房子四个吊耳平稳起吊	无	四角固定为倒八字	无	副队长
73	整件	值班房	16mm×8m×4 根	分挂房子四个吊耳平稳起吊	无	四角固定为倒八字	无	副队长
74	整件	器材材料房	19mm×8m×4 根	分挂房子四个吊耳平稳起吊	无	四角固定为倒八字	无	副队长
75	整件	泥浆化验室	16mm×8m×4 根	分挂房子四个吊耳平稳起吊	无	四角固定为倒八字	无	副队长
76	整件	队部	16mm×8m×4 根	分挂房子四个吊耳平稳起吊	无	四角固定为倒八字	无	副队长

续表

车次	类型	名称	绳套	挂位及吊装要求	装车要求	捆绑要求	附件要求	责任人
77	整件	餐厅 1	16mm×8m×4 根	分挂房子四个吊耳平稳起吊	无	四角固定为倒八字	无	支部书记
78	整件	餐厅 2	16mm×8m×4 根	分挂房子四个吊耳平稳起吊	无	四角固定为倒八字	无	支部书记
79	整件	操作间	16mm×8m×4 根	分挂房子四个吊耳平稳起吊	锅灶端装在前端	四角固定为倒八字	无	支部书记
80	整件	生活水罐	16mm×8m×4 根	分挂房子四个吊耳平稳起吊	阀门关死防止泄露	四角固定为倒八字	无	支部书记
81	整件	阅览室	16mm×8m×4 根	分挂房子四个吊耳平稳起吊	无	四角固定为倒八字	无	支部书记
82	整件	淋浴房	16mm×8m×4 根	分挂房子四个吊耳平稳起吊	无	四角固定为倒八字	无	支部书记
83	整件	生活库房	16mm×8m×4 根	分挂房子四个吊耳平稳起吊	无	四角固定为倒八字	无	支部书记
84	整件	书记房	16mm×8m×4 根	分挂房子四个吊耳平稳起吊	无	四角固定为倒八字	无	支部书记
85	整件	厕所	16mm×8m×4 根	分挂房子四个吊耳平稳起吊	无	四角固定为倒八字	无	支部书记
86	整件	多功能房	16mm×8m×4 根	分挂房子四个吊耳平稳起吊	无	四角固定为倒八字	无	支部书记
87	整件	住人房 8 ~ 10 顶	16mm×8m×4 根	分挂房子四个吊耳平稳起吊	无	四角固定为倒八字	无	支部书记
88	整件	内钳大桌子	19mm×8m×4 根	两吊车抬各挂两个吊耳平稳起吊	装车重心居中	四角固定为正八字或倒八字	大桌子头部配重、尾部用专用章支架支撑	副队长

续表

车次	类型	名称	绳套	挂位及吊装要求	装车要求	捆绑要求	附件要求	责任人
89	整件	外钳大桌子	19mm×8m×4根	两吊车抬各挂两个吊耳平稳起吊	装车重心居中	四角固定为正八字或倒八字	大桌子头部配重、尾部用专用章支架支撑	副队长
90	整件	顶驱＋顶驱支架	19mm×8m×4根	分挂顶驱支架四个吊耳平稳起吊	装车重心居中	四角固定为正八字或倒八字	无	机械工长
91	散件	猫道顶驱滑轨＋场地小绞车	19mm×8m×4根	分挂猫道四个吊耳平稳起吊	装车重心居中	四角固定为正八字或倒八字	顶驱滑轨用倒链拉紧固定	机械工长
92	整件	小材料房	19mm×8m×4根	分挂四个吊耳平稳起吊	装车重心居中	四角固定为正八字或倒八字	门窗关好，房内物件摆放平稳	副队长
93	整件	油罐 1	19mm×8m×4根	分挂四个吊耳平稳起吊	提前包扎好各管线口，阀门关死防止泄漏	四角固定为正八字或倒八字	无	司机长
94	整件	油罐 2	19mm×8m×4根	分挂四个吊耳平稳起吊	提前包扎好各管线口，阀门关死防止泄漏	四角固定为正八字或倒八字	无	司机长
95	整件	油罐 3+油品提篮	19mm×8m×4根	分挂四个吊耳平稳起吊	提前包扎好各管线口，阀门关死防止泄漏，后马槽扣合好，油品提篮在后	四角固定为正八字或倒八字	油桶摆放平稳	司机长
96	整件	化工提篮 1+射流漏斗	19mm×8m×4根	分挂四个吊耳平稳起吊	车前马槽扣合好，射流漏斗在前，化工覆盖好	提篮四角固定为正八字或倒八字	无	泥浆大班
97	整件	化工提篮 2+泵房阀门组	19mm×8m×4根	分挂四个吊耳平稳起吊	车前马槽扣合好，射流漏斗在前，化工覆盖好	提篮四角固定为正八字或倒八字	无	泥浆大班

续表

车次	类型	名称	绳套	挂位及吊装要求	装车要求	捆绑要求	附件要求	责任人
98	整件	装载机	19mm×8m×4根	用四个卸扣平稳起吊	装载机轮胎提前气、抓管机液压管线做好防磨措施	装载机四角固定为正八字或倒八字	装载机门锁好	副队长
99	整件	工具提篮+消防提篮	19mm×8m×4根	分挂四个吊耳平稳起吊	装车重心居中	提篮四角固定为正八字或倒	提篮内工具摆放整齐	技术员
100	散件	化工+发电机烟筒（3～6车）	12mm×6m×2根	用卸扣连接平稳起吊	将车马槽扣合好，化工高度适合	无	烟筒固定牢靠	
101	小件	杂物4车	12mm×6m	管类用两根绳套吊装，所有物件必须捆绑牢固再吊装	将马槽关起	用紧绳器固定拉紧	无	副队长
102	散件	钻具2车	使用装载机吊装	使用吊车必须向项目部主管领导审批	铲车装车	用辆车自带紧绳器绑紧	无	技术员
103	散件	基础5车	13mm×6m×4根带钩	分挂基础四个吊耳平稳起吊	将马槽关起	无	无	副队长

附录十　70LDB 钻机搬迁“两图三单”

一、拆卸、搬迁、安装准备工作

严格执行“11222233”拆卸、搬迁、安装作业安全管理模式。

(1) 拆卸、搬迁、安装前，编制“钻井队搬迁作业计划书”并审批、交底。

(2) 组织员工分享“两点一线”踏勘视频，进行风险交底。

(3) 进行新老井人员分工、明确工作责任。

(4) 组织全员学习拆卸、搬迁、安装相关课件。

(5) 拆卸、搬迁前进行“两图三单”交底，两图是“70LDB 钻机老井拆卸定置摆放示意图”和“70LDB 钻机新井卸车摆放示意图”；三单是“70LDB 钻机拆卸定置摆放清单”、“70LDB 钻机设备设施捆绑组合清单”和“70LDB 钻机设备设施装车组合清单”。

(6) 将设备划分为整件、小件、散件三种类型，分类管理。

(7) 按要求拆安防坠落装置、登高助力器、监控视频等设施，做好防损坏措施，防止防护解除带来的安全风险；对消防器材、接地线等按照安全规定择时回收或安装。

(8) 对组合后的物件，重新明确吊点、吊索具和吊挂方式；评估提篮（托盘）承载能力。

二、设备拆卸、搬迁、安装流程

(1) 井队搬迁前预留 3d 拆卸时间，让井队在搬迁前有充足的准备时间，尽量避免边拆边搬的现象。

(2) 机房、钻台的拆卸，一般是甩开设备，先将滑道装车，在滑道充足的情况下，可以不甩设备，直接将柴油机、底座等设备进行装车，避免二次重复吊装；井架推荐采用叠放运输方式。

(3) 在拆安时井队根据情况可以进行变化，但必须遵循以安全、实用为主导。

(4) 流程发生变化钻井队向生产、安全办公室汇报，在现场监管人员监督下实施。

三、“70LDB 钻机老井拆卸定置摆放示意图”

根据 70LDB 钻机特点，绘制拆卸摆放示意图（如附图 10–1 所示），对机房、钻台、泵房设备附件拆卸后的放置位置进行明确。

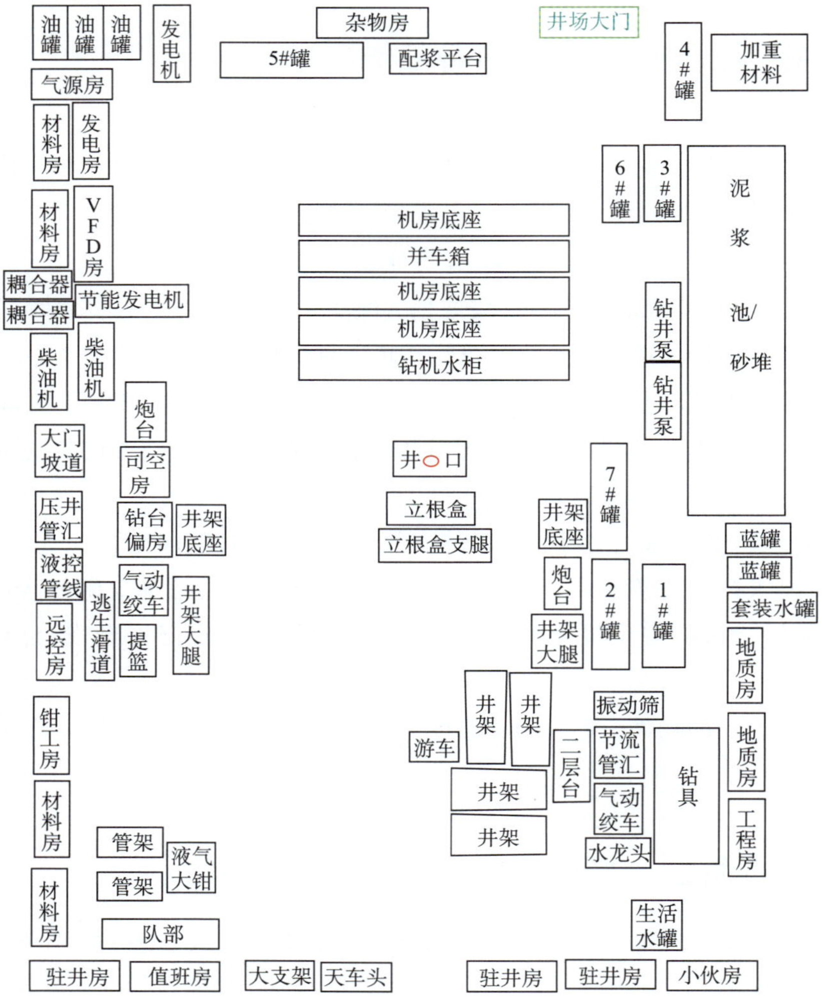

附图 10–1　70LDB 钻机老井拆卸定置摆放示意图

四、“70LDB 钻机新井卸车摆放示意图”

根据井场实际情况，绘制安装摆放示意图（如附图 10–2 所示），对待安装设备的放置位置进行明确。

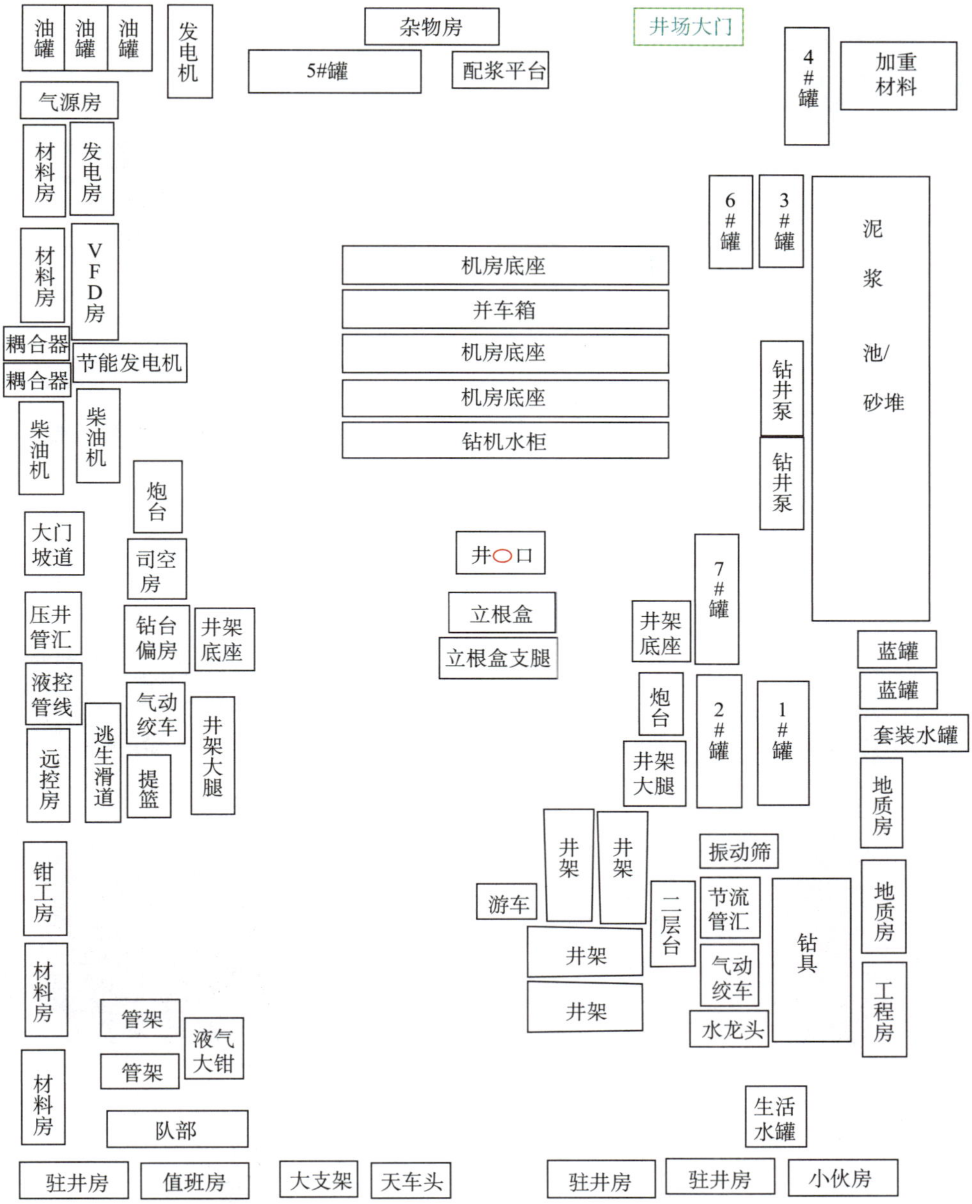

附图 10-2　70LDB 钻机新井卸车摆放示意图

五、搬迁清单

“钻机拆卸设备定置摆放清单”见附表 10-1。“钻机设备设施捆绑组合清单”见附表 10-2，“钻机设备设施装车组合清单”见附表 10-3。

附表 10–1　钻机拆卸设备定置摆放清单

类型	设备名称	放置位置	图例
散件	管架、猫道	材料房前	
散件	吊环	猫道上	
小件	液气大钳	猫道上	
散件	井口工具	偏房内	
小件	压井管汇	液控管线一侧	
散件	液控管线	远控房一侧	

续表

类型	设备名称	放置位置	图例
散件	白电缆槽	液控管线前面	
小件	大门坡道	白电缆槽前面	
小件	逃生滑道	远控房一侧	
散件	钻具	电台房前	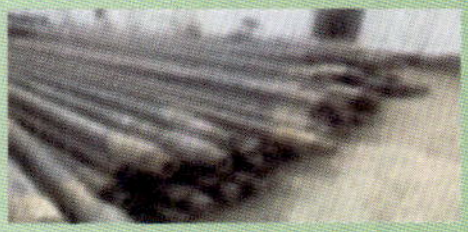
散件	井架一二节	钻具前	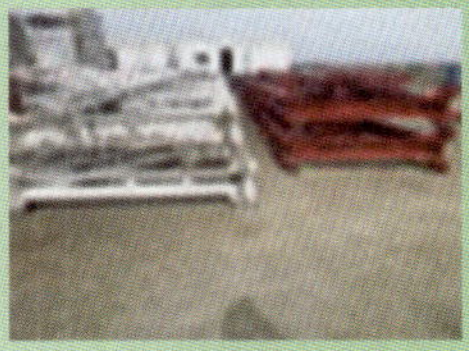
散件	井架三四节	二层台前	

续表

类型	设备名称	放置位置	图例
小件	井架方梁	井架侧面	
小件	游车	方梁前面	
小件	水龙头	内气动绞车一侧	
小件	内气动绞车	钻具侧面	
小件	二层台	内气动绞车一侧	
小件	节流管汇	内气动绞车一侧	
小件	振动筛	内气动绞车一侧	

续表

类型	设备名称	放置位置	图例
整件	1# 循环罐	振动筛前面	
整件	2# 循环罐	1# 罐左侧	
整件	7# 循环罐	2# 罐前面	
小件	炮台	2# 罐侧面	
整件	炮台底座	7# 罐侧面	
散件	钻台底座	炮台底座侧面	
小件	抽绳器	2# 罐侧面	

续表

类型	设备名称	放置位置	图例
散件	井架大腿	2# 罐侧面	
小件	环形防喷器	蓝罐前面	
小件	除气器，烧碱罐	蓝罐侧面	
整件	一体机	蓝罐侧面	
小件	大支架	天车头侧面	
散件	工具提篮	远控房前	
小件	滚子方补芯	提篮内	

续表

类型	设备名称	放置位置	图例
小件	液压猫头	提篮内	
散件	井架大腿	提篮前面	
整件	转盘	井架大腿前面	
散件	司控房	偏房前	
整件	外气动绞车	液控管线侧面	
整件	偏房	外气动绞车前	
整件	钻台底座	司控房侧前方	

续表

类型	设备名称	放置位置	图例
整件	天车头	驻井房侧面	
整件	炮台，人字架	柴油机前面	
整件	柴油机	VFD 房前	
整件	耦合器	接头房门前	
整件	1# 发电房	油罐侧面	
整件	2# 发电房	气源房一侧	
整件	气源房	油罐前面	

续表

类型	设备名称	放置位置	图例
整件	机房底座	原机房位置后侧	
整件	钻机水柜	机房底座一侧	
整件	并车箱	机房底座一侧	
整件	钻台大桌子	并车箱前面	
整件	机房底座	并车箱侧面	
小件	过桥梯子	2# 发电房侧面	
散件	排气管	1# 发电房一侧	

续表

类型	设备名称	放置位置	图例
散件	电缆槽	VFD 房侧面	
散件	节能发电机	VFD 房前	
整件	钻井泵	泥浆池边	
小件	转盘传动箱	钻井泵侧面	
整件	电磁刹车	钻井泵侧面	
整件	坐岗房，配浆平台	后场杂物房前	

续表

类型	设备名称	放置位置	图例
整件	5＃ 循环罐	后场杂物房前，发电房侧面	
整件	4＃ 循环罐	加重材料前	
整件	闸板防喷器	井口处	
整件	钻杆立根盒	井口位置一侧	
整件	钻台大铺台	立根盒侧面	
整件	立根盒支腿	大铺台侧面	
散件	大门及井场口处牌子	材料房内	

附表 10–2　钻机设备设施捆绑组合清单

序号	组合	图例
1	井架大腿 + 小支架 + 起架大绳 + 延伸底座	
2	水柜 + 强力泵 + 护栏 + 护罩	
3	钻台底座 + 内控管线 + 铺台 + 梯子	
4	机房底座 + 排气管支架 + 万向轴 + 排绳器 + 万向轴护罩 + 泵上水滤子	
5	机房底座 + 护栏 + 万向轴	
6	钻杆盒子 + 转盘传动箱 + 大门坡道桩子	
7	立根盒支腿两根	

续表

序号	组合	图例
8	并车箱 + 护罩 + 电瓶盒子	
9	滑道 + 护栏	
10	滑道 + 泵房阀门组 + 高压管线 + 铺台 + 梯子 + 护栏	
11	管架 + 铺台	
12	振动筛 + 挡板 + 液面报警器	
13	管架 + 围网 + 螺纹管	

续表

序号	组合	图例
14	井架第一节两片 + 拉筋	
15	井架第二节两片 + 拉筋	
16	井架第三节两片 + 拉筋 + 水龙带	
17	井架第四节两片 + 拉筋	
18	电缆槽若干	

附表 10–3 钻机设备设施装车组合清单

车次	类型	名称	绳套	挂位及吊装要求	装车要求	捆绑要求	附件要求	责任人
1	整件	设备基础	19mm × 8m × 4 根	分挂四个吊耳平稳起吊	注意将车厢立柱插好	车厢马槽扣合	轨道拉筋用铁丝两头绞紧固定牢靠	副队长
2	整件	前站营房	16mm × 8m × 4 根	分挂四个吊耳平稳起吊	注意左右等宽前后适当	使用倒链进行捆绑	无	副队长
3	整件	小伙房	16mm × 8m × 4 根	分挂四个吊耳平稳起吊	灶内无火，烟囱放倒固定	使用倒链进行捆绑	无	副队长
4	整件	招待所	16mm × 8m × 4 根	分挂房子四个吊耳平稳起吊	注意较重一端装在前面	使用倒链进行捆绑	无	副队长
5	散件	水柜逃生滑道，偏房支架铺台 1 个	19mm × 8m × 4 根	分挂四个吊耳平稳起吊	注意较重一端装在前面	使用倒链进行捆绑，散件使用多股铁丝捆绑牢固	附件捆绑牢固	副队长
6	整件	钻台底座，内控管线 轴流风机，铺台 2 个	19mm × 8m × 4 根	分挂四个吊耳平稳起吊	注意在底座与铺台之间做 好 防 滑措施	使用倒链进行捆绑，散件使用多股铁丝捆绑牢固	底座内杂物用铁丝捆扎，固定牢靠	副队长
7	小件	机房底座，排气管 2 个，箱子支架 2 个，万向轴 3 个，护栏 3 片	19mm × 8m × 4 根	分挂四个吊耳平稳起吊	注意将箱子等小件放置在 底 座 空格中	使用倒链进行捆绑，散件使用多股铁丝捆绑牢固	底座内杂物用铁丝捆扎，固定牢靠	副队长
8	散件	液控管线，电缆槽，气动绞车	19mm × 8m × 4 根	分挂四个吊耳平稳起吊	注意液控管线与其他设备 棱 角 间防磨	使用倒链进行捆绑，散件使用多股铁丝捆绑牢固	附件捆绑牢固	副队长
9	小件	炮台，炮台底座，节能发电机	19mm × 8m × 4 根	分挂四个吊耳平稳起吊		使用倒链进行捆绑，散件使用多股铁丝捆绑牢固	无	副队长

续表

车次	类型	名称	绳套	挂位及吊装要求	装车要求	捆绑要求	附件要求	责任人
10	整件	机房底座2片，工具箱1个	19mm×8m×4根	分挂四个吊耳平稳起吊	注意工具箱上锁与底座间防滑	使用倒链进行捆绑，散件使用多股铁丝捆绑牢固	底座内杂物用铁丝捆扎，固定牢靠	副队长
11	整件	机房底座，护栏10片	19mm×8m×4根	分挂四个吊耳平稳起吊	注意将重的一边放置在前面	使用倒链进行捆绑，散件使用多股铁丝捆绑牢固	底座内杂物用铁丝捆扎，固定牢靠	副队长
12	整件	钻台底座，内控管线底座拉筋，梯子2个	19mm×8m×4根	分挂四个吊耳平稳起吊	注意将钻台底座侧面加垫方木	使用倒链进行捆绑，散件使用多股铁丝捆绑牢固	底座内杂物用铁丝捆扎，固定牢靠	副队长
13	整件	钻杆盒子，护栏2片，人字架梯子4个	19mm×8m×4根	分挂四个吊耳平稳起吊	注意设备之间防滑	使用倒链进行捆绑，散件使用多股铁丝捆绑牢固	附件捆绑牢固	副队长
14	整件	工程技术房	16mm×8m×4根	分挂房子四个吊耳平稳起吊	注意较重一端装在前面	使用倒链进行捆绑，散件使用多股铁丝捆绑牢固	无	副队长
15	整件	炮台，炮台底座，梯子1个	19mm×8m×4根	分挂四个吊耳平稳起吊	注意炮台侧面加垫方木，重心居中	使用倒链进行捆绑，散件使用多股铁丝捆绑牢固	附件捆绑牢固	副队长
16	整件	立柱盒，支架，抽绳器梯子1个	19mm×8m×4根	分挂四个吊耳平稳起吊	注意侧面加垫方木	使用倒链进行捆绑，散件使用多股铁丝捆绑牢固	附件捆绑牢固	副队长
17	整件	绞车，绳套四根	26mm×8m×4根	分挂四个吊耳平稳起吊四根引绳牵引	注意装车重心居中	无	无	大班司钻，副队长
18	小件	井架大腿，延伸底座，水龙带两根，小支架一个，过桥一个	19mm×8m×4根	分挂四个吊耳平稳起吊	注意侧面加垫方木	使用倒链进行捆绑，散件使用多股铁丝捆绑牢固	附件捆绑牢固	副队长

续表

车次	类型	名称	绳套	挂位及吊装要求	装车要求	捆绑要求	附件要求	责任人
19	小件	泵站，铺台，梯子三个，法兰一个	16mm×8m×4根	分挂四个吊耳平稳起吊	注意泵站内管线包扎，防止油品泄露	使用倒链进行捆绑，散件使用多股铁丝捆绑牢固	附件捆绑牢固	副队长
20	小件	井架大腿，延伸底座，小支架一个，钢丝绳	19mm×8m×4根	分挂四个吊耳平稳起吊	注意侧面加垫方木	使用倒链进行捆绑，散件使用多股铁丝捆绑牢固	附件捆绑牢固	副队长
21	小件	气动绞车，起架大绳两根，立管，液压猫头	19mm×8m×4根	分挂四个吊耳平稳起吊	注意将车两侧马槽安装到位	使用倒链进行捆绑，散件使用多股铁丝捆绑牢固	附件捆绑牢固	副队长
22	整件	司控房＋远控房	19mm×8m×4根	分挂房子四个吊耳平稳起吊	注意将车两侧马槽安装到位	使用倒链进行捆绑	无	副队长
23	整件	井架第一节2片	16mm×8m×4根	分挂井架四个吊耳平稳起吊	注意拉筋等附件提前捆绑牢靠	使用倒链进行捆绑，散件使用多股铁丝捆绑牢固	拉筋等附件	副队长
24	整件	钻台偏房，提篮，工具箱	19mm×8m×4根	分挂井架四个吊耳平稳起吊	注意提篮进行上盖，工具箱固定	使用倒链进行捆绑	无	副队长
25	整件	井架第二节2片	16mm×8m×4根	分挂井架四个吊耳平稳起吊	注意拉筋等附件提前捆绑牢靠	使用倒链进行捆绑，散件使用多股铁丝捆绑牢固	拉筋等附件	副队长
26	散件	铺台四块，转盘电机，工具架两个，套管钳，大绳	16mm×8m×4根	分挂井架四个吊耳平稳起吊	注意套管钳与铺台间的防滑和防碰	使用倒链进行捆绑，散件使用多股铁丝捆绑牢固	附件捆绑牢固	副队长
27	整件	游车，铺台一块	19mm×8m×4根	分挂四个吊耳平稳起吊	注意重的一侧在前面	使用倒链进行捆绑	无	副队长

续表

车次	类型	名称	绳套	挂位及吊装要求	装车要求	捆绑要求	附件要求	责任人
28	整件	柴油机＋耦合器，过桥一个	22mm × 8m × 4 根钢丝绳吊索	分挂柴油机四个吊耳平稳起吊	柴油机水箱在前，耦合器在后，后部车厢打起	使用倒链进行捆绑	无万向轴、过桥梯子，用铁丝固定绞紧	司机长
29	整件	柴油机＋耦合器，过桥一个	22mm × 8m × 4 根钢丝绳吊索	分挂柴油机四个吊耳平稳起吊	柴油机水箱在前，耦合器在后，后部车厢打起	使用倒链进行捆绑	无万向轴、过桥梯子，用铁丝固定绞紧	司机长
30	整件	并车箱（护罩三个，电瓶盒子两个）	22mm × 8m × 4 根	分挂四个吊耳平稳起吊	注意重的一侧在前面	无	附件捆绑牢固	司机长
31	整件	天车头大支架，环形封井器，挡泥伞	22mm × 8m × 4 根	分挂四个吊耳平稳起吊	注意将天车头放在前面，环形放在中间	使用倒链进行捆绑，散件使用多股铁丝捆绑牢固	无	副队长
32	小件	滑轨 4 块＋铺台 3 块，阀门组一套，泵软管线 2 条	19mm × 8m × 4 根	分挂四个吊耳平稳起吊	注意铺台与滑轨间的防滑措施	使用倒链进行捆绑，散件使用多股铁丝捆绑牢固	无	副队长
33	整件	双闸板封井器，除气器，节流管汇	19mm × 8m × 4 根	分挂四个吊耳平稳起吊	注意将车两侧马槽安装到位	使用倒链进行捆绑，散件使用多股铁丝捆绑牢固	无	副队长
34	整件	液气分离器	16mm × 8m × 4 根	分挂四个吊耳平稳起吊	左右等宽前后适当	使用倒链进行捆绑	无	副队长
35	整件	井架第三节 2 片	16mm × 8m × 4 根	分挂井架四个吊耳平稳起吊	注意拉筋等附件提前捆绑牢靠	使用倒链进行捆绑，散件使用多股铁丝捆绑牢固	拉筋等附件	副队长
36	整件	井架第四节 2 片	16mm × 8m × 4 根	分挂井架四个吊耳平稳起吊	注意拉筋等附件提前捆绑牢靠	使用倒链进行捆绑，散件使用多股铁丝捆绑牢固	拉筋等附件	副队长

续表

车次	类型	名称	绳套	挂位及吊装要求	装车要求	捆绑要求	附件要求	责任人
37	散件	B型钳2，鼠洞，转盘传动箱，大门坡道，出口管，梯子2	16mm×8m×4根	分挂四个吊耳平稳起吊	注意将车两侧马槽安装到位	使用倒链进行捆绑，散件使用多股铁丝捆绑牢固	附件捆绑牢固	副队长
38	整件	大材料房，大门围网	16mm×8m×4根	分挂房子四个吊耳平稳起吊	左右等宽前后适当	使用倒链进行捆绑，散件使用多股铁丝捆绑牢固	无	副队长
39	散件	猫道4+过桥2，剪切	16mm×8m×4根	分挂四个吊耳平稳起吊	注意将车两侧马槽安装到位	使用倒链进行捆绑，散件使用多股铁丝捆绑牢固	附件捆绑牢固	副队长
40	散件	管架+基础围网，法兰，电缆线	16mm×8m×4根	分挂四个吊耳平稳起吊	注意将车两侧马槽安装到位	使用倒链进行捆绑，散件使用多股铁丝捆绑牢固	附件捆绑牢固	副队长
41	整件	VFD房	22mm×8m×4根	分挂房子四个吊耳平稳起吊	空调一端在前	无	无	司机长
42	整件	气源房，压井管汇	22mm×8m×4根	分挂房子四个吊耳平稳起吊	注意较重一端装在前面	使用倒链进行捆绑	无	副队长
43	整件	接头房	22mm×8m×4根	分挂房子四个吊耳平稳起吊	注意较重一端装在前面	使用倒链进行捆绑	无	副队长
44	整件	化工房，提篮，滑轨1片	19mm×8m×4根	分挂房子四个吊耳平稳起吊	注意提篮重量，装在中间	使用倒链进行捆绑，散件使用多股铁丝捆绑牢固	无	副队长
45	整件	定向井材料房	22mm×8m×4根	分挂房子四个吊耳平稳起吊	注意重的一侧在前面	使用倒链进行捆绑	无	副队长
46	整件	发电房	22mm×8m×4根	分挂房子四个吊耳平稳起吊	注意散热片一端在前	使用倒链进行捆绑	无	司机长

续表

车次	类型	名称	绳套	挂位及吊装要求	装车要求	捆绑要求	附件要求	责任人
47	整件	振动筛挡板3，白箱子	16mm×8m×4根	分挂四个吊耳平稳起吊	左右等宽前后适当	使用倒链进行捆绑，散件使用多股铁丝捆绑牢固	无	副队长
48	散件	管架，电缆槽两节，白梯子一个，工具箱一个，泵站	16mm×8m×4根	分挂四个吊耳平稳起吊	注意将车两侧马槽安装到位	使用倒链进行捆绑，散件使用多股铁丝捆绑牢固	附件捆绑牢固	副队长
49	整件	钳工房	22mm×8m×4根	分挂房子四个吊耳平稳起吊	注意装车重心居中	使用倒链进行捆绑	无	副队长
50	整件	材料员材料房	16mm×8m×4根	分挂房子四个吊耳平稳起吊	注意装车重心居中	使用倒链进行捆绑	无	副队长
51	整件	蓝罐，螺纹管五根	16mm×8m×4根	分挂四个吊耳平稳起吊	左右等宽前后适当	使用倒链进行捆绑，散件使用多股铁丝捆绑牢固	螺纹管捆绑牢固	副队长
52	整件	二层台	16mm×8m×4根	分挂四个吊耳平稳起吊	注意装车重心居中	使用倒链进行捆绑，散件使用多股铁丝捆绑牢固	无	副队长
53	小件	转盘，小水罐	16mm×8m×4根	分挂四个吊耳平稳起吊	注意装车重心居中	使用倒链进行捆绑	无	副队长
54	散件	基础26，白梯子	16mm×8m×4根	分挂四个吊耳平稳起吊	注意将车两侧马槽安装到位	使用倒链进行捆绑，散件使用多股铁丝捆绑牢固	无	副队长
55	整件	1# 钻井泵	26mm×8m×4根	分挂四个吊耳平稳起吊四根引绳牵	注意装车重心居中	无	无	副队长
56	整件	1罐	22mm×8m×4根	分挂循环罐四个吊耳平稳起吊	提前包扎好泥浆罐各管线口	使用倒链进行捆绑，散件使用多股铁丝捆绑牢固	无	泥浆大班

续表

车次	类型	名称	绳套	挂位及吊装要求	装车要求	捆绑要求	附件要求	责任人
57	整件	2 罐	22mm × 8m × 4 根	分挂循环罐四个吊耳平稳起吊	提前包扎好泥浆罐各管线口	使用倒链进行捆绑，散件使用多股铁丝捆绑牢固	无	泥浆大班
58	整件	3 罐	22mm × 8m × 4 根	分挂循环罐四个吊耳平稳起吊	提前包扎好泥浆罐各管线口	使用倒链进行捆绑，散件使用多股铁丝捆绑牢固	无	泥浆大班
59	整件	4 罐	22mm × 8m × 4 根	分挂循环罐四个吊耳平稳起吊	提前包扎好泥浆罐各管线口	使用倒链进行捆绑，散件使用多股铁丝捆绑牢固	无	泥浆大班
60	整件	5 罐	22mm × 8m × 4 根	分挂循环罐四个吊耳平稳起吊	提前包扎好泥浆罐各管线口	使用倒链进行捆绑，散件使用多股铁丝捆绑牢固	无	泥浆大班
61	整件	6 罐	22mm × 8m × 4 根	分挂循环罐四个吊耳平稳起吊	提前包扎好泥浆罐各管线口	使用倒链进行捆绑，散件使用多股铁丝捆绑牢固	无	泥浆大班
62	整件	7 罐	22mm × 8m × 4 根	分挂循环罐四个吊耳平稳起吊	提前包扎好泥浆罐各管线口	使用倒链进行捆绑，散件使用多股铁丝捆绑牢固	无	泥浆大班
63	整件	蓝罐，烧碱池	16mm × 8m × 4 根	分挂四个吊耳平稳起吊	提前包扎好泥浆罐各管线口	使用倒链进行捆绑	无	副队长
64	整件	2# 钻井泵	26mm × 8m × 4 根	分挂四个吊耳平稳起吊四根引绳牵引	注意装车重心居中	无	无	副队长
65	整件	水罐（上）	22mm × 8m × 4 根	分挂四个吊耳平稳起吊	注意装车重心居中	使用倒链进行捆绑	无	副队长
66	整件	水罐（下）	22mm × 8m × 4 根	分挂四个吊耳平稳起吊	注意装车重心居中	使用倒链进行捆绑	无	副队长

续表

车次	类型	名称	绳套	挂位及吊装要求	装车要求	捆绑要求	附件要求	责任人
67	小件	除砂除泥一体机，电磁刹车，化工吨袋，阀门组，围网，梯子一个	16mm×8m×4 根	分挂四个吊耳平稳起吊	注意将两侧马槽扣合	使用倒链进行捆绑，散件使用多股铁丝捆绑牢固	无	副队长
68	整件	滑轨备用	19mm×8m×4 根	分挂四个吊耳平稳起吊	无	使用倒链进行捆绑，散件使用多股铁丝捆绑牢固	无	副队长
69	小件	加重材料	16mm×8m×4 根	使用五吨吊带	注意将两侧马槽扣合	无	无	副队长
70	小件	加重材料	16mm×8m×4 根	使用五吨吊带	注意将两侧马槽扣合	无	无	副队长
71	整件	滑轨备用	19mm×8m×4 根	分挂四个吊耳平稳起吊	无	使用倒链进行捆绑，散件使用多股铁丝捆绑牢固	无	副队长
72	小件	加重材料	16mm×8m×4 根	使用五吨吊带	注意将两侧马槽扣合	无	无	副队长
73	小件	加重材料	16mm×8m×4 根	使用五吨吊带	注意将两侧马槽扣合	无	无	副队长
74	整件	提篮	16mm×8m×4 根	分挂四个吊耳平稳起吊	无	使用倒链进行捆绑	无	副队长
75	整件	阅览室	16mm×8m×4 根	分挂房子四个吊耳平稳起吊	无	使用倒链进行捆绑	无	党支部书记
76	整件	离心机+配浆平台	16mm×8m×4 根	分挂四个吊耳平稳起吊	注意将两侧马槽扣合	使用倒链进行捆绑，散件使用多股铁丝捆绑牢固	无	副队长
77	整件	3# 油罐	19mm×8m×4 根	分挂四个吊耳平稳起吊	注意提前将油料转运	使用倒链进行捆绑，散件使用多股铁丝捆绑牢固	无	司机长

续表

车次	类型	名称	绳套	挂位及吊装要求	装车要求	捆绑要求	附件要求	责任人
78	整件	值班房	16mm×8m×4 根	分挂房子四个吊耳平稳起吊	注意较重一端装在前面	四角固定为倒八字	无	副队长
79	整件	2# 油罐	19mm×8m×4 根	分挂四个吊耳平稳起吊	注意提前将油料转运	使用倒链进行捆绑	无	司机长
80	整件	阅览室	16mm×8m×4 根	分挂房子四个吊耳平稳起吊	无	四角固定为倒八字	无	党支部书记
81	整件	餐厅 1	16mm×8m×4 根	分挂房子四个吊耳平稳起吊	注意较重一端装在前面	四角固定为倒八字	无	党支部书记
82	整件	餐厅 2	16mm×8m×4 根	分挂房子四个吊耳平稳起吊	注意较重一端装在前面	四角固定为倒八字	无	党支部书记
83	整件	操作间	16mm×8m×4 根	分挂房子四个吊耳平稳起吊	注意较重一端装在前面	四角固定为倒八字	无	党支部书记
84	整件	发电房	22mm×8m×4 根	分挂房子四个吊耳平稳起吊	散热片一端在前	使用倒链进行捆绑	无	司机长
85	整件	1# 油罐	19mm×8m×4 根	分挂四个吊耳平稳起吊	注意提前将油料转运	使用倒链进行捆绑	无	司机长
86	小件	高架罐，高速离心机，低速离心机	16mm×8m×4 根	分挂四个吊耳平稳起吊	注意高架罐在车的中间位置	使用倒链进行捆绑，散件使用多股铁丝捆绑牢固	无	司机长
87	整件	营地水罐，管线	16mm×8m×4 根	分挂四个吊耳平稳起吊	无	使用倒链进行捆绑，散件使用多股铁丝捆绑牢固	附件捆绑牢固	副队长
88	散件	钻具 13 车			铲车 装车	用辆车自带紧绳器绑紧	无	技术员
89	整件	队部	16mm×8m×4 根	分挂房子四个吊耳平稳起吊	注意较重一端装在前面	使用倒链进行捆绑	无	副队长

续表

车次	类型	名称	绳套	挂位及吊装要求	装车要求	捆绑要求	附件要求	责任人
90	整件	淋浴房	16mm×8m×4根	分挂房子四个吊耳平稳起吊	无	使用倒链进行捆绑	无	党支部书记
91	整件	生活库房	16mm×8m×4根	分挂房子四个吊耳平稳起吊	无	使用倒链进行捆绑	无	党支部书记
92	整件	营房13间	16mm×8m×4根	分挂房子四个吊耳平稳起吊	无	使用倒链进行捆绑	无	党支部书记
93	整件	厕所	16mm×8m×4根	分挂房子四个吊耳平稳起吊	无	使用倒链进行捆绑	无	党支部书记
94	整件	铲车	19mm×8m×4根	分挂在铲车四个专用吊耳平稳起吊	铲车轮胎气放掉，用四个小枕木	使用倒链进行捆绑	无	铲车司机
95	整件	录井房5	19mm×8m×4根	分挂房子四个吊耳平稳起吊	无	使用倒链进行捆绑	无	副队长